英语语言与英语文化研究文库 主编：戴卫平

语言多维度研究

高丽佳　田　平　戴卫平◎著

LANGUAGE STUDY—PERSPECTIVE OF LINGUISTICS AND CULTU

中国出版集团公司
世界图书出版公司
广州·上海·西安·北京

图书在版编目（CIP）数据

语言多维度研究 / 高丽佳，田平，戴卫平著 .—广州：世界图书出版广东有限公司，2017.2

ISBN 978-7-5192-2407-3

Ⅰ . ①语… Ⅱ . ①高… ②田… ③戴… Ⅲ . ①语言学—研究 Ⅳ . ① H0

中国版本图书馆 CIP 数据核字（2017）第 035392 号

书　　名　语言多维度研究
　　　　　YUYAN DUOWEIDU YANJIU
著　　者　高丽佳　田　平　戴卫平
责任编辑　宋　焱
装帧设计　黑眼圈工作室
出版发行　世界图书出版广东有限公司
地　　址　广州市新港西路大江冲 25 号
邮　　编　510300
电　　话　020-84460408
网　　址　http:// www.gdst.com.cn
邮　　箱　wpc_gdst@163.com
经　　销　新华书店
印　　刷　北京振兴源印务有限公司
开　　本　710mm × 1000mm　1/16
印　　张　16.25
字　　数　350 千
版　　次　2017 年 2 月第 1 版　2017 年 2 月第 1 次印刷
国际书号　ISBN　978-7-5192-2407-3
定　　价　48.00 元

"英语语言与英语文化研究文库"总序

一、语言定义与文化定义

（一）语言的定义

《辞海·语言文字》中指出：语言是人类社会最重要的交际工具，它跟思维有密切的关系，是思维的工具，是人区别于其他动物的本质特征之一。没有语言，人类的社会生活就无法维持。从它的结构看，语言是以语音为物质外壳、以词汇为建筑材料、以语法为结构规律而构成的体系。

美国著名语言学家萨丕尔（Edward Sapire）关于语言的定义为：语言是纯粹人为的，非本能的，凭借自觉地制造出来的符号系统来传达观念、情绪和欲望的方法。它是一种文化功能，不是一种生活遗传功能。

《辞海·语言文字》与萨丕尔从不同的认识视角出发来论述语言定义，体现出其不同的研究对象和范围。

语言的定义可分为广义和狭义两种。从广义上来讲，语言是人类用来交际、互通信息的所有符号系统。可以说语言本身也属于文化范畴。从狭义上来说，语言则指人类用于传递文化信息的工具，也是谱写人类文化史最重要的符号。

（二）文化的定义

关于文化的含义，一般来说有广义和狭义两种理解。美国著名学者萨姆瓦（Larry Samovar）对文化的阐释是：文化是一种积淀物，是知识、经验、信仰、价值观、处世态度、社会阶层的结构、时间观念、空间关系概念、宇宙以及物质财富等等的积淀，是一个大的群体通过若干代的个人和群体的努力而获得的。文化是持续的、恒久的和无所不在的，它包括了我们在人生道路上所接受的一切习惯性行为。萨姆瓦对文化的阐释是广义的，即为人类社会历史实践过程中所创造的精神和物质财富的总和。

罗常培在《语言与文化》一书中认为：文化是一个复杂的总和，包括知识、信仰、艺术、道德、法律、习俗和一个人以社会一员的资格所获得的其他一切行为习惯。罗常培所定义的文化是狭义的文化，指社会的意识形态以及与其相适应的制度和组织结构。

文化最难定义，是因为它的含义广泛繁杂，表现形式多样。旧时中国的文化指封建王朝所施的文治和教化的总称。在现代汉语中，从广义来讲，文化指人类社会历史实践过程中所创造的物质财富和精神财富的总和；从狭义来讲，文化指社会的意识形态，以及与之相适应的制度和组织机构。除此之外，文化泛指一般知识，如“学文化”、“文化水平”等。梁漱溟给文化下了既有广义又有狭义的定义：文化，就是吾人生活所依靠之一切，俗常以文字、文学、思想、学术、教育、出版等为文化，乃是狭义的。文化之本义，应在经济、政治乃至一切，无所不包。

在西方，culture 源于拉丁文，意指“耕作”，人们从 agriculture（农业）一词里还能看到该词原义的影子。大概从 19 世纪开始，文化概念转移并被放大，英语及罗曼语中的 culture 一词被用来指人的社会修养，再后来指影响人的行为的文化因素，即一个民族的习俗和精神，包括“语言、思想、信仰、习惯、禁忌、符号、机构、工具、技术、艺术、仪式、标记等等”。

文化是一个复合的整体，其中包括：知识、信仰、艺术、法律、道德、风俗，以及人作为社会成员而获得的任何其他的能力和习惯。

文化的本质为：

（1）文化是经由社会习得的，而非遗传获得的。

（2）文化是一个社团成员所共有的，而非某一个人所独有的。

（3）文化具有象征性，语言是文化中最重要的象征系统。

（4）文化是一个统一的整体，文化中的每一个方面都和其他方面相互联系。

文化可分为四大系统：

（1）经济系统：生态、生产、交换和分配方式、科学技术、人工制品等；

（2）社会系统：阶级、群体、亲属制度、政治、法律、教育、风俗习惯、通史等；

（3）观念系统：宇宙观、宗教、巫术、民间信仰、艺术创造和意象、价值观、认识和思想方式等。

（4）语言系统：语音系统、字位学、语法和语义学。

“文化”是一个富有弹性的概念。就研究视角而言，它包括：哲学的文化概念、艺术学的文化概念、教育学的文化概念、心理学的文化概念、历史学的文化概念、人类学的文化概念、社会学的文化概念、生态学的文化概念。

二、文化与语言的关系

文化研究发展至今，一个较具概括性、广为接受的观点认为：“文化包括一切人类社会共享的产物。”（邓炎昌、刘润清，《语言与文化》）文化可以说是人类所创造的一切物质产品与非物质产品的总和，它涉及并渗入到人类生活的方方面面。大则宇宙观、时空观、人生观、价值观；小则一切社会的生活方式、行为方式、思维方式、语言方式、宗教信仰、道德规范等等，都在文化这个复杂的、多元的、无所不在的现象所辐射的范围之内。

语言是文化的一个方面，是文化主客观的表现形式。语言作为一种社会现象和一种交际工具，无论从广义还是狭义角度讲都理所当然地成为文化的载体，并在诸多方面体现文化。历史上，人类总是用语言来进行思维，然后创造新的文化，新的文化又创造出新的语言，新的语言又产生新的文化。文化与语言是共生存的、相互依赖的、互为关照的。它们如同汉字中的"伐"一样，"你"中有"我"，"我"中有"你"。文化是语言活动的大环境，各种文化因素都必然体现在语言文字之中。在语言活动中，处处都有文化的烙印，时时都可见文化的踪迹。著名语言学家罗常培说过："语言文字是一个民族文化的结晶，这个民族过去的文化靠它来流传，未来的文化也仗着它来推进。"（《中国人与中国文》）

三、英语语言与英语国家文化

（一）加拿大英语与加拿大文化元素

加拿大英语（Canadian English, CaE）是一种在加拿大广泛使用的英语方言。有超过 2 500 万的加拿大人不同程度地使用加拿大英语，占其人口总数的 85%。加拿大英语的一个较大的特点表现在它的兼容性上，即它兼容了许多英国英语和美国英语双重的语言特征。加拿大英语可以被描述成是一种美国英语、英国英语和魁北克（加拿大的一个法语自治省）法语的结合。

加拿大英语英语的一个分支，它的早期发展史同英语的另一大分支——美国英语的早期发展史相似。1775 年美国独立战争后，一条政治上的分界线把加拿大同美国分隔开来，加速了加拿大英语和美国英语之间的差别。200 多年后的今天，加拿大英语变成了与英国英语、美国英语大体相似，而又独具特色的区域性变体。

广义上的加拿大英语指的是加拿大几个不同区域的英语，如纽芬兰英语（Newfoundland English）、滨海诸省方言（Maritimes dialects）、不列颠哥伦比亚方言（Columbia dialects）、中部与草原诸省加拿大方言（Central and Prairie Canadian）等。

加拿大英语既受英国英语也受美国英语的影响，在加拿大英语中有不少"加拿大词语"（Canadianisms）。加拿大英语词汇反映了这个国家的特殊性。加拿大英语吸收了印第安人和因纽特人语言的词汇来指称某些自然现象。法语和英语同为加拿大的官方语言，两者相互对立、相互渗透，加拿大英语中的法语借词就比英语的其他国别变体多，有些英语里原有的法语词在加拿大带上了别的转义。加拿大英语在历史上曾经受到英国英语的巨大影响，但现在主要受美国英语的影响。

加拿大英语虽不是一种独立的语言，但经过上百年的发展已经成为一种独具特色的英语变体。加拿大与美国同在一个地域，美国英语在加拿大似乎无处不在。一方面，由于历史、地理等原因，加拿大英语兼具了美国英语和英国英语的许多语言特征，这种兼容性构成了加拿大英语的一个重要特征。另一方面，加拿大英语在同英语传统核心保持密切联系的同时，也产生了许多源于加拿大独特的历史环境和反映加拿大特有的文化传统的语言元素，形成了加拿大英语的独特性。此外，加拿大是一个多元化国家，所以加拿大英语另一个语言特征还体现在语言来源上的多元性。移民无疑是引发语言接触的一个重要因素。另一个对加拿大英语造成重大影响的因素是与其毗邻的超级大国美国。美国具有强大的平面和立体媒体的力量，美国在意识形态、社会、文化、经济、教育等各个方面都深刻地影响着加拿大英语和加拿大文化。

（二）澳大利亚英语与澳大利地域文化

社会语言学家认为，语言是一种社会现象，它不可能存在于真空中独立发展，而是受存在于语言之外的各种社会要素的制约，如环境、社会地位、人际关系等。从环境角度来看，地理环境、社会环境、文化环境都会影响语言的发展。澳大利亚地域文化环境独特，对澳大利亚英语影响很大。

澳大利亚英语（Australian English, AusE）是英语的地域变体之一，它最早起源于城镇语言，主要是英国东南部的城市语言和爱尔兰语言，由囚犯、冒险家和早期的自由移民从大不列颠带到澳大利亚，再经过与本土的土著语磨合，继而与来自不同文化背景的移民语言相结合，逐步形成了独具特色的澳大利亚英语。澳大利亚英语具有很特别的民族性和多样性。

Australia 这一名称源于拉丁语 terra Australis，意为“南部大陆”。1606 年，荷兰的一位航海家最先发现这块大陆时，误以为是一块直通南极的陆地，即用拉丁文命名为 terra australis（南方的土地）。

Australian 一词最初于 1814 年用以指澳大利亚土著人，但不久便用以指居住在该大陆上的其他人。在语言学家谈及澳大利亚语言时，Australian 一词往往用以指其原义，即澳大利亚土著人讲的语言，不包括澳大利亚英语及其变体。Australia 的缩略词 Aussie 的不同拼写形式有 Ossie 以及 Ozzie，其简化形式 Oz 的应用却大受欢迎。非正式的称为 Aussie English，正式的称为 AusE。澳大利亚人特别喜欢用 -ie 这个词尾。他们认为这个词尾用起来特别方便，它可以加在名词上，也可加在动词、形容词上，而且还可用来将长词缩短。

澳大利亚文化最为突出的特点就是它的多样性。从民族构成来看，澳大利亚是世界上的多民族国家之一，共有 140 多个民族生活在这片土地上，统称为澳大利亚人，其文化的多样性不可避免。澳大利亚民族的组成：从原始土著，到英国殖民，欧洲各国移民，亚洲，尤其是东南亚各国移民来此定居，这就使澳大利亚成为一个多民族、多文化的国家。多元文化反映到语言上的一个鲜明特征就是多语现象。澳大利亚使用的主要语言是英语，但是由于澳大利亚独特的地理位置、民族情况等诸多因素，在历史发展的进程中，演化出许多不同的英语变体。其中包括土著英语、移民英语、白人英语。澳大利亚英语从单纯的殖民英语发展成独具民族特色的地区英语。

澳大利亚英语的历史不过200多年，它虽然受大不列颠影响较深，但目前已发展成一种取向不完全同于大不列颠、也不完全同于美国的，有着强烈地区性特色的语言。澳大利亚英语继承了英国英语的词汇。澳大利亚英语词汇在澳洲这一新的环境里得到了继续发展和丰富。澳英的词汇非常丰富而又具有特色，这与它独特的地域分不开。澳洲大陆的地理位置创造出独具特色的地域文化。所有这一切为澳英词汇的发展创造了极其有利的条件。

（三）英语与印度

由于政治、经济、军事、科技、文化、宗教、殖民掠夺等各种因素的作用，英语在过去300多年的时间里逐渐扩展到了世界的每一个角落，成为世界上用途最大、覆盖面最广的一种国际通用语。但是，这并不意味着世界上只有一种英语形式。恰恰相反，由于历史、地理、语言和社会文化环境等原因，英语存在着许许多多的地域变体。

英语的传播伴随着英国的殖民统治开始。英语直到两次世界大战时才成为一门世界性的语言。在两次世界大战后，几乎所有国家和地区都被卷入了全球化的进程中。广泛而快速的经济活动需要扫除这些国家和地区之间语言上的障碍。因此，英语便成为满足这一需要的最佳选择。众所周知，不同国家和地区的英语都有自己的特点。

印度在当今世界发挥着重要的作用。印度曾经是四大文明古国之一，有着悠久的历史和文明。印度是南亚最大的国家并且是世界第二大人口国，仅次于中国。印度曾是英国最大的殖民地，被英国统治长达200多年。英语在殖民统治之初便传入印度。在殖民统治时期，英语是印度的官方语言。即使在印度独立后，英语依然是印度的官方语言之一。

在英国殖民统治之前，印度是一个有着500多个邦国的国家，而且每个邦国都有自己的语言。出于统治需要，英国殖民者开始在印度精英阶层推行英语教育。在那个年代，人们认为会讲英语是身份和地位的象征。尽管英国殖民统治给印度人民带来了巨大的伤害和损失，但是它的确给印度留下了一件宝贵的遗产——英语。

英语教育、西式教育系统的实施和西方科学思想的引进，培养了一批受西方文化影响的知识分子。这些人善于学习外国的长处，吸收了很多西方文化，并用新的眼光看世界。西方世俗主义思想深深地影响了印度超自然的生活方式，这使得印度传统文化发生了巨大的变化。他们接受了西方民主、自由和世俗主义，深刻地影响了印度的传统文化，在宗教、文学、法律和艺术领域发生了变革。古印度文化、旧风俗和社会制度，从未遇到过如此严峻的挑战和如此深刻的变化。西方文化的进攻促使印度学者开始重视印度传统文化。他们从经典文化宝库中寻求灵感以对抗西方文化。结果，印度文化出现了前所未有的分化，并且变得更加多元化。

（四）南非英语与"种族歧视"

语言是文化的载体，是一国文化的镜子。无论是南非的种族纷争，还是政党斗争均反应在语言现象上。同时，在种族隔离制度下的南非，英语既是种族隔离的内容之一，也是反种族隔离制度的工具之一。因此南非英语不仅深受种族隔离的影响，同时又影响着南非的种族隔离。

南非英语在多语言、多种族、多文化的复杂背景下发展、成长起来，在种族隔离时期，英语受种族歧视的影响。因此，南非英语的一些词语与表达不能仅从字面意思理解，更应该从深层次的隐喻角度进行诠释，发掘南非英语潜在的与种族隔离相关的含义。另外，南非推行种族隔离时期，新政策、新措施刺激了与种族隔离相关的新词新意的产生。隐喻在人类认知方面有两大作用：①创造新的意义；②提供看待事物的新视角。

火柴盒（Matchbox）和大象屋（Elephant-shack）在南非英语中用来指代黑人居住的贫民区房屋。南非种族隔离制度时期，南非当局借口黑人打搅白人的安宁、破坏白人的城市环境，将黑人驱赶出"白人城市"，在约翰内斯堡西郊划出一个西南城区，将黑人驱赶到那里形成贫民区。贫民区的房屋紧张，三四十人的集体宿舍屡见不鲜，南非人称之为火柴盒（Matchbox）。火柴盒的特点是很多火柴拥挤在体积很小的纸盒子里，是隐喻的源域；而南非黑人贫民区的房屋居住环境简陋、拥挤，屋子小而居住的人多，这是隐喻的目标域。火柴盒的特点与贫民区的居住环境具有相似性：火柴堆放在火柴盒里——居住拥挤。

大象屋（Elephant-shack）也是贫民区房屋的一种。由于贫民区住房紧张，有人盖了许多简易房租给黑人，这些粗制的房屋都有微微拱起的屋顶，远远望去，拥挤的简易房好似大象的背，大象屋由此得名。

教育歧视（Gutter Education）亦源自种族隔离制度。根据南非种族隔离制度，南非社会的方方面面包括政治、经济、医疗以及教育都要根据种族区分开来。白人在舒适的学校享受良好的教育，黑人的教育则得不到任何保障。黑人只能在黑人学校上学。南非当局只关心白人的生活质量，不在乎黑人的生死，更不用说黑人教育。学校简陋，教师时有时无，教学资源匮乏，这些因素时常引发黑人反种族隔离的抗议运动，他们高呼"反对教育歧视，反对 Gutter Education"。Gutter 的基本义是"排水沟"。Gutter 使人联想到脏、乱、差，地位卑微，被人忽视等，因此，Gutter Education 使人联想到南非种族隔离制度下，黑人教育的学校简陋、备受南非当局歧视、社会地位低下等状况。

通行证（Dompass）是南非种族隔离制度下的又一特有产物。南非当局将黑人驱赶出"白人城市"，只准他们到指定的地方安家，并不许他们随意外出。南非白人政府颁布了"通行法"，该法规定黑人外出必须携带白人签发的通行证，警察可以随意在街头抓捕不能出示通行证的黑人，甚至任何一个白人小孩都可以要求黑人出示通行证。通行证是一个套在黑人身上的沉重枷锁。南非人赋予该通行证一个特别的名字：Dompass。Dompass 由“哑巴 / 沉默通行（dumb pass）”发展而来，“pass”即通行、通过的意思；“dumb”指“哑的，无声音的”。用 Dompas 即“dumb pass”来隐喻通行证，生动地为我们展现了这样一个情形：南非街头，警察拦下行走的黑人，索要通行证，黑人出示文件，然后被放行。整个过程无需只字片语，Dompas 一词用得非常贴切，令读者体会到了种族隔离制度下，南非黑人的辛酸与无奈。

南非当局甚至禁止把英国作家托马斯·哈代的小说 *The Return of the Natives*（《还乡》）和女作家安娜·休厄尔的儿童读物 *Black Beauty*（《黑美人》）摆上书架，因为前者有 Natives（含有“土著”之意），后者有 Black（含“黑色”之意）。

（五）新加坡英语与中华元素

英语与其他语言和文化的接触会产生两种结果，即全球化和本土化。Glocal（global + local）一词反映了英语全球化到英语本土化的发展。随着 20 世纪 90 年代国际互联网的普遍使用，英语国际化的趋势更加势不可挡。然而英语在国际化的同时，又出现了本土化倾向。带有强烈地域色彩的新加坡英语的出现就是英语本土化的最好例证。

新加坡英语是众多英语变体中的一种。早期英国殖民者在当地办起学校，英语从此被传播、使用。由于多种族聚居，人们最早使用的英语类似于一种洋泾浜英语，即语法简单，发音不稳定。尽管新加坡国土面积很小，仅有 647.5 平方千米，但种族、语言和文化却相当丰富。新加坡是除中国大陆、港澳地区、台湾地区之外唯一以华人为主，且华人占大多数的国家，华人主政堪称是一大优势。新加坡现有人口 400 多万，其中以华人比例最大，占 77.4%；马来人次之，占 14%；印度人占 7.2%。

人际交往与语言接触属于二位一体的存在。易言之，语言就是人，人就是语言。语言的接触就是人的接触和交往，语言的影响就是人的影响。由于人种复杂，新加坡的语言背景自然也复杂起来。上述三大族及其他种族的语言又分为很多方言的语支，如以华语为母语的华人，其方言就达十几种。其他语言如马来语（新加坡国歌“Majulah Singapura”就是用马来语创作的）和泰米尔语，也可细分为多种语支。这种移民社会所特有的复杂的语言现象，为英语在新加坡的落地生根，提供了得天独厚的有利条件。

受华裔的母语影响，新加坡英语中掺入很多汉语（确切地说是我国南方方言）的词汇及语法，非英语成分很大，具有很强的混合语的特征。随着一代又一代的新加坡人以母语的形式学习这种英语，它的语音、语法、词汇逐渐定型，最终形成现在这样一种成熟的英语变体。严格意义上讲，新加坡英语已不是 Standard English（标准英语），而是形成了特有的 Singaporean English，也称为 Singlish（新式英语）。Singlish 的使用得到社会的认可，但新加坡前总理李光耀批评这种 Singlish 为 slovenly，不规范而且邋遢、懒散，并鼓励国民学讲 clear and clean English。然而提到学习语言的情况时，新加坡民众认为 Standard English 不是他们自己的语言，而且永远也不会成为自己的语言。Singlish 的赞同者说，Singlish 是英语这棵大树一个新的、独一无二的、有生命的分枝。为 Singlish 辩护的人说，标准英语的语类很多，爱尔兰人的花言巧语、伦敦的方言、澳大利亚的土腔，而 Singlish 就是这个多口音俱乐部里的最新成员。新加坡前驻联合国大使 T. T. B. Kob 曾经说道 ："当我在国外开口说话时，我希望我的同胞很容易就能识别我是新加坡人。" 这句话典型地反映出新加坡人对新加坡英语"地区性"和"民族性"的要求。

（六）新西兰英语与毛利语言文化

新西兰有两种语言和两种文化——古老的毛利语言和文化与移植的欧洲语言（英语）和文化。在新西兰，人们会时刻感觉到传统的毛利文化和毛利语言。新西兰是一个主要由两个民族——欧洲白人移民和土著居民毛利人组成的国家。欧洲白人移民大批迁入新西兰后，英国移民与其他欧洲国家的移民相互融合，形成了一个新的民族——英裔新西兰人，而当地的土著居民毛利人则是新西兰重要的少数民族。因此，长期以来新西兰存在着两种语言和两种文化，即英语与移植的欧洲文化和古老的毛利语言和文化。

从殖民历史来看，新西兰毛利人的命运不同于美国的印第安人和澳洲的土著人。毛利人较早在社会生活甚至婚姻上与白人结合起来。并且由于毛利文化整体性较强，其本民族语言文化的根并没有在殖民统治中被砍断。毛利文化在新西兰一直占有一席之地。现在，新西兰有 140 多所小学开设毛利语言文化课，有毛利语广播电台，1980 年后还成立了 Pakeha 毛利电视制作中心。而在两种语言并存的社会里，语言的相互渗透和融合是不言而喻的。不少毛利词汇进入新西兰英语中，大大丰富了英语的表现力。

英语国家在世界政治、经济舞台上占有非常重要的位置，英语已成为一种世界性的语言。但不同区域的英语有其自身的独特性。在经济文化交流日趋频繁的今天，了解、掌握英语的区域性特点，有助于跨文化交际的顺利进行。而词汇作为语言最基本的元素，是值得首先关注的对象。对新西兰英语词汇特点的探讨有助于我们对英语这一世界性语言的全面认识。

人们对新西兰英语持不同见解。有人认为，新西兰英语不纯正，不规范，是全球最难听的方言。还有人认为，新西兰英语是乡巴佬英语，难登大雅之堂。这类观点当然是偏见。新西兰英语因地理位置、毛利语等因素的影响而别具一格，正因为此，它才值得我们研究。

（七）美国英语与美利坚多族裔文化

美国是一个十足的、典型的世界各国移民的汇集之所，它的民族形成是人类历史上颇具特色的一章。美国的国民来自世界上不同的民族，操持着不同的语言，有着迥异的文化背景，代表不同的肤色和不同的宗教信仰。美国国玺正面的拉丁文 E Pluribus Unum（万众一体）是美利坚合众国的箴言。美国英语是“合族国”人们用于社会交往、思想沟通和信息传递的工具。为了表达美利坚民族独具一格的特征，美国英语独创和发展了大量极富美民族文化内容的词语。它们是人们了解美利坚的族裔构成、族裔渊源和族裔文化不可缺少的史料。

语言是与时共进的，美语中的部分新词语显然与美国多族裔文化有关。在美国，大量来自西班牙语国家的移民在使用英语时将许多西班牙语的词汇掺杂到英语中来，美国英语和西班牙语杂交，例如：faxear（发传真）、la jacket（夹克）、taipear（打字）等，这种现象在美国英语中叫 Spanglish（Spanglish 为 Spanish 与 English 的混合词）。

19 世纪 40 年代以前，现在美国南部的大片领土，例如，得克萨斯州、加利福尼亚州、新墨西哥州；重要城市，如洛杉矶、旧金山等，都属于墨西哥。1848 年美墨战争，墨西哥战败，墨西哥政府被迫将上述土地割让给美国，大批原来的居民成了“美国公民”。但是，他们仍然保持原来墨西哥的风俗习惯，而且 100 多年来世世代代相传。美国英语中的 Mexicanization（墨西哥化）一词就是这一事实的写照。

Thanksgiving（感恩节）是美国最大的一个传统节日。从感恩节的名称看，它似乎是一个宗教的节日，其实并非如此。感恩节起源于当时北美的英国殖民地普利茅斯，移居该地的外来移民于 1621 年获得丰收后，在这一天举行欢庆，以感谢上帝赐予丰收之“恩”。美国独立后感恩节逐渐成为美全国性节日。欢度感恩节时美国人在习俗上一定要大嚼的 turkey（火鸡）也与美国早期移民有关。当美国人的祖先移居到新大陆，初登陆他们就遇到农业歉收。正直寒冬来临，移民以为在劫难逃，就听天由命，不料在这绝望之际，从远处飞来了一大群火鸡，这才使他们绝处逢生。人们一直以为是上帝给他们恩施火鸡渡过难关，因而为“感”此“恩”，形成吃火鸡以纪念的习俗。

19 世纪末美国“淘金热”期间大批中国劳工在美国爱达荷州的山区做苦工。一个深受疾病折磨的中国劳工预感到自己将不久于人世，于是爬上了一处山顶，等待着死亡的降临。后来，人们只发现了他尸体的一些碎片，其余已落入野兽之口。在附近干活的矿工为了纪念他，将这座山命名为 chink。

产生于美国英语的 immigrant（从外国移入的移民）一词于 1789 年问世。美国英语中 nativism 也与移民有关。Nativism 意思是美国的本土主义，其实质是美国历史上的一场以排外思想为理论根基，以反对天主教、犹太教、亚洲和拉丁美洲移民为主要任务，以维护美国白人主流文化为主要目标的运动。U.S. English（美国英语）就是 1983 年建立的一个全国性的本土主义者的组织。Americanization 特指美国历史上 20 世纪上半叶掀起的同化外来移民的“美国化”运动，其目的是要使移民不但在思想上认同美国的自由、平等和民主观念，而且要在生活方式上与美国白人社会相适应。美国英语中没有“英国方式”、“中国方式”、“日本方式”、“阿拉伯方式”等专门术语，却有 Americanism（美国方式）一词，Americanism 一词的产生也与美国的移民息息相关。

美语中 nigger 这个词来自拉丁语 niger，最早的文字记载可追溯到 1786 年，当时的奴隶主用这个词来称呼他们的非洲裔奴隶。Wigger 由 white（白人）和 nigger（黑人）结合而成，意指“采纳黑人文化的白人”。Negro 一词源自 Negroid，意思是“黑人人种”。美国的黑人可能来自海地、牙买加、塞内加尔、尼日尔、佛得角、埃塞俄比亚或索马里。当今美国黑人的“根”千差万别。因此在美国英语中，在更多的情况下，African-American/Afro American （Aframerican）与 black/black American 同时被使用。此外，就拿“黑人英语”这个术语的表达方式来说，就有好几种：Black English、African American English、Vernacular Black English、African American Vernacular English、Ebonics（Ebony ＋ Phonics 黑色的语音学）。

在美国，除了最常用的称呼 white 表示白人外，另一个称呼白人的词是 Caucasian。Caucasian 一词源自 Caucasoid（白人种）。Caucasian 一般是指北欧、东欧和西欧人的后裔。美国白人被统称为白人种族，后来用 Caucasoid race（高加索种族）代表白人种族。

20 世纪 60 年代之前，美国的拉丁后裔缺少一个单一的称呼，不管他们是否出生在美国，一般是将他们分别称呼。1978 年，Hispanic 这一称呼创立出来，于是所有西班牙语裔的美国人都被归纳到了这个称呼之下。Latino 这个称呼比 Hispanic 的范围要窄，其仅仅表示西半球的拉丁国家在美国居住的后裔。Hispanic 这个称呼现在在美国运用得越来越广，不仅包括西班牙语的民族，还包括不讲西班牙语的巴西人、海地人等。

族群关系紧张和种族歧视，一直是造成美国最大内伤的社会痼疾。美国主流社会同伊斯兰教徒、少数族裔的相互猜忌，族群矛盾同宗教矛盾、文化矛盾、移民问题、外国人的法律地位问题等纠缠在一起，日趋复杂。美语新词 Islamophobia（伊斯兰恐惧症）一词的出现则是由于很多美国人把 Islamism（伊斯兰教）等同于恐怖主义的结果。

美国社会把亚裔美国人不当作真正的美国人的现象是非常普遍的。Oriental（东方人）一词含有贬义，是一个带有侮辱性的名称。Oriental 这个词贬低了亚洲人，它是在 17 世纪英国向东方扩张势力时出现的。生活在欧洲东部的人一概被称为 Oriental，意思是看起来充满神秘和异国气息的，有着塌鼻梁和黑头发的人。Asian Americans、Easterners、Asians 这样的称呼不受亚裔美国人的喜欢，因为这样的范畴掩盖了日裔、韩裔、华裔等亚裔人之间的重要文化差别。他们有自己独特的文化传统和风俗习惯，有自己的“母国根”。因此，很多亚裔美国人更愿意被称为 Chinese-American、Japanese-American、 Filipino-American 等。

英语 indigenous 一词虽然有本土的意思，但印第安人却被称为土著民，因此不被当作美洲的主人来看待。印第安文化也就被视为土著文化而没有被称为本土文化。20 世纪 60 年代开始使用的 American Indian、Native American 称呼纠正了哥伦布把美国原著民称呼成 Indian（印第安人）的错误。如同美利坚其他民族都在保留自己的风俗与传统，并努力表现各自的文化特色、各自的身份个性一样，同样的情况也发生在美国印第安人的称谓上。虽然一些美国印第安人认为 American Indian 和 Native American 这两个称呼可以互用，单独的 Indian 这个称呼也可沿用，但大多数的印第安人更愿意被称呼为能代表各自部落和文化的称谓，如 Shone、 Kiowa、 Apache、 Seminale、 Navajo、 Cherokee 等。Inuit（因纽特人）也不愿意被称为 Eskimo（爱斯基摩人）。

在美国英语中，minority（少数族裔）一词是 nonwhite（非白人）的意思。在美国，只要说“我是 minority 美国人”，那么美国人就知道，说话人的意思是说他是黑人、拉美裔、亚裔、印第安人或是任何其他混血种人。西班牙裔、黑人、亚裔、印第安人与阿拉斯加原著民、夏威夷土著与其他太平洋岛民等，都被称为美国的“少数民族”。

在美国英语中，race 与 ethnicity 在释义上是有区别的。美语中，race 是以“皮肤颜色”为区别的、以生理特征为依据的概念。Race 是美国的一种社会结构。Ethnicity 的概念从 20 世纪中后期开始在美国流行。在美国人看来，ethnicity 可以用来描绘某一个种族文化的内容，包括语言、宗教、社会礼仪和其他行为方式。通常在美语中，ethnicity 这个词的形容词 ethnic 可与 group 连在一起使用，而 race 的形容词 racial 则不与 group 连用。美国人认为，ethnicity 是多样化的，是容易改变的，而 race 则是不可改变的。

（八）英国英语与不列颠人的“岛性”

就不列颠人的心态而言，他们是“岛民”。莎士比亚《理查二世》第二幕第一场里老约翰说得明明白白。他说：“这大自然为自己营造，防止疾病传染和战争蹂躏的堡垒，这英雄豪杰的诞生之地，这小小的天地；这镶嵌在银色大海里的宝石，那大海就像一堵围墙，或是一道沿屋的壕沟。”

从地理位置上看，英国是孤悬于欧亚大陆之外的岛国。英吉利海峡和多佛海峡把英国和欧洲大陆分开。“海峡”的确给英国人造成“一个英国，一个欧洲”的深厚观念。有一句格言说得好：地理创造历史。“岛国”的特殊地理位置使它长期游离于欧洲社会的主流之外。不列颠人的“岛性”极强，总是自以为了不起，以老大自居。当英格兰人主宰着大英帝国，大英帝国又主宰着世界的时候，那种傲慢无礼的表现尤为突出。历史上，英国曾几次被外族人入侵，不但没有被异族同化，相反却同化了入侵者。历史上，诺曼人用武力征服了英国，但是不列颠人却用自己的民族语言 English 战胜了统治阶级的语言 French。这对于一个蒙受耻辱的“岛国”民族来说无疑是一种由衷的骄傲。就英国的国名而言，Britain 虽多次历经外族人的入侵，但不列颠人不仅捍卫了Britain这一国名，而且还要在Britain前面冠以Great，这在世界其他国家的国名里是没有的。

不列颠人生活在一个海岛上，在某种程度上远离席卷欧洲及其他地区的政治、社会动荡。欧洲大陆上的许多国家经历了统一、分裂、战争、重新统一和彻底改造的过程，而英国的制度只是以温和的方式发生了某些变化，而且往往是在最后的时刻。在这整个时期，英国一直是一个君主立宪制国家。它根本就没有进行大动荡的欲望。英国有一个较美国或其他欧洲国家更长的历史，较长期的封建统治使英国人更具容忍、安于现状的品质。即便是创建了大英帝国也没有改变岛国人思想守旧的基本特征。历史上英国是个Monarchy（君主国），如今她仍然是Monarchy。英国的国歌仍旧是*God save the King/Queen*（《神佑吾王》）。岛民所固有的保守主义，使变革对他们没有什么吸引力。历史悠久的英国文化造成了社会生活中根深蒂固的沿袭先例的传统，英国人习惯于遵奉惯例的习性、接受传统的约束。Conservative一词可以说就是岛国人顽固的保守传统的写真。英国两大主要政党之一的保守党就是用conservative冠名的。斗转星移，时过境迁，大英帝国已如昨日黄花，但英国还留恋其传统：对欧洲的孤立。

每个传统的英格兰家庭都有一个房间、一间阁楼、地窖或车库，里面堆放着各种杂物，从古时的老古董到近些年前图案古怪的成卷墙纸。这反映出岛国人的一种“死不悔改”的生活态度。岛国人穿越时间，就像他们真的穿越空间那样，拖着一堆毫无用处的行李。在现代社会中，电力和天然气用于室内保暖和取热在很长一段时间内已经完全替代了煤火的使用。但在一般英国人的居室内仍旧设有虚设的fireplace（壁炉）。在英国，法官和律师出庭时须戴环形卷发发套，或称wig（假发），迄今已有300多年的历史。近些年来英国庄严肃穆的法庭也与其他国家的法庭一样正逐渐现代化，电脑和其他高科技产品已涌入法庭。但英国法律界的守旧势力根深蒂固，法官及律师戴wig出庭的规矩却岿然不动，不肯退出历史舞台。

近几个世纪以来，英国由一个蕞尔小邦发展成为海军强国、工业强国，帝国的强盛和优越的地位，使英国人坚信盎格鲁-撒克逊文化的完美，以及油然而生的民族自豪感和爱国心，海岛大国的特殊位置又赋予了英国人退守岛国的保守而超然的欧洲惯性思维。但英国绝非与欧洲毫无关系，不列颠人常说自己的国家是“四个民族，一个王国”。一个王国就是联合王国，四个民族就是今天的英格兰人、苏格兰人、威尔士人和爱尔兰人，这四个民族都是古代若干来自欧洲的种族和部落互相斗争、互相结合、长期演化的结果。

戴卫平

2015年1月

前　　言

语言是所有语言学家研究的对象。然而，如何看待语言的性质，语言学家却是“仁者见仁，智者见智”。一个人对语言的总体认识就是他的语言观。认为语言是怎样的，就会沿着这样的思路来思考，从而形成一种倾向性和定势，成为语言的研究方法。语言有很多性质，不同的语言学派往往强调了语言的不同性质，有不同的语言观：①语文学时期——语言工具观；②结构主义语言学——语言系统结构观；③功能语言学——语言社会交际观；④生成语言学——语言心智观和生成观；⑤认知语言学——体验认知观。

语言由人类创造，为人类所使用，并在使用过程中得到发展。Buhler 认为语言有三大功能：①描述功能，即对各种事实进行陈述的功能；②表达功能，即表现讲话者本人各种特点的功能；③呼吁功能，即对受话者施加影响的功能。Jakobson 把语言功能分为六种：①指称功能，即对现实世界和虚构世界中的各种现象进行描写的功能；②情感功能，即直接表达讲话者对讲话内容所持态度的功能；③意动功能，即讲话者借助语言对受话者施加影响，并达到某种实际效果的功能；④寒暄功能，即不是为了交流信息而是为了建立和维持社会接触而进行日常应酬的功能；⑤元语言功能，即用语言去解释语言的功能，又为解释功能；⑥组诗功能，即对诗歌形式所含的信息本身加以组织的功能。Richards 认为，语言具有以下四种功能：①表达意义的功能，即对事物或状态进行描述的功能；②表达感情的功能，即表达讲话者对各种事物和状态所持态度的功能；③表达语气的功能，即表达讲话者对受话者抱有何种态度和看法的功能；④表达意图的功能，即表达讲话者想通过讲话达到某种目的的功能。Lyons 认为语言有三种功能：①描写功能，即对实际信息和状态进行陈述的功能；②社会功能，即建立和维持社会关系的功能；③表达功能，即表达讲话者本人特点的功能。以韩礼德为代表的系统功能语言学家认为，语言之所以发展到现有的形式，由语言所承受的功能造成。韩礼德将语言的功能分为：微观功能、宏观功能和纯理功能。系统功能语言学始终把语言的实际使用——语言在一定情景下的应用，即情景中的语篇，确立为语言探索的对象，把语言在实际情景中表达的意义，即语言发挥的功能作为语言研究的主要关注，把语言交际视为一种社会人所从事的社会行为，而这种行为是在包含着情景、语言、功能这三个系统的行为框架里运行，因此把对情景、语言、功能等系统的描写及其彼此之间的阐述（如语言形式与情景之间的建构和限定：一定的语言形式建构一定的情景语境，而一定的语境又决定了选择一定的语言形式；功能与措辞之间的选择与体现：意义与语言形式即措辞间的选择范围，形式对功能的体现关系）作为其语言研究的出发点和归宿。

人类语言本身有一个体系，这个体系不是浑然一体、单层次的，而是包含多种层次。语言的层次性是语言的基本特征。语言的层次性使语言区别于其他符号系统，使语言具有许多其他符号系统所没有的特征，如语言的“生成性、任意性、移位性、交互性”（张德禄）。语言的不同特点和功能反映在不同的语言层次上。

思想依赖于大脑物质，当然通过大脑物质遗传。人类大脑的物质结构限制着人类语言。乔姆斯基认为，对语言这类认知系统或心智结构的抽象研究就是对大脑的研究，或者说是大脑科学的准备工作，可以为大脑研究提供理论和概念基础。乔姆斯基认为语言是一种心智器官，心智是与大脑紧密相关的，而大脑又是人的大脑，人是物质世界的组成部分，所以语言是与大脑相关的自然客体。语言既然与大脑有关并且还反映了心理，那么人所关注的就应该是语言的生物属性，所强调的就应该是语言的生物机制。他认为，人的语言能力贮存于大脑中，是人脑的一个有机组成部分。当我们说人们掌握了某种语言，这显然不是说把所有该语言的词组、句子都贮存于大脑之中。相反，存在于大脑中的只能是某种语言的规律和词汇。乔姆斯基把语言看作是心智的一面镜子，人对语言内在规律的认识就是对人脑的认识，语言研究的最终目标就是解释使得语言成为可能的大脑的神经心理机制。他认为，语言是一种心智活动和表现；语言机制是心智的组成部分，最终是大脑的组成部分；对人类语言的研究就是对人类心智，最终是对人类大脑的研究。

现实决定认知，认知决定语言。语言反映认知，认知反映现实。语言影响认知，认知影响现实。不同的语言结构、不同的语义系统，将对人们的认知产生不同的影响。人类语言促进了人类认知的发展，而人类认知的发展进而决定着人类语言的进步。

语言是一个多媒介的物质，是一个非常复杂的现象，是一个极其庞杂的人类交际系统，因此世界上不可能只存在一种覆盖语言所有领域的研究方法或立场。因此，我们可以从多维角度研究语言。这样，不同的研究立场或方法之间相互借鉴、互为补充，就能全面揭示语言的奥秘。

本书是三位作者多年来对语言与语言学、语言与文化研究的成果。吉林大学高丽佳教授撰写其中的十章（大约15万字）；吉林大学田平副教授撰写其中的七章（大约10万字）。中国石油大学（北京）外国语学院的王丹丹（2.5万字）、林颖（2.5万字）、隋亚芹（2万字）、马冷君（2万字）、高源（2.5万字）、李智（2.5万字）参与本书相关文献的翻译；全书由中国石油大学（北京）戴卫平教授统稿。

高丽佳　田　平　戴卫平

2016年10月

目录

第一部分　语言与语言学研究

第二部分 语言与文化研究

第一部分
语言与语言学研究

第一章　语言——本质

“语言学理论或学派的建立，总是以某种语言观作为指导思想的，而某一语言观往往也总是某种哲学观的反映。对语言性质的认识就反映了某一语言观，也是某一哲学理论的具体反映。语言有很多性质，不同的语言学派往往强调了语言的不同性质。”

1. 生成语言学——语言

关于什么是语言，生成语言学大家乔姆斯基一贯的、根本的主张是：语言是位于人类心智中的语言认知系统的状态，是一种心智器官。语言官能、语言认知系统、内在化语言等术语的意义和所指是一样的，都是指乔姆斯基所理解的语言。语言的本质在于人类成员的心智 / 大脑中存在着一个由遗传所决定的，通过生物性天赋而来的语言机能。

乔姆斯基研究语言的目的是要揭开这样一个秘密：一个人的语言机制是一种什么样的机制？人的大脑所具有的语言能力是一种什么样的语言能力？

从 20 世纪 60 年代后期开始，乔姆斯基发表了一系列的有关“语言”的论著，反复和深入地阐发了他的语言观。在语言研究方法上，乔姆斯基把人脑当作一个有机的整体来看，把语言看作人脑的一种物质属性，强调语言研究是心理学的一部分。乔姆斯基从心理学角度把语言能力看成是潜含的、稳定的、长久的人脑的特性之一，而且这种语言能力是动态的，是生成语言过程中的潜在能力。在以乔姆斯基为代表的生成语言学家看来，语言的习得是心理现象，语言的使用过程也是心理现象。因此，语言的生成与理解都离不开对人类心理活动过程的研究。

生成语法把语言看成是一个自在封闭的系统，语言能力与其他一般认知能力和概念结构相分离，独立运行于自身的规则和特征。生成语法把语言看作可以孤立地进行考察的符号系统，并着重于描写和解释这些系统。生成语法把语言看成是一套规则。

过去的语言学家认为语言是第一性的，语法是第二性的，因为语法是从语言中归纳出来的。乔姆斯基的看法却恰恰相反。在他看来，语言是由一切可能生成的句子组成的无限集合，是举不穷、说不尽的，根本不可能是现实世界中存在的客体。语法知识倒是客观存在于人的大脑中的，是在大脑物质基础上产生的心理能力。语法是第一性的，语言是第二性的。

2. 功能语言学——语言

在韩礼德等功能语言学家看来：①语言是一种社会符号，是整个符号系统中的一个极为重要的子系统。②语言交际是人的活动，而人是社会的成员，是社会人，因而语言交际是一种社会行为，也就是人与人之间的行为。人们通过语言系统进行复杂而有效的交际，从而达到各种各样的目的，是人类区别于动物的重要特征之一。功能语言学始终把语言的社会性放到一个十分重要的位置加以研究。用韩礼德自己的话来说，功能语言学是一种研究“机体之间”关系的语言学。

功能语言学家认为，语言是意义的源泉和潜能，是由各种语义子系统构成的大系统。运用语言的能力是后天发展而成的，离不开社会环境和文化传统等外界因素的影响。韩礼德在研究语言的掌握时，使用“语言发展”这一说法，其用意就是强调语言社会性的同时，强调语言能力的后天性。

功能语法是从社会语言学立场出发研究语言，因此韩礼德有其独特的对于语言性质的看法。韩礼德借鉴伯恩斯坦（Beinstein）的社会学思想，认为语言是一种社会行为。语言在儿童发展成为一个社会人的过程中起着至关重要的作用。

功能语法将语言和语言以外统称为“社会”的外部世界联系起来加以研究，说明语言在社会交际中发挥什么作用，或者说明人们在社会环境中运用语言可以做些什么事。功能语法把语言看成是表达意义的手段。

功能语法把语言看作一个资源，一个系统网络，讲话者在语言交际中从这个系统中进行选择。对语言的选择要和语言产生的环境结合起来，与语言的文化语境和情景语境结合起来，从而产生适合于语境和交际目的的语言。

3. 认知语言学——语言

在对语言的基本看法上，认知语言学持这样一些假设：

（1）语言不是一个自主的认知器官；

（2）语法是概念化过程；

（3）语言知识产生于语言运用。

认知语法认为，语言形式和意义之间的联系不是绝对任意的，语言具有理据性和象似性的重要特征。这代表了认知语法与传统语法的一个重要分歧，也表达了认知语法的一个根本概念。语言理据性和象似性概念的提出，摆脱了传统的语言任意观的片面性，重塑了一个更为全面的语言观。

认知语法认为语言不是独立的系统，它是客观现实、生理基础、心智作用、社会文化等多种因素综合作用的结果，对语言的解释必须参照人的一般认知规律和百科知识。要将语言描述清楚，必须充分考虑这些因素。认知语言学将语言视为一个非自主系统的观点，将语言置于人与环境、人与同类的交往这一大背景之下，认为在语言和人类的普遍认知能力之间存在密切的、辩证的关系。语言不是大脑中的一个独立部分，而是认知结构的一个组成部分。认知语法强调语言就是认知的表现，所有的语言表达方式都可以从认知层面上找到解释。

语言是一个多媒介的物质，是个非常复杂的现象，是一个极其庞杂的人类交际系统，因此世界上不可能存在一种覆盖语言所有领域的语言研究方法或立场。易言之，不同的语言学派往往代表了一种研究立场或方法，擅长于研究语言的某一特定领域，因此它们之间如能互相借鉴、互为补充，就能全面揭示语言的奥秘。

一、语言是什么

在乔姆斯基看来，无论是传统语法还是结构主义语法，都只满足于描写语言，都没有回答一个最根本的问题："语言是什么？"关于什么是语言，乔姆斯基一贯的、根本的主张是：语言是位于人类心智 / 大脑中的语言认知系统，是一种心智器官。（吴刚，1998：87）人类与生俱来的"语言器官"就如同我们天生有一颗心、两只手、两条腿一样，都是进化的产物。它跟其他器官的主要区别在于它并不是一种有形的"硬件"，而是一种无形的"软件"。（石毓智，2005：9）对语言的研究就是对心智的研究，这是生成语法理论的一贯主张。

乔姆斯基把语言研究的对象定位于语言能力或内在性语言，即人脑中的语言知识。语言的研究是关于心智、关于大脑的研究。对语言本质的认识最终要归结到对大脑结构的认识。因此乔姆斯基认为，语言学的任务就是揭示人大脑的初始状态和内化了的语法规则。语言学之所以有意义，是因为语言研究是一座最有希望通向人的心智奥秘的桥梁。

二、语言本质

乔姆斯基认为人类语言的本质就是这一知识是如何构成的问题，他将其称作"洪堡特问题"，因为德国著名学者洪堡特曾经对这个问题做过认真的思考和分析并提出了非常有启发性的见解。洪堡特（1836）认为："语言实际上不是产品，而是一种创造性活动。""语言实际上是心智不断重复的活动。"（吴刚，2006：3）语言的本质就是"有限手段的无限使用"（吴刚，2003：367）。与此相类似，丹麦著名语言学家叶斯帕森主张，语言学最基本的目标是发现存在于说话人心智中的"结构概念"，这些"结构概念"使人们能够生成和理解语言的"自由表达式"。

基于上述概念，乔姆斯基认为，人类语言的本质就是语言知识是如何构成的问题。就当代认知心理学的理论概念而言，语言知识的本质在于人的心智 / 大脑中存在着一套语言认知系统，表现为某种数量有限的原则和规则系统。人一旦拥有这一系统，就能产生和理解数量无限的新的语言表达式。

乔姆斯基生成语法在其发展过程中涉及许多具体规则、假设、机制，理论模型等的产生、修改、取消。但是，其生成语法研究的宗旨始终没变，那就是对人类语言知识的本质、来源和使用的研究和探索。乔姆斯基希望通过研究作为知识一部分的语言知识的获得问题来揭示人类如何获得知识，进而揭示人的心智和人的本质。

三、语言知识来源

乔姆斯基认为语言知识的来源问题，是西方哲学中的“柏拉图问题”的变体。所谓“柏拉图问题”是：我们可以得到的经验证明是那样贫乏，我们是如何具有如此丰富和具体明确的知识，如此复杂的信念和理智系统的？这里的关键问题在于“刺激的贫乏”和所获知识之间存在的巨大差距。

为了探索这个奥秘，乔姆斯基（Chomsky, 1988: 4）提出以下四个问题：

（1）（语言）知识系统是什么？操自然语言者的心智 / 大脑中有何知识？

（2）（语言）知识系统是如何出现在心智 / 大脑中的？

（3）（语言）知识是如何用于口头表达或书写的？

（4）（语言）知识系统及其运用有何物理机制作为基础？

柏拉图认为人之所以能够从相对贫乏的经验中获取丰富的语言知识，是因为“前世”的缘故。而生成语言学家则认为人的语言能力是通过遗传先天获得的。在乔姆斯基看来，语言知识是以某种在目前来说几乎还完全不为人们所了解的方式存在于人的大脑之中。在人的心智 / 大脑中，存在着由生物遗传而天赋决定的认知机制系统。虽然儿童在习得语言过程中所接触到的语言输入残缺、不足，但他们最终却能掌握一套丰富而又复杂的语言知识系统。这种最终获得的语言知识与语言输入间的差异使乔姆斯基相信语言习得的成功得益于天生的语言机制。正是与生俱来的语言机制使得儿童克服语言输入的缺陷，顺利掌握语言。

四、语言禀赋

美国传统的结构主义语言学派认为人脑生来是白板一块，这块白板在后天经验中通过机械的“刺激—反应”方式，学会了说话，即人们常说的“行为主义”。行为主义心理学的基本思想是：

（1）只有行为，没有精神，心理、意识之类的精神因素最终也都应归结为行为。

（2）一切行为都是物理原因造成的，都可以看作是有机体对环境造成的刺激所做的反应。

（3）环境决定一切，遗传不起作用。

乔姆斯基认为“行为主义”不对，理论似乎也很简单：

（1）如果生下来的时候人脑是白板一块，那么狗的脑袋也应该是白板一块，这样人和其他动物就没有任何先天的差别。

（2）同样是白板，同样是“刺激—反应”，为什么小孩自然而然就会说话，而其他动物则不能。

乔姆斯基在批判行为主义时指出，“人类的语言行为与实验室里的动物行为有着根本的不同。人脑有推理、概括等功能，这是与生俱来的，是遗传决定的”（刘润清，1995：209）。小孩在生下来之前，大脑就具有遗传下来的人种属性，其中包括一个可以使人在后天环境作用下学会使用人类语言的生物属性，人天生的语言禀赋，就像鸟具有会飞的禀赋一样，不需要很多学习。因此人的语言能力的获得和形成是人脑固有属性和后天经验相互作用的结果。乔姆斯基之前的语言学研究不承认或不理会人脑在语言能力获得中的作用，否认人类语言的生物属性，而乔姆斯基的生成语法学思想正是在承认并研究人类语言生物学属性的基础上同传统语言学分道扬镳的。

五、语言能力

乔姆斯基认为，人类作为世界上一个独特的，唯一具有说话能力的动物，必定在大脑中存在着一种先天的语言能力。根据乔姆斯基的普遍语法观，人具有天赋的语言能力即语言基本设计的心智组件。语言能力和心脏类似，是一种“心智器官”。乔姆斯基认为，语言能力通过基因的遗传先天地存在于每个健康人的大脑里，这就如同每个健康人都有视觉和听觉能力一样。就像昆虫的导航能力或者哺乳动物的视觉分析能力一样，人类的语言能力有一部分已经进入了遗传。“主司语言的人脑器官在生下来的时候好像内置着一个程序系统，这个程序系统在后天经验作用下，指挥着大脑的发育成长，使主司语言的人脑器官发育成熟，‘长出’了一个实现语言能力的实体性的‘语法’，使人具有使用语言思维和交际的能力。”（宁春岩，2001：F23）语言不是学会的而是发展而成的，就像花蕾成为花不是学会的一样。

在探究人类的语言能力时，乔姆斯基主要关注三个基本问题，即语言知识是由什么组成的？语言知识是怎样习得的？人们是怎样运用语言知识的？

六、语言机能

在最简方案中，乔姆斯基认为，人类的心智和大脑提供了一组认知特征和能力用来参与语言的使用和理解。他把这部分称作语言机能，并且坚持认为语言机能的初始阶段是由类属决定的，它在很大的程度上专为实现上述功能而存在。有理由相信语言机能的初始状态在一些关键方面显示出人类特有的属性，在生物中是不寻常

的。（龚放，1999：3）

乔姆斯基所说的语言机能其实就是人心智的一部分，与人体其他生理结构一样是人在长期进化的过程中形成的，是一种生理和物理状态。语言材料是人脑所感受的外部刺激，是感性经验，人类学会某种具体的语言主要是因为他们具有语言机能。乔姆斯基将语言机能等同于普遍语法。普遍语法是一种抽象的结构体系，是生成各种具体语言的基础体系，但在乔姆斯基看来，它就是语言机能，即语言的初始状态，同时也是人脑的一部分。

七、语言与内在主义

语言研究主要有内在主义立场和外在主义立场。内在主义的研究范围是说话人 / 听话人的大脑内部，而不是人脑和外部世界的关系。（程芳，2007：364）内在主义的研究方式主要关注人类心智 / 大脑的语言机能或者说语言器官及其状态。

生成语法对语言的科学认识是内在主义的。这里的“内在”是指内在于人类的心智 / 大脑。在生成语法创立之前，在语言学界占统治地位的是各种形式的结构主义语法。结构主义语法对语言的认识是外在主义的。结构主义语言学家认为，语言是一个言语社团所能产生的全部话语。根据这一语言观，结构主义语法研究所使用的方法是在广泛搜集语料的基础上，通过切分、归类、替换等程序分析概括出有关语言的语法规则。这些结构规则存在于外部世界，外在于人类的心智 / 大脑。个体通过言语活动反映这些结构规则。乔姆斯基指出，根据结构主义语法的外在主义的语言观，人们不能正确地认识和揭示人类语言的本质特征，不能解释人类语言知识的获得过程。在他看来，只有内在主义的语言观才能全面正确地认识和解释人类语言知识的本质、来源和使用问题。（吴刚，2006：15）

乔姆斯基的语言学理论一直都是建立在内在主义的原则基础之上的，特别是从原则和参数方式以来的研究，在理论原则上一直建立在内在主义的语言概念和研究方法之上。对此不难理解。人类语言机制内在于大脑之中，对此的研究和描写也必然是内在主义的。英语中 *internal* 一词，既有“内在”的意思，也表示“固有的”。语言机制既是内在于大脑的，也是大脑中固有的。（吴刚：1998：96）说语言是内在的是指语言仅与人的心智和大脑的内部状态有关，与客观世界的其他事物无关。内在主义语言学研究从根本上不同于其他方式的语言研究，对语言本质的认识不同，立论的原则不同，理论追求也不同。

八、内在语言与外在语言

结构主义和描写主义语言学倾向于研究外在的语言，将语言看作行为、话语或语言形式的总和。这种外在论的方法往往忽略了心智 / 大脑的特性。乔姆斯基认为语言研究的重心应该放在内在的语言上。要解答语言知识是由什么构成的，就是要揭示，当一个人通晓某种语言时，他的心智 / 大脑处于何种状态，以及大脑中的语言知识系统又是如何。这种语言知识表现为相应的生成语法系统。从早期的标准理论和扩展的标准理论时期，到管约论时期，再到最简方案时期，乔姆斯基一直都在探索语言这一生成装置内部所应具备的成分。

与内在语言相对的外在语言，即外化的、外延的语言。乔姆斯基认为，在建构理论方面，内在语言比外在语言更明确、更具体、更易于理论机制解释。相比之下，外在语言概念对语言理论似乎不起什么作用。乔姆斯基甚至怀疑外在语言的存在。他提出，这种理论地位不明的概念最好摒弃不用。（戴曼纯，2002：256）近年来，乔姆斯基似乎较多地用“内在语言”与“外在语言”来代表语言能力与语言应用的区别。

九、语言研究的意义

乔姆斯基的生成语法学对于传统语言学的一个重大的科学进步就是把研究对象从外在语言转移到内在语言，从语言行为转移到语言能力，从人类语言是什么样子转移到人类语言为什么是这个样子，从研究语言转移到研究人脑。

人脑这个研究对象同自然科学研究范围中引力、磁场、原子、太阳内核、黑洞、DNA 等一样都是直觉、经验和实证所不及的。生成语法学家试图通过语言研究人脑这个“黑洞”和天文学家研究天体中的那个黑洞有许多相似之处。就像人们无法完全用经验或实证的方法认识黑洞一样，人们无法完全用经验或实证方法认识人脑，就像科学家成功地运用牛顿万有引力公式和爱因斯坦相对论公式认识了黑洞，生成语法学家希望能找到一种形式系统去认识人脑。如同认识黑洞的目的不是为了改造黑洞一样，认识人脑的语言系统目的也不是去改造人脑，其全部的科学价值在于这些科学理论的解释意义。

语言反映思想，思想怎么遗传？既然思想依赖于大脑物质，当然通过大脑物质遗传。人类大脑的物质结构限制着人类语言。至于怎么限制，凭目前科学对人脑的知识无法解答。“就目前的理解而言，生物学和大脑科学并没有给已经很好地得以确立的有关语言的理论提供任何基础。”（吴刚，2006：12）所以，乔姆斯基认为，对语言这类认知系统或心智结构的抽象研究就是对大脑的研究，或者说是大脑科学的准备工作，可以为大脑研究提供理论和概念基础。

乔姆斯基生成语法理论是用形式方法逼近对人脑认识的理论过程，是对人类心智的研究，是在抽象的水平上对人类大脑的研究，它可以为大脑科学提供指导和帮助，并为二者的最终统一做出贡献。

乔姆斯基生成语法研究的可以说不是语言，而是主司语言的人脑，在生成语法里称作“语言器官（the faculty of language）”。因此，生成语法理论所研究的问题及期待要得到的解答都必须和人脑这个语言器官联系起来。将语言和人脑联系起来研究语言和把语言游离在人脑之外研究语言肯定是不一样的，所要回答的理论问题、研究对象、理论追求、研究方法都是不一样的。

乔姆斯基把语言研究由言语行为的描写引向了人类大脑语言机制的解释。他强调其语言理论原则是心智的一部分，以大脑活动的方式或结构表示出来，是对大脑与语言的研究。乔姆斯基走了一条不同于前人的新的路子。语言学研究的目的不再是为语言自身。乔姆斯基把语言学跟心理学甚至生物学的研究结合起来，研究人类认知的性质和起源，力图最终为探索人类大脑的奥秘做出贡献。

参考文献:

[1] Chomsky, N.Language and Problems of Knowledge: The Managua Lectures[M]. Cambridge, Mass.: The MIT Press, 1998.

[2] 程芳．乔姆斯基语言学哲学思想解读 [J]．现代外语，2007（4）：359-367.

[3] 戴曼纯．生成语法研究中的天赋论、内在论和进化论观点 [J]．外语教学与研究，2002（4）：255-262.

[4] 龚放．乔姆斯基最简方案中的一些基本假设 [J]．外语教学，1999（2）：3-7.

[5] 刘润清．西方语言学流派 [M]．北京：外语教学与研究出版社，1995.

[6] 陆剑明．乔姆斯基句法理论与汉语研究 [J]．外国语，2002（4）：1-5.

[7] 宁春岩导读．转换生成语法导论：从原则参数到最简方案 [M]．北京：外语教学与研究出版社，2001.

[8] 石毓智．乔姆斯基语言学的哲学基础及其缺陷 [J]．外国语，2005（3）：2-13.

[9] 吴刚．Chomsky 的《语言与自然》述评 [J]．现代外语，1998（4）：86-101.

[10] 吴刚．《语言与心智：对古典问题的当今思考》述评 [J]．当代语言学，2003（4）：367-374.

[11] 吴刚．生成语法研究 [M]．上海：上海外语教育出版社，2006.

第二章 语言——功能

对于韩礼德创立的系统功语言学来说，“功能”是一个十分重要的概念和研究内容。他认为，纯理功能产生于宏观功能，宏观功能产生于微观功能，语法功能是纯理功能在词汇语法层中的具体体现，人们平时对语言的实际运用，构成了一般意义上的语言功能。

语言由人类创造，为人类所使用，并在使用过程中得到发展。然而，对于语言到底有哪些功能，语言学家们却是见仁见智。认为语言具有多种功能的人为数众多，其中影响较大的有德国心理学家 Buhler，美国语言学家 Jakobson，英国文学评论家 Richards、语言学家 Lyons 和澳大利亚语言学家 Halliday（韩礼德）。

1. Buhler 的语言功能观

Buhler 认为语言有三大功能：①描述功能（representational function），即对各种事实进行陈述的功能；②表达功能（expressive function），即表现讲话者本人各种特点的功能；③呼吁功能（vocative function），即对受话者施加影响的功能。在 Buhler 看来，**“描述功能”**是语言的首要功能。

2. Jakobson 的语言功能观

Jakobson 把语言功能分为六种：①指称功能（referential function），即对现实世界和虚构世界中的各种现象进行描写的功能；②情感功能（emotive function），即直接表达讲话者对讲话内容所持态度的功能；③意动功能（conative function），即讲话者借助语言对受话者施加影响，并达到某种实际效果的功能；④寒暄功能（phatic function），即不是为了交流信息而是为了建立和维持社会接触而进行日常应酬的功能；⑤元语言功能（metalingual function），即用语言去解释语言的功能，又称为解释功能（glossing function）；⑥组诗功能（poetic function），即对诗歌形式所含的信息本身加以组织的功能。在 Jakobson 划分的六种功能中，他认为**“指称功能”**是语言最基本的、第一位的功能。

3. Richards 的语言功能观

Richards 认为，语言具有以下四种功能：①表达意义（sense）的功能，即对事物（items）或状态（state of affairs）进行描述的功能；②表达感情（feeling）的功能，即表达讲话者对各种事物和状态所持态度的功能；③表达语气（tone）的功能，即表达讲话者对受话者抱有何种态度和看法的功能；④表达意图（intention）的功能，即表达讲话者想通过讲话达到某种目的的功能。在以上四种功能中，Richards 把“**表达意义的功能**”视为语言的最基本的功能。

4. Lyons 的语言功能观

Lyons 认为语言有三种功能：①描写功能（descriptive function），即对实际信息（factual information）和状态进行陈述的功能；②社会功能（social function），即建立和维持社会关系的功能；③表达功能（expressive function），即表达讲话者本人特点的功能。Lyons 把“**描写功能**”看作是语言的最基本的功能。

尽管上述四位论者对语言功能的多少和分类有不同的看法，但他们有两点看法是一致的：一是语言的功能在重要性上有强弱之分；二是对各种事实和状态进行描述的功能是语言最基本的功能。

一、韩礼德语言功能观

对语言功能的研究就是把语言看成是一种交际的形式，强调语言的工具特征。它揭示语言是如何在一个人类社会的更大系统中发挥作用的，因此它旨在通过语言在社会交际中应实现的功能来描述和解释语言各层次上的各种语言特征。系统功能语言学就是以语言功能为中心的语言理论。系统功能语言学的任务就是揭示人们如何根据社会文化环境在语言系统中通过意义潜势的选择来实现各种功能的。作为20世纪后半叶国际上最有影响的语言学理论之一，韩礼德的系统功能语言学是基于他所持的功能语言观（functional view of language）建立起来的。对于韩礼德创立的系统功能语言学来说，“功能”是一个十分重要的概念和研究内容。

以韩礼德为代表的系统功能语言学家认为，语言之所以发展到现有的形式，完全是由语言所承受的功能造成的。韩礼德将语言的功能分为：微观功能、宏观功能和纯理功能。

（一）微观功能

在韩礼德看来，儿童学习语言的过程是一种学习如何通过语言表达各种社会需要的过程。韩礼德的微观功能就是指儿童语言所具有的七种功能：①工具功能

（instrumental），即运用语言获得某个物品，以满足自己的物质要求。②控制功能（regulatory），即运用语言对其他人进行控制。③交流功能（interactional），即运用语言和其他人进行交流。④个人功能（personal），即幼儿运用语言表示自己的身份和对事物的看法。⑤启发功能（heuristic），指的是运用语言去探索周围的世界。⑥想象功能（imaginative），即运用语言创造某种环境。⑦告知功能（informative），即运用语言把某件事告诉对方。韩礼德认为，儿童每一次运用自己创造的原型语言时，都只能表示一种功能，就是说，在这个时期的语言和功能之间，存在着明显的一对一的关系。

（二）宏观功能

宏观功能（macrofunction）是儿童放弃原型语言向成人语言过渡时出现的语言功能。韩礼德认为宏观功能可分为两种：一种是理性功能（mathetic），另一种是实用功能（pragmatic）。

（1）**理性功能**：理性功能指的是儿童把语言用作观察事物和学习知识的一种手段，一种途径。这个功能由早期儿童语言的个人功能、启发功能等微观功能演变而来。

（2）**实用功能**：实用功能指的是儿童把语言用作做事的手段。这个功能产生于工具功能、控制功能和交流功能等微观功能。宏观功能的数目虽然明显少于微观功能，但是远比微观功能复杂、抽象。

早期儿童语言的微观功能和过渡时期的宏观功能以及后来的纯理功能之间，存在着一个功能上的延续性（continuity）。这种延续性反映了人类语言虽然可以用于不计其数的社会场合，但自始至终都在发挥为数有限的几种功能。正是因为要发挥这些功能，人类才需要创造语言，运用语言。

（三）纯理功能

韩礼德的纯理功能思想在语言学界（尤其是功能语言学派）中产生了巨大影响。他的纯理功能指的是概念功能（相当于 Buhler 的描述功能；Jakobson 的指称功能和元语言功能；Richards 的表达意义的功能；Lyons 的描写功能）、人际功能（相当于 Buhler 的呼吁功能和表达功能；Jakobson 的情感功能、意动功能和寒暄功能；Richards 的表达感情的功能、表达语气的功能和表达意图的功能；Lyons 的社会功能和表达功能）以及语言本身所具有的语篇功能。在系统功能语言学家看来，当人类语言经过过渡时期进入成人语言阶段后，原来的理性功能演变成概念功能，实用功能演变成人际功能。

在韩礼德看来，语言中的意义成分都是功能成分，所有语言都是围绕着“概念”

意义和“人际”意义组织的，而这两类成分所表达的意义存在于所有的语言使用中：用语言来认识、描述世界和世界中的事件，通过语言来建立和保持人际关系。对语言中的成分的解释也是根据语言系统中这些成分的功能来进行的。

（1）**概念功能：**根据韩礼德的观点，概念功能指的是语言对人们在现实世界（包括内心世界）中各种经历加以表达的功能。换言之，就是反映客观和主观世界中所发生的事、所牵涉的人和物以及与之有关的时间、地点等因素。语言的这一功能就是用概念内容的形式把人们的经验进行编码。

（2）**人际功能：**语言除具有表达讲话者的亲身经历和内心活动的功能外，还具有表达讲话者的身份、地位、态度、动机和他对事物的推断、参加社会活动、建立社会关系等的功能。语言的这一功能称作“人际功能”。通过这一功能，讲话者使自己进入到某一个情景中，来表达自己的态度和推断，并试图影响别人的态度和行为。

（3）**语篇功能：**语篇功能指的则是语言使本身前后连贯、并与语域发生联系的功能。语言的语篇功能实现是由主位结构、信息结构和衔接系统协同完成的。功能主义语言学将语篇视为语言研究的基本单位。系统功能语言学认为，语篇是任何长度的、在语义上完整的口头或书面的语段。韩礼德把语篇定义为具有功能的语言。一切能够在一定的语境中发挥作用或实施一定功能的语段都可以被看作是语篇。语篇功能满足了语言在运用中的相关性的要求，使实际的情景语境具有语篇机制（即将任何一段口头或书面的话语组织成连贯统一的篇章），这样的情景语境可以将实际的篇章同语法或者词典中孤立的条目区别开来。

韩礼德始终认为，语言的概念功能、人际功能和语篇功能在成人语言中是同时存在的。它们在同一个句子中同时出现，换言之，每个句子都体现上述三种功能。这是因为讲话者总是在通过连贯的话语（语篇功能）和别人交际（人际功能）的同时，反映周围的客观世界和自己的内心世界（概念功能）。这样，成人语言就彻底打破了儿童原型语言中话语与功能一对一的模式。

根据韩礼德的观点，概念功能的体现形式是及物系统、语态（voice）系统和极性（polarity）系统；人际功能的体现形式是语气（mood）系统和情态（modality）系统，语篇功能的体现形式是主位（thematic）系统和信息系统。韩礼德认为概念功能、人际功能和语篇功能分别受到话语范围、话语基调和话语方式的制约，又分别通过及物系统、语态系统、极性系统、语气系统、情态系统以及主位系统、信息系统得到体现。这就是说，不仅在三种情景因素和三种纯理功能之间有着一对一的对应关系，而且在三种纯理功能和具体的语言系统之间也有着十分明确的对应关系。按照韩礼德的说法，概念、人际和语篇这三种抽象的纯理功能必须通过比较具体的语义系统得到体现。在系统功能语言学中，语法功能是最具体的一种功能。它是纯理功能在语言各系统中的体现形式。换句话讲，语法功能是纯理功能在词汇语法层中的具体体现。在系统功能语言学中，语法功能是最具体的一种功能，它是纯理功能在语言系统中的体现形式。

（四）纯理功能与宏观功能的关系

概念功能和人际功能分别由理性功能和实用功能演变而成。然而，不能把概念功能和理性功能等同，也不能把人际功能和实用功能相混淆。这是因为它们之间存在区别。韩礼德认为：①概念功能和人际功能是成人语言所具有的功能；理性功能和实用功能是儿童语言向成人语言过渡时期所具有的功能。②成人语言由语音、词汇语法和语义三个层次构成，概念功能和人际功能首先通过词汇语法然后通过语音得到反映；而儿童语言只有语音和语义这两个层次，理性和实用两种语义功能直接通过语音层得到体现。③成人语言可同时具有概念功能和人际功能，而处于语言过渡时期的儿童在使用语言时，每一次只能表达一种功能，不可能做到两者兼顾。

二、语言功能的局限性

语言既是一种社会现象，也是一种心理现象。因此，对语言的研究既可以从社会的，即从生物体之间的角度进行，也可以从心理的，即从生物体内部的角度进行。两种描述方法既可相互重叠，又能相互补充，所以只从一个方面进行研究必然要留下一些漏洞。

形式与意义相比具有高度的简化性，通常几个意义或一类意义只由一种形式特征表达，所以形式特征易于规则化。然而形式特征是用以表达意义的。对形式特征的解码必须借助于在情景中的功能。从功能的角度来研究语言可以弥补形式主义的缺陷，还可以解释形式特征出现的动因。但是如果只从功能的角度研究语言则可能出现形式上的不一致性和形式上的空缺现象，从而出现不确定性。

韩礼德功能语法研究的重点是语义，研究的最大单位是语篇。韩礼德认为语言的层次有三个：语义层、词汇语法层和音系层。其中语义系统由词汇语法层体现，词汇语法层又由音系层体现，整个系统功能语法既是关于语言系统的语法又是关于语篇的语法，韩礼德认为语篇分析的基础是对语言系统的研究。因此他的“语法”在书中的界定不限于句法，而是把语义、词汇语法和语音等层次都包括进去了，由此造成对“功能”一词的模糊理解。功能主义本来是研究语言在社会交际中的功能，因此人们不禁要问韩礼德的功能是否也应该对语言的社会功能有所解释。

系统功能语言学理论框架在微观上还不完善，还存在不一致现象、理论漏洞、理论没有包容的语言现象（例如某些成分不是同时具有三种元功能）、形式特征与功能特征混杂等现象。系统功能语言学目前还拿不出有说服力的理论模式来描写语言的连续运作和运作规律，去解释讲话者如何选择又如何用所选的词项去表达意义。

作为一个语言多功能论者，韩礼德的“语言功能”思想对功能语言学的贡献主要有两点：一是有史以来第一次提出，语言除了具有反映话语范围的概念功能和反映话语基调的人际功能之外，还具有把表达概念功能和人际功能的各种信息组合成连贯语篇的语篇功能。二是找出三种功能在语言中的体现形式，具体地讲，就是概念功能与以谓语动词为中心的及物系统，人际功能与以小句为主的语气系统和情态系统，语篇功能与主要体现在小句的主述位结构、信息结构之间的关系。

参考文献:

[1] 陈香兰．功能主义研究概说 [J]．外语研究，2004（5）：19-23．

[2] 封宗信．现代语言学流派概论 [M]．北京：北京大学出版社，2006．

[3] 胡壮麟，朱永生，张德禄等．系统功能语言学概论 [M]．北京：北京大学出版社，2005．

[4] 黄国文．作为普通语言学的系统功能语言学 [J]．中国外语，2007（5）：14-19．

[5] 张德禄．论系统功能语言学在中国发展的内部条件 [J]．外语与外语教学，1998（4）：11-13．

[6] 朱永生．功能语言学对问题分析的贡献 [J]．外语与外语教学，2001（5）1-4．

[7] 朱永生，严世清．系统功能语言学多维思考 [M]．上海：上海外语教育出版社，2001．

[8] 朱永生，严世清，苗兴伟．功能语言学导论 [M]．上海：上海外语教育出版社，2004．

第三章　语言——层次

系统功能语言学把语言看成是一种符号系统，并以层次的形式建构起来。语言的层次观点使语言的意义层和表达层都能受到词汇语法的调节，不同的表达方式对应着不同的语义功能。功能语言学之所以拥有相对完整的理论框架，很大程度上得益于韩礼德的语义、词汇语法、音系 / 字系的层次思想。

一、语言的层次

人类语言不是一个杂乱无章、毫无规律可循的东西。人类语言本身有一个体系，这个体系不是浑然一体、单层次的，而是包含多种层次。语言的层次性是语言的基本特征。语言的层次性使语言区别于其他符号系统，使语言具有许多其他符号系统所没有的特征，如语言的"生成性、任意性、移位性、交互性"（张德禄，2006：6）。语言的不同特点和功能反映在不同的语言层次上。

语言学家们对语言到底有多少层次，持有许多不同的意见。有些人认为只有两个层次，有些人认为不止两个层次，有些人则认为可以多达 6 个层次。

在分析语言层次时，起初有一种简单而粗糙的方法，即把语言视为二层次符号系统。在这个系统中，第一个层次是形式，第二个层次是语言形式所表达的各种抽象意义。此外，还有一种两分法，就是把语言看作是由形式和实体构成的符号系统。所谓实体，即语言赖以传播的媒介，或为语音，或为文字。

从传统上看，人们一般倾向于将语音、语法和语义看作是相互独立的语言层面，其中语音和语义之间的关系是任意的，语义通过语法体现为适当的语言形式，然后又以适当的语音表达出来。叶尔姆斯列夫（Hjelmslev）、莱昂斯（Lyons）和韩礼德等人都倾向于三层次分析法。根据他们的观点，语言的三个层次应该是语音、形式和语义，或叶尔姆斯列夫所说的"实体"、"表达"和"内容"。

弗斯（Firth）在四个层次上进行语言分析。第一是语音层，通过分析语音的位置和与其他音的对立来找出语音的功能。第二是词汇层，分析词义。不仅要说明词的所指意义，而且要说明搭配意义。词的一部分意义取决于搭配。第三是语法层次，又分为形态学层次和句法层次。在形态学层次上研究词形变化；在句法层次上研究类连结，或称之为语法范畴的组合关系。第四是语言环境层次，主要研究非语言性的物体、行为和事件，以及语言行为所产生的效果。

语言六分法的代表人物是美国的兰姆（Lamb）。兰姆把叶尔姆斯列夫的内容与表达两个层次调整为语素层、词素层和义素层三个层次，后两个层次的关系比前两个层次的关系更为重要。他还启用 stratum 这个词语以避免 level 的歧义。兰姆自称其层次语法是叶尔姆斯列夫语符学的扩展。他在自己创立的层次语法中，把语言分成六个层次：下音位层（即语音层）、音位层、词素层、词位层、义素层和超义素层（即语义层）。其中，下音位层和音位层属于音系层，词素层和词位层属于语法层，义素层和超语义层属于语义层。

从上述各种层次分析法的比较中，我们看到语言学家们为语言层次的研究提出了多种分析模式，而这些模式之间存在着一些不容忽视的差别。其中，最明显的一点是语言层次的数目多少不等；第二点是层次的名称与内容不完全相等；第三点是同一个术语在不同的模式中可能具有不同的含义。不过，语言学家对以下各点基本上有着共识：

“第一、语言有传播媒介（或实体），语言必须发出声音来传给受话人。具有书写系统的语言还可以把语符当作媒介。第二、语言具有表现形式，即能有表示各种事物的词汇和词汇组合的规则——语法。第三、语言能表达一定的意义，没有意义的声音称不上语言。正因为这样，大多数语言层次模式才把实体、形式和意义视为语言的三个基本层次。”（朱永生，1997：46）

二、语言层次思想

“在当代语言学的两大思潮中，语言是多层次的系统还是单层次的系统是分歧的一个重要标志。”（胡壮麟，2000：24）韩礼德的系统功能语言学归属多层次的一方。在韩礼德的功能语言学里，不同的表达方式对应着不同的语义功能。

韩礼德在其系统功能语言学形成的初期，认为语言包括三个主层次和两个中介层次。三个主层次是情景层、形式层（包括词汇和语法）和实体层（包括语音实体和文字实体）；两个中介层是语境层（即语义层）和音系层或文字层。后来，他认识到，情景层和实体层实际上是在语言之外的，所以提出了语义层、词汇语法层、音系层三个层次的划分方式。他认为，相邻层次之间的实现关系是自然的，两者之间的关系是语义层激活词汇语法层、词汇语法层解释语义层的辩证关系。韩礼德对词汇语法不予区分，他认为词汇和语法属于词汇语法精密阶的两端，或者说词汇是最精密的语法。语境则是把语言形式与它们的使用场合联系起来的中间层次。语境层与语义层之间的关系，与语义层和词汇语法层之间的关系一样，也是有动因的辩证关系。韩礼德不同于其他理论家的地方在于，他认为语言的每个层面都与意义关联，而其他许多语言学家一般将语言形式和意义看作两个独立的范畴。

韩礼德的多层次思想包括以下几个方面：

（1）韩礼德把语言看作一个由语义、语法和语音构成的三级层次系统，这与叶尔姆斯列夫的表达层面相类似。与这三个层次对应的有三种可能性的集合：语义学、词汇语法和音位学。叶尔姆斯列夫在解释索绪尔关于语言是一个包括能指和所指两个方面的符号系统时，提出了这实际上包含内容、表达和实体三个层次，因而语言不完全是索绪尔所说的单个符号系统，而是在各个层次间有相互关系的系统。

（2）层次之间的关系是“体现关系”（realization），即对“意义”的选择（语义层）由对“形式”（词汇语法层）的选择体现，对“形式”（词汇语法层）的选择由对“实体”（语音层）的选择体现，对“实体”（语音层）的选择由对“实体”（语音、文字）的选择体现。具体地说，实体是形式的体现，形式是意义的体现。用通俗的话说，“能干什么‘体现于’能意味着什么”；“意味着什么‘体现于’能说什么”。

（3）根据体现的观点，我们又可把语言看作一个多重代码系统，即由一个系统代入另一个系统，然后又代入另一个系统。

意义	语义学
代码于↘	体现于↘
措词	词汇语法（句法）
又代码于↘	又体现于↘
语音（或文字）	音系学（字系学）

（4）韩礼德认为，语言的每个层面都与意义关联，而其他许多语言学家一般将语言形式和意义作为两个独立的范畴看待。韩礼德把语义层视为三个层次中的最高层次，认为语义层必须由形式、最后由实体来体现，这与他主张从语言的功能即意义入手研究语言是分不开的。在这个问题上，叶尔姆斯列夫的看法恰恰相反。他认为语义是对词汇、语法即语言形式的体现，形式是对实体的体现。

三、实体与形式

韩礼德认为，语言材料可以在不同的层次上进行解释。最基本的层次是“实体”和“形式”。实体就是语言的原材料，即说话时的声音和写字时的符号。形式指把实体排列成有意义的格局。如，d，t，y，o，a，只有实体，而today既有实体又有形式。

完整的层次模式需要更细的分析。实体又分为语音实体和文字实体，前者由音位学来研究，后者由文字学来研究。“形式把实体成分排列成可辨认的、有意义的模式，包括两个次层次：词汇和语法。词汇指语言的个体项目和个体项目组成的模式；语法则指语言项目的类别和由不同语言项目的类别组成的模式。”（张德禄，2006：13）实体是语言的“原材料”，指语言的载体：讲话的声音和书写的符号。

联系形式与实体的是音位学。这里实际上包括两个次层际层次：音位学和文字学。音位学把形式和语音实体联系起来，例如语法与语调的关系，语法与重读的关系等。如record（录音；录下来），produce（生产；农产品），progress（进步；前进）。作为名词时，重音落在第一音节，作为动词时重音落在第二音节。文字学把形式与文字实体联系起来，如语法结构与标点符号的关系，不同词类的不同拼法等。例如，prophecy（预见）是名词，而prophesy是动词形式。

实体与形式的关系如下所示：

实　体	⟷	形　式
语音实体	音位学	语　法
文字实体	文字学	词　汇

四、层次与体现

语言系统包括语义、词汇语法和音系或字系三个层次，语言学的主要研究对象是语义学、词汇语法和音系学与字系学。语义层共包括三个组成部分：概念意义、人际意义和谋篇意义。语言的词汇语法系统分为词汇和语法两个部分。“词汇系统是由词汇的搭配和集（set）来组织的。搭配和集是相互依存的概念，具有搭配关系的词组组成词汇集。同一词汇集的词汇具有搭配关系。”（张德禄，2006：14）语法系统包括四个级阶：小句（clause）、词组、词和词素。小句由词组组成，词组由词组成。词素是语法层最小的单位，一个词可以由一个或多个词素组成。音系学由四个级阶组成：音位、音节、音步和调群。字系系统是由五个级阶组成：句号单位（与句子对应）、分号单位（与并列句中的小句对应）、逗号单位（与复合句中的小句对应）、词（与词对应）、字素（与字母、标点符号对应）。语言的各个层次之间是体现和被体现的双向关系。体现指抽象语言单位的有形表现。任何一个底层形式都可以视为由相应的实体来体现。“体现关系，即一种符号系统编码成另一种符号系统。”（朱永生，1997：248）

在语言的运用过程中，说话者根据情景语境在由概念、人际和语篇三类意义组成的语言系统中进行选择。对意义层的选择促动对词汇语法层的选择，从而形成语法结构。对词汇语法层的选择促动对音系系统（或字系系统）的选择，从而形成音系（或字系）结构。另一方面，听话者获得语音 / 文字后，对其进行语法词汇解构，从而理解语言的意义，了解对方的意图。语言组织的每个层次在语篇中形成各自的意义方式。体现关系把语篇带入一个更高层次——语境，使语言与其发生的相关情景联系起来。

韩礼德的体现观点不同于结构主义的单层次的组合观点，即语言是由小单位依次组成的大单位。韩礼德对叶姆斯列夫的层次体现的方向性做了一些修正。叶姆斯列夫认为在上的层次是对下一层次的体现，如内容是表达的体现，表达是实质的体现，而韩礼德认为每个在下的层次是对上一层次的体现，因为从功能上看，语义层应该居上。从理论上讲，体现过程有自由变异，如一个意义在语法层可以体现为若干种形式，一个形式则可以体现若干种意义。事实上，语法层出现的分化反映了语义层存在极精密的区别。

五、层次思想的意义

（1）语言是多层次的，语言内部至少区分语义层、词汇语法层和音系层。采用层次的概念可以使我们对语言本质的了解扩展到语言的外部。因为语义层实际上是语言系统对语境，即行为层或社会符号层的体现。正是在这个意义上，可以把语义层看作一个接面，连接词汇语法学和更高层面的符号学。在韩礼德看来，语义层、词汇语法层和音系层这三个层面均与意义相关，且呈现一种体现关系。韩礼德无非是想告诉我们，语义系统与语言符号系统不是相互分离、相互独立的，而是互相接应的。

（2）语言符号不是一堆杂乱无章的堆积物，而是一个井然有序的系统。其内部的各个单位、各种要素既相互对立、相互区别，又相互联系、相互制约，从而形成了一个音义结合的有机系统。分析语言层次的目的是为了全面理解语言的性质与内在特征，进而使人们掌握语言的规律，更加有效地运用语言这个人类交流的工具。

（3）运用层次的观点可以使我们对语言本质的了解从两个方面扩展到语言的外部。语义层是语言系统对语境，即行为层或社会符号层的体现。那么，语义层就是一个语言连接更高层面的符号学的接面层。而语音文字是体现音系层和字系层的层面，因此与语言的实体联系了起来。

（4）层次性是人类的语言符号区别于动物“语言”的最大特征。它说明语言符号可以按层次逐级分解，成为可以理解的东西，并且使人类可以用有限的语言材料来表达无限的内容。

（5）功能语言学之所以拥有相对完整的理论框架，很大程度上得益于韩礼德语言层次思想（胡壮麟等，1989：14-16）。

这种划分有两个好处：

第一，由于层次之间呈纵向的体现关系，每一层次上的研究都为下一层提供了理据，使得整个语言研究脉络清晰，前后呼应，浑然一体。

第二，确定语言的若干层次之后，语言学家可以针对不同层面的特点，分别进行系统、细致的研究，并能及时查漏补缺，这样既增强了研究的目的性，也提高了研究的效率。

六、语言层次说存在的问题

韩礼德的语言模式有一些未解决的疑点，尤其是“意义潜势与它在形式层次上的体现之间的关系和连接两者的详细的体现规则及其性质”（朱永生、严世清，2001：199），甚至连系统功能语言学派内部对此也颇有争议。巴特勒（Butler）认为，韩礼德一方面坚持语言三层次的区分，另一方面又混淆语义与语法之间的界限，没有指明词汇语法层次所包含的内容，使得它成为一个“尚未填补的空位”（an unfilled slot）。（朱永生、严世清，2001：199）

韩礼德学说的核心在于表明语音、语法和意义三层次至多只能看作是形式上的、而非语言的内部性质所致的区分。因此，韩礼德后来逐渐淡化词汇语法层面和语义层之间的区分，倾向于只讨论语音和词汇语法层面之间的关系。“韩礼德近年来越发倾向于将意义与词汇看作是同一层面的内容，不再重视这两者的区分。但由于他没有对自己过去的理论进行系统的清理与批判，使得许多人难以把握他的理论思想的变化。因此，韩礼德的主要失误倒并不一定在于他不再区分句法和语义层次，而在于他没有明确地表明自己对此问题改变了立场。”（朱永生、严世清，2001：200）

参考文献:

[1] 胡壮麟，朱永生，张德禄. 系统功能语法概论 [M]. 长沙：湖南教育出版社，1989.

[2] 胡壮麟. 功能主义纵横谈 [M]. 北京：外语教学与研究出版社，2000.

[3] 张德禄. 语言的功能与文体 [M]. 北京：高等教育出版社，2006.

[4] 朱永生. 语言・语篇・语境 [M]. 北京：清华大学出版社，1997.

[5] 朱永生，严世清. 系统功能语言学多维思考 [M]. 上海：上海外语教育出版社，2001.

第四章　语言——自然客体

乔姆斯基认为语言是一种心智器官，心智是与大脑紧密相关的，而大脑又是人的大脑，人是物质世界的组成部分，所以语言是与大脑相关的自然客体，语言学可采用一种自然主义的研究方法。本章从语言研究的形式化、语言是自然客体、自然主义哲学观等角度为切入点，论述乔姆斯基“语言学是自然科学”的学说，同时指出其学说存在的缺陷。

一、语言研究的形式化

现代语言学，就其研究所走路子的不同，可大致分为形式主义研究与功能主义研究两类。提到形式主义研究，人们自然会想到乔姆斯基的生成语法理论。因为“生成”的一个意思就是“形式化”。形式主义研究起源于20世纪50年代末乔姆斯基撰写的“句法研究”，其研究重点是研究出反映生物遗传性的“普遍语法”，即人生来就有的一套规则。

乔姆斯基的生成语言学为形式主义的代表。该理论认为人们的语法知识是由生物基因决定的。其目标有两个，一是用形式化的术语来定义语言内在的成分、原则和参数；二是用形式化的方法揭示语言使用者使用本族语的语法知识，即“语言能力”。

形式主义认为语言的生物属性是第一位的，把语言研究纳入自然科学的范畴。作为一门科学，形式主义必须把语言放在一个“理想化”的环境中进行，以便排除一些与语言性质不相关的干扰因素。人为设定一个理想化环境应该是所有科学研究的特点之一。乔姆斯基认为语言学只能以理想的说话人的语言为基础进行研究，正像化学只能以百分之百纯的元素表现的性质为基础进行研究。否则，语言学将无规则可言。

语言研究的形式化中的“形式”主要是指用公式化、数学化、形式逻辑化的手段来描写语言的结构。在语言研究的形式化上，乔姆斯基致力于找出语言的普遍性，并以形式逻辑为基础建立起了一个高度形式化的理论体系。乔姆斯基对生成语言学有一个比喻，那就是语言学是数学的形式系统。在其1957年出版的《句法结构》中，乔姆斯基大量采用数学、现代形式逻辑，电子计算机程序语言的概念、术语和方法，用一套近乎计算机指令系统的公式和规则。他在这本书的开头就把语法说成是“产生所分析的语言的句子的某些装置”。他使用这些术语是因为他把语法形式化划归为所引用的那种数学分支。

乔姆斯基语言理论的形式化标志的另一个例证就是他提倡的生成语法中的“生成”。他认为“生成”在数学中的含义正好可以借用来描写人们在语言能力方面表现出来的创造性。当人们认为语言是上一代通过生物意义上的遗传延伸给新的一代，并用这一观点来反思语言、解释语言的一切时，这一刻就萌发了生成语言学。生成语法就是形式化的语法。语法就是一套明确的规则，就像算术规则或代数式一样，把一个值代入公式就生成一个数值。用少量的原则和定理，再加上一些参数、原则、语类符号等，来说明人们生成语法的过程。

以乔姆斯基为代表的生成语法代表了形式语言学派那种力图科学化、精密化的努力和精神。生成语法中的“句法自主说”实际上是一种工作假设，其形式主义的特点不是将语言描述成一系列的数学符号，而是寻求语言的一些公理化特征。

二、语言是自然客体

关于什么是语言，乔姆斯基一贯的、根本的主张是：语言是位于人类心智中的语言认知系统的状态，是一种心智器官。语言是心智的表现和组成部分，心智是与大脑紧密相关的，而大脑又是人的大脑，人是物质世界的组成部分，所以语言必然也是一种自然客体，对这一自然客体的研究可以采用自然主义方式的研究，也就是以科学为依据的经验研究。

在乔姆斯基看来，语言既然与大脑有关并且还反映了心理，那么人所关注的就应该是语言的生物属性，所强调的就应该是语言的生物机制。他认为，人的语言能力贮存于大脑之中，是人脑的一个有机组成部分。当我们说人们掌握了某种语言，这显然不是说把所有该语言的词组、句子都贮存于大脑之中。相反，存在于大脑中的只能是某种语言的规律和词汇。正是在这个意义上，乔姆斯基把语言看作是心智的一面镜子，人对语言内在规律的认识就是对人脑的认识，语言研究的最终目标就是解释，使得语言成为可能的大脑的神经心理机制。（Chomsky, 1975: 43）

对语言这类认知系统或心智结构的抽象研究就是对大脑的研究。这也就是为什么乔姆斯基总是把心智和人脑相提并论的原因。他把“心智的”与“化学的”、“光学的”、“电子的”等概念相提并论，在他看来，这些术语所包含的分子、原子、质子、粒子等物质存在一般是不能被感觉或经验所直接认识和把握的。自然科学对这些实体的研究是在高度抽象化的水平上，通过理论假设和构拟模型来进行的。与此类推，位于人类心智中的语言系统也非一般感觉所能认识，对此机制的研究也要通过抽象的、构拟模型的方法进行。

三、自然科学方面的背景

20世纪初语言学中结构主义的诞生与当时的自然科学中物理和化学对原子和分子的深入分析有关。而20世纪50年代的计算机科学、信息论、数理逻辑以及认知心理学等学科的发展也影响了语言学。

语言学中的结构主义者一开始就非常注重语言描写的形式化。在索绪尔有关语言的七个比喻中，就有一个比喻与数学有关："语言可以说成是一种代数学，其中每一项都是复杂项。"（龚放，1999：36）美国描写主义语言学家运用一些可以客观地进行描写的操作方法和概念，把重点放在形式分析上。Bloomfield认为数学是语言的理想用法和精确形式。在结构主义语言学中，美国描写主义语言学家Harris可以说是第一个较全面地把结构主义的这种转换思想运用到语言学中去的人。他在其《结构语言学方法》一书中用严格的数学方法来研究语言。Harris早就看出直接成分分析法的局限性，提出了转换的初步概念。"转换"这个词是他从数学中借来的。乔姆斯基显然是受到了Harris的"转换"规则的启发，提出了转换语法。Hjelmslev认为语言学的主要任务是创造一种内在的语言代数，并且用数理逻辑方法把各种语言的描写分析公式化。他在其代表作《语言理论概要》中极其详尽地推出了一个全新的代数语言学体系。

乔姆斯基认为，如果语言学想成为真正意义上的科学，它就不应该像结构主义语言学那样只满足于对语言素材的描写，而应该将解释充分性作为其研究目标。他认为，科学研究的真正意义在于解释造成事实的原因。作为科学的语言学应该和其他科学一样，描写一些极为普通的事实，并提出科学假设或理论加以解释。语言研究中，"乔姆斯基认为语言素材的精确描写是次要的，重要的是潜在原则的深度和解释力。探求说明所有的语言事实不应是语言研究的合理目标，相反，要紧的是去发现那些对决定潜在结构和抽象、隐蔽的原则至关重要的事实。不是去说明所有的事实，而是去寻找与建立理论有关的事实"（韩景泉，2000：37）。

从某种意义上说，乔姆斯基的生成语法研究属于生物学的脑科学研究，是自然科学。乔姆斯基（1982：8）曾说，"如果自己所感兴趣的那种语言学能在美国幸存下来的话，很可能应该是在认知科学系，而不是在语言学系"（转引自韩景泉，2000：40）。

四、自然主义的语言哲学观

乔姆斯基认为应该使用与自然科学相同的方法来研究语言。他一直把语言学的研究看作是一门科学。乔姆斯基方法论的自然主义认为人们对大脑的研究就是对自然世界的某种侧面的研究，包括人们传统上所称的精神现象、过程和状态。在他看来，人们应该像研究其他自然现象一样来研究世界的这些侧面，建立清楚的解释性理论来对这些现象加以深刻地理解，以便于人们对于更深入的原则进行高层次的研究。

乔姆斯基的这种自然主义的语言哲学观在其《语言与自然》一文中得到进一步升华。文章论证了“语言乃自然之物”的问题，并从自然主义的角度重申了“语言能力是天赋的自然之物”的观点，同时指出作为人类语言能力体现的内在语言亦应属于自然之物。

“自然主义”和“心智主义”这两个观点在乔姆斯基的思想中融会在一起，形成了他的内在语言。在他的理论框架中，自然主义指的是用来探索世界的心智方面的一种自然主义方法。它以构建强有力的解释理论为目的，以与“核心”自然科学的最终统一为归宿。他的自然主义观点认为语言学是一门经验学科，就像地质学、生物学和细菌学等专门科学一样。因此，他认为，语言学研究也应该按照自然科学的方法进行。他一贯主张要在自然科学的框架内研究人类大脑的内部运作机制。他认为“当代心智主义是在生理科学的领域内朝着把心理学和语言学融为一体而迈出的一步”（Chomsky, 1988: 8）。

五、对认知学科的影响

乔姆斯基的语言学理论不仅在语言学界引起了一场革命，而且对现代认知科学的其他领域，如心理语言学、认知语言学、认知心理学等，都有重要的影响。

乔姆斯基从心理学角度把语言能力看成是潜含的、稳定的、长久的人脑特征之一，而且这种语言能力是动态的，是生成语言过程中的潜在能力。

他认为，语言学是认知心理学的一部分。语言学解释语言使用者的母语知识，即语言能力。然而，它并不解释在某些场合如何使用语言。它只描述存于语言官能中的相对静止的知识。对语言使用的解释则是心理语言学的范畴。心理语言学不仅解释提取和使用语言知识的过程，还解释这些过程与其他心理官能的交互作用。因此它可以解释语言的具体运用。乔姆斯基把智力世界分为“问题”与“神秘之物”。他还指出人的大脑中有一个与语言官能一样独立的“科学形成官能”。他的天生的语言习得机制、语言能力和语言运用、表层结构和深层结构、语言的心理现实性等一系列观点发人深省，促进了心理学和语言学的结合，使研究的重点转移到使用语言的心理过程和认知过程。自乔姆斯基以后，心理语言学家对语言学和心理学的关系有了新的认识。这极大地促进了这两门学科的结合。

美国语言哲学家约翰·赛尔在他的评述文章《语言中的乔姆斯基革命》（1972）中写道：“乔姆斯基的研究工作是现代最辉煌的知识成果，其影响范围和完整程度足以与弗洛伊德相比。他的研究工作开创了一个生成语法的新学科，并且对另外两个学科——哲学和心理学——也产生了革命性的影响。”（封宗信，2006：133）

六、乔氏学说的缺陷

“乔姆斯基的语言学的创见和发展的逻辑基础都是类比，并不是建立在对语言现象的观察分析之上。因为其类比项都是与语言极不相同的事物，所以有关理论假设与自然语言本性出入很大。他的学说所提倡的形式化手段只具有科学的表象，而缺乏科学的实质。”（石毓智，2005：12）

（1）乔姆斯基的学说自建立到后来的几次重要演化，都是建立在语言与数学、生物学等学科之间的类比之上的，而不是基于对语言的调查研究。他把本质上很不相同的事物与语言类比，所以造成很多假设与自然语言的性质格格不入。

（2）数理逻辑与自然语言是性质完全不同的两种东西。数理逻辑是数学家个人根据自己的科学理念构造的一个系统，它的结构和规则都是人为规定的；而自然语言是一个民族在长期的历史过程中形成的，任何个人都无法为其创造或者制定规则。数理逻辑与自然语言的用途也不同，前者是为了数学证明的方便而设立的，而后者主要是为了交际而创建的。数理逻辑自身的概念和规则是非常有限的，是一个完全封闭的系统，而自然语言的概念和规则是十分复杂的，同时还是一个开放的系统。（石毓智，2005：3-4）

（3）数学中的“参数”是相对“公式”而言的，而该公式是对可观察到的几何图形的抽象符号描写。然而，乔姆斯基理论中的“参数”是对应于先天的无法观察到的所谓普遍语法的原则，缺乏现实基础。在数学中不同的参数只决定同一几何图形的不同位置。然而不同语言代表的是不同的离散个体，语言和语言之间并不构成一个连续的“语言图景”，而且不同语言的语法系统的结构不同，类型不同，语法范畴的多少也不一，也就是说不同的语法属于不同的“图形”，显然语法不是由什么“原则”代入“参数”得出的结果。

（4）自然规律是客观存在的，是永恒不变的，是不以人们的意志为转移的。然而语言规律是由具备意志和目的的人创造的，它的规律是有可变性的，没有一种语言是停留在一种状态不变的。自然科学的规律都是根据观察和试验得出来的，它们具有经验基础和可验证性，而且随现象的不同而有不同的具体规律。然而，乔姆斯基关于语言“最简性”的信念只是一种科学假设，缺乏经验基础和可验证性。

（5）科学发现是一种高度复杂的思维过程，需要想像、类比、猜测等，其过程往往是非形式的，甚至可以打破正常的逻辑规则。而普遍语法高度抽象，严重脱离语言实际，既无法证实，也无法证伪，更没有可预测性。

（6）科学的抽象必须依据可靠的观察资料，符合对事实问题进行评价的逻辑方法。如，物理学是利用各种符号和公式来描写各种事物之间的本质联系。很多高度形式化的现代科学，都是从对日常生活的实际关注中发展出来的，如几何学源自于土地的测量，生物学起源于家畜的饲养。世界上许多经典的科学理论都是从对具体现象的观察出发而建立起来的。牛顿所创立的经典力学，是受苹果为什么总是向地面掉的启发而创建的。遗传学的创立是从孟德尔种豌豆的经验中开始的。然而乔姆斯基学说的各种形式表达，不是来自可靠的语言事实而是来自抽象的理论类比，多从看不见的语言能力出发构造自己的理论。（石毓智，2005：7）

（7）科学研究一般是从具体的现象出发，一步步抽象，最后发展成一个系统，抽象的方式是由现实规律决定的；然而形式语言学是先有一套与数学等学科类比来的抽象系统，让现实语言来迁就事先设定的形式规则，所以常常有削足适履的现象发生。当乔姆斯基的语法不能解释许多不规则的语言现象时，他就不断地增加形式化的术语、符号、规则。

（8）形式学派的研究提倡 top-down 的研究路线，即先对语言有一个高度的理论假设，然后推及到具体的语言事实。提倡 top-down 的研究路线，就好像是主张盖房子要从房顶往下盖。虽然古今中外的各种楼房具体结构和材料各不相同，但是毫无例外的是，没有一栋房子是从上往下盖成的。这也就是为什么迄今为止没有见到一种语言的语法是根据形式学派的理论建立起来的。

"语言研究把研究对象从研究语言转移到研究人脑（普遍语法）是语言学的一大进步，而人脑这个研究对象用自然科学中已有的系统和实证科学得不到很好的解释，人们必须开发自己的'科学构建能力'去创造一种可用来认识人脑语言系统的形式工具，而要创造这一工具，形式主义只是刚刚起步，就和创立数学的微积分和形式逻辑这些系统一样需要几代人的努力。"（宁春岩，2000；转引自王志军、肖建安，2001：8）

参考文献:

[1] Chomsky, N. Reflections on Language[M]. Patheon: New York, 1975.

[2]Chomsky, N. Language and Problems of Knowledge: The Managua Lectures[M]. Cambridge MA: MIT Press, 1988.

[3] Chomsky, N. Language and Nature（Mind, vol.104, 413）[M]. Oxford: Oxford University Press, 1995.

[4] 封宗信．现代语言学流派概论 M]．北京：北京大学出版社，2006.

[5] 龚放．Chomsky 与结构主义 [J]．外语学刊，1999（3）：33-42.

[6] 韩景泉．乔姆斯基的形式主义语言研究 [J]．外语教学与研究，2000（1）：34-41.

[7] 石毓智．乔姆斯基语言学的哲学基础及其缺陷 [J]．外国语，2005（5）：2-13.

[8] 王志军，肖建安．形式主义与功能主义研究的相容性 [J]．山东外语教学，2001（1）：6-9.

[9] 吴刚．Chomsky 的《语言与自然》述评 [J]．现代外语，1998（4）：86-101.

[10] 周晓岩．论 Chomsky 语言学理论的哲学基础 [J]．外国语言文学，2003（4）：1-6.

第五章　语言——认知

认知语言学是现代语言研究中的一个重要课题，它是认知科学同语言学研究相结合而产生的一种新的语言学思潮和流派。认知语言学家认为，现实决定认知，认知决定语言。语言反映认知，认知反映现实。认知语言学的三个基本哲学假设认为，语言不是人类大脑中独立的认知机制；语法是概念化；语言知识来自语言的使用。认知语言学具有三个基本特征：语言以使用为基础，语法产生于语言使用；语义具有中心地位，意义是体验的；所有符号单位都有意义。

一、认字语言学—来源—主张

认知语言学是现代语言研究中的一个重要课题，它是认知科学同语言学研究相结合而产生的一种新的语言学思潮和流派。“它是在新的哲学观和认知观基础上，以人们对世界的经验和对世界进行感知和概念化的方法来研究语言的新型语言学科。”（熊学亮，1999：48）

一般来说，认知语言学主要有以下三个来源，这些领域的重要学者也成为国外认知语言学界的主要代表人物：

（1）从生成学派中分裂出来的生成语义学家，如Lakoff、Langacker、Fillmore等。

（2）从认知和/或功能角度研究语言的主要学者，如Taylor、Talmy、Geeraerts、Turner、Sweester等。他们主张运用普遍的认知方式来解释语言形式和功能，研究语言表达背后的认知机制。其中还包括研究语言共性和类型学，或从类型学和认知角度研究语义演变、语法化、象似性等现象的学者：Hopper、Heine、Croft等，也包括认知语用学家Sperber和Wilson等。

（3）关注认知研究的哲学家、心理学家、社会学家、人类学家等。如Johnson、Rosch、Piaget、Fauconnier、Lamb、Kay等。（王寅，2007：29）

认知语言学中虽然有不同的理论方法，但它们在很大程度上是相互一致的，具有共同的理论原则。Langacker曾把认知语言学的理论原则概括为三个重要主张：

（1）语义结构并不是普遍的，在很大程度上因语言而异。语义结构建立在约定俗成的意象基础之上，其描写与知识结构有关。

（2）语法或句法并不构成一个自主的表征形式层次，相反，语法实际上具有符号性，存在于语义结构的规约符号化中。

（3）语法与词汇之间没有意义上的区别。词汇、形态和句法形成一个符号结构的连续统，这些符号结构虽因不同的参数有别，但可以任意划分为不同的成分。（文旭，2006：651）

认知语言学具有三个基本特征：语言以使用为基础，语法产生于语言使用；语义具有中心地位；所有符号单位都有意义（包括语法单位）。本章是就认知语言学的认知观、语言观、语义观、语法观所做的研究。

二、基本假设

认知语言学的理论基础，在于下列三点：

（1）语言单位的象征性特征；

（2）语法结构基于用法模型的特征；

（3）语法结构具有网络模型的特征，该特征是对认知语法结构形式的概括。

在对语言的基本看法上，认知语言学持这样一些假设：

（1）语言能力是人的一般认知能力的一部分，因此语言不是一个自足的系统；

（2）句法不是语言的一个自足的组成部分，而是跟语义、词汇密不可分的；

（3）语义不仅仅是客观的真值条件，还跟人的主观认识密切相关。

认知语言学认为：语言是客观现实、生理基础、身体经验、认知加工等多种因素综合的结果。语法结构不是自主的形式系统或表征层面，它在本质上是象征的，即音系层（语言形式）和象征语义层（概念内容）。词汇、形态和句法构成一个象征单位的连续体，从词汇到句法，结构的复杂性和抽象性逐渐增强，三者的划分是任意的。语义不是一个自足的认知系统，对语言的描写必须参照人的一般认知规律。句法不是一个自足的形式系统，句法在本质上跟词汇一样是一个约定俗成的象征系统，句法分析不能脱离语义。基于真值条件的形式逻辑用来描写语义是不够用的，因为语义描写必须参照开放的、无限度的知识系统。一个词语的意义不仅是这个词语在人脑中形成的一个情景，而且是这一情景形成的具体方式，称为意象。

三、认　　知

认知语言学研究起自一个基本前提：在语言和客观世界之间存在一个中间层次——认知。根据《辞海》（1999），认知就是认识，指人类认识客观事物，获得知识的活动，包括直觉、记忆、学习、言语、思维和问题解决等过程。

认知的最简单的定义是知识的习得和使用，它是一个内在的心理过程，因而是有目的的，可以控制的。知识的习得和使用牵涉到诸如感知觉、型式识别、视觉表象、注意、记忆、知识结构、语言、思维、决策、解决问题等心理表征在内心里的操作，从“白日做梦”到为了解决问题而进行的抽象思维，都可包括在内。（桂诗春，2002：14）

“认知是人脑的一种特殊机能，是运用概念、判断和推理等形式反映客观事物的过程。人类是在不断认识世界，改造世界中进步的，在人类经历的几个社会形态中，都是以人的认识发展及由此所产生的生产力发展为标志的。人类认识世界是永无止境的，认识的终止就意味着人类社会的结束。在人类认识发展的长河中，认识总是在不断完善，朝着不断正确的方向进展的，逐步走向绝对真理。认识永无休止，实际上就意味着在静态的某一阶段，人类认识尚有不足，看法依旧有误。因此，认知是在不断地追求更加完整正确地理解现实世界。”（王寅，2007：61）

四、现实—认知—语言

现实决定认知，认知决定语言。语言反映认知，认知反映现实。语言不仅反映认知，认知不仅反映现实；而且语言还可影响认知，认知还可影响现实。不同的语言结构、不同的语义系统，将对人们的认知产生不同的影响。人类语言促进了人类认知的发展，而人类认知的发展进而决定着人类语言的进步。

认知语言学家最重要的一个观点是：对现实的体验是认知的基础，认知又是语言的基础。他们认为：语言不是直接反映客观世界，而是有人对客观世界的认知介于其间，即“现实→认知→语言”。“现实是认知和语言的基础，认知是现实与语言的中介，语言是现实与认知的结果。现实和认知对语言起着决定性作用。”（王寅，2007：14）

在新几内亚的语言中，有许多词语无法令人满意地译成英语、法语或俄语，因为这些词语所指的实际动物、植物或习语等在西方文化中无人知晓。词汇量是世界观复杂度的标记符。词汇量反映了对世界认识的复杂程度，复杂的认知会产生复杂的词汇系统。例如，印第安语里一般没有脱离具体事物的抽象说法。又例如，爱斯基摩人的数词不超过“10”，这是因为他们没有很多东西要数。再如，爱斯基摩语中有几十个表示“雪”的单词，而英语中只有一个“snow”，连同“sleet”在内，也不过两个。正如陆宗达、王宁所说：“名物是有来源的，在给一个专名定名时，完全没有根据、没有意图几乎是不可能的。人们为一物定名时，一定与对这一事物的观察、认识有联系，因而在不同程度上有源可寻。”（王寅，2005：177）

如果在现实和语言之间没有“认知”这个中介，就不能解释同一物体为什么在同一语言社团和不同语言社团中会有不同的名称。英汉两种语言在很多词语表达和句法表达上的差异，都是由英汉两民族在认知上的差异所致。

五、认知和语言

认知语言学将语言视为一个非自主的系统。这一观点将语言置于人与环境、人与同类的交往这一大背景之下，认为在语言和人类的普遍认知能力之间存在密切的、辩证的关系。语言不是大脑中的一个独立部分，而是认知结构的一个组成部分。

认知语言学是以其认知功能对语言进行研究，这里的“认知”指的是我们与世界接触过程中信息结构所起的关键作用。认知语言学视自然语言为组织、加工和传递信息的一种方式。因此，在认知语言学框架里，语言被看成是世界知识的贮藏所。认知语言学中的“认知”具有特殊的含义，这不仅是因为它的认知承诺，而且更是由于它积极寻找在概念思维、身体经验和语言结构之间的对应关系，以及发现人类认知或概念知识的实际内容而不仅仅是结构。

“认知和语言是人类进化和发展过程中的两个重要现象和事实，也是人类的重要机能，尤其是语言，它是人类区别于其他物种的最重要的标志。”（卢植，2006：56）认知语言学的基本观点认为“语言主要是人们在对现实世界感知体验的基础上通过认知加工而逐步形成的，是主客观互动的结果。有了互动的概念，就强调了人在认知自然世界过程中可发挥主观能动作用，也就可解释不同人之间为什么会存在认知上的差异、思维上的分歧，不同民族的语言表达为什么会不同。这是由于人类的认知方式不同，概念结构也有差异，所形成的原型、范畴、意象、图式、认知模型等也就存在差异，语言表达也就有了差异。因此，我们的心理决不可能像镜子一样来反映客观外界，其间必有人的参与，含有一定的主观加工成分”（王寅，2005：276）。

语言是一种认知现象，是认知过程所产生的结果。语言是对客观世界认知的结果和产物，语言运用和理解的过程是认知处理的过程。现代语言科学亦已表明在所有人类语言的背后都存在普遍的认知能力。语言不可能与其他诸如解释和推理等认知功能隔离开来。

人对外部世界的认知以语言为中介又通过语言体现出来。斯大林在《马克思主义和语言学问题》一文中曾说过，“不论人的头脑中会产生什么样的思想，以及这些思想什么时候产生，它们只有在语言材料的基础上、在语言的词和句的基础上才能产生和存在。没有语言材料、没有语言的‘自然物质’的赤裸裸的思想是不存在的”（何自然，2006：62）。由此可见，语言是认知的物质外壳和体现形式，并将其凝固下来。

六、认知语言学的语言观

一个人对语言的总体认识就是他的语言观。“语言学理论或学派的建立，总是以某种语言观作为指导思想的，而某一语言观往往也总是某种哲学观的反映。对语言性质的认识就反映了某一语言观，也是某一哲学理论的具体反映。语言有很多性质，不同的语言学派往往强调了语言的不同性质。”（卢植，2006：61）正基于此，不同学派有了不同的语言观。

在对语言的基本看法上，认知语言学持这样一些假设：

（1）语言不是一个自主的认知器官。

（2）语法是概念化过程。

（3）语言知识产生于语言运用。

假设（1）是对语言是一个自主的认知器官的反动。该假设认为，语言知识的表征与其他概念结构的表征没有什么差别，语言知识运用的认知能力在本质上与其他知识运用的认知能力没有两样。

假设（2）的基本观点是，概念结构不能简单地还原为真值条件与客观世界的对应。人类认知能力的主要特征是将经验概念化后表达出来。概念结构的方方面面都离不开识解的作用，如范畴结构、知识的组织结构、多义性、隐喻、词汇语义关系等。

假设（3）认为，语义、句法、形态、音系的范畴与结构是在具体的语言用法中逐渐形成的。

认知语言学从认知观出发来研究语言，强调从认知过程对语言做出解释，语言系统是各种认知常规的总和，可以被解释为是在不同通道中的激活状态，对语言进行描述和解释时要参照认知域、范畴、图式、脚本、认知模式等描写参量，因为语言知识是不能与百科知识截然分开的。对于语言表征而言，最主要的认知环节是对语义的记忆和利用知识进行语义推导，准确地获得对于语言形式的语义解释。（卢植，2006：14）

Taylor（王寅，2007：34）指出：语言形成了人类认知的一个组成部分，任何对语言现象的深入分析都是基于人类认知能力的。因此，认知语言学的目标就是从认知角度对以下问题做出合理解释：掌握一门语言意味着什么？语言是如何被习得的，又是如何被应用的？昔日的语言研究多重视语言形式、结构、内部关系的描写，或强调语言与客观世界的对应，而没有从认知角度将主观与客观结合起来深入解释语言，这是认知语言学不同于许多其他学派的根本区别之一。（王寅，2007：32）

七、认知语言学的语义观

认知语言学以语言所传达的语义为起点，并以语义贯串始终。在认知语言学家看来，所谓的语义实质上是语用或广义的包容语用的语义。认知语言学将语义放在非常重要的位置，这是因为它认为，如果语言的主要功能是范畴化，那么意义必将是最主要的语言现象。

（一）语义与概念化

认知语言学把语义等同于概念形成过程。在认知语言学家看来，语义是概念化的，是人们关于世界的经验和认识事物的反映，是与人认识事物的方式和规律相吻合的。由于概念结构是认知过程的产物，因而语义学的最终目标是要阐明具体的认知过程。认知语言学认为语义不是基于客观的真值条件，而是对应于认知结构，表层形式的句法结构又直接对应于语义结构。认知语言学对客观真值条件的描写与对认知概念的建构统一起来，不区分语言意义和语用意义，而是探索意义在大脑中是怎样建构的，研究原型理论、范畴化、概念形成的过程及机制。语言的意义不限于语言内部，而是根植于人与客观世界的互动的认知，根植于使用者对世界的理解和信念。语义还跟人的概念结构及其形成过程有直接的关系。

在认知语言学看来，概念化是广泛的，既包括抽象的概念，也包括一个人对外部的、社会的、语言的环境的意识，概念化实际上就是认知处理。“概念化”还包括知觉、感情和动觉以及人们对语言事件的理解，对社会的和语言情景的认识。“将意义等同于概念化（conceptualization），比起将意义视为概念（concept）来说，意在强调概念化主体的主观识解因素和意义的动态化特征，抛弃了客观主义理论的镜像观、静态观，强调了人的创造性和想像力，突出了意义的动态观。意义就是概念化的过程和结果。”（王寅，2005：175）

（二）语义与体验

哲学是语言学的基石和摇篮。语言学派的分水岭最终可以追溯到不同的语言哲学。语言哲学最基本的问题是语言与客观世界的关系问题。西方哲学对认识论的研究一直贯串着经验主义与理性主义的争论，这两种对立观点以不同的形式反映在语言研究中，在一定的程度上也反映在两种对立的研究方法上：一种是通过可观察到的语言用法从外部对语言进行研究；另一种把语言看作人的天赋才能的一部分，是人类理性的表现，从人类心智内部研究语言。

认知语言学是一种全新的语言研究范式。它采用了经验主义的哲学主张。这一哲学观点旨在通过对进行认知活动的生物体的身体构造和经验的研究来解释意义。在这里，“经验”不是指狭义地发生在某个个体身上的事件，而是指人类经验的总和：包括人类的身体构造、基因遗传、在客观世界中的物理运动、社会组织等等。（蓝纯，2001：16）经验主义认为，感性经验是知识的唯一来源，经验的内容是客观世界，一切知识都由经验产生。认知语言学的经验主义观点体现在它的语义观上，即语义以概念为基础，词汇或言语的意义是说话人和听话人脑中被激活的概念。概念的形成植根于普遍的体验，这种体验制约着人对心理世界的隐喻性建构。（刘宇红，2006：22-23）

认知语言学的体验哲学认为，范畴、概念、推理和心智并不是对外部现实客观的、镜像的反映，而是由身体经验所形成的。身体、大脑与环境的互动提供了日常推理的认知基础。反映在语言中的现实结构是人类心智的产物，而人类心智又是身体经验的产物。“主体 - 客体”二分法不能成立。体验哲学强调，意义基于感知，感知基于生理结构，认知结构与感知机制密切相关。人类因为自身的生理构造用特殊的方法来感知世间万物，理解其间的各种关系。因此，概念和意义是一种基于身体经验的心理现象，是人类通过自己的身体和大脑与客观世界互动的结果，它们通过体验而固定下来。

认知语言学的最基本观点是：在世界与语言之间存在认知这一中介，语言形式是体验、认知、语义、语用等多种外在因素促动的结果；同时还认为意义是基于体验和认知的心理现象，不能脱离人们的身体特征和生理机制、神经系统。对于意义的看法，认知语言学家有一个口号：Meanings are on the embodied basis。（王寅，2005：197）人类语言是后天习得的；语言不是自治的而是基于体验和认知基础形成的。因此语义虽是存在于头脑之中，但是其根源不是天赋的，而是来源于身体经验，人与客观世界的互动认知，来源于使用者对世界的理解，在推理过程中人的生理构造、身体经验扮演着重要的角色。

八、认知语言学的语法观

（一）语义与句法

认知语言学中虽然有不同的理论方法，但它们在很大程度上是相互一致的，具有共同的理论原则。其中的一个重要主张就是：句法并不构成一个自主的表征形式层次，句法不是自主的，是受功能、语义和语用因素支配和制约的。在认知语言学里，语义先于句法，并部分地决定着句法。认知语言学的一个最基本理论主张是，语义和句法之间存在着一对一的映射关系。语义与句法是相乘相因、不可分离的两方面。

认知语言学认为没有自治的句法，因为概念系统是来自对客观世界的感知，在大脑中就不可能有不受输入影响的模块。句法不是由无意义的、不可被解释的符号构成的，句法应该是研究象征单位，即意义和语言表达两者的配对结合（pairing）。句法是有理据和动因的，是由认知、语义、语用等因素促动的。句法的不同形式来自并反映不同的语义。句法形式是由按照特定顺序排列而成的成分组成的式子，我们不仅要描写句子的位置序列和成员，在某些情况下还应注明其韵律甚至伴随性语言特征；句法的意义包括一个句法结构得以使用的条件，也包括与其有关的语境信息。认知语言学家从原型入手来描写句法结构，并对某个句法背离句法原型的程度和方式加以描写。

认知语言学在句法方面和以往的句法研究的不同之处在于，句法关心的是作为语言单位的句子，它把人对事件的描述和人的交际意图与对句子的分析结合起来，并且把所有这些和人对空间和时间等的认知联系起来。

（二）语法合成说

认知语言学认为语言是整个心理组织的有机组成部分，能够触发其他认知系统；因为语言的各种表达式并非一个造得好的、可以计算的集合，所以语法是非生成的，它只向说话者提供了一份符号资源的清单（inventory），说话人必须依靠自己的认知能力去使用这些资源建造合适的表达法。

认知语言学在语法的形成特性方面跟生成语言学的观点截然对立。认知语言学的代表人物 Langacker 认为，世上不存在所谓的普遍语法，不同语言的概念结构差别很大，语义的本质是一种认知现象，语法是语义内容的结构化，因此导致不同的语法的本质差别。Langacker 的“语法合成说”的核心内容可以概括为：

（1）语法本质上是符号性质的，符号由语音形式和意义内容两个方面构成，词汇和语法之间没有明显的界限。

（2）语法结构是由基本的词汇单位合成的，用来表达更复杂的意义内容。

（3）语法结构是单层的，并不存在隐性层面，不同的结构之间具有不同的语义值，并不存在转换的关系。

（4）语法是从使用中产生的，一个语言学习者从具体的用例中抽象出语法格式。（石毓智，2006：16-17）

（三）语法与象征

认知语言学认为语言是整个心理组织的有机组成部分，能够触发其他的认知系统；因为语言的各种表达式并非一个造得很好的、可以计算的集合，它只向说话人提供一份符号资源的清单，这份清单是由各种大小的象征符号（从语素到句子到语篇）所构成，这些象征符号都是形式和意义的结合体，说话人必须依靠自己的认知能力去使用这些资源建造合适的表达式。语法只要用符号单位就能描写，词汇、句法组成了一个符号结构的连续体；一些语法范畴（如名词、动词）都可在意义上界定；决定句子是否造得好是一个程度的问题，需要考虑到语义和语境因素的相互作用。

语法从本质上来说是象征的观点使得认知语法在进行语言分析时有着严格的“内容限制”；它只承认三类单位。除了这三种单位外，认知语法不承认其他任何单位：

（1）语音单位、语义单位和象征单位；

（2）与（1）的单位有关的图式；

（3）与（1）和（2）有关的类属关系。

“内容限制”排除了任何描写上的随意性，排除任意设立的空范畴、语迹等各种有名无实的单位。

在认知语言学看来，语法是用来将象征单位逐级组合成较复杂的象征单位格式。语法是由语法范畴和语法构式组成的，构式不是部分的综合。一个典型的语法构式通常是一个复杂的象征单位。语法构式是复杂的概念结构和表达这个概念结构的方法之间的配对结合。这个构式不是把无意义的形式任意地置放在一起的，而是表现了人类组织基本经验的方法。

认知语言学是以身体经验为基础来研究人类的认知，它把语言看作认知的一部分，语言的使用和其他认知手段的使用联系在一起，符号既是认知手段，又是思维和交际手段。认知语言学从心理的角度解释语法和意义现象，说明不同的人在不同的语境中，对语法和语义结合起来表达的意义有不同的解释。（郭鸿，2005：4）很多语言学科的研究对象都只是客体，而认知语言学对语言的研究既是客体又是主体。它对语言的形式和理解进行经验性解释是一种可取的方案，对概念的形成、词汇化的产生、词义的衍生乃至推理都更有解释力。（赵彦春，2009：36）

参考文献:

[1] Langacker, R.W. Concept, Image and Symbol[M]. Mouton de Gruyter, Berlin-New York, 1990.

[2] 桂诗春．认知和语言 [A]．束定芳．语言的认知研究 [C]．上海：上海外语教育出版社，2004.

[3] 郭鸿．认知语言学的符号学分析 [J]．外语教学，2005（4）：1-4.

[4] 何自然．认知语用学——言语交际的认知研究 [M]．上海：上海外语教育出版社，2006.

[5] 蓝纯．认知语言学：背景与现状 [J]．外语研究，2001（3）：14-20.

[6] 刘宇红．认知语言学：理论与应用 [M]．北京：中国社会科学出版社，2006.

[7] 卢植．认知与语言 [M]．上海：上海外语教育出版社，2006.

[8] 石毓智．语法的概念基础 [M]．上海：上海外语教育出版，2006.

[9] 王德春，张辉．认知语言学研究状况 [J]．外语研究，2001（3）：1-10.

[10] 王寅．认知语言学探索 [M]．重庆：重庆出版社，2005.

[11] 王寅．认知语法概论 [M]．上海：上海外语教育出版，2006.

[12] 王寅．认知语言学 [M]．上海：上海外语教育出版社，2007.

[13] 文旭．认知语言学的研究目标、原则和方法 [A]．李风琴主编，中国现代语法学研究论文精选 [C]．上海：上海外语教育出版，2005.

[14] 文旭．语义、认知与识解 [J]．外语学刊，2007（6）：35-39.

[15] 熊学亮．认知语用学 [M]．上海：上海外语教育出版社，1999.

[16] 赵彦春．认知语言学的理论取向与实质 [J]．外国语文，2009（5）：31-37.

第六章　语言——心智

乔姆斯基“语言 - 心智 - 大脑”研究的意义在于：语言研究转到人脑研究是语言学的一大进步；语言研究有助于认识人类思想和智慧的本质；人脑语言机制论具有科学价值；通过语言可间接探究人脑的奥秘；心智主义具有积极的作用。

一、语言与心智

Language and Mind（语言与心智）是乔姆斯基多年来一直讨论的中心话题。1968 年乔姆斯基出版了著作 *Language and Mind*，1972 年又出了其扩充版。乔姆斯基在 1980 年出版了名为 *Rules and Representations*（《规则与表征》）的讲演集，第一部分的一系列演讲包括四个专题，构成此书的前四章，第一章题目即“Mind and Body”（“心智与身体”）。1997 年一本杂志上发表了 *Language and Mind: Current Thoughts on Ancient Problems*（《语言与心智：对古典问题的当今思考》）一文。2000 年出版了语言哲学论文集 *New Horizons in the Study and Mind*（《语言与心智研究的新时空》）。论文集收入乔姆斯基 20 世纪 90 年代发表的 7 篇关于“Language and Mind”问题的最新研究成果的论文。乔姆斯基 2002 年出版的 *On Nature and Language*（《论自然与语言》）的第二章题目为“Perspectives on Language and Mind”（“语言与心智论”），也与“mind（心智）”有关。

乔姆斯基强调他的语言理论原则是“心灵的一部分，以大脑活动的方式或结构表示出来，是对大脑与语言的研究”（黄和斌，2002：37）。语言是心智的功能和组成部分，对语言的研究就是对心智的研究，这是生成语法理论的一贯主张。生成语法从它产生发展到今天，一直把其研究目标规定为人脑的语言系统，坚持语言研究最终应该为人类探求和解释人脑的奥秘做出贡献。

二、“心智”说起源

关于对人的“心智”的研究，从古希腊的一些哲学家、中世纪经院学派的语法学家，到近代的唯理主义学派，都有过这方面的论述。在当代，持这种观点的学派无疑是乔姆斯基首创的生成语法学派。

在古希腊，亚里士多德就曾说，言语是思想、经历的表达，语言的词汇是思想的标记。中世纪语言学的突出成就是经院哲学影响下的思辨语法。他们认为，人类之所以能够通过语言来认识世界，是因为词这种符号与人的心智有联系。到文艺复兴后期，经验主义和唯理主义之间争论的一个众所周知的方面就是天赋观念。约翰·洛克、贝克莱和休谟针对天赋观念，提出了白板论（tabula rasa），否认人脑里在经验之前存在任何观念。而以笛卡尔为代表的唯理主义，把一定的天赋观念看作是知识中任何必然性的基础。唯理主义的哲学认为大脑不是只能对环境做出被动反应的白板一块，而是具备基本的认知能力的。法国的保尔·罗瓦雅尔学派以笛卡尔的哲学思想为基础，认为人的理智高于一切权威，因为人的思想和理智是相同的。19世纪，德国的洪堡特指出，在人脑里天生有着创造语言的能力。他认为，语言能力是人类大脑功能的重要组成部分，语言是大脑的一种能力。现代语言学的创始人索绪尔做出的第一个重要区别就是语言和言语。他说，语言是一种语法系统，它本身不表现出来，而是潜伏在每个人的大脑之中。哥本哈根学派的代表人物路易斯·叶姆斯列夫认为，语言不是外来的伴侣，语言深深地存在于人脑之中。

乔姆斯基发挥了笛卡尔关于固有结构的思想和洪堡特关于语言能力的观点。他认为，语言学的任务就是揭示儿童大脑的初始状态和内化了的语法规则，他宣布语言学是心理学的一部分，研究语言的最终目的是揭示人脑的本质。

乔姆斯基从笛卡尔那里借用了“心智”的概念，并赋予“心智”以全新的含义。乔姆斯基认为，人的大脑机制有其复杂而独特的功能。而能够表明“心智”存在的最直接证据就是语言。这样语言就不再被当作人的思想所使用的工具，而是被提到了思想本身一部分的地位。乔姆斯基认为，语言学之所以有意义，是因为语言研究是一条最有希望通向人的心智奥秘的桥梁。（田学军，2005：59）他相信从语言学研究入手可以达到对人的心智的认识，揭示人的本质，并以此为理论基础，构建一个更加富有人性的理想社会。

三、心智主义

乔姆斯基的“心智主义”是生成语法的认识论基础。心智主义一直是贯串于乔姆斯基语言学理论中的主要哲学思想。根据心智主义这一思想，语言是人类所独具的一种种属属性，人之所以会说话是因为人生下来的时候，人脑就呈现为一种特定的物质状态。语言是后天经验作用于人脑遗传属性的结果。基于这种心智主义的认识论思想，生成语法研究的兴趣不只是语言事实本身，而是人脑的遗传属性，是语言的共性，是关于什么可成为人类可能语言的限制，进而从这些限制中找出人脑究竟有着什么样的特殊结构使人具有学会任何一种语言的可能。乔姆斯基之前的语言学研究不承认或不理会人脑在语言能力获得中的作用，否认人类语言的生物学属性，而乔姆斯基的语言学思想正是在承认并研究人类语言生物学属性的基础上同传统语言学分道扬镳的。

心智主义的基本特征被乔姆斯基（Chomsky,1986: 3）概括为三个基本问题：

（1）What constitutes knowledge?（语言知识由什么构成？）

（2）How is knowledge of language acquired?（语言知识是如何被习得的？）

（3）How is knowledge put to use?（语言知识是如何被应用的？）

这三个问题所关注的分别是语言知识的本质、习得和运用。其中第二个最为重要，乔姆斯基认为它是生成语法的“根本问题”。

“习得”作为专门术语同“学习”相对，“习得”的认识论基础是心智主义，而“学习”的认识论基础是行为主义。语言习得是乔姆斯基语言学理论的核心内容，是乔姆斯基心智主义认识论、研究对象和研究方法的全面体现。

心智主义批判了行为主义的“白板说”和“刺激—反应论”，否认人脑生来是白板一块，并通过后天的语言“刺激—反应”学得语言。心智主义认为，人脑拥有载有语言遗传信息的语言习得机制，人的语言能力的最终获得和形成是人脑固有的语言习得机制和后天语言习得经验相互作用的结果。

四、语言—心智—大脑

（一）语　　言

关于什么是语言，乔姆斯基一贯的、根本的主张是：语言是位于人类心智 / 大脑中的语言认知系统的状态，是一种心智器官。语言的本质在于人类成员的心智 / 大脑中存在着一个由遗传所决定的，通过生物性天赋而来的语言机能。

乔姆斯基语言理论有几个不变的基本假定，其中之一是：人的大脑有专门的语言区域（朱志方、代天善，2007：1）。易言之，人类的大脑中存在一个专司语言的器官。乔姆斯基认为，语言知识是客观存在于人的大脑中的，是在大脑物质基础上产生的心理能力，因此，语言研究的重点不是语音、语调等语言的物理属性，而应该是人脑的心理状态。

乔姆斯基认为语言研究的重点是潜在原则的深度和解释力，发现那些对决定潜在结构和抽象、隐蔽的原则至关重要的事实，对处在相对稳定状态的心智 / 大脑中的语言知识的结构做出解释和说明。

乔姆斯基把语言研究的对象定位于人脑中的语言知识。他认为，语言知识的本质在于人类成员的心智 / 大脑中，存在着一套语言认知系统。人一旦拥有这一系统，人们就能产生和理解数量无限的新的语言表达式。在语言知识的来源问题上，乔姆斯基认为，在人类成员的心智 / 大脑中，存在着由生物遗传和天赋决定的认知系统。

（二）语言与“心智”

语言学家对语言研究的目的和意义有两种观点：第一种认为语言研究就是为了语言而研究、描写或规范语言。第二种则认为研究语言的意义在于通过语法规则的确立而达到深刻的哲学认识，即对人的思想规律、心智结构的阐释以及普遍逻辑的证明。在当代，持第二种观点的学派无疑是乔姆斯基首创的生成语言学派。“语言是心灵的镜子（language is a mirror of mind）”这一日常传统的说法，反映了人类在语言和心智关系问题上的常识性直觉：语言反映心智，人们可以通过研究语言来认识心智。

心智，在乔姆斯基看来，指的是在实际行为下潜伏的既是先天的也是习得的那些原则。乔姆斯基认为，人不仅有躯体，还有心智，心智是依赖大脑物质的。语言是心智的功能和组成部分，语言实际上是心智不断重复的活动，语言反映了人的心智。在他看来，语言学研究是一切研究中最适宜揭示心智的本质的，对语言的研究就是对心智的研究。首先，语言是唯独人类才具有的唯一的认知机能。即使对较低级动物的交际行为进行的研究也不能解释语言，因为动物交际行为中的大脑构造同人类语言的大脑构造毫无进化上的关系。其次，语言是理性思维的工具，而思维又是一种唯独人类才具有的能力。最后，与认知的其他方面相比，人们对语言和语言机能了解得更多。（Newmeyer, 1998: 35）

（三）语言与“大脑”

在乔姆斯基的论著中，最引人注意的是将心、脑相提并论的简明公式：心智 / 大脑。语言与心智是乔姆斯基多年来一直讨论的中心话题。20 世纪 60 年代乔姆斯基用的术语是“mind”（心智），70 年代用“mind, ultimately brain”（心智，最终是大脑），80 年代用“mind/brain”（心智 / 大脑）。乔姆斯基坚持认为，语言是一种心智活动和表现，其物质基础存在于大脑之中；语言机制是心智的组成部分，最终是大脑的组成部分；对人类语言的研究就是对人类心智，最终是对人类大脑的研究。这也是为什么他总是把心智和大脑相提并论的原因。

就语言学中大脑研究而言，乔姆斯基认为语言学研究应该包括：①研究大脑中关于语言能力的系统的知识结构；②研究人如何使用语言进行思维和交流思想感情；③还应当研究大脑中语言能力的物质基础和生理表现。

（四）大脑与普遍语法

语言研究的一个主要目标是揭示人类语言的普遍特性，而最具代表性的乔姆斯基普遍语法观是当今最流行的语言学理论。普遍语法是乔姆斯基针对儿童习得母语提出来的。在乔姆斯基看来，语言非常复杂，有无数的规则，但是，儿童习得语言似乎既快又不费力，与他们的智力不吻合。乔姆斯基试图从大脑内部去寻找儿童习得语言的原因。他认为，普遍语法原则是所有人类语言的共同属性，反映了人脑的内部结构。人能学会语言，是因为人脑生来就存有人类一切语言的共同特点，即普遍语法。普遍语法是客观世界中真实存在的物体，是大脑中的特定基因表达。根据普遍语法观，人具有天赋的语言能力，即语言基本设计的心智组件（module of the mind）。乔姆斯基认为普遍语法是大脑的一部分，它是先于语言经验的心智状态，语言能力和心脏类似，是一种“心智器官”。普遍语法通过遗传而存在于婴儿大脑中。一个人的具体语言知识是人脑的普遍语法与后天经验相互作用的结果。

普遍语法是一种理性语法。普遍语法反映了人类的物种生物特性，体现了一个心脑健康人的语言机制的初始状，体现了每个人的心脑语言机制。当代理论语言学的研究对象已由人的表达语言知识系统转为人的心脑语言系统。乔姆斯基创建生成语法的最终目标是通过探索人脑中的语言机制来解释人的生理机制，揭示人类自然语言习得的奥秘。作为当前最具影响的理论，乔姆斯基的普遍语法为揭开人类语言能力这个“黑匣子”的盖子提供了新的思路。

五、“语言—心智—大脑”研究的意义

乔姆斯基并没有为任何一种具体的语言做出一套完善的描述。实际上，他也没有想那么做，因为那不是他的目的。乔姆斯基对语言学革命的贡献在于，为世人展现了一个新的看待语言和人类思维的方法。

（一）语言研究转到人脑研究是语言学的一大进步

按照现代解释学的观点，“文本就是一切”（黄和斌，2002：41）。“语言”这一文本是人类大脑活动的产物，而人类对大脑了解得还很不够，还不如对宇宙的了解。乔姆斯基是第一个详细地从语言性质去阐明大脑的性质的人。（魏标，1999：99）乔姆斯基的语言研究把研究对象从研究语言转移到人脑是语言学的一大进步。

（二）语言研究有助于认识人类思想和智慧的本质

由于历史的原因，人们谈到“心”、“头脑”、“心灵”、“心智”时，总会觉得那是些神秘的、无法琢磨的东西。几百万年形成的人脑结构被认为是任意的、偶然的。其实，人类的认知结构比有机体的物质结构更为复杂，因此就更有研究价值。语言是人类心智的一面镜子，通过对语言的研究我们可以更好地认识人类思想和智慧的本质。

（三）人脑语言机制论具有科学价值

人脑这个研究对象用自然科学中已有的系统和实证科学目前还得不到很好的解释，因此人们必须开发自己的“科学建构能力”去创造一种可用来认识人脑语言系统的形式工具。乔姆斯基所致力要建立的旨在揭示人脑语言机制的解释理论就是一种科学精神的体现，具有很高的科学价值。

（四）语言机制引起脑科学、认知科学的关注

人脑里到底是否有一个内在的语言机制，现在还无法充分证实，也很难一下子加以证实，因为人脑不同于人体的其他器官，很难任意而又充分地观察；即使把人

脑提供给科学家，科学家们也无法判断里面有没有内在语言机制。但是有这个假设总比没有这个假设好，它可以推动人们去思考。乔姆斯基指出，“大脑科学需要语言学或心理学的研究成果来帮助明确应该探求人类哪些抽象结构的物理基础”（谢玉杰、鲁守春，2005：90）。乔姆斯基的在人脑里有一种人生下来就有的内在语言机制的看法，已引起脑科学领域、认知科学领域里学者的广泛注意。（陆剑明，2002：3）

（五）通过语言间接探究人脑的奥秘

在乔姆斯基看来，语言的研究是关于心智、关于大脑的研究，对语言本质的认识最终要归结到对大脑结构的认识。语言反映心智，心智怎么遗传？既然心智依赖于大脑物质，当然通过大脑物质遗传。人类大脑的物质结构限制着人类语言。至于怎么限制，凭目前科学对人脑的知识无法解答。乔姆斯基认为语言学最终要为探究人脑的奥秘做出贡献。乔姆斯基强调，语言学不光要研究人大脑中关于语言能力系统的知识结构，还应研究人大脑中语言能力的物质基础和生理表现。既然生成语法是把人脑的语言遗传机制确定为理论对象的，而人脑的形式属性在人类现有的认识水平上又无法通过经验的或实证的方法去认识，那么通过语言做间接研究便成了关于大脑研究的一个不可或缺的部分。可以说，这是当前反映大脑语言知识结构的唯一有效方法。

（六）心智主义的积极作用

乔姆斯基认为“当代心智主义是在生理科学的领域内朝着把心理学和语言学融为一体而迈出的一步”（周晓岩，2003：3）。在他看来，心理语言学不仅解释提取和使用语言知识的过程，还解释这些过程与其他心理机制的交互作用。因此它可以解释语言的具体运用。自乔姆斯基以后，心理语言学家对语言学和心理学的关系有了新的认识。这极大地促进了这两门学科的结合。

参考文献：

[1] Chomsky, N. Reflections on Language[M]. New York: Patheon, 1975.

[2] Chomsky, N. Knowledge: Its Nature, Origin and Use[M]. New York: Praeger, 1986.

[3] Newmeyer, J. 柯飞（译）. 乔姆斯基语言哲学略述 [J]. 外语与翻译，1998（4）：33-38.

[4] 黄和斌. 从认知观看转换语法理论 [J]. 外国语，2002（3）：37-43.

[5] 陆剑明. 乔姆斯基句法理论与汉语研究 [J]. 外国语，2002（4）：1-5.

[6] 田学军. 转换生成语言学普遍语法的哲学渊源和语言观 [J]. 四川理工学院学报，2005（1）：57-60.

[7] 魏标. 从乔姆斯基的语言观看奈达的翻译思想 [J]. 四川外语学院学报，1999（3）：99-101.

[8] 谢玉杰，鲁守春.《语言机能》述评 [J]. 当代语言学，2005（1）：86-91.

[9] 周晓岩. 论乔姆斯基语言学理论的哲学基础 [J]. 外国语言文学，2003（4）：1-6.

[10] 朱志方，代天善. 普遍语法的几个问题 [J]. 外语学刊，2007（4）：1-5.

第七章　语言——符号系统

作为一个符号系统，语言的基本单位是语篇。语篇所处的环境是情景语境，它属于一定类型的文化语境。语场、语旨与语式这三个情景变量分别与语义系统中的概念意义、人际意义和语篇意义相联系。语域是以语篇为实例的语言变体，是特定情景类型所特有的意义潜势。

一、语言与社会符号

系统功能语言学所关注的问题是“作为社会符号的语言”（黄国文，2007：15），即人们是怎样使用语言来进行社会交往中的各种活动的。韩礼德多次强调语言是一个符号系统，应该用符号学的观点来解释语言，并通过把语言看成一种社会符号来研究语言在使用中是如何产生意义的。“社会”的意思是从社会角度来看语言。“符号系统”的意思是：语言是符号，但它不是孤立的符号的组合，而是一个符号系统，是众多语言交际符号系统之一。

韩礼德（1978）的社会符号学理论包括六个基本元素：语篇、情景、语域、语码、系统和社会结构。

（1）语篇：语篇是人们所从事的语言交际的范例，包括口头的、书面的。语篇是一个语义单位，是不断意义选择的结果，是意义潜势的一种实现。语篇同时还可以看成是一种社会符号过程，是构成社会系统的各种意义进行交换的符号过程。

（2）情景：社会符号学的情景是指赋予语篇以生命的环境。从本质上讲，社会符号学的情景概念是一种符号结构，是构成文化的符号系统的意义集合体。这一符号结构可以解释成由语场、语旨与语式三个维度构成的复合体，分别指伴随语言正在进行的社会活动、所设计的人物角色以及语言所采用的符号。这三个维度共同构成了人们交换意义的社会符号环境。

（3）语域：韩礼德用语域来指语篇的语义变体。语域是某一种文化成员通常赋予某一社会语境的语义资源配置，是某一社会语境可以得到的意义潜势。

（4）语码：它是指掌控说话者选择意义、听话者解释意义的符号组织原则。对于韩礼德而言，语码不是语言的变体，而是位于语言系统之上的社会符号，它通过语域来实现。

（5）系统：韩礼德认为，在社会语言学环境下最重要的语言系统是“语义系统”。语义系统由概念功能、人际功能和语篇功能组成。任何语篇都是这三种意义的交织。

（6）社会结构：社会结构对语言学的意义在于三个方面：①社会结构赋予人们交换意义的各种社会语境以意义。②社会结构规定与特定社会语境相联系的意义与意义风格。③社会结构通过社会等级对语言产生影响。

这六个基本元素之间的关系可概括为：社会交往通常体现为语篇。语篇由词汇语法结构来体现。语篇所处的环境是情景语境，它属于一定类型的文化语境。情景类型体现为语场、语旨与语式。这些情景变量分别与概念意义、人际意义和语篇意义相联系。语域是特定情景类型所特有的意义潜势，它被体现为语言变体。这一过程通过语码来调节。

二、语言与语篇

韩礼德认为，“对一个语言学家来说，只描写语言而不考虑语篇是得不出结果的；只描写语篇而不结合语言则是不实际的”（转引自司显柱，2004：46）。在语言的社会交际中，作为一个符号系统，语言的基本单位是语篇。“语篇是言语作品，是语言实际交际过程中的产物。无论以何种形式出现，语篇都应该合乎语法、语义连贯，包括与外界在语义上和语用上的连贯，也包括语篇内在语言上的连贯。由于是被视为高于句子层面的意义单位，其规模就并不能用长短来界定。判断一个语言单位是否是语篇，应该看其是否在特定的语境中表达了应有的含义或具有实际的交际功能。语篇是有效交际的基本单位。”（胡曙中，2005：6）

系统功能语言学把语篇看作是社会成员之间进行社会意义交换的互动过程。语篇是一个由意义组成的语义单位，它产生于意义潜势网络之中：语篇既是语义选择的结果，同时又是语义功能实现的手段。因此，语篇被看作是具有功能的语言。也就是说，在交际过程中，说话者运用语言表达人们在现实世界中的各种经历（概念功能）和人与人之间的相互关系（人际功能），并通过连贯的语篇（语篇功能）将概念意义和人际意义现实化。换言之，概念功能作用于主体与客体，人际功能作用于主体之间，而语篇功能则担当对语言表达的概念与人际功能的组织，辅助上述两种功能的实现。三者虽角色、侧重点不同，但都是关于说话者之间基于一定的目的围绕某个“内容”借助语篇这个载体进行的交际行为的描述。

三、韩礼德的语境观

符号的使用和理解，离不开对语境的依赖。孤立的符号集合，其意义往往是模糊不定的。脱离了说话的具体场合，我们充其量只能对句子所能表达的意义的种种可能性做出推测，而难以从中选择与确定句子所传递的具体信息意图。语境与符号之间的相关程度，是决定符号所表达的信息的关键。

何谓语境："语境是使用语言时思维的背景依托。"（张亚非，1993：57）人的思维和语言，是一个遵守以最小损耗获取最大信息，即最大信息原则的智能系统。语言之所以有歧义，有一词多义等现象，是因为它在表达思维、传递信息时，可以通过语境对信息进行筛选，来起到解歧的作用，或靠语境来补足语言本身没有表达完全的信息。

韩礼德认为语境可分为文化语境和情景语境。文化语境主要指人类在特定文化背景中的行为模式，这种模式制约语篇的语类结构等带有宏观意义的语义结构。情景语境指的是与语言交际行为直接相关的语场、语旨和语式三种因素。

语境是语言交际的一个重要因素，它不仅制约着言语的表达，而且还影响着言语的理解。在语言交际过程中，人们感兴趣的不是交际的形式，而是交际的内容。而交际的内容是在交际过程特定的语境中形成的，因此必须联系这种特定的语境才能理解。语言与语境是相互依赖的，特定的语言形式创造了特定的语境，而特定的语境要求特定的语言。正如马里诺斯基所言，"一个没有语言语境的词仅仅是一个代表不了任何东西的'碎片'而已。同样，在言语的现实中，一个没有情景语境的话语也是没有任何意义的"（转引自谢少万，2002：98）。语言的语义系统体现了社会符号。体现在词汇语法系统中的语言的意义潜势不仅是某一特定社会语境的符号，也不仅是它的语场、语旨和语式组成形式，而且还是构成社会系统的整个社会语境的符号。

语篇总是出现在两种语境之中，外围的语境是文化语境，这个语境涉及的是抽象的、宏观的内容，是民族性的。它所代表的是人们在日常社会活动中一种抽象化形式。特定的言语社团的历史、文化、风俗习惯、思维模式、道德观念、价值观念、伦理范式等构成了这个社团的文化语境。由于作为交际单位的语篇是在特定的文化语境中起作用的，所以文化语境对于语篇的意义表达和理解至关重要。每一个语篇都是在特定的文化语境中产生表达意义，所以对它的意义的确定要依赖它的社会功能和使用目的。同一个语篇在不同的文化、社会背景中通常都有不同的社会意义和交际效果。因此，可以说，文化语境指的是语篇在特定的社会、文化中所能表达的所有的意义。

在文化语境中，交际双方根据特定的情景进行交流，这种特定的交际情景是在文化语境中产生和起作用的，它比文化语境更为具体，是小于文化语境的，所以功能语言学家把这种情景称为情景语境。根据系统功能语言学理论，情景语境是文化语境现实化的表现，是在具体的语言交际事件中支配语义选择的因素，所以，它不仅包括现场语境中的成分，如谈论的话题、发生的事件、参与者、交际媒介和渠道等，也包括由社会文化背景决定的行为准则、道德观念等。这些都是融合在语场、语旨和语式中的。

对韩礼德来说，语境是一个统一的层面。情景语境和文化语境处于一条横轴的两端，情景语境在前台直接与语言发生关系，是语篇发生的直接的环境，相对于文化语境来说是具体的。而文化语境则处于后台，潜在地制约着语言的运用，它的作用要通过情景语境才能得到发挥，相对于情景语境是抽象的。文化语境和情景语境之间的关系为“示例关系”。具体地说就是，处于交际前台的情景语境是潜在的文化语境的示例，它凸显了与当时交际相关的社会文化因素，并将这些相关因素与情景语境因素融合在一起，共同作用于语言的语义系统。

韩礼德在其语言理论中引入语境这一层面，其根本出发点在于从社会结构来诠释语言这个本身并非封闭、自足的系统。对于语义系统中的选择，即概念功能、人际功能、语篇功能的选择，以及词汇语法系统中的选择，韩礼德都从情景语境和文化语境中找到了解释。

四、语篇与语境

任何语言使用都有语境，有语篇必有语境。语篇理解离不开语境。韩礼德把语篇与语境之间的关系因素归纳为五个类别：语篇、情景语境、文化语境、互文语境、文内语境。这五个因素形成了语篇和语境关系的循环圈：从语篇到语境，再从语境到语篇。（张德禄，2004：20）语篇中的任何部分，本身既是独立语篇，又为其他部分提供语境，离开语境，根本谈不上对语篇的理解。（Halliday & Hasan, 1985: 48）语篇与语境的关系同时也是一种辩证的关系：语篇创造了语境，语境也创造语篇。也可以说，一个语篇构成了另一个新的语篇的部分语境。

语境是一切话语的出发点。从语境的本质来说，它规定了说话者所使用的话语意义与语境因素的关系，亦即表示了话语本身的意义和客观所指的关系，话语的意义与说话者在某时某地发出的语言行为和说话者的动机与意图的关系以及话语与说话者所使用的语言背景的关系。语境是准确进行交际的条件，是选择句子含义的基础，同时也是理解句子意义的重要依据。脱开语境，交际就不能顺利进行。

“语境被视为语篇的首要功能，并且决定语篇类型。”（李力，2006：316）语境对语篇的选择是多方面的，如对语篇的组织结构、语篇的语体、语篇的风格、语篇的语言条件、语篇的句法特征、语篇的主题意义的选择，等等。

语篇是一个纯理功能框架，是概念功能、人际功能和谋篇功能的复合体。由此，作为符号系统的语言的语境是文化语境，而语篇的语境是情景语境。对语篇的情景语境的关注是系统功能语言学对语言研究的一大贡献。功能主义认为语言的意义存在于具体的使用过程之中，离开了语言使用的具体环境，就很难确定语言的意义。

系统功能语言学始终把语言的实际使用——语言在一定情景下的应用，即情景中的语篇，确立为语言探索的对象，始终把语言在实际情景中表达的意义，即语言发挥的功能作为语言研究的主要关注，始终把语言交际视为一种社会人所从事的社会行为，而这种行为是在包含着情景、语言、功能这三个系统的行为框架里运行，因此把对情景、语言、功能等系统的描写及其彼此之间的阐述（如语言形式与情景之间的建构和限定：一定的语言形式建构一定的情景语境，而一定的语境又决定了选择一定的语言形式；功能与措辞之间的选择与体现：意义与语言形式即措辞间的选择范围，形式对功能的体现关系）作为其语言研究的出发点和归宿。

五、语篇与语域

语域是以语篇为实例的语言变体，一种语言变体是语篇与其情景语境在相互作用中形成的语篇范式。情景中的每个成分激活意义系统中的相应成分，在意义实现的过程中，从意义潜势中选择一组合适的意义范式，这种意义范式就是语域，而这种选择过程决定了语篇与语境一致性的程度。如果语篇能在语境中实现其功能，或者说语境能适合语篇各种功能的实现，那么就实现了语域在语场、语旨、语式上的一致性。

语域作为居于语言形式和社会情景之间的一个意义特征，把语篇所体现的概念意义、人际意义和谋篇意义与情景语境的语场、语旨和语式对应并联系起来。语域使我们建立起语篇与其社会符号环境之间的联系，因为社会成员都会选择与某一情景类型相联系的语义组合。从语域角度看，语篇与构成它的情景语境的一致性就是语篇与语境相关的在意义体现方式上的一致性，或者说，语篇与语域在三个变项上的一致性。

系统功能语言学中最能体现语境对语言制约关系的是语域理论。语域理论力图研究和揭示语言随着情景变化而变化的现象及规则，以帮助语言使用者了解和掌握语境对语言特征的三个语境因素，即语场、语旨和语式。语境的这三个要素决定和影响意义系统的概念意义、人际意义和语篇意义。由于意义的三种方式同时体现在词汇语法层上，语境成分中的任何一项的改变都会引起语义的变化，导致语言的变异，并进而产生不同的语域。可见语域即语境在一定语言中的体现，是社会成员把某个语境联系起来的语义结构，即某个社会语境下的意义潜势，是人们在某个社会环境条件下做出的语义选择。

本章扼要阐述了语言、符号、语篇、语境、语域之间的关系。现就其中涉及的基本要点做一小结：

（1）语言被看作为一个“社会符号系统”，并通过把语言看成一种社会符号来研究语言在使用中是如何产生意义的。

（2）语篇在实际运用中，意义不是孤立的、抽象的，而是和语言交际中的非语言要素息息相关。离开了交际参与者、交际场合、交际媒介等语境因素，便无法确定语篇的实际意义。

（3）韩礼德语境说的主要贡献，就是他把情景语境的各种构成因素理论化为语场、语旨、语式这三个变量。这三个语境变量没有层次之分，而是如同三棱柱的三个面，有机地结合成一个整体。这个理论概括克服了其他语言学派的语境观因素过于琐碎、难以取舍所造成的困难，因而比较系统地解释了语境对语义选择的制约作用。

（4）任何语言使用都有语境，有语篇必有语境。语篇理解离不开语境。只有语言的交际环境才能确定词的所指、句的交际功能和语篇的含义。

（5）语域定义了某一场合下特定语篇的变体。语域帮助我们由语言来预测语境或者由语境来预测语言。语域使我们建立起语篇与其社会符号环境之间的联系。

参考文献:

[1] Halliday, M.A.K. Language As Social Semiotic: the Social Interpretation of Language and Meaning[M]. London: Edward Arnold, 1978.

[2] Halliday, M.A.K. & Hasan, R. Language, Context and Text[M]. Victoria: Deakin University Press, 1985.

[3] 丁建新．主体间性・功能进化论・社会生物学 [J]．四川外语学院学报，2007（6）：26-30.

[4] 胡曙中．英语语篇语言学研究 [M]．上海：上海外语教育出版社，2005.

[5] 李力．语篇基本类型及其在话语中的反映 [A]．黄国文等主编．功能语言学的理论与应用 [C]．北京：高等教育出版社，2006.

[6] 司显柱．论功能语言学视角的翻译质量评估模式研究 [J]．外语教学，2004（4）：45-49.

[7] 谢少万．语境理论的交际观 [J]．山东外语教学，2002（4）：95-99.

[8] 张德禄．韩礼德功能语言教学思想探索 [J]．外语教学，2004（3）：18-23.

[9] 张亚非．语篇及其符号解释过程 [J]．外国语，1993（5）：55-58.

[10] 朱永生，严世清．系统功能语言学多维思考 [M]．上海：上海外语教育出版社，2001.

第八章　语言——内在

乔姆斯基持语言知识内在论的观点。他认为语言的使用是个体运用其大脑内的内化语言生成语言表达式的过程。在他看来，研究语言就要研究内化语言。他坚持认为，语言的研究是关于心智、关于大脑的研究。对语言本质的认识最终要归结到对大脑结构的认识。

一、语言知识内在论

乔姆斯基生成语法认为，人的语言知识包括两部分：一部分是全人类语言所共有的，称为普遍语法；另一部分是各民族语言所特有的，称为个别语法。普遍语法是人类通过生物进化和遗传先天获得的，个别语法是人出生后在一定的语言环境中通过学习掌握的。语言机制具有初始状态，具有种属的统一性。它在触发机制和环境影响下经历状态变化，达到获得状态。人类语言的初始状态是一样的，而获得状态是不一样的。

乔姆斯基持语言知识内在论的观点，认为语言的使用不是一个遵循外部的，传统意义上的规则的过程。语言的使用是个体运用其大脑内的内化语言生成语言表达式的过程。内化语言作为生成程序形成结构描写式，每一个结构描写式都是一个语言、语义和结构属性的复合体。（Chomsky, 1986）

乔姆斯基的语言学研究的核心问题之一是“柏拉图问题”，即语言知识是如何构成的。乔姆斯基认为人类语言知识的本质就是这一知识是如何构成的问题。他所说的语言知识是指人大脑中内化的语言知识。乔姆斯基认为语言知识是以某种在目前来说几乎还完全不为人们所了解的方式存在于人的大脑之中。他把语言研究的对象定位于内化语言，即人脑中的语言知识。要解决语言知识由何构成，就是要揭示，当一个人通晓某种语言时，他的心智 / 大脑处于何种状态，以及大脑中的语言知识系统又是如何。

二、内化语言与外化语言

在生成语法说的文献中，语言机制、语言能力、语言认知系统、心理语法、内化语言等术语的意义和所指是一样的，就是指乔姆斯基所理解的语言。乔姆斯基在20世纪80年代提出的“内化语言”取代了其早期著作中的“语法”概念。早期生成语法理论中的“语法”有两重意思：一方面，它指语言能力，即存在于大脑中的内化语言系统本身；另一方面，“语法”指语言学家对说话人/听话人语言能力的描述。（周晓岩，2003：2）现在所说的“语法”仍然具有第二层的含义，但这一语言学理论的客体则是内化语言。

乔姆斯基的生成语法从20世纪50年代成型到现在，其研究重心发生过两次重大转折：其中一次转折是从研究语言（外在化了的客体）转到研究语法（一种思维状态），即从外化语言研究转到内化语言研究。乔姆斯基认为，生成语法的目标就是发现正常语言活动得以使用的机能，即内化语言。

内化语言和外化语言的区分是乔姆斯基语言理论中一个重要的理论概念。20世纪50年代前传统语法研究向50年代后生成语法研究转变的一个重要标记就是从外化语言研究向内化语言研究的转移。人们所熟悉的语言能力和语言运用的区分便是从内化语言和外化语言的区分中演化过来的。语言能力是内化的产物。只有内化语言，才能在交往中不断得到发展，从而创造出大量词语来适应各种环境的变化。乔姆斯基在其最新论著《语言设计的三个因素》（Chomsky, 2005）中明确指出语言学研究的重点应该是说话者头脑中的语法规则，即内化语言，以及作为各种内化语言共同基础的普遍语法。

乔姆斯基在1965年区分了“语言能力”和“语言运用”，主张研究前者，而看轻后者。1986年，他又在《语言知识》中提出了“内化语言”和“外化语言”的概念，仍然坚持研究前者，看轻后者。在乔姆斯基看来，内化语言是会某种语言的人的大脑中的某个要素，它为学习者所获得，并且被说话人/听话人所使用。乔姆斯基多年来一直坚持语言内在天赋属性的主张，在后期的哲学论著中又极力主张语言内在论。他认为，人们既有天赋的语法知识即普遍语法，又有日常语言还无法表达的、内在的概念（意义）。

根据乔姆斯基的分析，内化的语言理论可被称作语法，关于语言能力发展过程中的初始状态的理论可被称作普遍语法。普遍语法规则是基于语言内部的解释，属乔姆斯基所谓的内化语言。内化的语言用语法来满足“描写充足”的条件，从而成为真正的语言理论。普遍语法满足了“解释充足”的条件，从而成为初始状态的真实理论。初始状态就如一种“语言习得机制”，输入的是经验，输出的是内在地表现于心智/大脑中的语言。

（一）乔姆斯基“内化语言”的三层含义

内化语言中的“I”，根据乔姆斯基在《最简方案》（1995：6-7）中的解释，指的是“内部的”（internal）、“内涵的”（intensional）和“个体的”（individual）。

所谓语言是“内部的”是指语言仅与人的心智和大脑的内部状态有关，与客观世界的其他事物无关。乔姆斯基早期认为“每一个说一种语言的人都已经掌握了表达他这种语言知识的生成语法，并使其内化”（Chomsky, 1965: 8）

所谓语言是“内涵的”是指“I—语言”是非外延的，是以内涵的形式规定的一种涵项。它的外延是由结构描写组成的结合，即I—语言的结构。“原则上来说，两个不同的I—语言可以有相同的结构。然而经验上来看，没有两个不同的I—语言可以生成相同的结构描写集合。”（龚放，1999：4）

内在主义的研究范围是说话人 / 听话人的大脑内部，而不是人脑与外部世界的关系。生成语法理论研究大脑的内在语言，而内在语言一定是内化于个体的大脑；因此大脑的活动状态也只能是个体性的。（程芳，2007：364）依此，所谓语言是“个体的”是说它仅涉及某个人，只是派生地涉及具有相似I—语言的一群人所构成的语言社团。个体性是由内在性衍生而来。也就是说，如果语言学的核心是内化语言，而内化语言是关于心理表征及其各表征之间的关系，而非关于心理表征及其与外部世界的关系，那么，内化语言一定是内化于个体的大脑。因此，大脑的活动状态本身也只能是个体性的而非集体性的。

乔姆斯基从个体生物性出发来解释人们之间的交际问题。他强调，语言首先是一种自然事实。思维和意义的共享性质来源于先天初始内容的一致性。人们由于有相似的天赋构造，在相似的外在环境和认知能力限制之内发展出相似的认知结构。人类内在语言的本质是相同的，这种根本性质通过遗传代代相传。所以，人们才有共享的语言规则。

（二）乔姆斯基的“外化语言”

外化语言指的是“行为、话语或与意义配对的语言形式（词，句子）的集合或语言形式与事件的系统”（Chomsky, 1975: 19）。

结构主义和描写主义语言学倾向于研究外在语言，将语言看作行为、话语或语言形式的总和，语法是关于一种语言的描写或理论。这种外在论的方法往往忽略心智 / 大脑的特性。

在乔姆斯基看来，外化语言不宜作为语言研究的对象，外化语言是大多数传统语法、结构主义语法或行为主义心理学的研究对象。他认为，外化语言与语言的使用和获得有关的心理 / 生理机制相距太远，这是因为：①外化语言不是真实事件的客体，而是人为的东西；②外化语言是一个抽象的无穷集合，通过内化语言才与物质挂起钩来，所以是派生的；③外化语言与我们对语言普通理解有一定的距离。当人们说某人会一种语言的时候，他们并不指此人知道一个无限的句子集或音义配对，而是指他们知道如何将音义结合，怎么使它们组合在一起。

对于乔姆斯基而言，语言是内在的，是大脑的一种状态，而不是一套句子的集合。他指出，如果没有指明句子的集合是怎样生成的，那种把语言看作是由句子集合构成的概念就是不行的。（周晓岩，2003：4）

乔姆斯基还强调外在语言的概念既不清晰又不一致，是一种人造的衍生物而不是真正的实在，所以，在描述它的各种语法时就难以做出选择，不能说一种语法是正确的，而另一种语法就是错误的。在他看来，外化语言就好比独角兽，迄今为止几乎没有关于解剖独角兽的论述，同样，也没有依据外化语言建构的理论。因此，外化语言不是严格的技术性概念，不适合科学理论建构。鉴于上述原因，乔姆斯基认为外化语言在语言理论中不起作用。所以，研究语言就要研究内化语言。

三、内在主义

乔姆斯基在讨论从内在论的角度研究语言时区分了内在主义研究方法和自然主义研究方法。内在主义试图了解有机体的内部状态。虽然乔姆斯基没有明确定义内在论，但他提倡的语言内在论实际上指的是：语言学研究应该以隐性的、内在的结构和解释原则为基础对语言的内在属性做理论上的探讨。（戴曼纯，2002：258）

人们的内化语言“生成”有关语言的内在的表达式，因此，关于内化语言的理论称为生成语法。每一内在的表达式都是具有声音和意义的特征复合体，为人们的语言应用系统（即发音系统）、组织思维的方式等提供“指令”。有了内化语言和与之相联系的应用系统，人们就具有丰富的关于表达式的声音和意义的知识和与之对应的理解话语、表达思维以及将其语言用于多方面的能力。乔姆斯基上述内在主义的定义是基于他多年来不断修改和完善的生成语法学说。生成语法所说的语言就是这种内在主义的语言；这一内在主义语言观给予生成语法明确的研究对象，即内化语言。（吴刚，2003：367）

实际上，乔姆斯基的语言学理论一直都是建立在内在主义的原则基础之上的。这种语言学理论称为内在主义语言学，或内在主义句法学。人类语言机制内在于大脑之中，对此研究和描写也必然是内在主义的。内在主义的语言研究目的就是力图发现语言机制的初始状态及其在经验影响下所呈现的特征。英语中 *internal* 一词，既有“内在”的意思，也表示“固有的”。语言机制既是内在于大脑中，也是大脑中固有的。除了语言机制外，大脑中还有其他认知系统。语言机制内嵌在心智 / 大脑广泛的组织之中，与其他系统相互作用。因此，对语言机制与其他认知系统关系的研究也同样应该是内在主义的。

四、研究对象

“柏拉图问题”的提出促使乔姆斯基设想人脑中有一个语言官能，通过基本语言数据的触发，使人们习得语言。在设想这样一个语言官能之后，乔姆斯基认为语言研究的重点应该转移到大脑之内的语言官能上。乔姆斯基认为人类语言是一个“生物客体”，因此，应该使用与自然科学相同的方法来研究语言。除各种科学均有的限制外，我们不应对语言研究提出额外的限制条件。

乔姆斯基认为语言是心智的表现和组成部分，心智是与大脑紧密相关的，而大脑又是人的大脑，人是物质世界的组成部分。所以，乔姆斯基认定语言也是一种自然客体，因此对这一自然客体的研究可以采用自然主义方式的研究。

在乔姆斯基看来，不存在外在于人类思维的一致的语言概念，语言研究应当集中于研究构成人类语言知识的思维建构。他认为人类语言是一个心理客体，但最终是一个生物客体，因此应该使用与自然科学相同的方法进行研究分析。

乔姆斯基坚持，只有立足于内在主义，用自然主义方法才能提出具有强大解释力的语言理论。（程工，2001：236）自然主义在哲学上有广义和狭义之分：广义的自然主义一般指那些主张用自然原理来解释一切现象的哲学思想。狭义的自然主义指美国哲学界的自然主义。在自然观上，狭义的自然主义认为，自然是指无所不包的存在，整个宇宙都是由自然物组成，自然就是整个现实，就是存在着的世界，就是变动的物质以及它的整个体系，它的存在不以任何智慧或意识为转移。人们只能从自然本身去说明自然，而不能求助于任何超自然的力量。在认识论上，狭义的自然主义者认为，自然是可知的，反对不可知论。

在乔姆斯基的理论框架中，“思维”指世界的心智方面；“自然主义”一词没有什么形而上学含义，指的是用来探索世界的心智方面的一种“自然主义方法”，它以构建强有力的解释理论为目的，以与“核心”自然科学的最终统一为归宿。

乔姆斯基对自然主义的定义是：寻求清楚的解释性理论，使对心智的科学研究最终能融入核心自然科学之中。（程芳，2007：361）他的自然主义观点认为，语言学是一门自然科学，就像地质学、生物学和细菌学等专门科学一样。在乔姆斯基看来，既然语言是与心智 / 大脑相关的自然客体，那么语言学可以采用一种自然主义的方式来研究，采用像研究自然物体一样的方法来研究语言和思维。

五、内化语言与心智 / 大脑

生成语法采用纯粹内在主义的方式从事其研究，这一研究方式主要关注人类心智 / 大脑中的语言机能或者说是语言器官及其状态。乔姆斯基认为，人的心智 / 大脑中除其他认知系统外，还有一个系统叫“语言机能”，专司语言及其运用。每个人一出生，他的语言就处于由遗传决定的生物禀赋——初始状态，这对全人类都是一致的，因此是人类独有的一种生物特性。环境只是对内在决定的成长过程起激发作用，而且只对其产生有限的影响；这种“内在决定的成长过程”大约在青春期逐渐稳定下来。这样，语言机能由初始状态经过环境的触发作用发展到相对稳固的状态。语言机能所达到的状态由无数个语言表达式构成，每个语言表达式都具有自身的语音、结构和语义特征。

乔姆斯基坚持认为，语言的研究，或更确切地说语法的研究，是关于心智、关于大脑的研究。对语言本质的认识最终要归结到对大脑结构的认识。语言机能是心智的组成部分，最终是大脑的组成部分。对人类语言的研究就是对人类心智，最终是对人类大脑的研究。按照乔姆斯基一贯的、根本的主张，语言是位于人类心智 / 大脑中的语言认知系统的状态，是一种心智器官。乔姆斯基把语言看成是人脑的一种属性，从心理学和人的种属特性的角度上研究人的语言能力的特征、语言习得和语言能力的发展等诸方面的问题。乔姆斯基所说的“语言”是人的一种抽象出来的能力，与日常人们所说的可以看得见、甚至摸得着的所谓“语言”概念是不同的。易言之，人们日常生活中所说的“语言”仅仅是一种比喻的说法，它是人们的语言能力（内化语言）的一种体现。

语言本身具有内在属性和外在属性。从社会、文化和语言运用的角度探索语言是外在论研究，而从语音、语义和句法层面谈探索它们的心理表征则属内在论方法。乔姆斯基在提出语言研究内在论的同时并没有否认内在论以外的探索研究。乔姆斯基承认，“内在论不是唯一的方法论，外在论的研究方法同样也是可取的”（戴曼纯，2002：261）。语言是一个多媒介的物质，是个非常复杂的现象，是一个极其庞杂的人类交际系统，因此世界上不可能只存在一种覆盖语言所有领域的研究方法或立场。因此，今后我们还可以从其他角度研究语言。这样，不同的研究立场或方法之间相互借鉴、互为补充，就能全面揭示语言的奥秘。

参考文献:

[1] Chomsky, N. Aspects of the Theory of Syntax[M]. Cambridge, MA: MIT Press, 1965.

[2] Chomsky, N. The Logic Structure of Linguistic Theory[M]. New York: Plenum, 1975.

[3] Chomsky, N. Knowledge of Language:its Nature, Origin and Use[M]. New York: Praeger,1986.

[4] Chomsky, N. Language and Nature[J]. Mind, 1995 (104): 1-61.

[5] Chomsky, N. The Minimalist Program[M]. Cambridge, MA: MIT Press, 1995.

[6] Chomsky, N. Three Factors in Language Design[J]. linguistic Inquiry, 2005(36): 1-22.

[7] 程工．读乔姆斯基《语言与思维研究中的进展》[J]．外语教学与研究，2001（3）：233-236．

[8] 戴曼纯．生成语法研究中的天赋论、内在论和进化论观点 [J]．外语教学与研究，2002（4）：255-262．

[9] 龚放．乔姆斯基最简方案中的一些基本假设 [J]．外语教学，1999（2）：3．

[10] 程芳．乔姆斯基语言学哲学思想解读 [J]．现代外语，2007（4）：359-367．

[11] 石定栩．生成转换语法的理论基础 [J]．外国语，2007（4）：6-13．

[12] 吴刚．Chomsky 的《语言与自然》[J]．现代外语，1998（4）：86-101．

[13] 吴刚．《语言与心智：对古典问题的当今思考》述评 [J]．当代语言学，2003（4）：367-374．

[14] 周晓岩．论乔姆斯基语言学理论的哲学基础 [J]．外国语言文学，2003（4）：1-6．

第九章　语言——语言天赋说

乔姆斯基认为语言是某种天赋，人具有天赋的语言能力。乔氏的语言天赋假设是建立在对一些重要现象的观察之上的。乔姆斯基把人天生的语言能力分为两个阶段：第一个阶段为初始状态，第二个阶段为稳定状态。乔氏观点鲜明，而鲜明的观点则易遭受攻击。反对者有之，称赞者亦有之。在称赞者看来，乔氏的语言天赋论颇具价值。乔姆斯基的观点被一些学者指责为“天生主义”。

语言研究的一个主要目标是揭示人类语言的普遍性，其中最具代表性也是当今最流行的语言学理论就是乔姆斯基的普遍语法观。依据这一理论，人具有天赋的语言能力。乔姆斯基把普遍语法视为大脑的一部分，语言不是学会的而是发展而成的，就像花蕾成为花不是学会的一样。他认为，人的语言知识中有天赋成分，正因为如此，儿童才能在极短时间内熟练掌握母语。

一、语言天赋假设

乔姆斯基认为语言是某种天赋，儿童天生就具有一种学习语言的能力。乔姆斯基的天赋假设是建立在他对一些重要现象的观察之上的，而这些现象决不可能用其他方式做出正确的解释。

第一，儿童学习母语非常迅速却费力甚少。儿童智力尚不发达，还不足以学习任何其他知识，所以这速度的确令人吃惊。更重要的是，儿童最初的语言习得常常是在完全没有正式、明确的讲授下进行的，所接受的语言输入也不规范。但他们输出的却是圆满完整的语言系统。那么，是什么促使儿童保留语言中正确的内容而又摒弃其中的错误之处呢？

第二，如果语言不是天生的，那就还有一些事实令人感到疑惑。儿童学习自己母语的环境差异悬殊，但他们的习得过程经历了大致相同的阶段：模糊不清的言语时期、无条理的言语时期、单词句子时期、双词阶段、正在形成的语法、接近成人语法的语法、完整的语言能力。不论儿童学习语言的环境有多大的差异，他们总能够达到大致相同的语言水平。

第三，儿童在有限的时间里通过有限的、通常不大标准的话语掌握了语言完整的语法知识。儿童接触到的母语刺激或正面数据是贫乏的，这不仅因为句型简单、数量有限，而且还包含不少伤残病句。此外，在母语输入中，可使儿童通过对自己语言错误的信息反馈习得母语的负面数据同样也是贫乏的，因为除非交际发生障碍，否则成人一般不会去纠正儿童所说的错句或病句。但是，在另一方面，母语刺激的贫乏并不妨碍儿童高效成功地习得母语的知识体系；他们不仅可以理解一个本族语从未听说过的句子，而且可以正确地判断它是否合乎语法。他们不但能够理解和造出他们已经听到过的句子，而且能够造出以前从未听过的句子。儿童所掌握的与其说是个别的句子，毋宁说是一套语法的规则。

所有这些现象都表明，婴儿出生时是不懂语言的，但他们天生却有一种逐渐形成语言的能力，这与他们天生就有学会走路的能力极为相似。跟走路的能力一样，说话和听话似乎也是人类固有的一种行为活动。

二、语言天赋成分

乔姆斯基（1965）提出自然语言的共性表现在两个方面，一是内容普遍性，二是形式普遍性。人的语言知识包括两部分：一部分是全人类语言所共有的，称为普遍语法；另一部分是各民族所特有的，称为个别语法。前者是人类通过生物进化和遗传先天获得的，后者是人出生后在一定的语言环境中通过学习掌握的。出生时大脑的结构就已经决定了人有一定的语言能力，这部分能力是每个人都具有的，且每个人都相同，这就是普遍语法。出生时大脑处于初始状态，即具备普遍语法；人类语言的初始状态是一样的，出生后人逐渐接触到其他人的语言，积累了一定经验，他的语言知识也随之逐渐扩大、丰富；他的大脑也就从初始状态出发，经过一系列状态，最终达到一个相对稳定的状态，即掌握了某种语言内在结构，也就是所谓的生成语法。

乔姆斯基生成语法理论认为，人大脑中生来就有一种让人在非常短的时间内迅速习得语言的语言机制。它有其独特的运作模式，是人类进化的产物，是一种带有普遍性的先天机制，它受一些高度抽象、概括的语法规则（即普遍语法）的支配和调节。普遍语法是在人出生时就以大脑物质和结构的形式固定下来，是一种人类种属特征，没有地域、种族之间的差别。在语言经验的刺激下，原始语法被激活，迅速设定目的语的参数。正是因为这种天生的语言机制，才使“不论多笨的人也能学会交谈，最聪明的猴子也不能讲话”（于善志，2003：37）。

就先天的语言知识构成而言，乔姆斯基所关心的问题是语言的生物属性，是独立于其他认知能力和知识系统的自足系统；各系统之间以模块的形式相互独立、相互作用。在语言模块的内部，语音知识、词汇知识、句法结构之间也相互独立。乔姆斯基把经验无法解释的东西归于语言知识的天赋性，把天赋看作人的生物禀赋。

乔姆斯基把人天生的语言能力分为两个阶段：第一个阶段为初始状态，第二个阶段为稳定状态。第一个阶段的语言为内在化的语言，大约在人的成熟期前后形成。第二个阶段的语言能力是由第一阶段的初始状态成长、发展而来，是初始状态在个别环境中的特定产物。在乔姆斯基看来，先天的初始阶段的语言能力是第一性的，是人类各种不同语言的共同基础和来源。稳定状态的语言能力，即实际运用语言的能力，是第二性的。前者决定后者。

三、质疑与批评

在乔姆斯基看来，如果没有天赋结构，外部环境对语言发展的作用就无从谈起，人就不可能从胚胎成长为人，其语言官能就不可能达到决定其行为的成熟能力状态。儿童有了天赋结构才能按天赋决定的基本路线发展成熟。乔姆斯基的观点是鲜明的，而鲜明的观点最容易遭受攻击，乔姆斯基的观点被一些学者指责为“天生主义”。他们对乔姆斯基的观点进行了质疑和批评，其要点如下：

（1）乔姆斯基语言观的本质就是普遍语法是全人类共有的一种天赋理念。它可以凭借天赋的力量来制造各种不同的具体使用语言。但是，乔姆斯基的普遍语法理论仍然没有脱离唯理论的语言哲学观。唯理主义者往往就都承认“天赋”，而且把“天赋观念”作为其方法论的开始。唯理主义者认为“天赋至上，理性至上”。唯理主义语言学主张“语言是天生的”。实际上，“普遍语法理论是表现在语言学界的哲学上的唯理论的回潮”（杨秀珍，2004：2）。乔姆斯基想用普遍语法理论来回答的，说到底，仍然是一个古老的哲学认识论的问题，即人的能力和知识是从何处而来，是先天的还是后天的。乔姆斯基的“人类天生具有语言机能”的论点与笛卡尔和莱布尼兹所指的“倾向”和“禀赋”说法极其相似。在乔姆斯基看来，普遍语法是人类掌握语言的决定因素，语言材料或后天的语言环境只是起触发作用。他的这种观点与柏拉图感性经验促进知识回忆和笛卡尔感性经验确认天赋观念的观点是基本相同的。

（2）马克思主义的辩证唯物论认为，人的知识和能力来源于实践。人的认识活动是由感性到理性，然后再回到感性，即从实践到理论，再回到实践的反复循环、螺旋式上升的过程。人的语言能力也不例外，也应是来自实践。乔姆斯基却认为人的语言能力，尤其是在初始阶段，是先天的，生来就具有的，存在于普遍语法之中。因此，他的普遍语法语言观在哲学上只能是柏拉图式的超验的，或者康德式的先验的。（杨秀珍，2004：4）

（3）人类语言之间存在着的大量共性往往不是反映先天规定好的普遍原则，而是来自于人类共有的基本认知能力和人类共同生活的现实规则空间（反映在语言中就成了语法规律）。不同的语言语法之间存在着显著的、系统的差异，这些差异是不可能简单地用“参数”代入“原则”得到的。既然人类已经先天配备了一个普遍语法，何以还会有这些“参数”差异？

（4）如果语言器官的能力是先天的，那么大脑中其他器官的能力，譬如思维能力、想象能力以及作用于语言知识并且辨认语言知识的其他器官的知识和能力都来自何处呢？是否也是天赋？如果大脑中负责语言的机制中一定有先天的语言法则，那么负责思维的机制中是否应该存在先天的思维法则？负责视觉的机制中是否先天就存在各种图像和色彩？是否也应该寻找一些先天思维模式或想象法则？实践和经验在人的认识活动中又有什么作用呢？（杨秀珍，2004：4–5）儿童还能学会跳舞、唱歌、数学等各种各样的知识技能；人后来还可以学会各种各样的知识体系，人能学会的知识是无穷尽的。如果按照乔姆斯基的逻辑，人类是否也应有与生俱来的跳舞、唱歌、数学等方面无穷无尽的“认知官能”。

（5）从生物学的角度看，语言机制是人类进化的结果，这种进化始终没有停止过。语言进化与语言交际有很大关系。生物学研究表明，基因在外界因素的刺激下可以发生变化。乔姆斯基的普遍语法的某些特征可以说是对交际压力的适应结果。在世界上找不到母语知识完全相同的人。语法参数设置的个性差异产生于个人生活的不同经历。几代人以后，尤其在孤立和分裂的环境中，原来细微的个体差异会逐渐积累起来，最后演变成不同的语言。因此，儿童的母语能力与后天的学习有着密切的关系。从根本上讲，人的所有机能都是由先天能力和后天学习两方面决定的。

（6）一个优秀的篮球运动员，可以在瞬间根据自己的位置和与篮筐之间的距离，判断用什么样的力量和弧度把球准确投中。从科学的角度看，其投篮动作涉及复杂的微积分公式和力学计算，但并不能因此就认为这个运动员具备这些科学知识和计算能力。而真正懂得这些公式和计算的科学家，往往打不好篮球。儿童学习语言亦是如此。从语法学家的角度看，儿童语言中包含着复杂的规则，但是并不意味着儿童在有意识地使用这些规则。换句话讲，懂规则的不一定会做，不懂规则的可能做得很好。

（7）“语法规则是现实规则在语言中的投影。”（石毓智，2005：3）这意味着很多语言规则和现实规则是相通的，因此儿童可以直接通过对现实规则的感悟来掌握语言规则，而不必处处模仿成人的语言来掌握语言规则。

（8）“短”是一个相对的概念，“掌握语法”也是一个程度的问题。可以设想，假如真的有一个与生俱来的普遍语法，那么掌握一种语言的语法完全可能是几天、甚至几周的事情，无需“几年”。而且，一个人的语法能力在成年之后还在发展。

此外，乔姆斯基先天的普遍语法原则如果确实存在的话，那么可以预期以下情况将会发生（石毓智，2005：3）：

（1）没有接触到任何现实语言的儿童，比如狼孩，可以自发地创造一种语言，它代表着普遍语法。而且这类儿童在与人类分离的情况下，会自发创造一种一致的语言，因为按照乔氏所说，普遍语法不仅是与生俱来的，而且全人类是一致的。

（2）每个人的语言能力应该是一样的，因为他们拥有一样的先天语言功能。

（3）语言将不会发展，或者语言的发展是随机的、杂乱无章的，因为古今人类的语言能力应该是一致的，而且把自己天生的普遍语法规则代入什么样的参数完全是个人的选择。

（4）儿童的语言习得过程一开始就是十分复杂的，因为他们的任务只是把“参数”代入先天的普遍语法原则而已，就不会先有“独词句”、“双词句”等这种由简入繁的语言学习过程。

四、语言天赋论的价值

在当今国际显学语言科学界，乔姆斯基成为了最显赫的学者，反对者有之，但称赞者亦有之。在他们看来，乔姆斯基的语言天赋论很有价值。乔姆斯基语言天赋论的价值要点如下：

（1）儿童在自然环境下轻松习得母语的事实令语言学家颇费思忖。如果儿童没有语言天赋，那么他们学习母语就会和学习别的知识一样，接触什么便习得什么，听到错句便习得错句。然而事实并非如此。性质大变的输入（如不完整句）没有误导儿童进行错误的假设，他们似乎预先知道某些分析可以排除掉，在符合语法的输入和不符合语法的输入中自动搜寻可利用的触发材料。儿童似乎具有无法靠观察或模仿成人言语获得的语言知识。儿童不可能根据有限的语言输入用归纳、概括、类比、联想或其他普通程序获取全部语言知识，也就是说，有些语言知识不是学会的。因而，语言习得问题自然成了语言学家必须解释的逻辑问题。

（2）乔姆斯基认为人具有天赋的理性能力和理性原则，它们是作为禀赋、潜能而存在于人的头脑之中，这种潜在的能力和原则是通过外界的对象和后天的经验来“唤醒”的；语言学习也是一种天赋，是一种内在的机能，人之所以习得和使用语言，这是人与生俱来的能力，是由遗传基因决定的，这种能力需要得到后天的触发。所以，语言学最终应该为人类探求和解答人脑的奥秘做出贡献。乔姆斯基虽不是把语言和人类心理学联系起来的第一人，但他却是详细地从语言的性质去阐明大脑的性质的第一人。乔姆斯基关于在人脑里有一种人生来就有的内在的语言机制的看法，已引起脑科学领域、认知科学领域里学者的广泛注意。（陆剑明，2002：2-3）既然生成语法是把人脑的语言遗传机制确定为理论对象，而人脑的形式属性在人类现有的认识水平上又无法通过经验的或实证的方法去认识，通过语言做间接研究便成了关于大脑研究的一个不可或缺的部分。

（3）与众多先哲一样，乔姆斯基的唯理主义也以“刺激贫乏”和“语言使用的创造性”为出发点，假定知识是先天的，但是在研究知识的获得问题上，柏拉图和笛卡尔都是直接研究笼统的知识，而乔姆斯基认为语言是知识的重要组成部分，解决了语言的学习问题就可以解决知识的获得问题。相对于笼统的知识，语言问题似乎更具体，更贴近生活，而且具有普遍的代表性。因此，在这方面，乔姆斯基的研究方法似乎更具可行性。

（4）由于历史的原因，当人们谈到“心”、“头脑”、“天生能力”时，总会觉得那是些神秘的、无法琢磨的东西。但乔姆斯基指出，所谓“心”、“天生能力”并无神秘之处；“天生主义”到处都有，生物学中就有不少“天生主义”：人长有胳膊和腿而不长翅膀，眼睛能看物体，妇女而非男人能生育婴孩。这些不是天生的又是什么？因此，人们有理由认为，有机体的物质结构是由遗传决定的。这些由遗传而获得的特定的原则和结构决定了人们具有这样的而不是那样的认识能力。

（5）乔姆斯基的理论渗透着天赋思想。他在 20 世纪 60 年代提出的语言天赋说本身是有重大意义的，它使哲学家、心理学家、生物学家和大众都关注起语言学，使语言学和生物学有可能结合起来，使语言学对教育、医学和社会政策产生了强烈影响。从这个角度看，天赋论是有积极意义的。（戴曼纯，2002：261）

毫无疑问，涉及“先天”（nature）、“后天”（nurture）的争论会继续下去，毕竟语言的发展离不开语言的输入，但很多复杂深奥的语言规律的获得也很难完全归因于语言的输入。从目前的语言学理论来看，乔姆斯基的学说与其他科学思想结合得相当紧密，影响巨大。我们一方面既不要将天赋论错误地理解成神赋论或天才论，同时也不要过分地夸大天赋而忽视后天的因素。

参考文献：

[1] Chomsky, N. Aspects of the Theory of Syntax[M]. Cambridge: MIT Press, 1965.

[2] 戴曼纯．生成语法研究中的天赋论、内在论和进化论观点 [J]．外语教学与研究，2002（4）：255-262.

[3] 封宗信．现代语言学流派概论 [M]．北京：北京大学出版社，2006.

[4] 陆剑明．乔姆斯基句法理论与汉语研究 [J]．外国语，2002（4）：1-5.

[5] 石毓智．乔姆斯基普遍语法假说的反证 [J]．解放军外国语学院学报，2005（1）：1-9.

[6] 田学军．转换生成语言学普遍语法的哲学渊源和语言观 [J]．四川理工学院学报，2005（1）：57-60.

[7] 王文斌．学科渗透与语言学研究的创新意识 [J]．外语与外语教学，2002（4）：1-4.

[8] 许菊．普遍语法与二语习得 [J]．外语教学，2006（1）：22-25.

[9] 杨秀珍．普遍语法真的存在吗？ [J]．国外外语教学，2004（2）：1-5.

[10] 于善志．文体学和语言学研究中的形式主义 [J]．外语教学，2003（2）：36-39.

[11] 袁巍．关于语言天赋成分与 LAD[J]．外语学刊，2000（3）：58-62.

第十章　语言——习得

构式是语言的基本单位，也是语言习得的起点。构式的习得过程就是语言的习得过程。语言习得是一个实实在在的过程，语言必须是一个一个语言单位的习得。构式的习得是由输入驱动的。高频出现的词语在记忆表征中得到了强化，并产生语块化，而作为语块的那部分，则作为整体存储在心理词库中。

构式语法学说与语言习得研究关系密切。构式语法理论认为，语言系统是由无数构式互相作用和制约才得以形成。一个大构式由若干个小构式组成。语言习得过程就是构式习得过程。语言习得来自于众多构式的逐渐积累和习得。语法知识是逐一学会的众多构式。语块是记忆中由多成分构成的一个更大的记忆单位。语块抽象到图式的程度便产生构式。语块化是人类记忆的一般特征，是获得语言自动化和流利性的基本过程。构式的习得是由输入驱动的，语言输入对语言习得至关重要。要能形成某一固化了的图式性构式，频率是一个基本条件。高频产生语块化，使语法知识成为本能的行为。

一、构式——基本单位

（一）构式——语言的基本单位

“Construction”（构式）的本义是“建筑”、“构筑”，即把多个部件组构到一起构成一个更大的单位。构式的概念相当于自然界里物质的概念，自然界是由物质组成的，语言是由构式组成的，物质与物质在一定条件下可以组合成新的物质，构式与构式也可以组合成新的构式。

构式是语言使用者关于语言约定俗成知识的总汇，任何具有独特形式或功能特征的构式都得到独立表征。（Goldberg, 1995: 6）构式语法基本原则认为形义结合体是语言的基本单位。构式是后天学得的形式与规约意义的联姻，这个联姻不可预测，因为其“意义独立于句中单词的意义”（Goldberg, 1995: 4）。语音、语义和语法结构之间的对应存在于语言知识这一复杂的心智化网络之中，包含了音形义概念等信息的构式则成为对语言进行结构性描写的基本单位。

构式语法认为，在语言习得中，学习者所拥有的语言知识大多是那种语言的形义结合组成的一个构式系统。每一个语言因素都是一个形义的联姻。如，过去时态标记“-ed”和进行体标记“be-ing”等这样的语法形态标记也像词汇一样具有一定的意义。一个语法标记形式，如 be-ing，它并不包含一个实际的词汇意义，因为它并不象征任何一个实际的事物，但是，它能够在人们的头脑中引发一个关于时间和体的概念，即某一情景在过去或现在的某一个时间点正在进行之中，因此它也是有意义的。（胡荣，2010）

众多的构式在大脑中不是杂乱无章堆放的，而是按照一定的规律组织起来的，譬如“举例关系”（如“Where is X”是“Where”问句甚至是“Wh-”问句的一个实例）和“部分与整体关系”（如被动句可以是整个过去分词构式的一个部分）等。“这些构式在记忆中是真实存在的，是有意义和形式、声音的。”（袁野、李丹，2010：1-4）

（二）构式——网络化的基本单位

在构式语法看来，语法系统是以构式为基本单位建立起来的巨大网络。网络包含的构式数量巨大，可以具有不同程度的抽象性和内部复杂性。（张韧，2006：29-34）例如，英语中的双及物构式不仅包括抽象程度最高的图式 [[V][NP][NP]]，而且包括 [[give][NP][NP]] 这样具体程度较高的图式，甚至 [[give]me[NP]] 这样具体程度很高的图式也包括在内。

根据构式语法的领军学者 Goldberg 的描述，英语双宾语句表示：主语 / 施事以让间接宾语 / 涉事接受直接宾语 / 受事而使间接宾语 / 涉事受到某种影响。在这一事件中，施事有意识地动作，动作是一种传递行为，或称致使移动行为，涉事是乐意的接受者。这种表达特定语义的语句例示的是构式，其构式义为“给予”。可进入该构式的动词有如下 9 种（Goldberg, 1995: 126）：

（1）给予动词：give, pass, sell, lend, serve, feed, hand

（2）瞬间弹射动词：throw, toss, slap, fling, blast

（3）发送动词：mail, send, ship

（4）连续致使定向性伴随移动动词：take, fetch

（5）许诺性给予动词：wish, promise, offer, allocate, award

（6）传讯动词：tell, ask, teach, read, quote

（7）传讯工具动词：radio, email, telephone, fax

（8）原创动词：bake, build, knit

（9）获得动词：buy, find, steal, win, earn, grab

学习者对语言构式的习得是随着抽象概括能力的提升而产生的。习得语言就像其他复杂的认知活动一样，是从具体的事物中提炼出抽象结构或图式。这样，人们在大脑中储存的网络就把各个层次的结构（从最具体的形式到最广泛的图式）都包括在内了。“任何结构只要使用频率足够高，都可以成为单位储存在网络中。”（高

航、张凤，2008）

（三）构式——语言习得的基本单位

语言的基本单位是构式意味着习得语言的基本单位是构式。语言习得是从具体的构式开始的，然后逐渐发展语法能力。语言学习须从记忆具体的构式出发，然后才能逐渐形成一般化的规律。语音、词素以及语法特征都须逐渐经历一个概括化的过程。（梁君英，2007）比如，英语中连动构式主要包括三个不同的形式：VVingPP，GoVPing 和 GoVPbare。三个构式都有各自迥异的句法、语义和语用限制，在其他语言中则没有类似现象。这些构式的特殊性显示任何一个特定构式的特征都必须通过学习才能获得。

语言知识是非常缓慢地在社会规约知识的内化过程中逐步形成的。语言习得从具体的语言构式开始。儿童语言习得研究表明（曾欣悦、刘正光，2009），儿童语言习得是构式的逐个习得。无论是词汇构式还是语法构式都是如此。这就意味着抽象的语法知识的习得也必须经过从具体的语言使用示例逐渐抽象出语法规则的过程。典型的示例能够充分展示形义之间的内在联系，使学习者在掌握形式的同时能够准确地使用。

儿童习得语言是基于使用逐一习得具体语言构式并逐渐发展出语法能力。儿童语言的流利性来源于单个构式的出现频率，创造性来源于儿童对构式的单位变化频率。（郑开春、刘正光，2010）如此，儿童逐渐构建其语言知识系统，在语言运用中，根据具体的交际需求提取并创造性地组合那些已经掌握的构式。

儿童语言学习的过程与其他复杂的学习活动一样，从所学习的具体项目中逐渐构建抽象的范畴和图式。大量的研究发现（袁野，2010），儿童的语言产出很多是无法与成人的语言产出取得一致。可能的解释只能是构式语法所主张的逐一渐进（piecemeal）的学习过程。儿童早期习得的是具体的构式，因为他们还不具备成人语法中所具有的抽象范畴与图式。儿童早期的语言产出围绕具体构式进行，他们早期的句法发展本质特征是以具体语言项为基础的。Lamb（刘正光，2009）的研究表明，句法信息的大部分，甚至全部，都依附在词汇（即构式）项上。因此，句法知识的习得实际就是词汇知识的习得。随着构式逐个地习得，句法知识就逐渐习得了。

当然，儿童学习语言并非像堆积木一样，学习词素如何构成词，词如何构成短语，短语如何构成句子，而是在几个层面同时学习语言的结构，包括句子层面的结构。

二、构式——语块化

（一）语 块 化

语块（chunk）是记忆中由许多已经形成的成分所构建的更大的记忆单位。在认知语言学理论中，语块即构式。语块抽象到图式的程度便产生构式。学习者如能够学到组合性的语块，他们会以类比的方式来处理语块，从而获得语法知识。

语言理解要求将语言成分分解成语块，学习者将注意力聚焦于重复出现的语块，如字母“e”跟在字母组合“th”后面的空间频度要远远高于跟在字母“x”后面。（任庆梅，2007）当学习者重复遇到类似语块时，它们作为单元就凸显出来。

语块化是人类认知的最重要特征。（刘正光，2009）在语块化过程中，学习者递归性地将小构式组合成大构式。如：一个英语名词后加上“-al”可构成一个形容词，其后加上“-ize”可构成一个动词，其后加上“-ation”可构成一个名词。

语块化是人类记忆的一般特征，它是获得语言自动化和流利性的基本过程。（刘正光，2009）语块化表明学习者具有不断以递归方式建立这种结构的能力，进而在记忆系统中形成不同层级的结构。语块化有利于学习者抽象出语法知识。语块作为语言的基本单位能够反映出词汇到语法之间的连续统一体关系，同时也能表征出具体的词汇单位与具体的构式之间的相互作用方式。

（二）语块——习得

语言习得是从具体的语块开始的，然后逐渐发展出语法能力。“在一定意义上讲，学习语块比学习语法更重要。”（郭娴娉，2011：44）语块有利于学习者抽象出语法知识。这正好证明语块 / 构式是语言习得的起点，是语法的基本单位。语言域独有的知识可以通过它们在构式中的表现和使用而被语言学习者所习得。Nattinger & DeCarrico（1992）指出，儿童通过习得预制语块（prefabricated chunks）习得语言，特别是在早期阶段。当儿童使用“What's this?”时，他们可能把这三个词当作一个不可分割的单位来记忆和使用，他们用“This is a...”来回答时，也是把“This is a”当作一个单位来使用。同样还有“give-me”，“This-is-mine”，“I-wanna-go”等，儿童在反复和成功地使用了某些相同的构式后，就从中概括出一些语块的构造规则，从而形成语法能力，而作为语块的那部分，则作为整体存储在心理词库中。（袁野、李丹，2010）语块抽象到图式的程度便产生构式。如果学习者能够学到组合性的语块，他们会以类比的方式来处理语块而获得语法知识。

三、构式习得——语言输入

（一）输　　入

语言输入对语言习得作用很大。构式的习得是由输入驱动的。Elis 提出了显性教学的十条原则，其中第六条强调的就是“通过教来成功地学习外语需要大量的输入”（刘正光，2009：29）。

语言是在输入和普通的认知、语用和处理限制的基础之上建构起来的。通过多个新奇构式（新奇形式、新奇意义及其配对）的实验，Goldberg（1995）证实，即使是在少量输入的情况下学习构式的速度也很快。

（二）输入——核心义项

认知语言学的许多研究（Lakoff, 1987）都发现，多义词各个义项并非孤立存在，而是以基本义项为原型组成语义网络。词汇的各义项的排序不是杂乱无章的，而是以原型义项为轴心，按照与原型意义的关系远近向外辐射发展的。Taylor（1989）发现原型意义比边缘意义更早被二语学习者习得。核心义项比非核心义项更能帮助学习者猜测不熟悉的多义词的比喻义项，这在长时记忆中更为明显。（蔡金亭、朱立霞，2010）学习者认识语言表达中抽象的边缘意义与核心义项之间的关系有助于学习者全面掌握语言表达的各种义项。英语中的介词是一种典型的多义词。介词在形式上貌似简单，但实际运用却相当复杂，对二语学习者来说异常困难。Boers & Demecheleer（蔡金亭、朱立霞，2010）的研究发现，了解介词的核心空间义项（例如 beyond）的学生能比较好地解释该介词的比喻义项，显著好于使用词典学习该介词全部义项的学生。核心义项的帮助作用在于，它为学习者提供了精确阐释，使他们把比喻义项更有效地纳入多义词的语义网络，便于以后提取。

（三）输入——高频序列

在语言使用中学会语言。语言习得的关键之一是输入的频率。语言知识系统本身通过大量实际构式的心理固化而建立起一套从具体到抽象的认知结构。要能形成某一固化了的或相对固化了的图式性构式，频率是一个基本条件；要能改变某一语言形式的意义，图式化或语法化出另一用法，就需要有一定量的频率。

“频率对语言结构的解释和建构作用的理论基础是基于使用的语言模型。基于使用的语言模式以体验哲学为基础，认为人类的语言知识源自对语言实际使用的认知体验，语言使用中的各种要素都会对语言结构的产生、变异及在心智中的表征产生影响。频率作为语言使用的一个要素，对语言结构的历时性建构、变异以及心智表征起到了重要的作用。”（张立飞，2010：8）

使用频率指具体构式是否通过高频率使用而固化。使用频率在建立知识系统的过程中起着关键作用。例如，英语中表示过去式的规则形式“-ed”就具有很高的类型频度，因为它可以用于很多的动词后面。“构式中某一位置的语言项目被学习者听到或看到的频度越高，其与某个固定词汇项目相连接的可能性就越小，因而越有可能建立一种基于此类项目的普遍范畴。一个范畴覆盖的语言项目越多，其标准特征的普遍性越强，学习者越有可能将这一范畴规则延伸至新的语言项目。高频度的语言项目类型加固了其表征图式，使之更容易用至新的语言项目中。”

（任庆梅，2007：39）

“高频序列因经常使用，它们的形态句法形式往往固化程度非常高，即便是能产性很高的结构也不能将其同化。”（严辰松，2010：1）如英语动词分为规则动词和不规则动词两种，keep、weep 和 creep 原来都是不规则动词，它们的过去分词分别是 kept、wept 和 crept。由于低频词 weep 和 creep 的使用频率不如 keep 高，近年来它们的过去式已出现规则化的趋势，wept 和 crept 变成了规则的 weeped 和 creeped；而 keep 的使用要频繁得多，因此仍保留了原来的不规则形式。高频率的使用巩固了词的记忆表征。这也就是为什么英语中不规则动词往往是高频动词的原因。

“语言项目使用频率越高，固化程度就越高，提取也就越容易。存储在大脑中的固化程度很高的语言项目很容易被激活，也就不容易为新规则所同化。”（张立飞，2010：8）像 students/dogs/children 之类的复数表达式由于出现频率很高，已经被人们完全掌握，因此也可以认为具有很高的认知凸显度。

“频率是构式形成的一个决定因素，一个语言表达不管其内部结构如何复杂，只要出现频率足够高，便可作为一个整体在心智中得到表征，并被快速提取。”（张立飞，2010：8）在语言使用中出现频率较高的语言表达式在心理语法（mental grammar）中的固化程度高于出现频率较低的表达式和模式，刺激越多，印象越深。（Holger, 2004）相同或相似刺激越多，在人们记忆中留下的痕迹就会越深。同理，那些日常使用频率较高的构式必然体现着生活中的常需功能，人们首先要习得它们才能生存下来，自然就会给予较多的关注。（王天翼、王寅，2010）高频出现的词语在记忆表征中可及性会更高，并可得到固化。高频产生语块化，使语法知识成为自动化的行为。

四、构式研究成果对语言习得的启示

语言理论的探讨和语言现象的研究，无外乎是要找出语言的规律，对语言做出合理的解释，最终达到服务语言学习和使用之目的。构式语法理论及构式的研究成果对语言习得无疑会带来有益的启示。

（一）在语言游戏中学会语言

“在游泳中学会游泳。”语言习得是学习者在参与性语言经验中学会的。在实际教学中，最好先让学生在现有语料中收集某一构式使用的例子，分析构式。根据教学目标和学生的实际需求，选用地道的含有高频构式的语料。亲身经历有意义的语言使用能够发现输入中具有意义的型式，这样的型式是在有意义的交际行为中学会的。这就意味着，在实施真实的交际活动中必须提供学习者大量的有意义的语言输入和使用语言的机会。

（二）低频语块的处理

一般而言，自然高频的语言单位出现频率自然也高一些。构式语法认为语言结构是在特定语境的使用中产生的，高频构式比低频构式更容易处理。（徐维华、张辉，2010）语言教学的作用在于调整学习者的注意力，帮助学习者注意到输入中的许多特征可能是低频的、非凸现的、交际中冗余的，有意识地聚焦于这些特征对成功地学习语言是必要的，也是解决二语学习中长期存在的系统性问题的有效教学措施。（刘正光，2009）我们知道，英语中不规则变化动词难于掌握，在语言习得中，不规则变化必须高频出现，否则学习者容易按规则变化处理，而无法学会。因此，外语教学中，应对那些低频的语块 / 构式等多加注意。

（三）提供足够的输入

二语习得者语言习得不成功的原因往往是没有学到足够的语块。语言学习就是语块学习，语言产出就是使用语块来组装句子。语言学习必须提供足够的输入。由此可见，“语块特别是那些语言系统中的规约性表达式或表达方式构成的语块应是语言教学的主要内容”（刘正光，2009：29）。

（四）形式、意义、功能整体习得

以构式为具体语言单位整体习得，同时习得语言的形式与意义及其功能，既能解释抽象范畴的习得，也能说明具体的边缘构式的习得。更重要的是，它揭示了人类语言使用中的一个悖论：语言使用在必须遵守规约的同时又必须具有创造性。（Tomasello, 2000）根据构式形式与意义不可分割的原则，在外语教学中，教师应将构式作为整体来教，鼓励学生同时注意形式和意义，一并输入构式的音系、句法和语义特征。（李小华、王立非，2010）

参考文献:

[1] Diesel, Holger. The Acquisition of Complex Sentences[M]. Cambridge: Cambridge University Press, 2004.

[2] Goldberg, Adele E. Construction: A Construction Grammar Approach to Argument Structure[M]. Chicago:The University of Chicago Press, 1995.

[3] Lakoff, G. Women, Fire, and Dangerous Things: What Categories Reveal about the Mind[M]. Chicago/London: The University of Chicago Press, 1987.

[4] Nattinger, J.R. & DeCarrico, J.S. Lexical Phrases and Language Teaching[M]. London: Oxford University Press, 1992.

[5] Taylor, J. R. Linguistic Categorization: Prototypes in Linguistic Theory[M]. Oxford:

Clarendon Press, 1989.

[6] Tomasello, M. Do Young Children Have Adult Syntactic Competence?[J]. Cognition, 2000(74): 209-253.

[7] 蔡金亭，朱立霞．认知语言学角度的二语习得研究：观点，现状与展望 [J]．外语研究，2010（1）：1-7.

[8] 高航，张凤．词类的构式语法视角 [J]．天津外国语学院学报，2008（3）：1-8.

[9] 郭娴娉．英语专业学生如何注意和提取语块 [J]．解放军外国语学院学报，2011（2）：44-49.

[10] 胡荣．影响英语进行体第二语言习得的语言因素：认知语言学视角 [J]．外语教学，2010（1）：21-27.

[11] 梁君英．构式语法的新发展：语言的概括特质——Goldberg《工作中的构式》介绍 [J]．外语教学与研究，2007（1）：72-75.

[12] 李小华，王立非．第二语言习得的构式语法视角：构式理论与启示 [J]．外语学刊，2010（2）：107-111.

[13] 刘正光．认知语言学对外语教学的启示 [J]．中国外语，2009（5）：29-35.

[14] 任庆梅．构式习得认知心理机制诠释研究综述 [J]．外国语，2007（6）：39-43.

[15] 王天翼，王寅．从“意义用法论”到“基于用法的模型” [J]．外语教学，2010（6）：6-9.

[16] 徐维华，张辉．构式语法与二语习得：现状，问题及启示 [J]．当代外语研究，2010（11）：23-27.

[17] 严辰松．语言使用建构语言知识 [J]．解放军外国语学院学报，2010，（6）：1-7.

[18] 袁野．语言习得的构式语法阐释 [J]．外语与外语教学，2010（5）：54-56.

[19] 袁野，李丹．语言习得的构式观 [J]．西安外国语大学学报，2010（2）：1-4.

[20] 张韧．构式与语法系统的认知心理属性 [J]．中国外语，2006（1）：29-34.

[21] 曾欣悦，刘正光．认知语言学对语法教学的启示 [J]．外国语文，2009（4）：111-117.

[22] 张立飞．论频率对语言结构的建构作用 [J]．解放军外国语学院学报，2010，（6）：8-14.

[23] 郑开春，刘正光．认知语言学三个基本假设的语言习得研究证据 [J]．外语教学，2010（1）：12-16.

第十一章　语言——语言学研究

生成语言学强调语言心智观，功能语言学强调语言社会交际观，认知语言学强调体验认知观。生成语法聚焦普遍语法，功能语法聚焦语法功能，认知语法聚焦语法的象征性。对生成语言学而言，语义是次要的附加特征；对功能语言学而言，语义决定句法；对认知语言学而言，语义具有中心地位。

一、语言学研究

语言学研究是一门科学研究。语言学研究要探索的是世界上还没有人能解答的问题，至少是研究者认为还没有完全解决的问题。语言学与其他科学的主要区别在于研究对象的不同。那么，语言学研究的对象是什么？

在生成语言学家看来，语言学所研究的对象就是人的语法知识，包括人类语言共有的普遍语法和某种具体语言所特有的特殊语法知识。

在语言学领域，生成语言学和认知语言学经常被作为两种对立的理论提出来。生成语言学在20世纪50年代为语言描写转向语言解释迈出了划时代的一步，从而引发了语言学界的一场革命。认知语言学是随着语言学研究的发展，在反思生成语言学的成败得失中产生并发展起来的。

认知语言学是现代语言研究中的一个重要课题，它是认知科学同语言学研究相结合而产生的一种新的语言学思潮和流派。认知语言学具有三个基本特征：语言以使用为基础，语法产生于语言使用；语义具有中心地位；所有符号单位都有意义（包括语法单位）。

系统功能语言学也是当今世界上最有影响的语言学流派之一，是在人类学的传统下发展起来的。与其他语言学流派的不同之处在于，系统功能语言学强调语言使用者的社会性，着眼于语言在实际应用中的特点，以及语言的功能性。系统功能语言理论在国际语言学界越来越受到重视。由韩礼德创建的系统功能语言学不但继承和发展了索绪尔、沃尔夫、弗斯等人的成果和思想，而且还创立了自己的一套语言学理论。以韩礼德为代表的系统功能语言学已形成相当完整的思想体系和理论体系，并且这些体系已在世界上产生了较大影响。

近几十年来出现的许多新语法实际上都是某一语言学理论的研究成果，例如生成语言学的成果就是生成语法，功能学派理论的具体化就成了功能语法。认知语法从名称上看似是对语言的认知研究范式的统称，其实是对兰盖克（Langakcer）语言研究方法的专指。

二、语 言 观

语言是所有语言学家研究的对象。然而，如何看待语言的性质，语言学家却是“仁者见仁，智者见智”。一个人对语言的总体认识就是他的语言观。认为语言是怎样的，就会沿着这样的思路来思考，从而形成一种倾向性和定势，成为语言的研究方法。语言学理论或学派的建立，总是以某种语言观作为指导思想的，而某一语言观往往也总是某种哲学观的反映。对语言性质的认识就反映了某一语言观，也是某一哲学理论的具体反映。语言有很多性质，不同的语言学派往往强调了语言的不同性质。（卢植，2006）正是基于此，不同学派才有了不同的语言观。

（一）生成语言学——语言心智观和生成观

关于什么是语言，生成语言学家乔姆斯基一贯的、根本的主张是：语言是位于人类心智中的语言认知系统的状态，是一种心智器官。语言官能、语言认知系统、内在化语言等术语的意义和所指是一样的，都是指乔姆斯基所理解的语言。语言的本质在于人类成员的心智 / 大脑中存在着一个由遗传所决定的，通过生物性天赋而来的语言机能。

乔姆斯基研究语言的目的是要揭开这样一个秘密：一个人的语言机制是一种什么样的机制？人的大脑所具有的语言能力是一种什么样的语言能力？

从 20 世纪 60 年代后期开始，乔姆斯基发表了一系列的有关“语言”的论著，反复和深入地阐发了他的语言观。在语言研究方法上，乔姆斯基把人脑当作一个有机的整体来看，把语言看作人脑的一种物质属性，强调语言研究是心理学的一部分。乔姆斯基从心理学角度把语言能力看成是潜含的、稳定的、长久的人脑的特性之一，而且这种语言能力是动态的，是生成语言过程中的潜在能力。在以乔姆斯基为代表的生成语言学家看来，语言的习得是心理现象，语言的使用过程也是心理现象。因此，语言的生成与理解都离不开对人类心理活动过程的研究。

生成语言学把语言看成是一个自在封闭的系统，语言能力与其他一般认知能力和概念结构相分离，独立运行于自身的规则和特征。生成语言学把语言看作可以孤立地进行考察的符号系统，并着重于描写和解释这些系统。生成语言学把语言看成是一套规则。

过去的语言学家认为语言是第一性的，语法是第二性的，因为语法是从语言中归纳出来的。乔姆斯基的看法却恰恰相反。在他看来。语言是一切可能生成的句子组成的无限集合，是举不穷、说不尽的，根本不可能是现实世界中存在的客体。语法知识倒是客观存在于人的大脑中的，是在大脑物质基础上产生的心理能力。语法是第一性的，语言是第二性的。

（二）功能语言学——语言社会交际观

在韩礼德等功能语言学家看来：①语言是一种社会符号，是整个符号系统中的一个极为重要的子系统。②语言交际是人的活动，而人是社会的成员，是社会人，因而语言交际是一种社会行为，也就是人与人之间的行为。通过语言系统进行复杂而有效的交际，从而达到各种各样的目的，是人类区别于动物的重要特征之一。功能语言学始终把语言的社会性放到一个十分重要的位置加以研究。用韩礼德自己的话来说，功能语言学是一种研究“机体之间”关系的语言学。

功能语言学家认为，语言是意义的源泉和潜能，是由各种语义子系统构成的大系统。运用语言的能力是后天发展而成的，离不开社会环境和文化传统等外界因素的影响。韩礼德在研究语言的掌握时，使用“语言发展”这一说法，其用意就是强调语言社会性的同时，强调语言能力的后天性。

功能语言学是从社会语言学立场出发研究语言，因此韩礼德有着其独特的对于语言性质的看法。韩礼德借鉴伯恩斯坦的社会学思想，认为语言是一种社会行为。语言在儿童发展成为一个社会人的过程中起着至关重要的作用。

功能语言学将语言和语言以外统称为“社会”的外部世界联系起来加以研究，说明语言在社会交际中发挥什么作用，或者说明人们在社会环境中运用语言可以做些什么事。功能语语言学把语言看成是表达意义的手段。

功能语言学把语言看作一个资源，一个系统网络，讲话者在语言交际中从这个系统中进行选择。对语言的选择要和语言产生的环境结合起来，与语言的文化语境和情景语境结合起来，从而产生适合于语境和交际目的的语言。

（三）认知语言学——体验认知观

在对语言的基本看法上，认知语言学持这样一些假设：

（1）语言不是一个自主的认知器官；

（2）语法是概念化过程；

（3）语言知识产生于语言运用。

认知语言学认为，语言形式和意义之间的联系不是绝对任意的，语言具有理据性和象似性的重要特征。这代表了认知语言学与传统语法的一个重要分歧，也表达了认知语言学的一个根本概念。语言理据性和象似性概念的提出，摆脱了传统的语言任意观的片面性，重塑了一个更为全面的语言观。（李福印，2008）

认知语言学认为语言不是独立的系统，它是客观现实、生理基础、心智作用、社会文化等多种因素综合作用的结果，对语言的解释必须参照人的一般认知规律和百科知识。要将语言描述清楚，必须充分考虑这些因素。（王寅，2005：2007）认知语言学将语言视为一个非自主系统的观点将语言置于人与环境、人与同类的交往这一大背景之下，认为在语言和人类的普遍认知能力之间存在密切的、辩证的关系。语言不是大脑中的一个独立部分，而是认知结构的一个组成部分。认知语言学强调语言就是认知的表现，所有的语言表达方式都可以从认知层面上找到解释。

语言是一个多媒介的物质，是个非常复杂的现象，是一个极其庞杂的人类交际系统，因此世界上不可能存在一种覆盖语言所有领域的语言研究方法或立场。易言之，不同的语言学派往往代表了一种研究立场或方法，擅长于研究语言的某一特定领域，因此它们之间如能互相借鉴、互为补充，就能全面揭示语言的奥秘。

三、语 法 观

汉语将人们头脑中内在的规律称为“语法”，将语法学家对规律的研究结果称为“语法学”。易言之，“语法”有两种解读：一是指我们头脑中内在掌握的规律，二是指语法学家对规律的研究结果。英语中只有“Grammar”一词兼指两者。

广义的语法概念包括音系、语义、形态、句法这四大核心，狭义的语法概念仅限于词法和句法，但有时候我们把语法和句法等同起来。

正如人们对语言有不同的理解而衍生出不同的语言学派一样，“语法”这个范畴也有不同的理解视角和含义，成为区分不同语言学流派的关键构念。对于语言教学而言，语法指的是语言“物质外壳”表现出的规律，是有“形态表现”的规则，可以阐述成文，或描写，或解释。对于理论语言学家而言，语法指的是语言事实隐含的抽象规律，是产生具体语言物质形态的知识体系，是心智中的语言知识表征。（戴曼纯、康悦，2009）在语言学研究中，“语法”这个专业术语常常是带有歧义的，因为“语法”既可以指语法本身（如语言系统中的一个层次），也可以指语法研究。

语法是一个大众化的、人们对世界的经验和体验的理论，语法总是在变化、演变。语法可以用来描述我们日常生活中的各种体验，体现各种社会关系，促进知识与行为的结合和互动。

（一）生成语法——普遍语法

一种语法，如果含有一套清晰规定的句法、语义和音系规则，能用来阐述语句如何形成、解释和发音的过程，就是生成语法。生成语法学家所说的“语法”指人们头脑中内在掌握的规律。生成语法不仅包括句法知识，还包括音系知识和一部分语义知识。

乔姆斯基研究的“语法”与一般人头脑中原来理解的“语法”大相径庭。关于语法的概念，乔姆斯基认为：某一语言的语法是一套规则系统，详细说明即生成这一语言中的句子集合，赋予其中每一个句子以结构描写。语法这一概念需要在普通语言学理论中得到定义，如果给定语法，由语法所生成的语言及其结构，要由语言学理论的普遍原则明白地确定。（吴刚，2006）

乔姆斯基生成语法理论中的“语法”有两重意思：一方面，它指语言能力，即存在于大脑中的内在化的语言系统本身。另一方面，“语法”指语言学家对说话人/听话人语言能力的描述。

乔姆斯基创立生成语法的初衷与众不同，他并不是要为某一具体语言建立详尽的语法体系，不是为某种应用建立理论，不是要撰写简单易学的教学语法，也不是像结构主义那样，试图建立一套完整的理论方法，作为描述具体语言的框架。

生成语法是形式语言学理论，而形式语言学的宗旨，就是不依赖意义，如仅参考词语的分布等，就像数学决策程序一样，依靠演绎、形式、符号、公式等与内容相对的手段来分析语言。生成语法就是一套明确的规则，就像算术规则或代数式一样，把一个值代入公式就生成一个数值。用少量的原则和定理，再加上一些参数、原则、语类符号等，来说明人类生成语法的过程。

乔姆斯基认为语法规则是普遍语法原则和具体参数调整的结果。他将语法区分为核心语法和边缘语法。只管语言中最本质的句法部分，即原则和参数，称作核心语法。语言的其他部分（例如词汇）属于边缘语法。边缘语法跟普遍语法只有松散的联系。普遍的原则和参数是大脑的一部分，不用学，要学的是参数值和语言的边缘成分。学习参数值的过程叫作触发参数的设定。参数的设定靠语言输入中的正面数据去触发。正面数据指我们实际接触到的话语或语言素材，是儿童语言得以发展的基本输入。核心语法和边缘语法在儿童心理结构中的分量是不一样的。乔姆斯基认为，边缘部分的学习有系统性且与核心部分的学习相关，这种边缘部分系统的结构通过放宽某些语法条件，通过类比过程等与核心语法联系起来。

乔姆斯基认为，人的语言知识包括两部分：一部分是全人类语言所共有的，称为普遍语法；另一部分是各民族语言所特有的，称为具体语法。通过研究具体语言所获得的知识可以被称作该语言的语法，如英语语法、汉语语法等。

人类学会某种具体的语言主要是因为他们具有普遍语法。如果没有普遍语法，单靠有限的语言材料，人根本无法掌握语言。普遍语法是生成具体语法的基础，普遍语法只有一种，不同个人、不同语言的语法都来自这种普遍语法，但个人有普遍语法并不是说他就能讲各种具体语言，只有当普遍语法转变为具体语法，个人才会讲具体的语言。换言之，普遍语法必须在具体语言材料或语言环境的刺激下才能转变为具体语法，这样个人才能讲具体的语言。一个人能否讲一种或几种语言就要看他是否受过一种或几种具体语言材料的刺激。

（二）功能语法——语法功能

在功能语法中，语法功能是最具体的一种功能。它是纯理功能在语言各系统中的具体形式。概念、人际和语篇这三种纯理功能的体现形式分别是：①及物系统；②语气系统，情态系统；③主位系统，信息系统和衔接。而这些系统又要通过更加具体的语义成分来表达。例如，及物系统可以由施动者、对象和受益者来体现；语气系统可以由主语、谓语动词和疑问成分来体现；主位系统则可以由主位和述位来体现。由于语法功能与纯理功能相比显得具体，因此语法功能也可称为微观功能。

（三）认知语法——语法的象征性

“语法”这一术语从广义上说，可指对全部语言法规的总述，可与“语言学”、“语言理论”等术语互用，如“比较语法”就相当于“比较语言学”，“转换生成语法”是指运用转换生成方法研究语言的一种理论。该术语从狭义上讲，指关于词的形态变化（即词法）和用词造句的规则（即句法），因而不包括语音学和语义学，如传统的教学语法等。

认知语言学家对“语法”这一术语似乎做了介于上述两者之间的理解：①大于狭义语法，因为他们是将语法解释与音位、语义紧密结合在一起进行论述的。②小于广义语法，因为他们将认知语法视为认知语言学的一种研究方法或一个方面，或者既与认知语言学理论相符，又是一种特殊的认知语言学理论，因此认知语法完全可作为认知语言学的一个组成部分。（王寅，2005：2007）

认知语法认为，语法的本质是象征性的。语法的象征性包括两方面：①形态、词汇和语法之间紧密联系，没有实质性的差别：它们构成一个连续统一体。②形态、词汇和句法都是象征结构，即语音极和语义极的匹配。其中，语音极象征语义极。更进一步地说，语法只包含三种基本单位，即语音单位、语义单位和象征单位（象征单位由语音单位和语义单位构成其两极）。

四、语 义 观

什么是“意义”？这是多年来语言学家们一直希望解决的一个问题。意义问题是当今人文科学研究的核心问题。对人类而言，人类世界从本质上讲就是意义的世界。一个没有意义的世界，绝对不是一个“人”的世界。我们知道，离开意义就不能解读和认识语言。人们使用语言是为了表达思想、交流感情，语言存在的价值在于它能传达不同的意义。语言中各语言单位的组织最终是为了表达意义，使人了解话语的意思。

（一）生成语言学——语义是次要的附加特征

生成语言学认为，句法是自主的，可以独立于语义而运行；语法就是形式的运算，可以由系统规则来描写，而语义是次要的附加特征。

乔姆斯基对“语义在语言研究中的位置”这个问题的看法是前后不一致的。最初他是把注意力集中在句法上，将语义排除在他的语言体系之外。乔姆斯基在其成名作《句法结构》（1957）中明确指出：“语法是独立发挥作用，不依靠意义的。”他把意义比作头发的颜色，认为研究语法不需要研究意义就像研究语法不需要了解说话人头发的颜色一样。

乔姆斯基在后来出版的《句法理论面面观》（1965）一书中考虑了语义因素，他说：“事实上，我们没有必要作出句法考虑和意义考虑可以截然分开的假设。”乔姆斯基不再坚持语法独立的观点，不再认为先由句法生成深层结构，然后由深层结构进入意义，而是认为语法和意义共同发挥作用。他提出了一套解决语义问题的理论，即标准理论。标准理论分为语法、语音、语义三个部分。

尽管乔姆斯基对其以前过于绝对的观点进行了修正，但他却没有赋予语法、语音、语义这三者以同等的地位，在句法和语义的关系上，乔姆斯基主张句法自主，认为句法研究可以不必依赖语义概念而独立进行。

（二）功能语言学——语义决定句法

韩礼德始终把意义研究看作是语言学的一个十分重要、必不可少的组成部分。他从一开始就认为语义决定句法，认为语法描写应该从意义入手，把语言看作一种可供选择的，用于表达意义的源泉。

人们通常认为，现代语言学对于意义问题的研究起源于索绪尔关于“能指”和“所指”之间任意性关系的论断。功能语言学选择“所指”即“意义”为其研究对象。由于意义问题主要关注的是语言与世界的关系问题，因此功能语言学超越语言系统的界限，从语言与世界、语言与思维以及语言与文化等关系中探求意义的奥秘。在韩礼德看来，语言系统的形成正是人们在社会发展过程中为了实现各种不同的意义和功能构成系统的结果。因此，韩礼德始终把意义研究看作是语言学的一个十分重要、必不可少的组成部分。他从一开始就认为语义决定句法，认为语法描写应该从意义入手，把语言看作一种可供选择的、用于表达意义的源泉。

（三）认知语言学——语义具有中心地位

语言是人类认知能力的一种体现，语义是认知语言学研究的焦点，这已成为认知语言学家的共识。（文旭，2007）认知语言学的一个基本特征是语义具有中心地位，所有符号单位都有意义（包括语法单位）。“对认知语言学家来讲，所有语言结构都是符号工具，不管是从最小的词素还是到复杂的结构，都可用来传达意义。”（王德春、张辉，2001）

在认知语言学看来，语义是概念化的，是人们关于世界的经验和认识事物的反映，是与人认识事物的方式和规律相吻合的。认知语言学以语言所传达的语义为起点，并以语义贯串始终。语义结构是概念结构，语义是概念化。

参考文献:

[1] 戴曼纯，康悦．二语习得研究语言学视角的理论思考 [J]．语言教学与研究，2009（4）：55-63.

[2] 李福印．认知语言学概论 [M]．北京：北京大学出版社，2008.

[3] 卢植．认知与语言 [M]．上海：上海外语教育出版社，2006.

[4] 裴文斌，戴卫平．语言学——语言・语法・语义 [M]．北京：科学出版社，2012.

[5] 王德春，张辉．认知语言学研究状况 [J]．外语研究，2001（3）：1-10.

[6] 王寅．认知语言学探索 [M]．重庆：重庆出版社，2005.

[7] 王寅．认知语言学 [M]．上海：上海外语教育出版社，2007.

[8] 文旭．语义、认知与识解 [J]．外语学刊，2007（6）：35-39.

[9] 吴刚．生成语法研究 [M]．上海：上海外语教育出版社，2006.

[10] 熊学亮．语言学新解 [M]．上海：复旦大学出版社，2007.

第二部分
语言与文化研究

第一章　语言——文化

文化研究发展至今，一个较具概括性、广为接受的观点认为："文化包括一切人类社会共享的产物。"（邓炎昌、刘润清，1989：159）文化可以说是人类所创造的一切物质产品与非物质产品的总和，它涉及并渗入到人类生活的方方面面。大则宇宙观、时空观、人生观、价值观；小则一切社会的生活方式、行为方式、思维方式、语言方式、宗教信仰、道德规范等等，都属于文化这个复杂的、多元的、无所不在的现象所辐射的范围。文化涉及人类生活的各个方面，是人类赖以生存和发展的基础，因此任何人类社会都离不开文化。

语言是文化的一个重要组成部分，它扎根于民族文化的土壤之中，民族的文化对民族的语言有着深刻、全面的影响。语言作为一种社会现象和一种交际工具，无论从广义还是狭义角度讲都理所当然地成为文化的载体，并在诸多方面体现文化。历史上，人类总是用语言来进行思维，然后创造新的文化，新的文化又创造出新的语言，新的语言又产生新的文化。文化与语言是共生并存的、相互依赖的、互为关照的。词汇是语言的基础，是语言大系统赖以生存的支柱，不同民族文化之间的差异在词汇这个层次上表现得最为明显，涉及面也最为广泛。

汉文化与英文化大相径庭，民族文化之间的迥异反映到语言层面上，则表现为语言差异。文化差异与语言差异之间存在着互为映照的关系，深刻理解民族文化之间的差异是分析、解释语言之间差异的基础。对比分析汉英语言中文化负荷较重词文化内涵的差异可以解读汉英在宗教传统、自然环境、传统观念、价值观和社会制度等方面的差异。

一、传统信仰与词汇文化内涵

宗教是人类文化的一种特殊形态，它与人类文化几乎同步产生和发展。宗教文化是对人类社会影响最深和最广的一种文化形态，它不仅影响到社会的经济、政治、科学、哲学、文学艺术，而且积淀在人们的深层文化心理结构中，潜在而长久地影响着人们的思想和行为。

中西文化大相径庭，其主要原因在于中国的传统文化是在儒学思想、道教以及中国化了的佛学为主要思想基础上形成的，其中佛学占据主导地位。西方文化则是古希腊文化和基督教文化这两种文化的合流，英语文化自然也不例外。

中国传统的佛学、道教和儒学思想长期统治着中国人的精神世界。道教的“玉帝”，佛学的“阎王”，神话中的“龙王”，“开天辟地”的盘古和主宰自然界的“老天爷”在中国的传统文化中都留下了不可磨灭的烙印。

西方文化中不存在“龙王”、“阎王”和“玉帝”之类的概念。西方人多笃信基督教，他们认为世界是God（上帝）创造的，人间的一切都是由万能的上帝安排的。上帝支配着宇宙、万物和人类。尽管人类有无穷无尽的智慧，但也无法摆脱God，故有“Man proposes, God disposes”（谋事在人，成事在天）之说。这种对上帝的绝对服从，从一开始就占据了西方人的思想，从而变为根深蒂固的文化心理。

（一）God与上帝

根据《圣经》记载，God是创世之神，万能之神。人与世间万事万物都出自God之手，God是人类的主，他制定和操纵宇宙的自然规律。基督教传入中国后，基督教中的唯一真神“God”被翻译成中文的“上帝”。很明显，这里采用的是意译法。

“上”在汉文化中代表了社会地位高、拥有较高的权力、受人尊敬等积极的意味。通过与社会、地理、文化的隐喻联系，“上”字摆脱了仅仅空间上的局限性，成为了有着丰富社会文化内涵的方位隐喻词。把“God”翻译成“上帝”而非“下帝”也就顺理成章了。“上帝”的形象在整个西方社会代表着最崇高、最具有威慑力的宗教神学力量。“上帝”至高无上的地位使得世人不得不信服于他，守他的约，只有这样才能最终进入天国的极乐世界。

在中国文化语境中，不同朝代有不同朝代的“帝”崇拜或“帝王情结”。周代以前，人们把信奉的最高神一般单称为“帝”，是人间君主的抽象和升华。到周代时，周人心目中的那位至尊神被称为“帝”或“上帝”。中国古人心目中的“天”具有无穷无尽的神奇的力量，因此周人把“天”与“帝”等同。秦朝时，秦人开始祭拜自己的先祖白帝少昊，后来又祭拜青帝、黄帝、赤帝。秦始皇统一中国后，白、青、黄、赤四帝均被奉为“上帝”加以祭拜。到了汉初，又出现了一位“黑帝”，这就是汉文化语境中常说的“五帝”。五帝实际上是古代传说中的人间君主。所以历朝历代的最高统治者被称为“皇帝”。人们历来认为，历代君主的皇权来自“上帝”或“天”。所以“皇权”具有至高无上的威严，不听从皇权的命令则会受到上天的惩罚。在汉语中，说某人身份高，来历非凡，称“帝王世家”；说某人将来会大有一番作为称他的面相为“帝相”；就连中国古典名著《西游记》中也把“帝”奉为天庭的最高领袖，称“玉皇大帝”。可见汉字“帝”在中国悠久文化中的神圣性。

“皇帝”与“黄帝”谐音。上古之时，至高至尊的昊天上帝之下，有五帝共存：

东方青帝、南方赤帝、中央黄帝、西方白帝、北方黑帝。五帝之中，黄帝为中央之帝，位在最尊，是中国人心目中的民族始祖。历代统治者自称“皇帝”、“天子”，正是利用了中国古人对“帝”和“天”的原始信仰。

《圣经》中对耶和华的描述与中国历代皇帝的形象十分相似。义赛亚是希伯来人中最具文学才华的先知。他在《义赛亚书》中描写道：“当乌西雅王崩的那年，我主坐在高高的宝座上，他的衣裳垂下，遮满圣殿，其上有撒拉弗侍立，各有六个翅膀，用两个翅膀遮脸，用两个翅膀遮脚，用两个翅膀飞翔，彼此呼喊说：‘圣哉！圣哉！圣哉！万军之耶和华。他的荣光充满全地。’”（《义赛亚书》）义赛亚笔下的God“坐在高高的宝座上”、“穿着又长又大的长袍”。从“宝座”、“圣殿”、“荣光”、“垂地的长袍”和他身边侍立的众天使的欢呼声中可以看出，“God”和中国人心目中掌管天庭的“玉皇大帝”、中国历朝历代的君主“皇帝”是何等的相像！“宝座”与皇上的“龙椅”，“圣殿”与用来上朝的“太和殿”、“乾坤殿”，“长袍”和古代皇帝流光溢彩的“龙袍”，“侍立的天使”和皇帝身边的“御前侍卫”可谓是何等相像！“帝”在中国文化中的地位与“God”在西方基督教中的地位一样，至高无上，拥有无限的权力。

（二）“天”的文化含义

“帝”在中国文化语境中同“上”一样，有着深厚的文化内涵，都是中国古人的传统信仰中的崇高的事物。“天”或“上帝”在古人心中，是非常原始的概念，是无限完美的神。不仅创造了宇宙万物众生，还与人保持最密切的联系。他的意志降临在世人身上，就是“天意”、“天命”。中文常说“天意不可违”、“天命难违”，人的能力是有限的，世人是不可能违背天的旨意的。

“获罪于天，无所祷也”（《论语》），“吾之不遇鲁侯，天也”（《孟子·梁惠王下》）。在我国古人的眼里，“天”乃万物的主宰者，“天”能驾驭宇宙，所以古人把一切人无力改变的事情都归结为“天”使然。古人认为“天帝”、“天公”是天上主宰万物的神和自然界的主宰者，“天底下”的人不敢得罪“天老爷”、“老天爷”，“天怒”将使得百姓遭殃。“天”是“天意”、“天机”、“命运”的代名词。古人把一切不可解的事、不可抗御的灾难都归于上天安排的命运，称为“天数”。“天命”是上天的意志，他主宰人们的命运。《论语·季氏》曰：“君子有三畏：畏天命，畏大人，畏圣人之言。”“天意如此”、“天命不可违”，所以当人们对现实的苦难无法改变时，就只好“听天由命”。大圣人孔子也曾言过“死生有命，富贵在天”。“天条”是老天爷所定的戒律，人、神都要遵守。天下难以破解的一切事情只有“天晓得”、“天知道”。

正是因为“天”在中国人的眼中主宰一切，所以我国奴隶社会和封建社会的统治阶级把他们的政权说成是受“天命”建立的，打着“天”的旗号来统治“天下”。

“天顺”为明英宗（朱祁镇）的年号；“天启”为明熹宗（朱由校）的年号；“天宝”为唐玄宗（李隆基）的年号。皇帝称自己为“天子”（天的儿子）。“天锡皇帝，为天下主”（唐·韩愈《元和圣德诗》），言外之意君权为天所授，代表上天统治人间。封建时代朝廷的军队号称为“天兵”，率兵的将领为“天将”。“老天有眼”，谁若胆敢忤逆犯上，一定会遭到“天打雷劈”。

（三）《圣经》人物与英语

《圣经》被基督教尊奉为经典，它对整个西方文化的影响不可估量。基督教相信《圣经》中记述的全都是上帝的启示和永恒的真理，是人们信仰的总纲和处世的规范。《圣经》对于包括英语在内的许多语言的发展，产生了巨大的影响。《圣经》是宗教经书，在教堂和家庭里经常被诵读引用，加上一些辅助的祈祷和圣诗（教堂歌曲）也多源于《圣经》上的文字，英国人从孩提时起就耳濡目染。这种影响在英语中的表现之一就是有大量的英语成语、典故、宗教色彩的词语出自《圣经》。

《圣经》中有众多人物，他们各有自己的形象、性格、信仰和经历，经过人们长期的传诵引用，在人们心目中，已经成为一类人物的典型代表，从而具有特定的形象或含义。

Messiah（弥赛亚）是《圣经·旧约》中预言将要降生的人物。犹太人（古以色列人）是一个多灾多难的民族，但他们又认为自己的民族保护神——耶和华上帝——是统治世上万族万邦的唯一真神，他们是上帝的“选民”——天之骄子。他们深信上帝必将派遣一位民族英雄来复兴他们的民族。这位民族的拯救者被称为Messiah，在现代英语中意为“救世主”。Solomon（所罗门）是以色列的国王，他在位期间是以色列的强盛时期，他向上帝祈求，一不要财富，二不要长寿，他要的是智慧，以治理好这个国家。上帝见他不求福寿、不求灭仇敌，只求智慧，非常高兴，便满足了他的要求。因此，他聪明过人，思想精深，学识广博，料事如神。他的智慧盛名远扬，四海之内无人不知无人不晓。现在Solomon成为智慧的代名词。Moses（摩西）是古代以色列的先知和领袖，是《圣经·旧约》中最伟大的人物之一。Moses率领以色列人走出埃及，又在西奈山上接受了上帝的律法诫命。现在人们用Moses来喻指“领袖”、“立法者”。上帝按照自己的形象，用泥土造出一个人，并给他取名Adam（亚当）。据《圣经》记载，Adam为人类的始祖，即最古老的人物，“as old as Adam”意为“非常古老”或“非常陈旧”。上帝用从亚当身上取下的肋骨造了一个女人。亚当给自己的“女人”取名为“Eve”（夏娃），即“众生之母”的意思。在《圣经》中，Lazarus（拉撒路）曾多次款待耶稣，后来拉撒路不幸病重身亡。四天后耶稣闻讯施救，他说道：“我带来生命，也使人复活；信我者，虽死犹存；信我而生者，经久不亡。”耶稣使Lazarus复活。如今人们用Lazarus来比喻“重病康复或大难不死”。Lazarus-like用以喻指“死而复活的奇迹”。Thomas（多马）是耶稣的十二个门徒之一，据《圣经·新约》，耶稣死后复活，其他门徒看见便告知Thomas，可Thomas不相信。直到他看见耶稣身上的钉痕，并且用手探入耶稣肋旁，他才相信耶稣真的已经复活。后来人们就用doubting Thomas一语喻指“怀疑主义者”。Job（约伯）源出《圣经·旧约》，Job本来是个富翁，生有七子三女，非常敬畏上帝。为了考验约伯，上帝让撒旦毁掉约伯的所有财产和儿女，使他长满毒疮，但约伯都能忍受，并且对上帝的虔诚始终不渝。最后上帝感其心诚，赐给他更多的儿女，并给了他加倍的财产。现在Job转义指“极能忍耐的人”。Delilah（黛利拉）是大力士参孙的情妇，非利士人的领袖求她诓哄参孙，以了解参孙为什么力大无比。参孙被她纠缠不过泄露了秘密，于是被非利士人捕获。后来，人们常以Delilah比喻“不忠实的女人”。

（四）《圣经》中的事件、事物与英语

《圣经》中有许多历史传说，记述了发生过的重大历史事件，描绘了不少想象中的战争场景，其目的是以历史事件为内容，传达上帝的旨意，警世喻理，这些传说成为牧师、神父布道施教的重要内容；其中某些词语因广泛应用而成为人们熟悉的典故。

据《圣经》记载，圣母玛利亚（Virgin Mary）圣灵感孕，降生耶稣，这是一种没有生父的生育方式，其不言而喻的意思是母亲无需经受十月怀胎之苦，因此virgin birth的意思就是“处女生育”。1—2世纪古罗马全盛时期，罗马帝国的统治者残酷迫害信奉基督教的犹太教徒。《圣经》末卷启示录中以一连串象征主义的意象：愤怒、痛苦、激战、闪电、雷击、怪兽、地震、血海等灾难巨变，启示和号召教徒起来与罗马帝国决一死战，以血的洗礼去赢得千年盛世，这是一场关系人类命运和世界前途的大决战。根据《圣经·旧约》的记载，Armageddon就是这场世界末日大决战中发生多次重大战役的战场，现常转喻为“国与国之间大规模战争的地点”。Tower of Babel出自《圣经·创世纪》中的第十一章，Babel为《圣经》中的城市，后为古代巴比伦王国的首都。诺亚的后代拟在此建造通天塔，上帝对他们异想天开的狂妄计划甚为恼怒，于是，变乱建塔者的语言，形成交流障碍而无法合作，最后通天塔因此而没有建成。现在，Tower of Babel这个短语已成为“语言障碍”的同义语。在用法上，人们把通天塔当作各种声音交错混杂的代名词，或者用通天塔比喻一般性的混乱场景。譬如，英语中常用a perfect Babel来指代不可收拾的混乱局面；a Babel of sounds则常被用来比喻令人头疼的喧哗和吵闹。A kiss of death（死吻）指表面友好实际上坑害人的行为。此典故来自犹大出卖耶稣时以吻耶稣为暗号，让犹太教当局把耶稣抓走。A mess of pottage（一碗红豆汤）指“因小失大，见利弃义”、“付出高昂代价获得的物质利益”。这个典故源自《圣经》中雅各以一碗红豆汤换取兄长的长子权，而其兄居然同意为了一碗红豆汤而放弃其长子权，因眼前小利益而失去长远利益。Joseph's coat（约瑟的彩衣）源自雅各偏爱幼子约瑟，给他做了一件彩衣。

其兄忌妒怀恨，剥掉约瑟的彩衣，将它卖掉，又将彩衣涂上羊血后带给父亲，使父亲相信约瑟是被野兽所害，悲痛不已。Joseph's coat 成了“因福得祸”的典故。Lamb of Passover（逾越节的羔羊）指“免遭灾难的代价”，它源自上帝让以色列各家杀一头健壮的羔羊，将羊血涂在门槛和左右门框上作为记号，上帝见门上有羊血就逾越过去，使以色列人免遭杀祸。The eleven hour 源自《圣经》中的一则寓言：一位葡萄园主在同一天里前后雇来三批工人到园中干活。古代中东人把日出到日落分为十二等分（hour），而最后受雇的那些工人来的时候已是黄昏时刻（the eleventh hour），但主人同样给他们一整天的工钱。因此，the eleventh hour 便引申为“在最后一刻”、“在最后的关头”。

（五）《圣经》中的动植物与英语

《圣经》中提到的某些动物或植物，在一定的背景中具有特定的含义，现在也常用作典故出现在各类英语文学作品中。在西方古典绘画和雕塑作品中，经常可以看到裸体的人物身上有一小片树叶遮住下身。这种专门用以遮羞的叶子，就是fig-leaf（无花果树叶）。此语典出自《圣经·创世纪》。当亚当和夏娃意识到自己赤身裸体时，他们便拿无花果树的叶子为自己编作裙子，以便用来“遮羞”。现在fig-leaf 常用来喻指“遮羞布”。依据《旧约·创世纪》，上帝降洪水灭灾。挪亚造方舟避难，大水泛滥150天后渐退，挪亚放出乌鸦探测洪水是否已退，然而乌鸦一去不返；后又放出鸽子，一周之后飞回，口衔一枝橄榄叶，青翠碧绿，很明显是新从树上啄下来的。由此判断，地上的水已经消退。一枝橄榄叶表达了和平的讯息。所以后世的人们就用 the pigeon and the olive branch（鸽子和橄榄枝）作为和平和希望的象征。在犹太教赎罪日这天，大祭司举行赎罪祭奠。他通过抓阄决定两只公羊的命运，先杀了一只公羊作祭奠，然后将其双手按在另一只羊头上，述说自己和众人所犯之罪过，说明众人之罪由此羊承担，言毕便将其弃之于旷野，说明众人之罪已由此羊负去。因此，现在 scapegoat 喻指代人受过者，称为“替罪羊”。The tree of life（生命树）指“永生不朽之源”。这个典故源自伊甸园中一棵使人永生的果树，上帝怕人偷吃禁果后又吃生命树上的果子而永远活着，因而将人赶出乐园，并派天使守卫园子和生命树。The lost sheep 源自耶稣多次提及的“迷途了的羔羊”和讲述的牧人失羊后又找回的故事，现在喻指“误入歧途的人尤指失足的青年”。

（六）《圣经》与英美文学

《圣经》作为一部基督教的经典，渗透到英美社会生活的各个方面，对英美文学也产生了重要影响，这一点在许多作品中得到验证。早在7世纪末拉丁文《圣经》传入英国不久，就陆续出现了西蒙德谱写的诗歌 *Genesis*（《创世纪》）、辛纽武甫创作的 *Christ*（《基督》）、*The Fates of the Apostles*（《使徒的命运》）等以《圣经》

故事为题材的文学作品。英国资产阶级革命时期的诗人弥尔顿的三大巨著 *Paradise Lost*（《失乐园》）、*Paradise Regained*（《复乐园》）和 *Samson Agonistes*（《力士参孙》）都取材于《圣经》。在《圣经·新约》中，Eden（伊甸园）一词被 Paradise（乐园）所代替。弥尔顿的史诗 Paradise Lost 就是在“伊甸园”故事的基础上写就的。如果说“伊甸园”是令人向往的乐土，那么，要想保住这块乐土，就必须能够抵制住诱惑。这就是弥尔顿《失乐园》和《复乐园》的主旨：亚当和夏娃因抵不住蛇的诱惑失去了伊甸园；基督则抗拒了诱惑，重新得到了乐园。

莎士比亚的戏剧 *Measure for Measure*（《一报还一报》）脍炙人口，该剧剧名便出自《圣经》中的《马太福音》。英国著名诗人雪莱有许多取材于《圣经》的诗篇，如《魔鬼出行》、《撒旦挣脱了锁链》等。美国作家斯蒂芬·克兰和沃尔特·惠特曼也是利用《圣经》故事进行创作。克兰的《兰色军团》、《战争是仁慈的及其它诗行》，惠特曼的《草叶集》均以《圣经》故事为背景。20 世纪英国著名诗人叶芝写过许多直接引用《圣经》故事的诗篇，如《论女人》、《所罗门致示巴》、《所罗门与女巫》等都是以《圣经·旧约》中所罗门与示巴国女王会面的故事为基础，然后加以发挥的诗作。艾略特笔下的《圣经》题材更是屡见不鲜，例如《圣人朝圣记》、《圣灰节》、《荒原》等。美国诗人朗费罗的一首诗名叫 *Tide Rises, Tide Falls*。诗句 Tide Rises, Tide Falls（潮起潮落）多次出现，象征着人生如潮水，自然而永恒的主题，而这个主题正是《圣经》中《传道书》中传道人宣讲的要旨。

《圣经》不仅为英美文学家提供了各种各样的题材，同时也为他们的文学创作提供了极其丰富的语言素材和可资借鉴、引申的内容。在莎士比亚的《哈姆雷特》中，哈姆雷特挖苦国王大臣 Polonius，称他为“Jephthah，judge of Israel”，实际上是用《圣经》中的以色列牧师 Jephthah 讽刺其卑乞的行为。英国浪漫主义诗人拜伦的 *Cain*（《该隐》），借该隐杀弟嘲笑上帝，该诗从人物到故事情节均与《圣经·旧约》中的《创世纪》第 4 章第 1—16 节的内容基本吻合。17 世纪英国著名文学家约翰·班扬的作品 *The Pilgrim's Progress*（《天路历程》）描述了主人公 Christian 去 Jerusalem 的朝圣历程。班扬仿效《圣经》的文风写作了全书，给后人留下了许多含义丰富的词汇，Vanity Fair 就是其中最著名的一个。19 世纪的英国小说家撒克雷在其名著 *Vanity Fair*（《名利场》）中提到过大卫、参孙、该隐、犹大等许多《圣经》中人物，并且利用其中一些人物之间的关系，恰到好处地表现他自己所塑造的人物形象。英国作家塞缪尔·勃特勒的小说 *The Way of All Flesh*（《众生之道》）就是根据《赞美诗》中的 all flesh 和《约书亚记》中的 the way of all the earth 两个短语糅合而成，从而更好地体现了作者的用意。19 世纪的英国女作家夏洛蒂·勃朗特在她的成名作《简·爱》中多次引用《圣经》典故，而且用得十分巧妙，例如，小说中所描写的大火颇有《圣经》中施洗礼约翰所预言的耶稣将用圣灵与“火”给人施洗礼的意味。美国作家梅尔维尔的名著《白鲸》中的主人公 Ahab，原型来自《旧约·列王记》中的以色列国王 Ahab，本书中唯一生还的水手 Ishmael 也是《圣经》中的一个人物，意思是“漂流者”。

现代英美作家的很多著名作品的题目也出自《圣经》。美国戏剧家米勒的作品《堕落之后》、斯坦贝克的《伊甸园之东》、海明威的《太阳照样升起》、福克纳的《押沙龙，押沙龙》、《去吧，摩西》等都出自《圣经》。20 世纪的美国文学还常常借用基督受难的形象作为无辜者为大众受苦的象征。在海明威的《老人与海》中，老人最后回到茅棚的情节；福克纳把《八月之光》的主人公取名为 Joe Christmas 的首字母跟 Jesus（耶稣）的相同，并使他在耶稣受难日星期五被人杀害，都体现了这一主题。

（七）《圣经》与习语

《圣经》一书对英语的发展影响深远。几百年来《圣经》是英国每一个家庭必备的读物，是很多英国人接触的唯一的书。随着书中某些基督教义的传播，很多词语也在人们中间广为流传，家喻户晓，成为隐喻成语，以至成为英语习语的重要来源之一。例如：Fall by the wayside（落在路旁），比喻“半途而废”；fall on stony ground（落在石头地上），比喻“没有效果”；greedy as Ahab（像亚哈一样地贪婪），喻指“极度贪得无厌”；devout as Abraham（像亚伯拉罕一样虔诚）形容某人“非常虔诚”；eloquent as Aaron（像亚伦一样能言善变）喻指“能说会道，善于狡辩的非凡口才”；forceful as Samson（像参孙一样力气大）形容一个人“力大无比”。

英语中大量源于《圣经》的习语鲜明生动，已经成为现代英语中的重要组成部分。例如：the still small voice（良心的声音）；of the earth（世俗之至）；to lick the duct（被杀、屈服）；to live on the fat of the land （生活奢侈）；clear as crystal（清楚极了）；play the fool（干蠢事）；the salt of the earth（社会中间）；a labor of love（爱做的事）；smite hip and thigh（彻底压倒）；after one's heart（完全符合自己的心意）；at the last gasp（在最后关头）；fall from grace（堕落）等。

（八）《圣经》词语与派生词义

一些源于《圣经》的词语，从原来的宗教意义逐渐派生出新的词义，从而成为英语日常语汇。例如 manna（神赐食物）一词，当摩西率以色列人出埃及时，在旷野绝粮，此时天降食物，众人取而食之，称之为 manna。现在 manna 一词用来指“不期而遇的东西，令人精神振奋的东西”。Cain（该隐，亚当的长子，曾杀害其弟）派生出的新词义有：杀害兄弟者；杀人者。类似的词还有：purgatory 炼狱——暂时的苦难；deluge 上帝降的大水——洪水；sanctuary 祭献上帝的场所——避难所等。这些单词的原始意义只局限于宗教范围内，而它们的派生意义则在英语民族日常生活中广泛使用，因此它们的派生意义更活跃，使用频率更高。

（九）《圣经》与英语格言

《圣经》中有大量的格言，其内容隽永深刻，已为妇孺皆知，成为英语日常用语的一部分，特别是一些劝善戒恶的格言。《圣经》中的格言往往具有特殊的力量。它们在书面语以及口语中经常出现，形成了一种民间的道德观念，在一定程度上影响着人们的行为规范。出自《圣经》的英语格言有：Hatred stirs up strife; but love covers all sins.（恨挑起争端，爱宽容过错。）The lip of truth shall be established for ever; but a lying tongue is but for a moment.（口吐真言，流传百世；舌说谎话，只存片刻。）There shall no evil happen to the just; but the wicked shall be filled with mischief.（好人不遭灾，恶人祸难逃。）

（十）《圣经》与委婉语

英国、美国都是信奉基督教的国家，国民普遍笃信上帝，基督教义成了全社会奉行的道德准则。这种宗教的一元性必然对英语委婉语产生巨大的影响。构成整个西方世界道德基础的《圣经》中就有 Ten Commandments（十诫），其中明文规定：不可妄称上帝。难怪英语中上帝的婉称特别多，例如 the Creator，the Maker，the Supreme，Holy One，the Almighty，the Eternal，the Savior，King of kings，Lord of lords，the Light of the World，Sovereign of the Universe，Our Father 等。“死亡”是语言禁忌最主要的领域之一，与宗教的联系也最为密切。人们不理解这种神秘而令人恐惧的自然现象，便从宗教里寻找解脱。英语中的“死亡”委婉语大量源自《圣经》中的传说和典故，其中不少体现了基督教的人生观及其对死亡的宗教解释。如上帝用泥土造人，于是人死之后就 return to dust（归于尘土）。《圣经·旧约》中就讲上帝用泥土制造了人类始祖亚当，并对亚当说：Thou come from dust, and shalt return to dust. 人生来就是有罪的，必须赎罪，故死去犹如 pay the debt of nature（偿还欠负大自然的债务）。上帝乃万物之主，人死后就得 be called to God / answer the final summons（应召到上帝身边）。“死亡”就是 go the way of all flesh（走众生之路）。人在世时必须积德行善，方能 go to Heaven/Paradise（进入天国），然后就能 be with God（与上帝同在），be asleep in the Arms of God/in Jesus /lie in Abraham's bosom（安睡在上帝或者耶稣或者亚伯拉罕的怀抱里），而后 be at peace（心安神泰）。这样，人生就 go to one's final reward（得到了最后的报偿）。人死只是 yield up the ghost（魂出躯壳），而灵魂却是 launch into eternity（永生的），have one's name inscribed in the Book of Life（名字留在永生簿里）。这就是基督教义里完美的人生，并为美、英民族成员所信奉，这类委婉语也为英语民族所接受，而成为英语语言的共核。

《圣经》中对英语委婉语的影响并不都局限于“死亡”这一主题。它所涉及的面十分广泛。例如 to get sb's goat 是“激怒某人”，因为《圣经》中说上帝令撒旦烧死约伯的羊群，看约伯是否被激怒，以考验他对上帝的真诚和忍耐力。To get on the right side of sb. 则是“讨好某人”，因为《圣经》中说，坐在上帝右边的均为道德高尚的人，定受到上帝的青睐。所以中世纪以来，荣誉席均设在国王或主人的右侧。亚当和夏娃误食禁果之前，虽然赤身裸体，却是清白无罪的，于是“裸体”便被婉称 in Adam's and Eve's togs。许多源自《圣经》的委婉语很富于幽默感。“女阴”竟然被婉称为 Eve's Custom House；“妓女”居然成了 a daughter of Eve。

英语《圣经》是英美文学家和英语民族经常引经据典的宝库。由于人们经常灵活、巧妙地引用《圣经》典故，《圣经》在英语语言中的地位愈来愈突出，而且继续不断地丰富着英语语言。《圣经》语言已经成为英语语言中不可分割的精华部分。在英语中涉及《圣经》的词语要比任何其他语种多得多，这不仅是由于英语的词汇量在世界各语种中是首屈一指的，还与英语民族的宗教观念强分不开。马克思说过，“语言是思想的直接现实”，又说“观念是不能离开语言而存在的”（顾嘉祖，2000：248）。所以，英语中所出现的大量《圣经》语汇正是英语民族浓厚宗教观念的有力佐证。

（十一）Serpent 与蛇；god/goddess 与神

英语中的 serpent（蛇）一词带有明显的宗教色彩。按照《圣经》的说法，人类始祖亚当和夏娃因违背上帝旨意，偷吃了禁果，而后被逐出了伊甸园。而引诱亚当和夏娃偷吃伊甸园知识树禁果，犯了 original sin（原罪）的正是由魔鬼 Satan（撒旦）变成的 serpent。从此，serpent 成为“教唆他人违抗上帝旨意者”的化身。Serpent 作为西方宗教文化中的一个词语，其特殊的宗教文化内涵与汉语对应词“蛇”所表达的意义是大不相同的。“蛇”在中国古代对人来说是凶神、恶神。人们对蛇存有的强烈的恐惧心理是由于蛇的自然形态丑恶及害人的本性在人的思想上的反映。

古希腊和古罗马的神话十分发达，god/goddess（神）的传说已成为西方文化的重要组成部分，因此，有不少 god/goddess 的名字，如 Zeus（主神宙斯），Apollo（太阳神阿波罗），the Muses（文艺女神缪斯），Athena（智慧女神雅典娜），Venus（爱和美的女神维纳斯），Cupid（爱神丘比特）等在西方文学作品中屡见不鲜，并已被英语词汇吸收。相形之下，中国文化虽然亦有神话的一席之地，但“盘古”，“嫦娥”，“伏羲”，“女娲”等乃是中国文化特产的“神”，与西方文化中的 god/goddess 风马牛不相及，因此，在语言词汇上，他们所具有的文化内涵也谈不上对等。

“宗教，作为人类文化的一种特殊形态，几乎与人类文化同步产生和发展。宗教文化，可以说是对人类和社会影响最深的一种文化形态。它不仅影响到社会的经济、政治、科学、哲学、文学艺术，而且积淀在人的深层文化心理结构中，潜在而长久地影响着人的思想和行为。”（王秉钦，1994：44）“宗教反映了人类五彩缤纷的社会活动，而反映宗教的途径又是多方面的，但是最主要的是通过语言来表示的，也就是语言中有宗教的投影。宗教活动丝毫也离不开语言。语言中包含了大量的宗教词语，人们在使用语言时也会带上浓厚的宗教色彩。语言里面保留着不同历史时

期人们的宗教信仰及宗教活动所投射的影子。”（顾嘉祖，2000：247）

（十二）“龙”与“Dragon”

在中国，有一种类似爬行动物的东西简直无所不在，雕在柱子上，刻在墙壁上，印在书本上，绣在衣服上，这就是妇孺皆知的“龙”。“龙”在中国文化中是力量的象征，权威的化身。它会腾云驾雾，会呼风唤雨，给万物带来甘霖，给人们带来幸福。在汉语中，“龙”一直作为皇帝的象征，具有至高无上、令人敬畏、威严、至尊等含义。中国被称为东方巨龙，中国人自称是龙的传人，足见龙在中国的影响之广。

龙为何物：《说文解字》云：“龙，鳞虫之长，能幽能明，能短能长，春分至登天，秋分而潜渊。”李时珍《本草纲目》中有“龙有九似”之说：“龙，头似蛇，角似鹿，眼似兔，耳似牛，项似蛇，腹似蜃，鳞似鲤，爪似鹰，掌似虎也，其背八十一鳞，具九九阳数。其声如戛铜盘。口旁有须髯，颔下有明珠，喉下有逆鳞。头上有博山。”《辞海》云：“龙，有鳞有须能兴云作雨的神异动物。”由这些典籍对龙的解释可以看到，中国人心目中的龙是能飞天潜渊源、兴云作雨、神异的子虚之物。“龙”乃动物王国中的第一奇物，是华夏子民心中的第一“神”器。

龙崇拜：图腾崇拜起源于原始社会，其崇拜对象多为熊、虎、鹰等动物。皇帝统一中原后，作为当时最高“人王”，尽力安抚归附的广大部落，改少典氏的“熊”图腾为“龙”图腾。龙是神灵，与巫术有密切的关系。巫师利用符咒，祈求上苍赐福，以求风调雨顺，百姓安康。而人神沟通、天地沟通，必须借助一种“物”，这种“物”就是“精气”。《周易·系典上传》曰：“精气为物。”《札记·祭义》云：“气也者，神之盛。”《论衡·乱龙》云：“神灵之气，云雨之类。”古人认为精气是由云构成的。而云气又充斥于天地之间，是天地沟通的媒介。《左传·宣公三年》曰：“协于上下，以承天体。”它时隐时现，变化无常，具有神性。龙则是从云衍生而来的。《易·系辞》：“云从龙。”在《淮南子·地形训》中云与龙相对应：黄龙为黄云；青龙为青云；赤龙为赤云；白龙为白云；黑龙为黑云。可以说，龙是云生物意象的伴生物。从道教对云篆的解释中也可以看出龙与云的密切关系：“八龙云篆明光之章，自然飞玄之气，结空成文。”可见，龙字是模仿云的形态，融流云漂柔飞升之势而创造的。“龙”是神，龙能腾云驾雾，兴云降雨。龙，充分体现了中国人神合一、天人合一的传统文化的意蕴。

龙与皇帝：封建社会，龙是帝王的象征，统治者宣扬皇帝是真龙天子。《史记·天官书》曰：“轩辕黄龙体。”《汉书·郊祀志》载：“汉兴，高祖初起杀大蛇，有物曰：蛇，白帝子，而杀者赤帝子也。”这里所说的白帝子、赤帝子即白龙、赤龙。《广雅·释诂》云：“一言而躲之，龙，君也。”

龙象征皇帝，王权受命于天。既然皇帝是真龙天子，受命于天，因此，龙就有了至尊至圣的派生义，跟皇帝有关的事物名正言顺地冠以“龙”字。如：龙飞——指皇帝即位；龙颜——指皇帝或皇帝的面容；龙体——指皇帝的身体等。

此外，还有龙灯、龙柱、龙旗、龙印、龙宫等。皇帝未登基时谓之龙潜，登基时谓龙飞；皇帝驾崩，称为龙驭宾天，又称乘龙飞天。总之，皇帝的一切都与龙息息相关。这充分体现了在封建社会的中国，统治者利用人们对龙的崇拜心理，编造出皇帝是真龙天子的神话，以巩固其至尊的地位，行使其至高无上的权力，统治并愚弄庶民。

龙与俊伟：龙既然是神灵，能飞天潜渊，兴风作雨，出神入化，所以，天下奇才，英雄俊杰用龙作比喻也就当之无愧了。三国孔明，有文韬武略，《三国志·蜀志·诸葛亮传》称：“诸葛孔明者，卧龙也。”此后，“卧龙”就被用以喻指那些才华横溢的人。隋朝以来，科举盛行，儒生高中，荣登龙虎（喻指豪杰人士）榜，视为当世英才；状元及第，称为龙标夺归；进士及第，称为龙门点额。古时把贤人退隐，称为龙逸；英雄得志，称为龙飞。“龙盘凤逸”比喻才能非凡而未被众人所知的人或那些隐伏待时的豪杰。在成语里：“龙驹凤雏”用以比喻聪明有为的少年；“龙骧虎步”用以形容威武的气概；“龙跃凤鸣”比喻才华出众；“龙章凤姿”用以比喻非凡的神采等。

龙与事物名称：以“龙”命名的动植物很多。这些动植物并非与“龙”的形象有何其相似之处，而是人们通过丰富的想象，找到与“龙”的某些相似点，以“龙”作比喻，冠以美名：

动物类——龙虱、龙虾、龙羊、龙雀、地龙、变色龙、龙胆、金龙鱼

植物类——龙眼（桂圆）、龙须菜、龙须草、龙舌兰、龙舌草、龙牙草、龙胆草、龙爪槐、卧龙松、龙葵、龙血树

某些东西本有其名，却冠以“龙”字，给它起个异名，以为美称。如：

蛇皮——龙衣；蚯蚓——地龙；泽兰——龙枣；马鞭草——龙吐珠

生活用品——龙灯、龙床、龙椅、龙杖、龙船、龙门、龙钟、龙头

用“玉龙”比喻大雪飞舞；用“火龙”形容火舌滚滚、火势凶猛；用“一条龙”比喻成套的东西。香料中有龙脑；风有龙卷风；机器有龙门刨、龙门吊；茶中有龙井茶；中药有龙骨、地龙；书法有龙爪书；带龙的人名就更是数不胜数。

龙与地名：唐代刘禹锡《陋室铭》中云：“山不在高，有仙则名；水不在深，有龙则灵。”“龙”既然为神灵之物，种种有关龙的传说讲得活灵活现，人们便以“龙”的意象给予命名，因此产生了带“龙”字的地名，这些“龙”地名在全国各地比比皆是，例如：龙江、龙泉河、龙镇（在黑龙江）；龙井（在浙江杭州西湖的西南山中的名泉，

附近产龙井茶）；龙关、龙泉山（在河北省）等。

龙与谚语、俗语、歇后语：鲤鱼跳龙门——神话传说。《三秦记》记载："江海的鱼类集合在龙门下，鲤鱼只有跳过龙门才能化成龙。"所以有"一登龙门，身价百倍"之说。其他俗语还有：

鲤鱼跳龙门，高升——借指人的地位高升。

鲤鱼跳龙门，碰碰运气——比喻没有把握，做做试试看。

龙与生肖：我国民间历法，将十二种动物与十二地支相配合，用以纪年纪日，由此衍生出生肖文化。它将人的生年与十二生肖挂钩。十二生肖表现了中国古代人们对这十二种动物的崇拜心理，但这十二种动物中，十一种动物都是自然界常见之物，唯"龙"这一虚之神物进入生肖之列，可见龙在中国人心目中的至尊地位。

龙与生老病死：生老病死是自然发展规律，不可抗拒。但中国人讲究好兆头，以示吉祥如意，这与龙崇拜有密切的关系。结婚，称"龙凤呈祥"；生了男女双胞胎，叫作"龙凤胎"；生了男孩，"望子成龙"；人老了行动不便，称为"老态龙钟"；人死了，按照古时习俗，进行土葬，入土为安，在生前或身后，要寻块风水宝地，根据起伏绵亘的山势脉络——龙脉结墓地。

龙与岁时节令：我国有关"龙"的传统节日很多。例如：二月二（农历）为春龙节，又叫龙抬头。四月八日（农历）广东一带有龙舟下水仪式，有谚云："四月八，龙船挖。"称为龙出水。五月五日（农历）为端午节。人们吃粽子划龙舟，这一习俗也与龙的崇拜有关。人们把粽子投进汨罗江，祭祀屈原，恐怕他的遗体为蛟龙所窃。龙舟赛是端午节活动的高潮。赛龙舟原本是端午节的庆祝活动，现在演变成庆祝节日的水上活动，遍及中华大地。

除此之外，汉族地区还有分龙节、会龙节，广东还有龙母诞。少数民族地区也有龙的纪念日和祭龙活动。朝鲜族把正月第一个辰日称为龙日。纳西族三月十五日有龙王庙会。在全国各地，其他节日也融入龙崇拜活动，如舞龙灯，在春节、元宵节、中秋节及各种庙会上都有舞龙活动。

龙与修辞：以龙构成的偏正结构的词语中，龙是修饰成分，如，龙虾、龙眼、龙马精神等。其抓住事物与龙某些相似点，用比喻的修辞手法状物命名，给予人们丰富的联想，达到形象生动的修辞效果。

以龙构成的主谓结构的词语中，龙是主语成分，如，龙潜、龙飞、龙飞凤舞、龙腾虎跃。它是用比拟的修辞手法对人或事物进行动态的描写，把人、物神化，使人或事物栩栩如生。

少量以龙构成的偏正结构的词语中，龙是中心语，如，卧龙、过江龙、变色龙。这是用比喻的修辞手法，对龙（实则对人物）的神态加以生动的描写。

龙成语：龙凤呈祥、龙吟虎啸、龙飞凤舞、龙吟凤鸣、龙章凤姿、龙眉凤目、龙跃凤阁、龙盘虎踞、龙肝凤胆、攀龙附凤、龙腾虎跃、龙潭虎穴、龙争虎斗等。

然而，“dragon”在英语文化里就没有像“龙”在汉语文化里那样的殊荣。英语中，dragon 却是一个贬义十足的词，是一种没有“地位”的爬行动物。

Oxford Advanced Learner's Dictionary of Current English 这样给“dragon”下定义：fabulous creature like a crocodile or a snake, often with wings and claws, able to breathe out fire, often guarding a treasure（一种长有翅膀，有爪子，会喷火的类似鳄鱼或蛇的怪物，经常看守宝藏）。

The American Heritage Dictionary 中说它是一种长着狮子的爪子，蛇的尾巴，模样像巨大的爬行动物的怪物。

The New Columbia Encyclopedia 中说它常常跟邪恶联系在一起。

由于受到基督教文化的影响，英语里的 dragon 还有海怪（指鲸鱼、鲨鱼、鳄、海蟒）之意。总之，dragon 是一种邪恶的东西。

《圣经》上有 The Woman and the Dragon（妇人和龙）一段故事是这样写的：

A great portent appeared in heaven: a woman clothed with the sun, with the moon under her feet, and on her head a crown of twelve stars. She was pregnant and was crying out in birth pangs, in the agony of giving birth. Then another portent appeared in heaven: a great red *dragon*, with seven heads and ten horns, and seven diadems on his heads. His tail swept down a third of the stars of heaven and threw them to the earth. Then the *dragon* stood before the woman who was about to bear a child, so that he might devour her child as soon as it was born. And she gave birth to a son, a male child, who is to rule all the nations with a rod of iron. But her child was snatched away and taken to God and to his throne; and the woman fled into the wilderness, where she has a place prepared by God, so that there she can be nourished for one thousand two hundred sixty days.

传说中讲的是，一位孕妇生产前疼痛呼喊的时候，一条七头十角的大红龙，尾巴拖着天上 1/3 的星辰，盘踞在这妇女面前，等她生产后好把婴儿吞掉。其恶、其毒，能不唤起世人的憎恨！经过无数次争斗，龙被天使捉住，投入无底坑穴被锁起来，并用印封牢，这恶龙再也无法迷惑列国臣民。（张业菊，2001：45）

英语中 dragon 最早见于 700 年左右盎格鲁 - 撒克逊人的叙事诗 *Beowulf*（《贝奥伍夫》），诗中把 dragon 描写成一个凶残无比，会 fire-breathing 的怪物，最后被 Beowulf 杀死。*Beowulf*（《贝奥伍夫》）是歌颂与凶残暴虐的恶龙（dragon）搏斗而取胜的英雄史诗。

许多圣徒都曾因宰杀过 dragon 而立过功。在莎士比亚的戏剧《哈姆雷特》中，当朱丽叶听到表哥被罗密欧杀死时，她悲叹道：

O serpent heart, hid with a flowering face!（啊，花一样的面庞里藏着蛇一样的心！）

Did ever dragon keep so fair a cave?（哪一条龙曾经栖息在这清雅的洞府里？）
Beautiful tyrant! Fiend angelical!（美丽的暴君！天使般的魔鬼！）

Dragon 在英语中不仅意指凶恶、丑陋的怪物，还常被用来借喻凶暴、严厉而又残忍的监护人。对此，*Collins Cobuild English Dictionary* 是这样解释的：If you call a woman a dragon, you mean that she is fierce and unpleasant.

Her mother is a real dragon.（意指她母亲凶神恶煞地看管着她）
His wife is a dragon.（他的妻子是个悍妇 / 泼妇）

英国著名作家狄更斯在其 *Hard Times*（《艰难时代》）一书中，有这样一段描述："……斯巴塞太太总有点自以为是这个银行的'仙女'，镇子里的人们走来走去，看见她坐在那儿，却把她看作这个银行的 bank dragon，在看守那座矿山的宝藏。"再请看下面的例句：

Alice said that her father was an old dragon.

I will starve him to death, the son of a dragon.

She was guarded by a woman, obviously her mother, who tried to stare Hagan down with a cold arrogance that made him want to punch her in the face. The angel child and the dragon mother, Hagan thought, returning the mother's cold stare.

可见，英语中的 dragon 具有与汉语里的"龙"截然相反的喻义："凶暴的人"，甚至作"恶魔、凶神恶煞"的代名词。The Dragon、The Great Dragon、The Old Dragon 就是指与上帝做对的魔鬼撒旦。

She is a bit of a dragon around this palace. 意思是她在这里是个很跋扈的人。A dragon lady 是一个以统治者身份行使权力的女人。国外对可恶的专门打人的警察也叫 dragon。在英文中 dragon 多用在贬义语里。如：to sow dragon's teeth，它源于希腊神话。Dragon's teeth 为底比斯国王 Cadmus 所播种，后长成武士而相互厮杀。

英语民族对中国人自称是 the descendants of the dragon（龙的传人）无法理解。有的词典为了区别汉语中的"龙"和英语中的 dragon，把中国的"龙"称为 Chinese dragon，以别于英语中的 dragon。许多英文报刊顾及英语国家读者的习惯，凡是与"dragon"有关的译文都经过文化转换处理，一个典型的例子就是"亚洲四小龙"成了"亚洲四小虎"（four tigers）。

现代中国社会中的"龙"已经失去了它神秘的面纱。它源于图腾，超越图腾，从封建君主专制的龙文化已发展成为多元、和谐、平等的中华民族文化，进而成为一种奋发向上的民族精神，一种追求，一种竞争意识。而英语中的"dragon"却没有发生任何语义变化，仍旧是它生来就有的那种残忍凶暴的形象。

二、自然环境与词汇文化内涵

社会语言学认为，语言是一种社会现象，它不可能存在于真空中独立发展，而是受着存在于语言之外的各种社会要素的制约，例如，环境。从环境角度来看，地理环境、自然环境、文化环境等都会影响语言的发展。每个民族都在一定的自然环境中生存繁衍。自然环境对一个民族的文化模式的形成、发展和嬗变有着重大的影响。语言是客观世界的反映，是一种社会现象。人们生活、劳动在一种什么样的环境中，就会产生什么样的语言。

秦汉时期，由于气候比现在温暖，不仅中国南方，而且黄河以北地区也盛产竹。汉人的衣食住行与竹发生了密切的关系。“食者竹笋，庇者竹瓦，爨者竹薪，衣者竹皮，书者竹纸，履者竹鞋，真可谓不可一日无此君也耶！”（苏东坡语）。因此，汉语里有很多同竹有关的成语，如：胸有成竹、势如破竹、雨后春笋、立竿见影、节外生枝等。英语中的 bamboo（竹）一词是从法语里借来的。由于竹在英国本土不是一种土生土长的植物，语言中的 bamboo 也就缺乏“竹”所特有的丰富的文化内涵。

（一）东风与西风

就“东风”与“east wind”，“西风”与“west wind”而言，汉英两种语言都有对应词语，所指词语概念意义相同，但文化内涵意义截然不同。如“东风”自古诗人用它指“春风”，象征新生的力量。现代则以“东风”象征革命的力量。又因中国位于世界亚洲的东方，所以又用“东风”象征“中国”。自古以“西风”象征衰败、没落、腐朽的势力，20 世纪六七十年代用“西风”代表西方帝国主义国家。

英国的地理环境与我国恰恰相反，西临大西洋，东面欧洲大陆。英国的东风是从欧洲大陆北部吹来的凛冽寒风，和我国的西北风极为相似，因此，象征着“寒冷”、“萧索”、“令人不悦”。地理环境影响气候，而气候也影响喻体的选择。英国的诗人、作家历来贬斥东风而歌颂西风。英国作家 Matthew Arnold 在他的一篇文章中是这样描述 east wind 的：“A sort of spiritual *east wind* was at that time blowing;neither Butler nor Gray could flower.”可见，“东风”吹来，文坛一片萧索，就连巴特勒和格雷这样的诗人文士都不能有生花之笔。英国的西风从大西洋徐徐吹来，是极为温暖、使万物复苏的春风，故有“西风报春”之说。因此才有：

John Mansefield 的“It's a warm wind, the west wind, full of bird, crying.”；

John Milton 的“And west winds with musky wing”；

Samuel Butler 的“biting east wind”；

Charles Dickens 的“How many winter days have I seen him, standing blue-nosed in the snow and east wind!”

Chaucer 的诗歌更能让人体会到那种风和日丽、万物竞长的意境，进而理解为什么西风对英国人来说是那样的亲切：

When the sweet showers of April fall and shoot.
Down through the drought of March to pierce the root.
Bathing every vein in liquid power.
From which there spring the engendering of the flower.
When also Zephyrus（西风）with his sweet breath.
Exhales an air in every grove and breath
Upon the tender shoot...

（*The Canterbury Tales*）

英国著名诗人 Percy Shelley（雪莱）的《西风颂》是世人皆知的佳作。在这首诗中，他以名传千古的佳句歌颂了西风“O, west wind, if winter comes can spring be far behind?”（如果冬天已经来临，西风啊，春天还会遥远吗？）西方人眼中的西风，不仅是带来无限生机、引来美丽春天的温暖之风，而且西风还具有横扫枯枝败叶、席卷残云、掀起巨浪的磅礴气势和无比威力，是“革命的象征”。

（二）农作物与英语

英格兰位于北温带，那里的气候对农作物的生长是不利的，然而对多汁草本植物确是很有利，因而畜牧业在农业中占据了第一位。农作物，主要为小麦，生长在英格兰东南平原地区，因而英国人的主食是牛奶和面包。自然，英语中许多比喻就都离不开牛奶和面包。例如：

A baker's wife may bite of bun.
Another's bread cost dear.
Bachelor's fare: bread and cheese and solitude.
Butter is gold in morning, silver at noon and lead at night.
Give a loaf and beg a slice.
Half a loaf is better than no bread.
If you sell the cow, you sell the milk too.
God gives the milk, but not the pail.
It's no use crying over spilt milk.
Take bread out of someone's mouth.

英国一日三餐均有不同的叫法，而真说“吃饭”，这饭便是 bread，所以有 to set on bread（开饭）的说法。汉语中用“饭碗”喻职业，而英国人则用 a bread and butter job。“谋生”是 earn one's bread。“夹生饭”喻不成熟，英语中用 half-baked。The milk is split 是“生米煮成了熟饭”。

（三）气候与英语

英国伦敦在 20 世纪 60 年代之前曾有 City of Fog（雾都）之称。英国的雾是由来自海洋的大量暖湿空气与岛屿上空较冷的气团相遇形成的。经常笼罩在雾中，英国人就用“fog”和“mist”两个词将“雾”和“薄雾”加以区别。伦敦的许多工厂的烟囱和无数传统英国式壁炉冒出的烟里含有大量的微粒，使空气更容易凝结雾珠。烟雾混为一体，形成了对人体造成危害的 smog（smoke ＋ fog 烟雾）。英语中与伦敦的“雾”有关的词语还有：London fog（伦敦雾），London ivy（伦敦的烟雾），London particular（伦敦特有的浓雾），London smoke（伦敦烟灰色）。

岛国的气候温和，但天气多变。岛国人常说国外有 climate（气候），在岛国只有 weather（天气），以此来表明这里天气的变化莫测。多变的天气也为岛国人提供了经常的话题，在英国甚至最沉默寡言的人也喜欢谈论天气。英国西北山区潮湿多雨，东南平原相对干燥，因而农牧业有谚语 An English summer, three hot days and a thunder storm.（英国夏季三天炎热，然后一次雷雨。）英国不仅经常下雨，而且雨下得很大，因此产生了一条谚语 It never rains but it pours（不雨则已，一雨倾盆。）生活在经常下雨的地方，就要做到“未雨绸缪”，英语叫作 for a rainy day（为雨天而准备）。

（四）鱼与英语

文化的形成离不开自然环境的影响，特定的自然环境造就了特定的文化，特定的文化又产生特定的语言表达方式。生活在海边、海岛的人们创造了“海的文化”，生活在山地的人们创造了“山的文化”，爱斯基摩人创造了“雪的文化”，沙漠居民创造了“骆驼的文化”。英国漫长的海岸线和岛上稠密的河流蕴藏着极其丰富的渔业资源。岛国人自古以来以“鱼”为天，捕鱼业在英国经济中占有相当大的比例。语言是文化的载体，英国人与“鱼”结下的不解之缘这一现象明显地体现在英国“鱼文化”上。英语中有很多与“鱼”有关的表达方式。

英伦群岛渔业资源丰富、鱼种类繁多。有 omnivorous fish（杂食性鱼类）、predatory fish（掠食性鱼类）、herbivorous fish（草食性鱼类）、carnivorous fish（肉食性鱼）；有 warm water fish（温水性鱼），也有 cold water fish（冷水性鱼）；有 migratory fish（回游鱼）、catadromous fish（降河鱼）、anadromic fish（溯河鱼）、bathypelagic fish（深海鱼），还有 resident fish（常栖鱼）等。

语言既是一种认知活动又是以认知为基础的。认知和语言不能脱离人赖以生存的物质世界，也不能脱离人的认知能力。英国四面环海，岛内河流众多，英民族的先民们认为鱼资源是取之不尽的，只有不同种类的鱼（fishes）而没有单数（一条鱼fish）和复数（多条鱼 fish）之分。英语中有不少表示鱼的词带有 fish 的成分。但是，英语中也有很多不带 fish 而表示“鱼”的词，例如：abalone（鲍鱼）、pomfret（乌鲂）、scad（竹荚鱼）、salmon（鲑鱼）、tuna（金枪鱼）、mackerel（鲭）、sturgeon（鲟鱼）等。

英国人对鱼的命名表现出多样化，一般是依据鱼的形状、习性而命名。从生动形象的命名中不难看出不列颠人对于鱼的观察之细腻和熟悉程度。例如：

Silverfish（银鱼）：一种银灰色的鱼。
Swordfish（箭鱼）：上颚突出的骨头犹如一柄长长的利剑。
Devilfish（蝠鲼）：鲨鱼类的一种，体大，最大的可达到 3 000 多磅重。
Pipefish（尖嘴鱼）：嘴长又尖，身体呈蛇状，故名。
Catfish（鲇鱼）：上下颌长着的根须如同猫的嘴上根须，故名。
Pike（梭鱼）：因身体细长，头尖，犹如 pike（长矛），故名。
Cutlass fish（带鱼）：体长侧扁，形状像 cutlass（砍刀），故名。
Fingerling（仔鱼）：一指（finger）长的小鱼。
Croaker（石首鱼）：这种鱼能发出蛙鸣声（croak）。
Snakefish（蛇鱼）：这种鱼身体形状犹如 snake（蛇），故名。
Oarfish（冠带鱼 / 皇带鱼）：身体形状像 oar（船桨，橹）。
White bait（银鱼）：昔此鱼用作鱼饵（bait），故名。
Octopus，devilfish（章鱼）：英国人不吃章鱼、乌贼，所以就把它们称为 devil 的鱼。

英语自 5 世纪盎格鲁 - 撒克逊人对英伦群岛入侵的成功，至今已有 1 500 多年的历史了。英语从一个部落的语言发展成为国际通用语。在此期间英语不断汲取世界各民族的语言，成为一种兼容性极强的综合语言。英语中有各个方面的外来语，并且数量极多，但是有关鱼类的外来语却较少，这说明英国的鱼文化色彩浓厚，英语自身鱼的语言表达是极为发达的。

以人们从事的职业为姓在英语姓名中占有很大的比重。追根求源，这与当时的社会结构和经济体制有关。旧时的英国是一个经济比较落后的社会，全国有很多的劳动者所从事的行业都和渔业相关，这一点可以从他们的姓氏中体现出来，例如：

Fish（菲什）：职业名称，捕鱼或卖鱼者。
Fisher（菲什）：Fish（捕鱼或卖鱼者）的异体。
Fisher（费希尔）：职业名称，渔夫。
Fishman（菲什曼）：职业名称，打渔人。
Fishwick（菲什威克）：源自住所的名称“fish（鱼）+ wick（边远农场）”。
Fisk（菲斯克）：职业名称，捕鱼或卖鱼者。
Fiske（菲斯克）：Fisk（捕鱼或卖鱼者）的异体。

Sturgeon（斯特金）：职业名称，鱼贩子。Sturgeon 意为“鲟鱼”。
Chubb（查布）：源自 chub（白鲑）。
Salmon（萨蒙）：源自 salmon（大麻哈鱼）。
Pike（派克）：职业名称，捕梭鱼（pike）者。

昔日很多的英国人每天要从事捕鱼、养鱼或与鱼有关的生意，因此英语中有很多从事与“鱼”有关的职业：fishmonger（鱼商）、fishwife（卖鱼妇）、fishwoman（卖鱼妇）、fish warden（渔官）、fishfarmer（养鱼场主）、fisher（渔工）、fisherman（渔民）、fishfolk（渔民）、fishman（鱼贩子）等。

由于英国人对于鱼的形状、习性等观察得十分细致，因此就把很多鱼的特点比喻在人或事物上，这也是与鱼有着密切联系的民族语言的一个特色。例如：

Eel（鳗鱼）喻指“圆滑、捉摸不定的人”。
Sardine（沙丁鱼）喻指“拥挤”。
Trout（鲑鱼）喻指“丑妇；讨厌的婆娘”。
Whale（鲸鱼）喻指“巨大的人或物”。
Minnow（鲤科淡水小鱼）喻指“微不足道的人或物”。
Fingerling（不足一年的仔鱼）喻指“小东西；微不足道的东西”。
Octopus（章鱼）喻指“深入各方面的强有力的组织、势力”。

劳动创造了世界，也创造了语言。英国人的生活与“鱼”有着密切的关系，因此英语中也就不乏用“鱼”来作比喻：

Drink like a fish.（狂饮如鱼，一醉方休。）
A big fish in a little pond.（矬子里拔大个。）
Neither fish nor fowl.（不伦不类。）
Neither fish, flesh, nor good red herring.（非驴非马，不伦不类。）
As mute as fish.（默不作声。）
Cry stinking fish.（自扬家丑。）
Fish or cut bait.（要么好好干，要么别干。）
A nice kettle of fish.（尴尬的局面。）
To feed the fishes （葬身鱼腹。）
Hook one's fish.（如愿以偿。）
As drunk as a fish.（酩酊大醉。）
Catch fish with a silver hook.（把买的鱼冒称自己钓来的。）
Fish in the air.（缘木求鱼。）
Fish in troubled waters.（浑水摸鱼。）

Fish for fame and honors.（沽名钓誉。）
Fish a needle out of the ocean.（大海捞针。）
Not the only fish in the sea.（并非仅有。）
Be packed as close as herring.（十分拥挤。）
Like sardines.（拥挤。）
As close/thick as herrings.（拥挤不堪。）

宗教在英国的社会生活和思想文化中占有极其重要的地位，它渗透到英国社会生活的方方面面。英语中的“eat no fish”一语的“忠诚”之义，就与宗教文化有关。旧时，英国天主教徒按照罗马天主教会定下的规矩，在星期五那一天只吃鱼不吃肉，故星期五定为fish day（吃鱼日）。但基督教徒表示对基督教的忠诚，星期五照样吃肉而不吃鱼，因此，“eat no fish”就具有“忠诚”、“忠实可靠”的喻义。Fisheater被用来喻指“天主教徒”。“The loaves and fishes”这一成语源出《圣经·马太福音》，耶稣用一些饼和一点鱼给许许多多人吃饱了。那些跟随着他走的人群，并不是要听他的教诲，而是为了满足他们自己饥饿的肚子，故此成语比喻“私利”和“实惠”。A fisher of men 意指“福音传教士”（尤指巡回布道者，源出基督教《圣经》）。The great fisher of souls 指的是“撒旦”、“魔鬼”。

英国人的早期生活在很大程度上与鱼有关，经常与鱼打交道使得英国人常把鱼比喻成人。例如 a big fish（大人物、大亨）；a dull fish（迟钝汉）；a poor fish（倒霉的人）；a cool fish（无耻之徒）；a cold fish（冷淡的人）；a loose fish（放荡不羁者）；a queer fish（孤僻的人）；a fresh fish（新囚犯）等。

对渔业的依赖与发展决定了靠“鱼”吃饭的民族务必使用大量与“鱼”有关的语汇。这种语言现象突出反映在与“鱼”相关的谚语上。谚语是人们在现实生活中，把常年积累得出的经验或教训通过简洁明快的语言表达出来的一种语言形式。就其内容而言，可以说是民族智慧的宝藏、人们生活的指针。英国是航海强国和渔业大国，英语中与鱼有关的谚语涵盖英民族生活与工作的很多方面，例如：

The best fish swim near the bottom.（有价值的东西不会轻易得到。）
All's fish that comes to one's net.（来者不拒。）
Like a fish out of water.（如鱼离水，局促不安。）
Make fish of one and flesh of another.（厚此薄彼。）
Fish begins to stink at the head.（上梁不正下梁歪。）
If you swear you will catch no fish.（咒骂解决不了问题。）
Never offer to teach fish to swim.（不要班门弄斧。）
No fishing like fishing in the sea.（捕鱼要到大海。）
It is a silly fish that is caught twice with the same bait.（智者不上两回当。）

Venture a small fish to catch a big one.（欲钓大鱼，先舍小鱼。）
The best fish smell when they are three days old.（久住招人嫌。）
Cut no fish till you get them.（勿过早打如意算盘。）
Never fry a fish till it's caught.（不要操之过急。）
It is good fishing in troubled waters.（浑水好摸鱼。）
Every herring should have its own head.（冤各有头，债各有主。）
Little fish are sweet.（礼小情深。）
Big fish eat little fish.（大的欺负小的。）

（五）船与英语

英国是航海强国。岛国人自古以来以“船”为家、以“船”为业。语言是文化的载体，英国人与“船”结下的不解之缘明显地体现在英语的表达上。英语中有很多与“船”有关的词语。

英国四面环海，历史上航海业特别发达。一个航海民族出行、谋生自然离不开船。一般说来，对于一个民族越是重要的东西，该民族对它的语言切分就越是细密。谙于航海的英民族对船是再熟悉不过了，因此，英语中表示船的词语相当丰富，切分得也相当细。例如：sloop（单桅船）、ketch（双桅纵帆船）等。

英语中有不少与 boat、liner、vessel 或 ship 组合而表示各种具体的船的词语，如：ferryboat（渡船）、sailboat（帆船）、mail boat（邮船）、tugboat（拖船）、fishing boat（渔船）、sculling boat（摇橹船）、lifeboat（救生船）、jet boat（喷气式船）、pilot boat（领港船）等。

英国人对船的命名还表现出多样化。一般是依据船的形状、功能、特性。例如：

Vessel 源自拉丁语 urn（瓮，缸），不难看出这种船被比作成了一个容器。
Dory 是一种小型平底敞开划艇，其英语意思是 dugout（独木舟）。
Hooker，一种用来钓鱼的小船，源自英语 hook（鱼钩）一词。
Sloop 单桅帆船，源自古英语 slupan（“glide”滑行）。
Victualer（为其他船舶服务的）食品供应船，源自英语 victual（食品）一词。
Ketch 双桅纵帆船，源自 catch（捕鱼）一词。
Barge（在内河、港湾被拖曳或推顶航行的）大型平底船，原义是“flat boat”的意思。
Schooner（二桅以上的）纵帆船，其英语原义是 to skip flat stone across water。
Dinghy/dingey 小舢板，源自 dingi（little boat）。
Cruiser 大型快船，出自 cruise（航行）一词。
Cutter 快艇，源自英语 cut 一词。
Skiff 小型轻快帆艇，源自苏格兰语，其原义是 skim（迅速或轻快地滑过）。

英语中的很多船名都出自古英语，例如：sail 源自古英语 segl；boat 源自古英语 bat；punt 意为 shallow boat；sloop 意为 glide；ship 源自古英语 scip；steamer 源自古英语 steam（意为“vapor”）。一些船名出自中世纪英语和苏格兰方言，例如：trawler 源自中世纪英语 trawl（意为“drag”）；hooker 源自中世纪英语 hook boat；ketch 源自中世纪英语 catch；schooner 源自苏格兰方言 scum。

英国有很多的人从事与“船”有关的工作，所以英语中有很多从事与“船”有关职业的人。例如：ferryman（摆渡船工）、boater（船工）、boatman（船老大）、boatswain（水手长）、ship's boy（船上男服务员）、shipman（船长）、shipmate（船员）、shipbreaker（拆船工人）、shipbroker（船舶经纪人）、shipbuilder（造船工人）等。

劳动创造了世界，也创造了语言。英国人的生活与“船”有着密切的关系。对“船”的依赖与发展决定了航海民族必定使用大量与“船”有关的比喻（隐喻）和习语，例如：

When the ship comes home（当船回来的时候——愿望实现的时候，发财的时候。）
Make a shipwreck（沉船——破灭、遭灾。）
In the same boat（在同一个船上——同舟共济。）
Give up the shi（弃船——放弃。）
Jump ship（未经允许离船——逃脱。）
In this(that)galley（在由囚犯、奴隶划桨的船上——意想不到的处境。）
Paddle one's own canoe（划独木舟——自力更生。）
Burn one's boats（烧船——破釜沉舟。）
Miss the boat（错过船——坐失良机。）
Make a shipwreck（沉船——破灭，遭灾。）
Rock the boat（将船往岩石上撞——捣乱。）
Have an oar in another's boat（将橹放在别人的船上——多管闲事。）
Run a tight ship（操纵好船——完全控制。）
Push the boat out（下海——庆祝。）
Barge（在内河、港湾被拖曳或推顶航行的大型平底船——横冲直撞。）
Tug（拖船——竞争，较量，争斗。）
Vessel（船——器皿。）
Hulk（仓库船——庞然大物，身躯巨大，大而笨的东西。）
Sail（帆船——翱翔。）

下面词语中的“ship”都是隐喻：ship of the desert（沙漠之舟——骆驼）；ship of state（比喻为航船的政府）；ships that pass in the night（萍水相逢的人）。

英语中的“航空”这一概念是由“航海”来建构的，所以飞机出入场地在英语中称 airport 或 air harbor。英语 port 和 harbor 的意思是“港”。英语中的宇宙飞机（宇宙飞船）称为spaceship，以及lunar ship（登月飞船）、moon ship（月球飞船），都借用了ship（船）这一属于航海的概念隐喻。

英国人历来善于航海也是航海强国，航海业在英国一直占有特殊的重要地位。英国人的生活、工作与“船”有着密切的关系。对航海，航海业的依赖与发展决定了靠“船”吃饭的民族务必使用大量与“船”有关的语汇。这种语言现象突出反映在与“船”相关的谚语上。谚语是一种结构简洁、寓意深刻、哲理性强、通俗易懂的定型语句，经常带有劝诫或教育意义，是人民群众千百年经验和智慧的结晶。英语中船的谚语大都是水手和渔民在长期海上生活中创造和使用的。

Spoil the ship for a half-penny-worth of tar.（因小失大。）
Many drops of water will sink the ship.（积水能沉船。）
It is skill not strength that governs a ship.（要用智谋。）
Let another's shipwreck be your seamark.（前车之鉴。）
A small leak will sink a great ship.（小洞不补，大洞吃苦。）

英国人在长期的与“船”为伴的生活中，把观察到的现象和积累的经验应用到语言中，形成了许多与“船”上生活息息相关的习语。Know the rope（知道窍门）原来指的是在帆船时代，船上众多的风帆都是由一整套绳索系统来控制的，熟练的海员必须对这些绳索的功能了如指掌，才能在变化无常的大海上操作自如。Cut and run（赶紧逃跑）原来指抛锚停泊的船遇到紧急情况，如风暴、海盗、敌船等，人们来不及等待缓慢地起锚，而断然采取措施砍断锚绳迅速逃跑。再如，在海上通商兴起的最初几个世纪里，海盗活动猖獗，海盗船常悬挂false colors（假旗号），大大方方地接近其他船只而不引起对方的警惕，后来海员们就用sail under false colors来表示其他方面的“冒充”。类似的源于“船”上生活的习语很多。例如：

Go by the board（人或东西从船上掉入海里消失——被遗忘，被忽视。）
With flying colors（打胜仗的战船归来时彩旗高挂——成功地，凯旋地。）
Bring someone down a peg（把船上象征荣辱高低的旗降一级——煞某人的威风。）
Take the wind out of someone's sail（船在航行中抢他船的风路——先发制人占上风。）
Nail one's colors to the mast（把船旗钉在桅杆上，以示决不投降——坚持到底。）

（六）澳洲土著文化与英语

澳大利亚土著人有着悠久的历史、独特的宗教信仰和生活习俗。勤劳淳朴的土著居民，世代生息在这片古老神奇的土地上，为澳洲的文明做出了应有的贡献。他们的语汇如涓涓细流，汇入澳英中，丰富了澳英词汇。历史上当白人移民踏上这块陌生的土地时，面临别样的景观，他们需要新的词汇来命名稀有动植物及独特的自然环境。土著人的口头语汇十分丰富，他们为英国殖民者提供了现成的语言素材，如 barramudi（澳洲肺鱼），billabong（只有雨后才注满的水潭），currawong（澳洲喜鹊）等。澳大利亚的许多地名的由来都与其特殊的社会、经济、地理以及历史密切相关。土著语中的 Kunidul 是指英国探险者库克船长登陆的地方；Tasmania 是以 1642 年发现该岛的荷兰船长的名字 Tasman 命名的州。澳大利亚首都 Canberra 在土著语中的意思是“聚会的地方”。悉尼动物园 Taronga 的意思是“美景”。昆士兰州黄金海岸城的小镇 Coolangatta，在土著语中的意思是“美丽的瞭望台”。袋鼠 kangaroo 来自土著语，kangaroo land 成了澳大利亚的别称。从一些土著地名的内涵可以看出，信奉“万物有灵”的土著人认为世间万物都是祖先精灵的化身，而且因宇宙间的许多自然现象迷惑不解而充满敬畏之感。他们对事物的认知还仅仅停留在感官印象的层面，所以有些地名是以自然物象命名的，例如 Uloola（太阳），Jannalis（月亮），Camira（风），Yerang（雨），Maralinga（雷）等。另一类土著地名的意思与他们的生产方式密切相关，这些地名甚至会使人联想到土著人在衣、食、住、劳动以及宗教信仰等方面的生活模式，例如 Burragorong（生活在食物丰富的山谷中的部落），Attunga（山顶祭坛），Gunya（棚屋），Guyra（捕鱼的地方），Kiama（海产丰富的渔场），Narran（闹饥荒的地方），Narromine（产蜂蜜的地方），Teralba（生长豆科植物的地方）等。有些土著地名与一些事件有关系，如 Girilambone（在流星坠落之地能找到燧石的地方）。土著地名是土著人采集、狩猎的经济生活模式所留下的原始文化产物，因此，土著人的地名自然地记录下了他们生活、劳动、宗教活动的行走路线和活动场所。

（七）澳洲动植物与英语

幅员辽阔的澳洲大陆由东部山地、中部平原和中西部高原组成，是世界上海拔最低和地势最平坦的陆地。长期与世隔离，使其在漫长的历史发展过程中，形成了独具特色的植物和动物。澳洲大陆的植物与世界上别的大陆的植物有着明显的区别，其植物区系的主要成分和植物种类的大多数都是澳洲大陆所特有的。这种情况在世界上是极不寻常的。澳大利亚越来越严重的干旱致使澳洲大陆的植物发生变化，并发展成逐渐能适应本地气候条件的独特的新品种。例如 eucalypt（桉树）就是澳大利亚植物中的特有种属。在沙漠地区生长着优美的 ghost gum（鬼神桉树）；在冬季寒冷的高地生长着 snowgum（雪桉）；在内地河谷中生长着雄浑伟岸的桉 river red gum 亦作 rivergum（赤桉）；在多雨的东南高地生长着高大挺拔的 mountain ash（高山桉）。澳洲特有的植物还有：wattle（金合欢树）；lackwood（黑檀）；boggabri（蔓生草本植物）；brigalow（金合欢属植物）；conkerberry（七叶树）等。

位于南半球的澳大利亚素有“古生物博物馆”之称。至今那里还生活着原始的哺乳动物，如袋鼠和卵生类哺乳动物。袋类哺乳动物多达百种。例如：antelope kangaroo（羚羊袋鼠）；bilby（兔耳袋鼠）；rindled bandicoot（短鼻袋鼠）；brush-tailed rat kangaroo（帚尾袋鼠）；crest-tailed marsupial mouse（脊尾袋小鼠）；desert bandicoot（荒漠袋鼠），等等。

以 kangaroo 这种最富澳大利亚特征的动物名称作为定语来界定一些澳洲之外的人所不熟悉的澳洲特有的动、植物，以及一些与袋鼠有关的事物的词语有：kangaroo apple（澳大利亚茄）；kangaroo dog （袋鼠猎犬）；kangaroo drive（有组织地捕获与射杀袋鼠的探险活动）；kangaroo grass（袋鼠草，一种澳洲产的饲养草）；kangaroo hop（袋鼠式跳步，一种特别做作的步态）等。

（八）澳洲“羊”与英语

澳洲土地肥沃，资源丰富，适合畜牧生长，尤其是绵羊，被誉为“骑在羊背上的国家”。语言是文化的镜像反映，有什么样的文化就必然有相应的语言来与之相适应。社会的需要导致了语汇的产生。羊是牧场的主角，因此澳英中“羊”的词语很多，例如：nowler（难剪的羊），barebelly（发育不良的绵羊），flytrap（肮脏不堪的羊）。Snow comb 是用于剪种羊毛的“厚羊毛梳剪”，clean muster 是指“全部赶拢的畜群”。从四周赶拢羊群的牧羊犬叫 cast。将羊毛分级用 class，将新剪下来的羊毛卷起来用 roll，将羊毛打包用 press，scour 指“清洗羊毛的工棚”。

牧场少不了 station boy（雇工），station hand（牧场工），jackeroo（牧场学徒工）和 pie-picker（拔羊毛工）。澳大利亚每年三月份进行剪羊毛比赛，gun 为优胜者，于是就有了 gun shearer（剪羊毛行家）。剪毛能手有 flyer（动作飞快的剪毛工），deuce（一天能剪 200 只羊的剪毛工），dreadnought（一天能剪 300 多头羊的头等剪毛工）。当然也有差的，如 ringer（剪羊毛工中的最慢者），snagger（马虎的剪羊毛工）。羊病了，就要治。因此，相应的医疗措施随之出现了，hospital paddock 就是将病畜隔离开的“隔离牧场”。

Fence 对牧场主意义非同寻常。在金矿被发现初期，牧羊人纷纷离弃牧场前去采金，牧羊业遭受重大打击。牧场主采用新的办法，将其牧场四周围以篱笆，让羊群生活于篱笆圈内，以节省人手。由于人手不足，牧羊犬成了牧场之王。为牧场主立下过汗马功劳的牧羊犬有善于任意控制羊群方向的 focing dog，有以眼光控制羊群的 eye dog，有穿越羊背以驱赶或集中羊群的 backing dog。英语中许多原本与羊无关的词语在澳大利亚也沾了“羊”的光；stranger 在澳英中指离群走失的羊，starver 指因干旱而挨饿的羊。这表明羊已经成为澳大利亚人生活中不可或缺的一部分。

（九）澳洲丛林与英语

澳大利亚语言文化中，bush 是应该浓墨重彩、大书特写的一笔。该词不仅具有明显的澳大利亚地域特征，而且是澳大利亚历史上一个重要时代的标识。Bush 一词充分显示出语言在特定地域、特定社会环境和特定历史时期所具有的信息传递和界定功能。澳洲丛林是指沿海与中部沙漠之间的一大片森林地区。它构成了早期创业者与自然斗争的背景。丛林人不畏艰辛的拼搏，体现了蓬勃向上的民族精神。澳洲丛林是与澳大利亚的开拓史相联系的。澳大利亚的原始土地都是从灌木丛林中开垦出来的，所以澳英中的 bush 也指“未开垦的土地”。一提到 bush，澳洲人的脑海中就会浮现出漫无边际，满目凄凉的丛林地，和荒芜、无人居住的内地。澳英中有不少语汇充分显示了丛林的荒凉、孤寂以及地形的复杂。Bush track 是边远地区的土路，bush bashing 是在原始丛林地踏出的一条路。在灌木林中迷路被称为 bushed，不见踪影则为 take to the bush。一些词语折射出早期丛林拓荒者的生活，如 bushwhacker（以砍伐丛林为生的人）等。垦荒需要付出艰辛的劳动，所以，bush 也可用作动词，意为“过艰苦的生活”，如 to bush under the stars（披星露宿）。丛林人在林中生火时往往以帽作扇，让火越烧越旺，所以他们的帽子又被戏称为 bush bellows（丛林风箱）。今天的澳大利亚人的物质生活大多是无忧无虑的，但早期的丛林人却饱尝艰辛，丛林人常常食不果腹，早晨空着肚子是司空见惯的事，因此 bushman's breakfast，也就是没有早餐。这些词语都反映了当时开拓者的艰辛，所以现在 bush 在澳洲英语中成了“乡村，荒凉”的代名词。在澳大利亚赌博游戏中有一个非常流行的说法，“Sydney or the bush”，指赌徒孤注一掷，把所有的赌注都押上，要么成功要么完蛋，这从另一个侧面反映出丛林生活的艰辛。但是，就是在这样的环境中，敦厚朴实、勇敢无畏的定居者不怕艰辛，顽强而乐观地生存了下来，同时也造就了澳英发展史上独特的丛林词汇。

（十）美国印第安文化与英语

印第安人是北美洲最早的居民。他们世世代代在这里生活劳动、休养生息。和世界各国、各地区的人民一样，北美土著印第安人为人类的历史发展做出过重大贡献。印第安人种植庄稼的方法被早期移民所学习和继承。他们的狩猎技巧为美国人所吸取。他们的战斗方法为美国人所借鉴，用来对付敌人。印第安人的好客，互助精神也融进了美利坚民族的精神之中。

北美大陆幅员辽阔，地貌繁复多姿，资源异常丰富。欧洲殖民者从他们踏上北美洲的时刻起，就置身于一个崭新的环境中。他们看到在欧洲从未曾见过的特殊地理，生态环境中的各种事物和现象，以及当地土著人各种各样奇怪的服饰、用品和风俗等。所有这些在欧洲的自然、社会环境里可能是前所未有的事物和现象使欧洲殖民主义者迫切需要新的语汇来表达眼前的这一切。世代生活在这里的印第安人的语言成了一个直接的语言材料库，向当地人借用他们原来用于表达这些事物的词汇就成了创造新词的一个方便方法。在美国英语中，约有 1 700 个词语来自印第安语，如北美洲动物名称词：opossum（负鼠），chipmunk（金花鼠），killdeer（小水鸟），moose（麋），skunk（臭鼬）等；植物名称词：timothy（梯牧草），sassafras（黄樟），pecan（美洲的核桃）；食物名称词：johnnycake（玉米馅肉饼），tapioca（木薯淀粉）等；人工制品词：toboggan（平底雪橇），peltry（毛皮），mackinaw（厚呢短大衣）等；住所名称词：igloo（圆顶茅屋），tepee（圆锥形帐篷），wigwam（兽皮盖的棚屋）；生态环境词：bayout（牛扼湖），slew（沼泽）；交通工具词：canoe（独木舟）；工具名称词：tomahawk（石斧），等等。北美土生土长的印第安人语汇在丰富美国英语，并使之适应新大陆交际需要方面做出了积极贡献。

在美国，你无论走到哪里，都会发现印第安人留下的痕迹。他们在这块大地上刻下了永久的印记。美国的 50 个州名中，源自印第安语的州名就占一半之多，如：Missouri，Oregon，Wisconsin，Connecticut，Minnesota，Ohio，Nebraska 等。许多市、县、区、镇的名称也借用土著居民的词汇，如今成为世界首要工商业、金融业中心之一的纽约市 Manhattan（曼哈顿区）依然保留其印第安土著语的名称。美国主要的河流、湖泊和著名景观都是以印第安语命名。象征美国民族精髓的 the Mississippi（密西西比河）就是源于印第安语，意为“众水之父”。美国的广大地区过去曾是印第安人世代栖息之地，他们给城镇乡村、山河湖泊起了许多美丽动听的名字。尽管西方殖民者侵入北美后，印第安人惨遭杀戮，大批印第安人被赶进深山老林，但不少印第安语地名作为珍贵的文化遗产保留下来，一直沿用至今。

（十一）美国版图的自然、生态环境与英语

欧洲殖民者除了借用土著印第安人的语汇外，他们还善于创造新词以标示前所未见的事物。美国独立后，逐步向西扩张，山川河谷、草木禽兽的名字为原有的美国英语词库增添了新词。1803 年探险家路易斯与克拉克沿密苏里河西上远征，仅在这一次行动中就创造了 412 个标示动物名称的新词。除此之外，他们还创造了大量的词语描述地理发现。

下面所列的是美国英语中用来描述美国特有的动植物、地形地貌和气候的词语中的一部分。动物：rattlesnake（响尾蛇），ground hog（美国土拨鼠），bullfrog（牛蛙），catfish（产于美洲的一种鱼），canvasback（一种北美野鸭），katydid（美洲类似蝈蝈儿的一种昆虫），mockingbird（美洲的模仿鸟），catbird（北美产的一种鸣声如猫叫的飞禽）等。植物：underbrush（树林下的矮树林），sagebrush（艾灌丛），huckleberry（美洲越橘），honey-locust（美洲皂荚），pitch-pine（美洲油松），eggplant（茄子），cottonwood（三角叶松）。气候：chinook（冬春两季从海上吹向美国西北部海岸的温暖西南风和洛矶山山脉东坡吹下的干暖西风或北风），blizzard（暴风雪）。

三、传统观念与词汇文化内涵

不同的国度，不同的民族在传统观念上的差异自然形成对同一事物、同一问题不同的观点和看法，由此产生了词汇文化内涵的差异。

中国文化提倡尊老敬老的传统美德。在我们的社会文化氛围中，年长意味阅历丰富，高龄意味幸福健康，年长者受人尊敬。长者是智慧的化身，是威望的象征。老者、老先生、老干部、老父亲、张老、老教授等，是对老人的尊称，显得亲切，文雅有礼。中国的老人们不惧怕老，社会也不忌讳“老”字。此外，汉族社会家庭结构紧密，素有“养儿防老”及“合家团聚”的传统习惯，老人在家中普遍受到尊重和照顾，年老并不那么可怕。

随着岁月的流逝，人从青年步入中年，最后进入老年，这本是自然规律，但在英美这样崇拜青春的工业化国度里，人老珠黄会不值钱进而将遭人鄙视或抛弃。在他们看来 Age before beauty；Age is a heavy burden；Old age is itself a disease。年轻是美的，年老是丑的。英语中的“old”一词是“不中用”的代名词。西方人谁也不愿意别人说自已老，更不想变老，老年意味着孤独。西方老人喜欢别人恭维自己年轻，而不像中国老人那样，喜欢别人恭维他“长寿”或“高寿”。由于西方人具有一种强烈的永葆青春的意识，所以他们总喜欢将自己说得年轻些，异性朋友即便是已年近古稀，还是以“boyfriend”或“girlfriend”相称。

正是因为惧怕老，所以他们就千方百计忌讳“old”，而借用其他的词项来委婉地表达“老”这一概念，如：elder hostel（老人团）、retirement home（敬老院）、a home for adults（成人之家）、private hospital（老人院）、rest home（休养所）、convalescent hospital（康复医院）等。养老院的老人则含糊其辞称 resident（居住者）。怕“老”成了整个西方世界的社会心理定势。

汉民族往往崇尚传统（past-oriented），崇尚过去好的东西。在中国，具有特点的社会因素，如风俗、道德、思想作风、制度等等，世代相传。所以当许多中国人遇到“传统”一词时，头脑中自然地会立即联想到艰苦奋斗的优良传统、光荣的革命传统、两国之间的传统友谊、优秀的传统剧目，等等。而西方人，特别是美国人，他们的时间取向为未来（future-oriented），他们崇尚变化。美国文化推崇创始革新的勇气和积极进取的精神。美国人不受社会生活中根深蒂固、沿袭先例的传统制约，没有遵奉惯例的习性。美国人在他们的生活环境中喜欢追求新奇和冒险，他们形成了一种不愿受条条框框束缚而求变的性格。这种开拓的性格在许多方面都得到充分体现，其中也包括道德思想、风尚、习惯、思维方式等等。与许多中国人不同，很多美国人对 tradition（传统）嗤之以鼻，认为 tradition 是“rusty”,“old”，“something to be thrown away”。与 tradition 有关的派生词如 traditional，traditionalist 也都带有消极的色彩。

四、价值观念与词汇文化内涵

价值观是各民族文化的核心，是人们公认的判断事物的标准，它决定人们的价值取向，并影响和作用于人类社会的方方面面。中西文化在价值观上的差异主要表现在集体主义和个人主义上。我们倾向集体主义，集体主义是我国文化的核心理念，是我国文化的最显著特征。在中国的文化氛围里推崇的是集体的价值。中国文化强调集体对个人的约束，集体的利益永远高于个人的利益。个人利益服从集体利益，个人的功劳和荣誉归功于集体的功劳和荣誉，个人不能脱离集体而单独存在。个人主义在中国文化中意味着“自私自利”、“只顾自己，罔顾他人”。

（一）Individualism 与个体主义

与中国文化正好相反，西方社会遵循个人价值至上的原则，倾向个人利益为最高价值，推崇个人自我价值的实现。社会只是达到个人目的的手段，只有个人利益满足了，个性发展了，社会才得以发展。在英语中，individualism 被定义为“主张个人正直与经济上的独立，强调个人主动性、行为与兴趣的理论，以及由这种理论指导的实践活动”。Individualism 是个人价值至上文化的核心理念和最显著的特征，是与集体主义形成强烈对比的文化价值体系，具体表现在它强调个人利益，崇尚个人意志，个人利益高于集体规范、集体利益。英语中有大量的以 self 和 ego 组成的词组。例如：Self-absorbed（自我专注的）、self-actualize（自我实现）、self-advancement（自我发展）、self-affected（爱慕自我的）、self-affirmation（自我肯定）、self-aggrandization（自我扩张）、self-appreciation（自我欣赏）、self-conceit（自大）、self-conception（自我概念）、self-consequence（妄自尊大）、self-content（自满）、self-dealing（假公济私）、self-dependence（依靠自己）、self-dramatizing（自吹自擂的）、self-esteem（自尊）等。从这些以 self 和 ego 构成的表达法中可以看出，其核心正是“individualism”。

（二）Self-made man 与自我奋斗

为数众多的美国人都想成为 self-made man 或 self-made woman（靠自己奋斗成功的人）。他们心中的英雄是 a self-made man。美国公众注重成就，仰慕英雄，有深厚的成就崇拜和英雄崇拜心理积淀。个人成就是所有美国人价值观中评价最高的价值之一。实际上，美国前总统林肯之所以成为美国人崇拜的偶像就是因为他是一位靠自己奋斗成功的人，即所谓的 a self-made man。富兰克林是美国人中最受欢迎的科学家、哲学家，他被公认为美利坚民族和美国精神的化身。他刻苦勤奋、自力更生、求实进取，他把“自我奋斗、取得成功”在其著作中具体化：God helps those who help themselves.（天助自助者。）美国英语中的 upward mobility（向上流动倾向）正是众多的美国人梦寐以求的发迹机会。美国社会的特殊环境也使得许多美国人深信并接受这样的生活信条：

Everybody for himself, the devil take the hindmost.（人不为己，天诛地灭。）
Near is my shirt, but nearer is my skin.（自己的利益最切身。）
Every man for himself, and God for us all.（个人为自己，上帝为大家。）

Every man is the architect of his own fortune.（每个人都是自己命运的建筑师。）

这些谚语告诫人们：只有依靠自己，靠个人奋斗，才能得到和保持个性的自由，才能实现个人的价值。

（三）Privacy 的内涵

美国的革命、历史上的开疆拓土、发展中的投机竞争等给个人主义的生长提供了肥沃的土壤，而个人主义同时又意味着注重和追求个人隐私权和对私域的保护。美国是一个极为重视和保护个人隐私的社会。“私域”在追求自我的美国社会中被当作是合法、合理的，是人们的最高需求。得到它，就得到了最大满足，它受到侵犯，个人就如同受到侮辱。Private affairs，private business，private concerns，private thoughts，private zone，private autonomy，private life 等私域对个人来说是神圣不可侵犯的。美国英语中有些词语被经常用来形容令人讨厌的打听别人私事的家伙，例如：meddle in other people's affairs（干涉别人的事）；nosy（爱打听他人的事的）；poke（或 push）one's nose into other people's business（探听或干预别人的事）等。

英语有句谚语：A man's home is his castle. 在美国人看来，Privacy 就是个人的“城堡”。美国人对私域的强烈要求，使美国宪法把它列为公民的不可侵犯的权利。美国宪法中的人权法案共十条，其中第四条讲到的就是保障“privacy”。

中国文化的集体主义精神重视社团价值，注重人的社会性，提倡互相关心，互相帮助，互相爱护，互相体谅，团结友爱，个人的事情就是大家的事，亲朋好友同事之间没有什么见不得人的事。正因如此，英美等西方人不可侵犯的 privacy 无法为大多数中国人所理解，汉语中也没有一词能确切地反映出 privacy 的文化内涵。将 privacy 译为“隐私”、“秘密”、“私事”、“隐遁”、“内幕”、“不为人所见之事”等等都未能把个体价值至上论者所强调的 privacy 的文化含义表达出来，其原因就在于中西方在价值观念上的差异引起词义的文化内涵的不对等。

五、社会制度与词汇文化内涵

国与国社会制度相同，有关文化之间的差异就会比较少；社会制度不同，差异就相对要多一些。中国的社会主义制度与英美国家的资本主义制度相距甚远。由于社会制度的不同，属于两个完全不同文化的人们对世界的认识，对客观事物、主观概念所给予的价值，对反映这些认识和价值的语言表达，存在着不同程度的意见分歧，从而产生词汇文化内涵意义差异甚至冲突的现象。

“工人阶级”在中国的政治舞台上一直享有很高的政治地位。历年来党和政府的许多领导人都来自工人阶级。汉语中的“工人阶级”是文化载荷量很重的褒义词。而在英美资本主义国家，working class 在政治上无任何地位而言，统治阶层和有钱阶层瞧不起那些从事体力劳动的平民百姓，语言中 working class 也就被赋予上了 lower class（下层阶级）的贬义色彩。

社会制度的不同也使得两个社会的人们对 landlord（地主），capitalist（资本家），bourgeoisie（资产阶级）等褒贬不一，赋予他们的感情色彩是不一样的，这些词引起的联想也大不相同。长期以来，“地主”给中国人的印象是解放前那些占有土地，自己不劳动，依靠出租土地剥削农民为主要生活来源的人。见到“地主”，许多中国人头脑里会立即联想到“周扒皮”，“刘文彩”等大地主的形象。我们从无产阶级的立场来分析，“资本家”、“资产阶级”是与“无产者”、“无产阶级”相对抗的人和阶级。“资本家是那些占有资本、剥削工人的剩余劳动的人；资产阶级就是占有生产资料，剥削工人的剩余劳动的阶级。”（《现代汉语词典》）社会制度的不同对语言词汇意义的影响在词的附加意义和感情色彩上充分体现出来，所以许多中国人对 capitalist，bourgeoisie 没有好印象，这些词连同 landlord 都被打入“贬义词”的堆里。但在英美等资本主义国家，landlord，capitalist，bourgeoisie 等词所代表的概念，并无贬义，而且是响当当的褒义词，如此等等。这反映了不同文化大背景下的人们对不同社会阶级的不同态度。

英语中有些原表示平民或劳动者的中性或褒义词语后来发展为贬义词，使词义发生变化。Villain（坏人、恶棍）是 villein（[史] 农奴、佃农）的异体词，借自古法语 villain。但中世纪英国封建贵族剥削阶级的偏见把“佃农”和“坏人”混为一谈，所以使 villain 由原来的义项演变成“恶棍”这个反面角色。Churl 在中世纪英语里的意思是“农民、乡下人”，现已演变成“吝啬鬼”和“出身低贱的人”。Peasant 的意思是“乡下人、农夫”，所以英国有钱阶层就认为 peasant 社会地位低下、没有教养，因此，这个词便带上了“教养不好的人、粗鲁的人”的含义。Knave 最早的字面意思等同于 boy。过去有钱人管雇佣的仆人叫 boy，所以后来 knave 慢慢地变成了“男仆”。社会地位低下的劳动人民一直受贵族阶层的歧视，knave 也不例外。到如今，knave 已由原来的“男仆”贬降成现在的“流氓、无赖、恶棍”。Clown（小丑）的原义本是“农民”。此外，worker（工人），proletarian（无产者），laborer（劳动者）也都含有某种负面、消极的意味。农民被称为 yokel（乡巴佬、土包子），bumpkin（乡下人、土包子）；工人被叫作 menial（奴仆）或 drudge（做苦工的人，服贱役的人）。就连 cowboy（美国西部的骑马牧者，牛仔）也带上了贬义的色彩，《郎曼当代英语词典》给 cowboy 下的一个定义是“someone who is dishonest in business, or who produces very bad quality work”。

Words do not have meanings; people have meanings for words.（词本无义，义随人生。）语言是工具，它是社会的传声筒。工具是被动的，是从属的。语言作为思想的载体及人类最主要的交际工具不可避免地反映出语言使用者的社会价值观、文化积淀和民族思维方式。

六、词汇文化特征不对应

（一）词汇文化载荷量不相等

汉英词汇中有很多文化载荷量不相等。英语中的“wine”指用水果酿制而成的酒；而汉语中的“酒”则涵盖一切含有酒精的饮料，白酒、果酒、药酒和啤酒都包括在内。英语中父母一代的长辈，无论是父系还是母系，一个“uncle”统称全部男性，一个“aunt”统称全部女性；而汉语则泾渭分明，有：伯、仲、叔、姑、舅、姨。“Cousin”一词将堂兄、堂弟、堂姐、堂妹、表兄、表弟、表姐、表妹笼而统之。“Family”通常只包括一对夫妇和他们未成年的子女；“家庭”在很多情况下是祖孙三代之家，或是四世同堂。

汉英语言中有很多文化载荷质量具有差异的词汇。英语中的“politics”可以指一种职业，也可以指策略、手腕、暗地搞的阴谋诡计；汉语中的“政治”指阶级、政党、社会团体和个人在国内及国外关系方面的活动。“仁”反映的是儒家文化思想，指的是“仁爱”，即同情、爱护和帮助人的思想感情；“benevolence”的意思是“善举”或“慈善”。“Individualism”为个性主义，并无损人利己之意；“个人主义”含有散漫、自私自利、罔顾他人的意思。“爱人”指丈夫或妻子，或是恋爱中男女的一方；“lover”指性生活的伙伴。

（二）词汇的文化渊源不同

汉语和英语中有很多词汇的文化渊源不同。英语中的“phoenix”是埃及神话中衔木自毁，然后又从灰烬中再生的不死鸟，在英语文化中象征着从毁灭中复活；而“凤凰”是我国传说中的鸟中之王，她是完美、高贵的象征。西方传说中的“cat”是魔鬼的化身，是中世纪巫婆的守护精灵，因而“She is a cat.”中的cat不能将其解释或解读为汉语中的猫，可爱又精灵，而恰恰相反，是“包藏祸心的女人”。Dragon的英语释义为：①凶猛的人；严厉警惕的守护人。②专制的力量；罪恶势力。③撒旦，魔鬼。“龙”的汉语释义为：①人君；②才俊之士；③饰以龙形的；④称形状为龙的事物；⑤高大的马，骏马；⑥凶狠；⑦星座；⑧十二生肖之一；⑨姓。Dragon与“龙”的差异甚大，究其原因是源于不同的文化源头。英语中的第一个喻义源于希腊神话。在神话中，dragon经常作看守，如看守金苹果园、泉水等。后两个喻义源于《圣经》，在《圣经·启示录》中，撒旦被称为“巨龙”；在《诗篇》中也说：“汝要把dragon踩于脚下。”因而，在中世纪，dragon通常是“罪恶”，尤其是“异教”的象征。在中国的神话传说中，黄帝奠定了中华文明，受到后人的尊重和崇拜。他后来乘龙上了天，那龙是天帝遣来迎接他的。因此后来的帝王自称为“真龙”，随之产生了汉语释义的1和2两义。

（三）词汇折射的文化个性零对应

英语中的 Love-in（集体淫乱活动），strip-tease（脱衣舞），wife-swap（换妻），streak（裸奔）等词语是英美奇异的反主流文化和颓废文化在语言上的折射，所反映的文化特异性在中国这方面是文化“空缺”；而“扶贫”、“菜篮子”、“希望工程”、“猎狐”、“精神污染”、“新常态”等词语反映的又都是中国特有的文化现象，在英美等英语国家则没有。

（四）词汇的文化内涵“空白”

由魔鬼撒旦变成的 serpent 因引诱了亚当和夏娃偷吃了善恶树上的禁果，而成为“教唆他人违抗上帝旨意者”的化身，其特殊的宗教文化内涵是“蛇”所无法表达的。Shepherd 会使英民族人民联想到多情的牧羊人用短笛召唤他那心爱的姑娘，酣卧绿树下，私奔到他乡。Skylark 和 nightingale 可使处于绝望中的人看到新的光明。Goat 因其性情好斗，雄性尾部的臭腺散发出恶臭，所以被当作淫荡邪恶的代表。在汉文化中，人们对牧羊人、云雀、夜莺和山羊并无感情因素。汉语中的梅、竹、松这些词语背后蕴含着斗霜傲雪、高风亮节、岁寒三友等丰富深刻的文化含义，而英语中的 plum，bamboo，pine 只不过是普通植物的名称，只有语言意义，无文化伴随意义。

汉语的左、右分上下尊卑。在中国历史上，不同的时代，或以左为上，或以右为上，但多数以左为尊，右为下。如《史记·信陵君列传》中写信陵去迎接侯嬴时“虚左位”，“左位”就是上位或尊位。古代的官制也是以“左”为上，以“右”为下，如左仆射大于右仆射，左丞相大于右丞相，左将军大于右将军。英语中的 left 和 right 没有上下尊卑的含义。

东、西、南、北、中是定四至的基本方位词。汉民族的传统方位观念认为东方为尊，西方为卑，南方为尊，北方为卑。这是因为，在汉族人看来，东方是太阳升起的地方，每日东方先亮；而西方则是太阳下落的地方。所谓旭日东升，朝露灿烂；日薄西山、日暮途穷。南北以山定界。山之南向，阳光充足，南属阳。山之北则属阴。水向东流，地势西高东低，以东为上，取其生机勃发之义。古代以坐北向南为尊位，帝王见群臣，上司会下属，都是面向南方，所以有“面北称臣”之说。皇帝宫室中，以东宫为上，皇后或太子所居，贵妃之属居西宫。和平时期重文轻武，朝会时是文站东武列西。中国古代的宫殿、王府、官衙、庙堂等建筑，也大都是坐北朝南。民间有“向阳门第”（指坐北朝南的宅地）之说。汉民族传统的方位观念中的“东、西、南、北”这四个方位所含的社会文化含义也是英语中相对应的 east，west，south，north 所没有的。

语言是社会文化的物质外壳，是文化的载体，它受文化的影响和制约。汉语和英语有着完全不同的文化大背景，一个民族自身的价值观念、宗教倾向、传统观念等文化因素无不潜移默化地融入本民族的语言词汇之中。如果不从深层上认真分析，对比母语文化与目的语文化之间的差异或挖掘文化差异的根源，单纯从词汇本身的比较无法深刻理解其所含的社会文化意义，因此也就谈不上真正掌握和运用所学语言。

参考文献:

[1] Good News Bible [M].The British and Foreign Bible Society Publishing Division, 1978.
[2] 包惠南．文化语境与翻译语言 [M]．北京：中国对外翻译公司，2001．
[3] 常敬宇．汉语词汇与文化 [M]．北京：北京大学出版社，2000．
[4] 陈葵，戴卫平．“鱼”与英语 [J]．广西社会科学，2007（11）：143-146．
[5] 戴卫平．词汇与文化 [J]．山东外语教学，1999（1）：79-82．
[6] 戴卫平．英语词汇与“岛国”文化 [J]．外语与翻译，2000（1）：19-21．
[7] 戴卫平．宗教传统的差异与词汇对比 [A]．当代英语百论 [C]．重庆：重庆大学出版社，1999．
[8] 戴卫平．英语词语与不列颠文化 [J]．四川外语学院学报，2001（3）：96-99．
[9] 戴卫平，徐方赋．词汇与民族 [J]．外语学刊，2001（5）：22-27．
[10] 戴卫平，郭青．澳洲英语词汇与澳洲文化 [J]．华中科技大学学报，2003（6）：104-108．
[11] 邓炎昌，刘润清．语言与文化 [M]．北京：外语教学与研究出版社，1989．
[12] 顾嘉祖．跨文化交际 [M]．南京：南京师范大学出版社，2000．
[13] 葛本仪．现代汉语词汇学 [M]．济南：山东人民出版社，2004．
[14] 何善芬．英汉语言对比研究 [M]．上海：上海外语教育出版社，2002．
[15] 贾鹰，戴卫平．论《圣经》与英语词语和英语文化 [J]．外语教学与翻译，2006（5）：11-15．
[16] 贾鹰，戴卫平．刍议“船”与英语 [J]．广西社会科学，2007（2）：151-153．
[17] 靳建芳，戴卫平．美国历史与美国英语 [J]．天中学刊，2004（1）：96-98．
[18] 李国南．辞格与词汇 [M]．上海：上海外语教育出版社，2001．
[19] 连淑能．论中西思维方式 [J]．外语与外语教学，2002（2）：40-46，封 3，封 4．
[20] 梁工．圣经指南 [M]．沈阳：辽宁人民出版社，1990．
[21] 刘才秀．龙的文化意蕴与修辞 [J]．广州师范学院学报，2000（2）：60-63．
[22] 骆世平．英语习语研究 [M]．上海：上海外语教育出版社，2006．
[23] 王福祥，吴汉樱．文化与语言 [M]．北京：外语教学与研究出版社，1994．
[24] 王秉钦．《圣经》—《复活》及其它 [J]．外语学刊，1994（3）：44-48．
[25] 王秉钦．文化翻译学 [M]．天津：南开大学出版社，1995．
[26] 王德春．汉英谚语与文化 [J]．上海：上海外语教育出版社，2003．
[27] 肖中琼，戴卫平．Chinese Long 与 Dragon 刍议 [J]．外语教学与翻译，2007（2）：1-3．
[28] 杨立信，顾嘉祖．美国英语与美国文化 [M]．长沙：湖南教育出版社，1993．
[29] 杨自俭，李瑞华．英汉对比研究论文集 [M]．上海：上海外语教育出版社，1990．
[30] 姚晓东，戴卫平．澳英词汇与澳洲多元文化 [J]．长沙大学学报，2002（3）：36-38．
[31] 于红，戴卫平．刍议“God”的中文翻译 [J]．中山大学学报论丛，2007（7）：245-247．
[32] 詹蓓．浅谈英汉语中“龙”的语义差异 [J]．重庆教育学院学报，2001（2）：50-51．
[33] 张志勇，戴卫平．语言与社会 [J]．唐山师范学院学报，2002（2）：1-4．
[34] 张业菊．词汇文化语义：民族性和动态性 [J]．外语与外语教学，2001（4）：43-46．

第二章　语言——命名记号

一、新时期与新词新语

“语言就是文化的一部分，而且，实际上是最重要的部分之一，是唯一的凭其符号作用而跟整个文化相关联的一部分。”（罗宾斯，1986：43）语音、语法、语汇是构成语言的三个要素。在这三个要素中，相对于语音、语法，语汇是语言中最活跃、最敏感的要素。斯大林曾说：“语言的词汇对于各种变化总是最敏感的，它几乎处在经常的变动之中。”词汇的发展变化体现在社会各个时期，尤其是在社会转型、社会急剧变革时期，发展更为迅猛。“洞中方数日，世上已千年。”语言和社会共变。在当代社会，一个人若是与世隔绝一段时间后再复归社会，必然会有恍若隔世之感。往日熟悉的词语不少已悄然隐去，扑面而来的是无数闻所未闻的陌生词语。

老子曰：“无名，天地之始；有名，万物之母。”在语言还没有产生的时候，万物都是没有名称的。可是，当语言发展到今天的时候，人类社会却不容许有实无名的现象的存在。社会中产生了某种事实、某种现象，如没有指称它们的语言符号，那将会给人们的社会交际乃至整个社会生活带来极大的不便。因此，人们必须创造出新词语。

中国历史上曾几度出现新词语呈井喷之势、大量出现的时期。但新词语增添最多的时期是中国实行改革开放的这30年。改革开放以来，我国在政治、经济、文化等各方面发生了巨大变化。这反映在语言当中，最突出的就是新词语的大量涌现。30年前中国经济改革初期，汉语中出现了“万元户”、“下海”、“大款”、“大腕”、“皮包公司”等反映社会商业化进程的词语。伴随着房地产热的升温，汉语中又出现了“房展”、“期房”、“楼盘”、“现房”、“经济适用房等”房市词语。五一节、国庆节、春节长假，成了“黄金周”。假日消费带动经济发展的模式，被称为“假日经济”。以消费为快乐的年轻群体，被称为“新贫族”。留学生回国成了“海归派”。我国的网上流量已居世界第二。随之而来的是汉语中的大量网络词语，如“宽带”、“电子邮件”、“黑客”、“伊妹儿”、“网络经济”、“网虫”、“网吧”等，令人“网”花缭乱。休闲娱乐方面的词语，如“极限运动”、“排行榜”等等，一个比一个“酷”。

社会的巨变冲击了中国人的婚姻观，由此而派生出“婚介”、“试婚”等一批新词。

语言是人类认识世界的工具，是人类连接世界与社会的纽带，其中包含着社会变迁的最丰富、最一般的也是最深刻的密码。通过对语言中最敏感部分——词汇的分析，我们可以更深刻地理解语言学家帕默尔所说的“语言是所有人类活动中最足以表现人的特点的，它是打开人的心灵深处奥秘的钥匙”这句话的含义。

（一）经济体制改革

词汇是语言诸要素中与社会生活联系最紧密、反映社会生活最敏感的部分。它最能反映社会的变化，社会中的各种事物和现象都要在语言中留下烙印。中国改革开放的巨大成果之一就是社会主义市场经济体制的初步形成，市场调节功能的大大加强。如果问改革开放以来的30年中，哪一个词汇享受了最高的使用频率，答案无疑是“市场”这两个字。而在计划经济年代“市场”一词是犯忌讳的。随着社会主义市场经济体制在风风雨雨中不断发展，有关“市场”的词语也在源源不断地出现：

商品市场、国债市场、信贷市场、资金市场、产权市场、空壳市场、期货市场、拍卖市场、批发市场、劳务市场、股票市场、技术市场、市场割据、市场垄断、马路市场、市场风险、市场体系、市场预测、市场疲软、市场战略、海外市场。

语言作为一种认知手段和命名记号需要为认知活动的成果和新鲜事物不断命名。透过这些“市场”词语，我们可以大致解读改革开放后市场经济在我国经济中的发展状况：以往过分集中的体制正在被市场经济的新体制所逐步取代，各类市场不断得到发育，市场机制的作用正在不断强化。企业按市场的导向配置资源，确定产品的生产与销售，已成为经济运行的主要方式。

我国的经济改革是从农村开始的，改革成效最为显著。我国农民生活有了翻天覆地的改观。随着农民生活的提高以及农村的城市化，我国的城乡差别正在缩小，新词语中，也不乏这方面的记录，如：“农民街”、“专业户”、“联姻”，等等。从这些新词语中，我们可以窥见中国农村由落后的单纯大田生产到农工商齐头并进发展的经济进程，农民由脱贫到致富的步步高的生活面貌，以及农民精神生活的改观。

尽管我国的经济体制改革是从农村起步的，但城市很快就紧紧跟上。“合同制”、“招标”、“融资”、“竞争”、“辞退”、“再就业”、“待业”、“中标”等新词语反映出企业体制改革留下的痕迹。随着改革开放的深入和国有企业的转型，人们突然发现“铁饭碗”不“铁”了，代之而来的是令人既陌生又恐惧的字眼——“下岗”。国家对企业实施鼓励兼并、规范破产、人员分流、减员增效的政策，于是，“下岗”就成为在中国城镇使用频率很高的一个词。新词是适应社会发展的需要而产生的。因为它表示的是新事物、新观念、新制度等，故“创新”是新词语的主要特征。“下岗”本是一个军事词语，“失业工人”的委婉语“下岗工人”就是一个典型的创新词。

在经过一番阵痛之后，“下岗族”振作自强，闯出一条近乎悲壮的“再就业”之路。在市场经济迅猛发展的今天，“下岗”已不稀罕，“再就业”已成为中国的一项“工程”。从“铁饭碗”到“待岗”、“下岗”、“转岗”、“再就业”，新词语所反映出的正是当代中国经济体制深刻变革的一个缩影。

随着改革的逐步推进，市场经济的重要性日益显现出来。经济状态的变革支配着社会的每一个角落，商业气息流向社会的每一个毛细血管，从商、经商已成为社会时尚。从新词语中，可以看到社会这种日益商业化的面貌。例如，新产品走向市场有：“上市”、“应市”、“面市”、“面世”……产品销售方面有：“营销”、“热销”、“畅销”、“动销”、“旺销”、“盛销”、“展销”……有关股票的新词语有：“股民”、“股势”、“股东”、“炒股”、“配股”、“二手股”、“原始股”、“认股”等等。此外还有很多带有商业气息的新词语，如：“拍卖”、“超市”、“连锁店”、“特价”、“酬宾”、“炒股票”等，已经成为人们日常生活中不可或缺的一部分。许多新词语更是流露了一种商业导向的社会心态。

（二）科技现代化

词汇系统中科技新词语涌现得最多。科技是第一生产力的观念通过语言体现出来。20世纪的科学技术发展迅猛，成就辉煌。科学技术所引发的深刻而广泛的革命，直接影响到人类社会的各个领域。我国现代化建设的先锋是科学技术的现代化。科学技术日新月异地发展变化，科技新词也日新月异地产生。“神11”、“载人飞行”、“纳米技术”、“智能机器人”等新科技词语不仅记录了我国科学技术在现代化建设大道上阔步迈进的真实情况，也闪射出我国当代科学技术水准的提高。

计算机是20世纪以来堪称与19世纪蒸汽机相媲美的伟大发明。计算机的问世，改变了人类工作、学习与生活的方式。而电脑网络的出现，更使计算机如虎添翼，给人们的信息交流与应用提供了快速便捷的通道。语言与社会同步。计算机、网络的高速发展，催生了一批又一批与之相关的新词语，为现代汉语注入了强劲的生命。网络时代的到来，带来一系列与“网”字相联系的新词语，如：“网页”、“网卡”等。

电脑已经进入各行各业，并且搬上了普通老百姓的书桌。人们用电脑做越来越多的事情，汉语语汇中出现了越来越多与“电脑”相联系的词语，例如：“电脑医生”、“电脑点菜”、“电脑设计”、“电脑配餐”、“电脑验光”、“电脑换房”，等等。

（三）物质文化生活的提高

新词新语，触及社会生活的方方面面，尤以反映与人民群众关系最直接、最紧密的物质、文化生活方面的为最多。饮食方面有：“方便面”、“矿泉水”、“可口可乐”、“太阳神”、“健力宝”等。数量众多的有关饮食的新词组可以反映出我国人民的饮食生活从吃饱步入到吃好，充分体现了人民饮食生活质量的提高。

居住方面最大的变化莫过于房改和装修了，它反映了我国住房制度的改革和人们开始注重居住环境的品质。这方面的新词有："商品房"、"二手房"、"房改"、"房补"、"房产"等；有关房屋装修的新词语则更是五花八门，不说行内人士，随便一个人都能随口道出一些，如"瓷砖"、"马赛克"、"乳胶漆"、"彩喷"等等。穿着方面的新词有："时装"、"新潮服"、"羽绒服"、"太空服"、"牛仔裤"……化妆品方面的新词有："香波"、"减皱霜"、"防晒霜"、"美容霜"、"冷烫精"、"皮肤增白露"……家用电器方面的新词有："微波炉"、"中央空调"、"家庭影院"……通讯方面：快节奏的现代生活使得人们十分注重现代通讯工具，当年人们所向往的"楼上楼下电灯电话"之中的"电话"如今已基本普及，不仅如此，更为快捷方便的通讯工具更是令人目不暇接，如"智能电话"、"掌中宝"、"商务通"等，难怪人们要说世界变得越来越小了。文化生活领域方面的新词有："境外游"、"卡拉OK"、"迪斯科"、"大片"……文化方面的新词则有："茶文化"、"酒文化"、"企业文化"、"社区文化"、"校园文化"……这些新词语深入到城市农村的每一个角落，反映出人民群众物质、精神文化生活水平的提高。

（四）社会家庭变化

家庭是社会的细胞。家庭变化是社会变化的缩影。改革开放以来的经济变化和社会发展促使当代中国家庭在家庭结构、功能和制度等方面产生变化。而这些变化，往往是通过流行于社会的新生语汇体现出来的。

首先看反映当代中国家庭结构变化的词语。"丁客家庭"是英语"DINK"的音译。20世纪70年代，西方开始流行"丁客家庭"——意为"双收入、无子女"家庭。近年来，中国社会也出现了不少这种无子女的夫妻家庭。"丁客家庭"是核心家庭（即由父母和未婚子女组成的家庭）的进一步简化，使得家庭规模更加小型化。"丁客家庭"所标明的是一种不育文化，与传统的家庭生育职责相背离。随着家庭结构日趋简单、规模越来越小，不少城市出现许多由父母二老、甚至一老组成的子女不在身边的家庭，即所谓的"空巢家庭"。随着独生子女的父母步入老龄阶段，"空巢家庭"将成为我国老人家庭的主要形式。

1984年，美国首创"试管婴儿"门诊。1994年人类发现精子可以冷冻保存，再供使用，妇女可以像输血一样采用非丈夫者提供的精子来生育。近年来，人类胚胎体外培养的技术越来越发达，无性繁殖、细胞克隆技术甚至单性繁殖技术的研究都有所突破。科学技术的进步有可能导致新的社会文化行为模式的形成。汉语中也出现了相应的语汇来反映我国所出现的新现象，如："捐献精子"、"代理母亲"等。

再看反映家庭功能变化的词语。中国古代的少儿教育，几乎全由家庭承担。当时的家庭教育主要是传递文化知识、训练生活职业技能和进行伦理道德教育。现代社会则由社会化的系统教育取代了家庭教育。家庭的教育功能弱化。近些年来，升学、就业竞争越来越激烈，为了让子女能考上名牌学校，不少家长在学校教育之外，再请家庭教师进行课外辅导，结果“家教”流行。这反映了家庭教育功能变化的一种趋势。

“托老所”、“养老金”之类词语的流行，反映了家庭养老职能的减弱。家庭结构和家庭规模的变化削弱了家庭养老的功能，家庭将这一部分功能转交给社会。

最后再看反映在婚姻问题上的词语。随着社会经济体制的变化，个人的经济地位日益独立、经济行为也变得复杂多样，这导致了家庭成员之间的经济和财产关系的变化。与此同时，文化价值也日益多元化，人们的观念也日益多样化。一些不健康、不道德甚至非法的因素和现象在婚姻家庭中沉渣泛起，如“第三者”、“小三”等。近年来离婚率逐渐升高，离婚案件也越来越复杂，执行起来更困难。于是“离婚公司”应运而生，专门提供各种有偿的离婚服务。“网恋”这个词语反映了电脑技术普及带来的有关伦理道德、恋爱方式和家庭婚姻的新问题。

（五）文化观念变化

千百年来，中国传统宗法观念根深蒂固，“多子多福”、“传宗接代”等词语的内涵就是这种思想观念的表现。随着物质文化的进步，生产力水平的逐步提高，随之而来的是人口爆炸、资源匮乏、生态危机，人们不能不重新审视祖先遗留下来的传统观念。随着我国“计划生育”政策的推行，人们昔日的“多子多福”的生育观念已转变成“优生优育”的科学育儿观。这无疑是文化观念的一大进步。近年来，“知识经济”大潮在我国已初见端倪，人们的价值观念产生了根本的变化，“科教兴国”已成为国人的共识，“尊重知识、尊重人才、素质教育、知识工程”，一批代表新时期科教振兴的词语正是这种新型价值观的真实写照。

语言作为一种社会现象，每当社会生活发生变化（不论是逐渐变化还是激烈变化）时，它都会随着社会现象和新生事物的产生而产生。正如明代陈第所言：“时有古今、地有南北、字有更革、音有转移，亦势所必至。”（吕瑾，2002：87）“凡是社会制度出现了新的东西，不论是新制度、新体制、新措施、新思潮、新物质、新概念、新工具、新动作，总之，这新的东西千方百计要在语言中表现出来。”（陈原，1983：206）中国实行改革开放以来不断产生的大量新词新语是这个新时期的特有产物。这些新词语几乎都打上了新时期的时代烙印，在一定程度上反映着社会生活和社会发展的历史。三十年的风风雨雨、科学的发展、生产力的提高、社会的变革、文明的进步、人际关系的调整、时代脉搏的跳动，都在汉语新词新语中得到了反映。从这些新词新语中，人们可以解读新时期的斑斓色彩，透视新时期的社会镜像。

二、当代社会与新词语

当代美国英语词汇与当代美国社会的现实生活一样，是一个丰富多彩的世界。

它每天都在产生着反映新事物的新词语。美国社会的光怪陆离、民族构成的大杂烩、政治生活的与众不同、社会问题的特异性、科学技术的日新月异是当代美国英语词汇日渐丰富多彩，词义不断衍变的文化根源。

（一）光怪陆离的社会与丰富多彩的词汇

当代美国社会是一个光怪陆离的社会，它每天都在产生着反映千奇百怪事物的新词语。所有这些形形色色的词语极大地丰富了美国英语的语汇库，进一步增添了它的表现力。

一夫一妻制的婚姻家庭是人类社会文明大厦的基石，自确立之日起至今已有几千年的历史。作为一种婚姻形态，一夫一妻制与远古时代的班辈婚、群婚、对偶婚等旧的婚姻形态的一个明显不同之处就在于一夫一妻制婚姻关系的牢固性与持久性。但自从20世纪60年代以来，由于法律的变更、妇女地位的变化、价值观念的变革等种种原因，一夫一妻制婚姻家庭这一人类最崇高、最神圣的社会制度在美国已陷入深深的危机之中。在今天的美国，除了有一夫一妻制的婚姻家庭以外，还存在着不可计数的五花八门的变形“家庭”。其中有一男一女组成的“事实婚姻”或“同居家庭”，由父亲或母亲加孩子组成的单亲家庭，两男或两女组成的同性家庭，还有试婚家庭、开放式家庭、契约家庭、换婚家庭、群婚家庭，如此种种，不一而足。离婚、再婚、再离，婚前性行为、婚外恋、多角恋、未婚先孕、未婚先育、少女母亲等等，这些几十年前曾为人所鄙弃的事情如今在“性消费、性拓荒”浪潮的影响下，在美国竟成为一种社会时尚，变得日益流行。

当今美国家庭婚姻裂变首先表现在传统婚姻关系的破裂，离婚率的上升方面。传统婚姻关系的破裂，日益上升的离婚率，以及越来越普遍的再婚现象等使美语发展了许多新词语以反映今天美国社会的这种趋势，如 marriage of convenience（权宜婚姻），starter marriage（夫妻双方并不指望白头偕老的“首次婚姻”），covenant marriage （契约婚姻），companionate marriage（友爱结婚，指彼此不承担任何法律义务，只要双方同意，即可离婚）等。

美国人中有的两性之间长期同居，形同夫妻，但不结婚。Spouse-equivalent（配偶相等物），cohabitee（姘夫 / 妇），sleep around（野合），love-in（姘居），back-door man（已婚妇女的情人）等美语反映了许多美国人热衷于“性消费”和“性拓荒”。这种两性关系的混乱和轻率，使法律上的婚姻（结婚）有被 common-law marriage（同居婚姻），live-in relationship（同居关系），long-term relationship（长期性关系）等所谓“事实上的婚姻（同居）”所取代的趋势。此外，非婚同居还表现在 consensual nonmonogamy（换婚制）这一丑陋现象上。Mate swapping（性伴侣交换）在美国社会的一小群人中间已成为一种流行的消遣。这一做法迎合了那些希望保持他们的婚姻却又对夫妻关系中性生活的排他性不满的人的心意。换婚者甚至发行自己的刊物，登征求交换配偶的启事。除此之外，夫妻双方还默许 open marriage（开放式婚姻），即婚姻双方均可以自由与其他人有性关系。

美国现代家庭破裂的另一个表现是大量单亲家庭的出现。如今，单亲家庭模式在美国已成为最常见的取代传统核心家庭单位的模式，形成这一趋势的主要原因是离婚率的升高，美国一半的家庭以离婚告终。其次一个原因是未婚而育的女子越来越愿意保住他们的私生子，她们通过各种方法不结婚而怀孕后留下孩子。Single-parent family/home/household（离婚后的单亲家庭；未婚女子和孩子组成的家庭），single-mother/bachelor mother（单身母亲），single parenthood（单身父母），unwed motherhood（未婚育儿），bearing a child out of wedlock（未婚生育），zoo/disneyland daddy（很少见到自己孩子的离了婚或分了居的男子）等美语就是美国家庭婚姻裂变和由家庭观念变化造成的单亲家庭的镜像折射。

美国社会同性恋的流行对传统的一夫一妻婚姻制度是一种讽刺和挑战。有些人由于在正常的家庭婚姻中得不到温暖，便在这种非常态的“婚恋”中寻求欢乐和刺激。因此，美国的不少地方出现了 gay/lesbian marriage（同性婚姻），gay/lesbian family adoption（由同性恋者组成的部分家庭中收养的孩子），lesbian mother（同性母亲），gay father（同性父亲），gay/lesbian couple（同性夫妇）等奇怪的社会现象。同性恋家庭的出现从另一个方面反映了美国传统婚姻家庭观的变化和现代婚姻的畸形化。

随着现代青年人追求的改变，生活方式也发生变化。现在许多青年人喜欢 SINK（single income no kids 的词头缩写）和 DINK（double income no kids 的词头缩写）。SINK（单薪无子）和 DINK（双薪无子）体现了美国青年一代的追求。美国人的个人爱好千差万别，因此就有了形形色色的“holic”，如 workaholic（工作狂）、alcoholic（酒鬼）、filmoholic（影迷）、videoholic（录像迷）等。人们的情绪和气质也是千差万别的，于是就有了各种各样的 Mr. So and So，如 Mr. Clean（勤政廉洁的人），Mr. Right（白马王子），Mr. Sick（令人作呕的人），Mr. Grouch（牢骚先生），Mr.Hasbeen（落伍的人）等。

20 世纪中后期美国黑人表演业的崛起为美国英语词库输入了 jazz（爵士乐）、blues（风格忧郁的爵士乐）、jam session（爵士乐即席演奏会）、jive（摇摆乐）等大量音乐词汇。近年来越来越多的青少年喜欢上了各种形式的通俗的娱乐，因而产生了像 acid rock（疯狂摇摆音乐）、teeny bopper（少女流行音乐迷）、groupies（爵士歌星迷）、decarock（颓废派摇摆舞音乐）等新词。

（二）大杂烩民族与五花八门的词汇

在中国，提起“中华民族”，人们自然就会想到“炎黄子孙”，共同的祖先将中国人联系在一起。美国与中国截然不同，美利坚民族是由来自世界各地的移民及其后裔组成的。他们没有共同血统、共同宗教、共同语言、共同文字、共同习俗、共同经济生活、共同历史遗产、共同地域以及表现在共同文化上的共同心理素质。美利坚民族素有“the nation of nations”之称。

在美国这样一个人种庞杂、族裔繁多的社会，不同种族之间通婚的现象非常普遍。因此，年轻一代中，有两个或两个以上种族血统的人越来越多。今天的美国有相当一部分人的血统成分显得异常复杂而无法用传统的方法来界定他们的种族属性。这不仅因为他们自己是混血儿，他们的父母可能也是混血儿，或许他们的祖父也是如此。他们中有一些人可能既有白人血统，又有黑人血统、亚裔血统和印第安人血统。这部分人就是今天美语中称之为Hapa（mixed race“混种”）或Multiracial Category（多种族人）的那部分美国人。

美国内战前，黑人被称为black或negro（源自Negroid，意思是“黑人人种”）。但是内战后，获得自由的黑人奴隶抛弃了所厌恶的black和negro，他们选择了colored来称呼自己，并且一直沿用到20世纪中叶。到了20世纪60年代，首先是大写的Negro替代了colored，后来black逐渐占了上风，这种变化主要与当时的Black Power运动有关。在同一期间很快被接受的另一称呼Afro-American所表达的是对黑人自身和其非洲起源的一种自豪。Afro-American的使用到了20世纪70年代达到了高峰。African American是最新采纳和最广泛使用的美国用语，该称呼的使用已经完全在文学、新闻媒体、学术界和政治领域广泛接受。但是，African American的出现并没有完全替代black这一称呼，因为在美国，黑人并不全部是非洲人的后裔，还有来自加勒比海的黑人，黑人的“根”千差万别。因此，在更多的情况下，African American与black同时被使用。

20世纪60年代之前，美国的拉丁后裔缺乏一个单一的称呼，不管他们是否出生在美国，一般是把他们分别称呼。1978年，Hispanic这一称呼创立了出来，于是Mexican，Puerto Rican，Cuban，Salvadoran，Dominican-American，Central American，South American以及其他一些西班牙语裔的美国人都归纳到了这个称呼之下。Latino这个称呼比Hispanic的范围要狭窄，其仅仅表示西半球的拉丁国家在美国居住的后裔。Hispanic这个称呼现在美国包含的越来越广，不仅包括西班牙语的民族，还包括不讲西班牙语的巴西人、海地人等。

Asian Americans、Orientals、Easterners、Asians这样的称呼不受亚裔美国人的喜欢，因为这样的范畴掩盖了日裔、韩裔、华裔等亚裔人之间的重要文化差别。他们有自己独特的文化传统和风俗习惯，有自己的“母国根”。因此，很多亚裔美国人更愿意被称为Chinese-American，Japanese-American，Filipino-American等。

20世纪60年代开始使用的American Indian，Native American称呼纠正了哥伦布把美国原著民称为Indian（印第安人）的错误。如同美利坚其他民族都在保留自己的风俗与传统，并努力表现各自的文化特色、各自的身份个性一样，同样的情况也发生在美国印第安人的称谓上。虽然一些美国印第安人认为American Indian和Native

American 这两个称呼可以互用，单独的 Indian 这个称呼也可仍然沿用，但大多数的印第安人更愿意被称为能代表各自部落和文化的称呼，如 Shone，Kiowa，Apache,，Seminale， Navajo，Cherokee 等。

“二战”以后，随着来自世界各国移民文化和语言的日渐渗透与影响，美语中外来语汇比过去更加普遍、数量更加丰富、意义更具创新，这给美语增添了丰富的世界色彩。意大利移民的大批涌入给美国英语带来了 pizza（意大利式烘馅饼），minestrone（用通心粉、干豆等做成的浓肉汁菜汤），ravioli（包子）等饮食方面的词语。时常出现在当代美国英语中的汉语词汇有：chopsocky（武打片），kung fu（功夫）等。犹太人依地语中的 matzo（逾越节吃的一种薄饼）；波兰语中的 solidarity（团结工会）；俄语中的 glasnost（开放性），perestroika（新思想）等也出现在当代美国英语中。

在美国不同的种族和民族仍然保持着他们自己的文化和传统。物以类聚，人以群分。人根据血缘、语言、习俗、宗教等产生群体认同感。出于文化习俗上认同的原因，各国各地区的移民，尤其是亚裔美国人，喜欢与同民族的人聚居在某些城市或城中的某一区域，由此形成了众多的国中之“国”，诸如 Little Italy（小意大利），Little Poland（小波兰），Little Bohemia（小波西米亚），Germantown（德国城），Chinatown（唐人街），Japantown（日本街），Little Seoul（小首尔），Tokyo City（东京城），Little Saigon（小西贡），Little Havana（小哈瓦那）等。他们在自己的民族聚居区中保持着母族的生活方式、信仰、习俗和语言。

今天的美国正越来越变成一个多源种族、族群沙拉碗，而越来越不像一个过去广为人知的 Melting Pot（大熔炉）或 Crucible（坩埚），将各种族、族群放里面里冶炼和重铸。耶鲁大学教授 Robert Thompson 称现代美国为 a Cultural Bouillabaisse（文化大杂烩）。纽约前黑人市长 Mayar Dinkins 称之为 a Diverse Society（多元社会）。美国黑人民权领袖杰西·杰克逊把美国比作是 a Fraying Quilt（一床由各种民族美丽图案拼缝成的花被子）。除此之外，美语中还有许多生动、丰富多彩的词汇用来形容美利坚杂交民族，如：a Salad Bowl（色拉钵），Kaleidoscope（万花筒），Rainbow（七彩虹），a Set of Tributaries（支流群），a Tapestry（挂毯），a Fruit Cake（各种水果制成的水果蛋糕）等。在一些美国人口学家看来，美国正在变成一个 universal nation（世界性的民族）。

移民的多源性构成了美利坚民族的多元性，而美国社会的多元性又构成了美国文化的多样性。正是因为美利坚是一个由多人种、多宗教、多文化、多族群的移民及其后代共同组成的国家，因此，美国传媒和日常生活中出现频率很高的词语，如 co-culture（并存文化）、cultural pluralism（文化多元论）、cultural equity（文化平等）、intercultural community（跨文化社团）、biculturalism（双文化）、multicultural society（多元文化社会）、pluralistic society（多元社会）等也就不足为怪了。美利坚文明经历了由“合众为一”到“由一为众”的轨迹。美国人创造了一个看似矛盾的奇迹：不

同种族 / 族群，统一民族（美利坚民族）；单一语言（美国英语），多元文化。

（三）特异政治生活与创新词汇

在当今美国社会的大多数人眼中，政治属于一种肮脏的游戏，是与欺骗和权术同义的玩意儿。实际上，美国人对政府官员很少有好感。在美国的电影、小说和电视连续剧中，政界人士往往成为嘲弄的对象。就连 politics 和 politician 这些原本中性的词也染上贬义色彩。Babykisser（为竞选而到处笼络人心的人）是人们回赠给政客的贬义的称呼。Boys in the backroom（政客）着意描绘的是政客们躲在密室中密谋策划的情形。Inside the Beltway 这个短语原先并无贬义色彩，是指“华盛顿政界”，而现在也成了负面词语，意指“私欲熏心，目光短浅的政客”。美国民众对美国议员们享受的免费医疗、免费停车、免费旅游、免费娱乐、免费服务深恶痛绝，称这些议员为 perkoholics（特权迷），国会山为 Perk City（特权城）。由于政府官员中屡屡出现政治丑闻、桃色丑闻以及其他美国政界内屡见不鲜的腐败现象，政客们的可信度就必然大打折扣。对于美国政府的各种腐败现象及政府官员的欺诈、腐败行为，美国公众深感不满，他们措辞辛辣，严厉抨击此类现象，如 backroom politics（幕后政治活动）、corrupt practice（徇私舞弊）、political trickery（权术）、vicious politics（恶毒的手腕）、machine politics（党棍政治）、politerati（政客），等等。

美国政治的不断翻新必然导致其载体语言词汇的创新，以满足美国政治的需要。无中生有的 mudslinging（抹黑）让竞选候选人难以接受。可是告诉选民他的对手是如何坏，如何卑鄙，以此来抬高自己的 negative campaigning（反面竞选 / 否定式竞选）偏偏是现代美国竞选的主调。一旦候选人进入竞选大战，首先就要面对竞选对手的讯问。竞选对手可以断章取义、扣大帽子的手段攻击对方。在竞选的过程中，每个候选人为了当选总是想方设法地抬高、美化自己，贬低、打击对手。2016 年美国总统大选中的两个竞争对手，共和党的特朗普（Trump）和民主党的希拉里 · 克林顿就在各种场合多次抹黑、侮辱、调侃、讽刺、挖苦对手。Blame game（推卸责任）也是竞选中候选人惯用的策略之一。Blame game 是候选人把造成某些社会问题的责任推卸到竞选对手身上去的手法，哪怕他明明知道这是他自己的责任。Sleaze（散布私生活丑闻）是候选人相互攻讦的一个拿手好戏。Sleaze 原指不道德、不诚实的行为。在竞选中，sleaze 指攻击对方的私生活，散布对手私生活的丑闻。候选人以 sleaze 毁坏对方的名声，使选民转而投自己的票。为了拉选票，候选人还竞相使用 pork barrel（政治拨款）的手段，向选民许诺，将来要向联邦政府争取经费以用于其所在选区的建设。

Gridlock 这个词在有些字典里还查不到。现在美国人用 gridlock 这个字来指美国政界存在的那种两派僵持不下，任何问题无法得以解决的现象。出现这种现象的主要原因是总统是属于一个政党的，而负责制定法律的国会却在另一个政党的控制之下。州一级政府同样存在类似的情况。

（四）总统与总统语汇

在美国政治中，总统扮演着最重要的核心角色，集内政、外交、行政、立法、司法、军事大权于一身。随着美国总统的更迭，美国政局不断变幻，不但一朝天子一朝臣，而且一朝天子一朝政，每个总统都有自己的一套班子和一套政策。因此，就有了以总统名字命名的各种主义（doctrine）。美国英语中用“总统的名字＋ doctrine”的公式来概括和说明美国外交政策或政策主张的某些特征或新动向，将历任美国总统提出的施政蓝图，冠以“doctrine”，成为影响美国外交政策的一些基点。这些不同历史阶段以总统名字命名的“doctrine”往往成为当时美国对外政策的重要指导原则，影响当时甚至其后很长一段时期美国整体的或某一领域的对外政策。

20 世纪 60 年代末期，尼克松（Nixon）看到美国因越战等问题使美国的实力大大削弱，所以他对美国的全球战略做了由进攻转入防守的重要调整，避免再参加越战式的地面战争，这一战略变化被称为 Nixon Doctrine（尼克松主义）。尼克松主义的出台，标志着美国已经开始进行重大战略调整，从战略进攻态势转为战略收缩。

卡特（Carter）政府对外极力推行人权外交，试图用政治和经济手段来对抗苏联。然而，随着苏联入侵阿富汗，卡特政府被迫调整对外政策。

Reagan Doctrine（里根主义）的核心是遏制苏联扩张主义，防止苏联渗透。而 Clinton Doctrine（克林顿主义）的核心则是公开宣扬“人权高于主权”，打着“维护人权”的幌子干涉别国内政。

在经历了单边主义、“9 · 11 事件”、阿富汗战争和伊拉克战争之后，Bush Doctrine（布什主义）正式登上历史舞台。所谓“布什主义”，是指布什政府从共和党保守主义和现实主义思想出发，以实力为手段、反恐为重点、单边主义和先发制人为核心、追求国家利益和“绝对安全”进而称霸世界。

美国英语中用 -gate（门）来形容重大的政治丑闻。“门”的概念最早发源于 20 世纪 70 年代的 Watergate scandal（水门丑闻）。涉及尼克松的水门事件曾经轰动一时。正是 Watergate scandal 揭露出尼克松总统说了谎言，导致他成为美国历史上第一位辞职的总统。事后，Watergate 一词被用来指任何类似的政治事件的丑闻，-gate 亦成了意味着丑闻（scandal）的后缀。“-gate”也由原来的简单意义的“门”演变出一个组合形式，表示“类似水门事件的政治丑闻”。

Debategate（辩论材料丑闻）：里根与卡特在 1980 年总统竞选辩论前发生的卡特竞选资料被窃事件，里根的竞选班子搞到了一份卡特辩论的底本，因而使里根在辩论中占了上风。

Billygate（比利丑闻）：卡特总统的弟弟 Billy Carter（比利 · 卡特）接受利比亚政府贿赂之嫌的事件。

Filegate（档案丑闻）：克林顿秘密建立潜在共和党政敌档案的丑闻。

Iraqgate（伊拉克门事件）：老布什政府农业部向伊拉克非法提供贷款购买军火的事件。

Irangate（伊朗门事件）：里根执政期间，美国向伊朗非法出售武器，并将所得款项用于资助尼加拉瓜反政府游击队的事件。“伊朗门事件”也称 Iran-contra affair（伊朗 - 孔塔拉事件）。

Nannygate（保姆门）：指的是克林顿上任后在任命女性司法部长时爆出的丑闻。

Pardongate（特赦丑闻）：克林顿卸任前的特赦丑闻。

（五）凸显社会问题与纷繁复杂词汇

当代美语中有相当一部分词语来自于社会的某些亚文化集团的行话、术语、行帮黑话或其他特殊用语。但随着社会的发展及环境的改变，原先局限于某一阶层使用的专用语已进入日常生活用语。

美国常见的攻击性武器有 170 多种。谈到“枪”，人们自然会想到 gun，shotgun，rifle，pistol，revolver，sub-machine（machine）gun，carbine，firearm，weapon 等。但除此之外，美语中还有相当丰富的词项可用来代指枪。例如：盗匪用 chopper，heater，hardware，typewriter 指手提轻机枪、冲锋枪；暗中携带武器作案犯用 CCW、DDW 指枪，CCW 与 DDW 分别是 carrying a concealed weapon（weeper）和 displaying a deadly weapon（weeper）的首字母词；黑人用 speaker 指枪；黑社会犯罪分子多用 peashooter，snug，jerry，Saturday-night special（一种便于隐藏携带的廉价手枪，因罪犯在周末作案时多用此枪，故名）等词项代指容易藏匿的小型手枪；Chicago piano，Tommy，Uzi，G-11，M-16 等指冲锋枪和自动步枪类；Betsy，artillery，gat，Beretta，equalizer，maggie 等泛指手枪类；shottie 代指猎枪；crowd pleaser，fire，piece，DW（deadly weapon 的首字母词）泛指任何种类的枪。美国社会枪支泛滥成灾，原因是多方面的。首先，美国人持枪是合法的。其次，治安状况的恶化促使美国人持枪自保。处于枪口下的美国，面临不断攀升的犯罪率，大家纷纷购枪置弹，以暴制暴。

美国是一个以高度法制而自诩的国家，但同时它又是个充斥各种社会犯罪的国度。社会犯罪问题已成为美国人除医疗保险以外所面临的最大问题。Homicide（凶杀）、money-laundering（洗钱）、arson（纵火）、larceny（盗窃）、aggravated assault（故意伤害）、motor vehicle theft（盗车）、burglary（夜盗）、drug smuggling（走私毒品）、bank robbery（抢劫银行）、abduction（诱拐）、kidnap（绑架）、babynap（绑架婴儿）、execu-crime（高级白领犯罪）等行业。

为了在同性恋者内更有效地传递信息，而避开外界的注意和干扰，美国的同性恋者经常有意识地创造极不规范的词项。他们将同性爱叫作 sexual inversion，lesbian love，alternative lifestyle，camp，cross，sexual preference，sexual orientation，the third sex， unnatural acts 等。同性恋者将他们集会并寻找伙伴的场所称为 meatrack。同性恋生活方式叫作 gaydom。A-gay 是同性恋大腕的诨名。偶尔参加同性恋活动的人称为 fruit picker。同性恋者的舞会称为 drag party/drag ball，等等。

美国是全世界最大的毒品消费国。吸毒之风席卷美国的各个阶层、各种职业、各个种族。吸毒者中不仅有机械工、汽车司机、清洁工等蓝领体力劳动者，也有警官、律师、艺术家、运动员、银行家、企业大亨，还有政界人士；有富翁，也有穷人；有事业成功者，也有失业绝望者；有未成年人，也有老翁。

美国社会流行的各类毒品的命名可真是千奇百怪，有人名：Mezz，Nixon；有豪华车子名：Cadillac；毒品产地的名字：Acapulco gold， African black， Colombia gold，Jersey green，Mexican red，Panama red，Ganja；首字母词：C（cocaine）；缩略词：MJ（marijuana）；歌名 Lucy（Lucy in the sky with Diamonds）；商标名：Abbot，Lude，Nimby，Yellow Jacket；同名小说：gold finger；截短词：hash（hashish），ope（opium）；毒品的颜色：orange，yellow；制作毒品原材料的名称：witchhazel 等。

毒品集团走私毒品的花招越来越多。有的将毒品塞入毒品走私犯的直肠、阴道等体内通道，人身体上的各处孔窍，只要能塞，他们就塞。海关检查人员将这些走私毒品者称作 swallowers（吞咽者）、stuffers（填塞者）和 burros（用身体贩运毒品者）。

毒品贩子推销毒品的手段十分狡猾。他们通常为青少年充当 guru/tour guide（吸毒指导者），给他们提供 come-ons（诱饵）、gateway（上钩毒品），让他们 free fixes（免费过几次瘾），使他们 use the needle/turn on/goof（染上毒瘾），让他们 hooked（上了钩），手头暂无毒资时可以 front（赊购毒品），目的是使他们最终成为毒品贩子的永久 users（用户）。

自 20 世纪 60 年代末尼克松总统发动大规模的 drug war（肃毒战）以来，美国历届政府在打击毒品走私，控制毒品泛滥方面进行了不懈的努力，决心除掉毒品这一恶魔。政府成立专门的 Drug Enforcement Administration（毒品管理局），国会通过了有关 Drug Control Act（毒品控制法案），各州也在加强打击 drug convictions（毒品犯罪）的力度。与此同时，各级政府和社会团体还积极展开 drug rehab（戒毒活动），组织 anti-drug campaign（反毒品运动）、campaign against marijuana planting（反大麻种植运动），警告青年人“Crack is wack”（毒品会致人于死地）。他们还开设了 detox（戒毒瘾病房），对吸毒者进行 detoxification treatment（戒毒治疗）、addiction medicine（戒瘾治疗）等。

随着缉毒、戒毒的全面展开和深入，一大批与之相关的美语新词语也应运而生。例如，与缉毒人员有关的词语：narc（narcotics agent 的缩写，缉毒特警），Sam sam（缉毒人员）等；戒毒机构：kick pad（戒毒所），Narcotics Addicts Anonymous（吸毒成瘾者互诫协会），kick-it center（戒毒中心），tomb（毒瘾治疗中心）；缉毒行动：grab the lab/lights out/stoop “n” snoop（突袭毒品点）；戒毒：off the habit（已戒除毒瘾的），off the needle（不再注射或服用毒品），rehab（戒毒后恢复正常生活），turned off（已戒毒的），take the cure（去戒毒所戒毒瘾），rush flush（解毒），break the shake（逐渐戒毒）等。

无可否认，在过去的很多年里，美国政府为解决毒品问题费尽了心思。为了对付毒品问题，为了挽救美国，美国政府已经进行了一场旷日持久和耗资巨大的反毒战争，把数百亿美元投入到缉毒、防止吸毒的工作中。但迄今为止，美国政府的反毒举措不令人乐观，反毒运动收效甚微。近年来，美国对贩毒活动是年年打，结果是越打越严重；对吸毒现象是年年反，结果是越反越普遍。毒品之害愈演愈烈，已经成为美国社会的一大毒瘤。美国政府能否打赢这场“American Opium War”（美国鸦片战争），尚有待观察。

（六）日新月异科学技术与迭出词汇

一般而言，一个民族的生产力水平越高，这个民族的语言中就记录着更先进的内容。第二次世界大战以来，科学技术迅猛发展。作为西方世界经济实力最强大的美国显然走在经济发展的最前列。而科学技术研究所产生的新技术、新发明、新创造，必然要求有与之相适应的新词语来表达。科学技术在美国迅速发展的一个最明显的结果便是美语中科学技术词语的激增。以电脑科学为例，美国在这个领域所取得的成绩为美国英语增加了不少新词语，其中比较典型的有：cyberspace（网络世界），fuzzy logic（模糊逻辑），hacker（电脑窃贼），internetphone（国际互联网电话），network computer（网络电脑），cybernaut（网络世界遨游者），geek（电脑病毒），fortran（公式翻译程序语言）等。美国在宇宙探索和宇航领域的世界领先地位为美国英语输送了 space shuttle，space walk，spacelab，space gun，space freighter，space biology，moonwalk，moonbuggy，lunar module，dock 等词语。此外，美国在军事科学、医学、生物技术、新材料技术、生态学及仿生学等现代科学领域的领先地位都给美国英语输入了新鲜血液。美国著名词典编辑学家韦伯斯特在其编辑的英语新词典中科技新词汇所占比例之大令人惊叹，这向世人展示了美国在现代科学技术领域的领先地位。

参考文献:

[1] 陈原．社会语言学 [M] 北京：学林出版社，1983．

[2] 楚至大，王东风主编．英汉美国俚语大词典 [M]．合肥：安徽科学技术出版社，1998．

[3] 戴卫平．现代美语词语与现代美国社会问题 [J]．外语教学，1999（专刊）：90-93．

[4] 戴卫平．美国英语中的政治词汇探源 [J]．大连理工大学学报，2001（2）：69-72．

[5] 戴卫平．美国政治词汇与美国政治 [J]．长沙大学学报，2000（3）：60-63．

[6] 戴卫平．美国文化与美国词汇 [J]．山东师大外国语学院学报，2000（1）：19-22.

[7] 戴卫平．美国英语与美国文化 [J]．四川外语学院学报，2001（2）：97-100.

[8] 戴卫平．美国多元文化与美语词汇发展 [J]．大学外语教学研究，2001（12）：55-60.

[9] 戴卫平．美语与美式选举政治 [J]．北京第二外国语学院学报，2002（5）：27-30.

[10] 戴卫平，赵秀凤．美语“选举”词汇知多少？ [J]．中国科技翻译，2004（1）：47-50.

[11] 戴卫平．浅谈当代美国英语中的新词语 [J]．英语知识，2005（9）：30-31.

[12] 戴卫平．美国总统与美语“总统”词 [J]．中国科技翻译，2006（1）：47-50.

[13] 戴卫平．美国的反恐与美国英语 [J]．外语论坛，2006（2）：60-64.

[14] 戴卫平，裴文斌．现代美语词汇发展的几个趋势 [J]．四川理工学院学报，2006（2）：94-97.

[15] 戴卫平．美国语与美利坚民族 [J]．外语论坛，2007（1）：28-32.

[16] 董晓敏．当代汉语词汇变化文化透视 [J]．江西师范大学学报，2002（3）：77-80.

[17] 端木义万主编．美国社会文化透视 [M]．南京：南京大学出版社，1999.

[18] 方永德．美国英语中的种族贬语 [J]．外国语，1995（1）：68-72.

[19] 付慧琳，戴卫平．论英语词汇发展的特点 [J]．职大学报，2005（1）：76-78.

[20] 贾鹰，戴卫平．美国语与美国“毒品文化”[J]．广西社会科学，2006（10）：158-160.

[21] 刘纯豹．英语委婉语词典 [M]．南京：江苏教育出版社，1993.

[22] 刘鸿模．词语流行风 [M]．广州：广东旅游出版社，2000.

[23] [美] 罗宾斯．普通语言学 [M]．上海：上海译文出版社，1986.

[24] 吕瑾．从汉语语汇的嬗变窥视社会变迁 [J]．辽宁师范大学学报，2002（4）：85-88.

[25] 汪榕培．词义变化的社会和语言原因 [J]．外语与外语教学，1997（3）：4-7.

[26] 姚汉铭．新词语 - 社会 - 文化 [M]．上海：上海辞书出版社，1998.

[27] 张琳，戴卫平．美国现代家庭婚姻裂变在美国英语中的反映 [J]．广西社会科学，2007（7）：139-141.

[28] 张学忠，戴卫平．现代美国文化与现代美语词汇嬗变 [J]．外语与外语教学，2001（9）：59-60，封底.

[29] 张学忠，戴卫平．美国语与美国社会病 [J]．吉林师范大学学报，2003（1）：97-100.

第三章　语言——动态开放

与语音和语法相比，词汇是语言中很活跃的要素，经常发生变化，是一个动态开放的系统。语言是社会现象，它的根本功能在于社会交际，语言随着社会的变化而变化。词汇系统是反映社会变化最敏感的语言单位，因为社会的变化，新事物的产生和新概念的出现，词汇系统为了完成社会交际功能，必然调整原有的状态，适应社会发展的需要。本章通过列举英语中的新词新语，来阐释新词语与社会发展、所负载的文化有着不可割裂的联系。

德国哲学人伽达默尔说过“人不能站在语言之外看世界”。因为，语言既是思想和文化交流的工具，也是文化和精神的载体。语言与社会同步发展变化。因此，我们可以从语言的视角切入世界，从语言的变化来观察世界的发展与变迁。反之，也可以从世界的视角来切入语言，从世界的嬗变来把握语言的变更与消长。社会的发展，科学的进步是语言不断发展变化、日趋完善丰富的基础；反言之，语言汲取社会及科学发展进步的养分之后，又服务于社会，服务于科学。

一、词汇研究

词汇又称语汇，是语言的建筑材料。词汇是语言的建筑材料，这就是说语言是用一个个的词按照一定的语法规则组合起来造出各种句子进行交际的，就好比用建筑材料盖房子一样。斯大林对语言中的词汇成分和语法成分的区别有明确的说明。他说：“词汇本身还不成为语言，它只是构成语言的建筑材料。正好像在建筑业中的建筑材料并不是房屋，虽然没有建筑材料是不能建造房屋的。同样，语言的词汇也不是语言，虽然没有词汇任何语言都是不可想象的。但是当语言的词汇接受了语言文法的支配的时候，就会有极大的意义。”（高明凯，1999：256）

英语词汇具有 1 500 多年的历史。在这 1 500 多年的历史演化进程中，英语词汇发生了巨大的变化。英语词汇善于应变，广吸博纳，兼收并蓄，极大地丰富了自己的词库，也增强了语言的表达能力。一种语言的词汇越丰富发达，其表现力也就越强。英语词汇量极其丰富、也极为庞大，这是任何其他语言所鲜有的。截至 20 世纪末，英语词汇的总量已超过 200 万。（汪榕培，1999：1）

“词汇研究大概要涉及这样一些大的方面，比如：词汇单位、基本词汇与一般词汇、词的内部结构、词的横向关系、词义研究、词汇规范化、熟语学、词典学等等。”（钱玉莲，2006：16）研究词汇的学科叫作“词汇学”，是语言学的一个分支。语汇研究是语言学中进展比较缓慢的一个领域，究其原因，一般都归咎于它所包含的语汇单位数量过于庞杂、零散，缺乏系统性，难以整理出条理。（徐通锵，2004：1）

二、词汇研究的意义

词义从其生成的角度分，可以分为两类：一类是语言意义，亦即词自身具有的意义。它一般包括词的本义及其引申义等。词的语言意义是语言形成发展过程中的约定俗成、逻辑演绎的一种必然结果。另一类是文化意义，它是特定的社会文化背景造成的、有别于语言意义的一种意义。这种意义如离开对形成它的特定的社会文化背景的了解便无法认识和掌握。（曹炜，2004：142）词汇研究的意义可以从以下两个方面来管窥蠡测：词汇与语言的关系、词汇研究与文化研究的关系。

第一，从词汇与语言的关系来看词汇研究的意义。词汇是语言运用的基本材料，要了解语言，必须对词汇有深刻的认识。就词汇与语言这两者的直观关系而言，一方面，语言表达离不开一定词汇的选择与运用；另一方面，措辞不当会对语言表达产生负面的影响。研究词汇对揭示语言规律，对促进语言应用有着极其重要的意义。

第二，从词汇研究与文化研究的关系来看词汇研究的意义。所谓文化，就是指人类所创造的物质财富和精神财富的总和，物质财富通常为人类所创造的物质文化，而精神财富则包括制度文化（如宗教、道德等）、心理文化（如价值观、思维方式等）等精神文化。文化的存在要有语言作为它的符号标志，作为它的表达形式；而语言的存在也要文化作为它的意念理据，作为它的社会底座。没有语言，文化无法形成和显现；而没有文化，语言也不能建构和确立。（钱玉莲，2006：4）

文化对词汇也有影响，例如，文化对词义的影响，文化对词汇成分的影响和文化对构词的影响。（邢福义，1990）一种语言随着其使用而变化词义，相当一部分词义的变化都与文化、社会有关。

三、词汇的发展

自从原始人类在劳动过程中创造了具有基本词汇和语法结构的语言之后，语言就不断地发展着。拿原始时代的语言和今天的语言对比，我们就可以立刻看到语言的发展是如何显著。“语言发展的一般规律主要表现在随着社会的发展而发展这一规律上。由于语言和社会的各种关系而产生的语言发展的一般的有规律性的现象就是属于语言随着社会的发展而发展这一规律之内的。”（高明凯，1999：419）

语言是不断发展的，在语言发展的过程中，词汇是一个非常活跃的部分。语言的词汇对于变化是最敏感的，它处于几乎不断变化的状态中。文明社会的不断发展要求语言用社会发展变化所必须的新词、新语来充实自己的词汇。词汇越纷繁，语言也必然越发展。词汇的发展不但在某种程度上说明了语言的发展，甚至也可以从某种视角反映了社会的发展。所以，我们不但可以从社会的发展情况来了解语言特别是它的词汇发展的情况。同时，也可以从语言词汇的发展情况来研究和了解社会发展的面貌。语言随着社会的发展而发展，这一点表现在词汇的发展上尤为突出。社会上任何的变化，任何新事物的出现，都会反映到词汇中。社会的发展还表现在社会制度的变化和更替方面，而且这种变化和更替也能促成语言词汇的发展。社会的发展表现在多方面，它对词汇发展的影响也是多方面的。

在人类生活中，任何事物的发展，都是和人们的认识分不开的，词汇的发展也不例外。人们认识的发展可以从不同的方面促成词汇的发展。在客观事物不变的情况下，由于认识的发展，人们可以对这些客观事物从不认识到认识，从而创造新词，促成词汇的发展。人们认识的发展促成词汇的发展的另一方面，就是认识和思维能力的发展，可以促成科学研究的发展，进而促成新事物的产生，并从而产生新词新语。（葛本仪，2006：129-130）

四、新词的产生

语言现象赖以生存的基础是社会存在，社会总是在不断地变化发展。随着社会的变革，科技的进步，新生事物和概念层出不穷。

词汇在发展过程中最明显的表现就是新词新语的不断产生，所谓新词新语就是在语言发展变化过程中出现的原来词汇系统中没有的词语。新词新语的产生途径是多种多样的，大致可以分为新造、仿造、转化和吸收这几种。新造词语是新词新语产生的最直接的方法。仿造是在已有的词语的基础上，更换个别语素形成一个与原来的词语相关的新词语。这种造词的方式能产性很强，常常围绕原来的词语形成具有某个共同语素的词语的集合，反映出词汇系统性的特点。仿造是一种简便易行的造词方法，同时易于人们理解和掌握，还可以保证语言的经济性。转化造词比较复杂，首先是词语意思的转化，一个词语由原来的意思引申出新的意思。其次，原来是自由词组，然后逐渐词汇化，转化成词语或固定词组。再者，通过缩略的形式将某些自由词组词汇化。吸收是指从外来词语中吸收新词语。吸收外来词语同样也符合语言经济性的要求，是新词新语产生的一个重要途径。（钱玉莲，2006：30-31）

英语作为一种国际通用的语言，既有英国、美国、澳大利亚、新西兰等将英语作为第一语言的国家，又有印度、巴基斯坦、尼泊尔、马来西亚、尼日利亚等把英语作为第二语言的国家，还有世界上许多国家都把英语作为国际交往的共同语，每个国家都能为英语提供新词新语。

五、英语新词新语

凡是社会上出现了新东西，不论是新制度、新体系、新措施、新思潮、新物质、新概念、新工具以及新动作，这些新的东西都一定会在语言中表现出来。（林伦伦等，2000：4）青年人最急于寻求独立性，也最急于显示独立性，他们要和传统决裂，不喜欢陈词滥调，最富于创新精神，所以最常见的流行语总是在青少年群体中创造和使用。如果说：一滴水可以反射出太阳的光辉，那么，一个个词语也确实能让人体验到 21 世纪所带来的巨大冲击。

英语新词新语正在人们的交流中扮演着越来越重要的角色：无论是在工作中阅读各种资料，还是在日常生活中休闲娱乐，人们都可能通过报刊、互联网阅读一些英语新词语，甚至在包括大学的教科书和研究生考试、出国考试等各种考试中，人们都能看到英语新词语的影子。因此，更多地了解英语新词新语是更好地阅读以英语为媒介的信息或文献的前提。

如果语言有任意的话，那也只是限于原始时期。文明社会时期创造的新词新语，就不再是任意的了，而是立意的了，甚至即使是民间任意创造的词，也有语言文字学家赋予有理可据的形态了。因此可以说，原始时期的语言符号是任意的，部落社会时期是约定俗成的，文明社会时期是立意的。现代英语中出现的新词新语一般来说都是立意的，都是有理有据的。英语中许多词语带有丰富的含义，从字面上是难以领会的。学生在阅读英语文献时，常常被一些寓意深刻的词语难住，即使在翻查词典之后也往往只知其然而不知其所以然。如三言两语道出这些词语的来历出处以及来龙去脉，则往往会收到意想不到的效果：不仅有助于引发学生的学习兴趣，而且有助于对这些词语的理解。

六、英语构造新词十法

英语新词主要是利用英语既有的材料，采用各种传统构词方式而产生的。从形态结构来看，通常英语主要通过借用各种不同的构词手段，如合成法、转类法、词根加词缀组合法、缩略法、逆造法、外借法以及旧词获得新义法等，产生出人们所需要的新词汇，极大地丰富了英语词汇宝库。

1. 创 新 词

所谓创新词，就是指不借助现存任何形态成分而创造的新词。这种词往往是创造者出于应急之需借助已有的词素成分而临时构建的，一旦为社会所接受，就会进入语言的正常使用。与其他构造新词的方法相比，创新词在现代英语中数量有限。现代英语中的创新词如 pizzazz（华丽）、gimmick（小发明）、zombie（木讷呆板的人）等。

2. 派 生 词

所谓派生词，就是指由词干加上词缀或词缀加上词干或词缀加上词缀而构成的词。以这种方式而构建的新词，在现代英语中不计其数。这种构词法极具生成能力。这样的例子有：ecocrisis（生态危机）、solarium（日光浴室）、misanthropy（厌恶人类）等。

3. 融 合 词

融合词就是指从两个单词中各截取一部分以后将这两个部分融合在一起构建一个新词。例如：Chinglish ← Chinese ＋ English、Japlish ← Japanese ＋ English、ballute ← balloon ＋ parachute、arcology ← architecture ＋ ecology 等。

4. 缩 短 词

缩短词就是指只保留原来词的一部分，其余部分均省却。由于现代生活节奏的加快，这种方法在非正式或随意性的谈话和写作过程中显得省时又省力，因而在现代英语中这种方法用得较为普遍，例如：demo ← demonstration、perm ← permanent wave、porn ← pornography 等。

5. 首字母拼凑词

首字母拼凑词就是从一个短语中取出各个单词的首字母来构建一个新词。例如：Yuppie ＝ Young Urban Professional、Puppies ＝ Pregnant Urban Professionals、WASP ＝ White Anglo-Saxon Protestant 等。

6. 转 类 词

转类词就是将一个词原来所属的词形转变为另一种词性。这种构造新词方法的特点就是无须借助词缀来实现词性的转换。这种构造新词的方法在现代英语中越来越普遍。例如：This is a *must* for you. He *idled* away his time. He *doctored* the patient. I cannot *stomach* his insult.

7. 逆 成 词

这种构词法是指切除一个被误认为后缀的部分来构造一个新词。这种构造新词的方法与词缀法正好相反，词缀法是附加词缀来构造新词，而逆成词构词法却是剪除一个词的原本不是后缀而被误认为后缀的后缀。例如：auth ← author、enthuse ← enthusiasm、donate ← donation 等。

8. 专有名词

专有名词构词法就是将原先属于专有名词的词变成普通用词。这种构造新词的方法在现代英语中变得越来越普遍，主要是因为某些专有名词逐渐被人所熟知而变得家喻户晓后，被人赋予了普通的意义。专有名词主要包括人名、地名、物名。

9. 外 来 词

外来词就是指从其他语言借用词汇，以表达新的事物、概念和思想。英语借用外来词主要有四种方法：一是保留外来词原来的语音和拼写；二是借用外来词时，在语音和拼写两方面将其英语化；三是在借用外来词时采取字面翻译的方法加以引入；四是采用语义借用的方法在英语现有的词语中引入新的意义。

10. 复 合 词

复合词就是指将两个或两个以上能够独立使用的单词组合在一起，构成一个具有特殊意义的新词。例如：videophone、videotape、knowhow、skylab、sealab 等。（王文斌，2001：124-135；2006：244-266）

七、英语词汇学中的“词”

本族词（native words）；外来词（borrowed words）；借词（loan words）；新词语（neologism）；派生词（derivative or derived words）；复合词（compound）；首字母缩略词（initialism）；首字母拼音词（acronym）；同义词（synonym）；反义词（antonym）；静态动词（stative verb）；动态动词（dynamic verb）；古词（archaic word）；时髦词（catchphrase）；成对词（doublet）；三对词（triplet）；贬义词（pejoration, snarl word）；褒义词（appreciative term, purr-word）；多义词（polysemant, polysemic word）；单义词（monosemic word）；同形异义（homonym）；同音异义（homophone）；同形异音异义词（homograph/heteronym）；复杂词（complex word）；简单词（simple word）；书面词（literary word）；口语词（colloquialism/colloquial word）；功能词（function word[限定词 determiner、代词 pronoun、介词 preposition、连接词 conjunction、助动词 auxiliary verb、感叹词 interjection]）；实义词（content/notional word[名词 noun、动词 verb、形容词 adjective、副词 adverb]）；禁忌词（taboo）；委婉词（euphemism）；拼缀词（blend）/ 并合词（portmanteau word）；截短词（clipping）；缩短词（curtailed word）；复合词（compounds）；俚语（slang）；习语（idiom）；双关语（pun）；同化词（denizen）；非同化词（alien）；借义词（semantic loan）；译借词（translation loan）；同源词（cognate）；对应词（equivalent）；关系词（relational word）；关键词（key word）；专有名词（proper names）；术语词（technical terms）；仿造词（calque）；拟声词（onomatopoeia）等。

八、英语新词新语例析

1. Gerontology（年老学）

一些专家多次主张将“老年学”更名为“年老学”，初衷是为了更确切地反映研究老龄化形成与发展的动态过程，而不要被误解为老年学就是研究老年人或老年问题。

有专家指出，Gerontology（老年学）一词名不副实，建议改为“年老学”。其更名理由有四：一是英文 Gerontology 原指研究人类个体或躯体老化的老年医学或老年生物学，现将它移来指代研究群体老化如“人类老年”（old age）的老年学，名不副实。二是人类的个体老化几乎与生命活动的产生同时开始，但一说起老年就有一个年龄段的概念，容易使人误以为老年学就是研究 60 或 65 岁以上的老年人及其问题，而衰老也是这个年龄段才开始，同样名不副实。三是不利于科普，老年学一词易使人们顾名思义，以为其科学内容和相关问题只与老年人相关，因而不利于本科学的普及。四是从西语词源上讲，Gerontology 的希腊语词根 Geron- 有“年老”和“老年”两个词义，从老年学的研究内容来看，应取义“年老”而非“老年”。

2. Skyjack（空中抢劫）

Hijacker（劫机者）这个词第一次被人提及是在 1912 年，当时写作 to kick up high jack。*Dialect Notes*（《方言注释》）对其下的定义是“to cause a disturbance”，即“引起骚乱；作乱；闹事”。10 年后，一本讲述无业游民的书籍提到“hi-jacking”，即晚上趁人在露营地睡觉时抢劫。20 世纪 60 年代，随着恐怖分子开始劫持民航飞机，有人就造出了“Skyjack”（空中抢劫，劫机）这个动词，但是这个动词未能流传开来。

3. “O”的故事

对词典编著者来说，“O”只是英文字母表中的第 15 个字母。对设计师来说，“O”是一个理想的形状，可以处理成世界、球、环、太阳、月亮、钟、罗盘、脸。“O”甚至不光是一个字母，它也是数字。“O”要么是实心球，要么是空心圆。字母“O”大约在公元前 1000 年作为一个摩擦辅音最先出现在闪语中。一段时间以后，希腊人将其变成元音，从那以后，它不知不觉地进入罗马字母表。“O”大约在 6 世纪或者 7 世纪，罗马人规范古英语时来到英国。“O”和字母“X”一样，它是大写体和小写体一样的少数字母之一。

4. Stakeholder（利东）

Stakeholder 一词翻译为“利东”不仅比常用的“利益相关方”更为贴切，更为朗朗上口，而且还具有鲜明的时代意义。Stakeholder（利东）是个英语合成词，其中 stake 有赌金、股本、厉害攸关等含义，holder 的原义是握住者、持有者、占有者，因而 stakeholder 从字面上理解就是厉害攸关者。无论是 stake，还是 holder，都表达出一种较为紧密的联系，因而从翻译角度看，“利东”也应该对应有紧密利益联系的主体。“利东”可界定为直接利益相关方。

5. State of the art（最新水平）

20 世纪 70 年代后期在美国发生了一场计算机革命。晶体管、硅片微处理机的发明使计算机的体积变小，造价下降。加利福尼亚州一位名叫史蒂夫·乔布斯（Steve Jobs）的青年计算机专家搞了一台小型计算机，取名苹果机。随后，他兴办了一家公司，大量生产这种计算机。他声称苹果计算机代表当时计算机技术的发展水平，也就是说，它是市场上最现代化的计算机。其他公司，如国际商用机器公司（IBM）等，也纷纷研制计算机，同其展开激烈的竞争。它们也称自己的计算机达到了最新水平。State of the art 一语正是在那段时期开始使用并流行起来的，用以表示“发展水平”或“最新水平”。

6．Paparazzi（狗仔队）

狗仔队，这种拿着相机四处寻猎，为了明星的一个侧脸可以守株待兔若干天的特殊人群，不光在生活中频频出现，在电影中也屡见不鲜。“狗仔队”这一命名是拜电影所赐，它翻译自英文单词 paparazzi——“拍拍垃圾”，最初见于 20 世纪 60 年代意大利导演费里尼拍摄的《甜蜜的生活》一片。该片男主角是一位风流倜傥的年轻记者，他和同伴们常出没于名流们喜爱的茶座，蹲点拍摄名流私生活照片，而他自己也陷入纸醉金迷的生活中而无法自拔。随着通讯技术的革新和媒体商业化的加剧，狗仔队队伍日趋壮大，手法不断翻新、升级。

7．Avant-garde（新流派先驱者）

英语不仅从艺术领域吸收法语中的新词，因为大凡是艺术和文化方面的新玩意儿往往源于法国，甚至当旧的法语词在新形势下富有新义时，英语就迅速地把它吸收进来，法语词 avant-garde 就是典型的例子。

我们都知道 vanguard（先锋，前驱）是 15 世纪从法语 avant-garde 演变来的，当时的 avant-garde 作为一个新的军事用语而被英语借用。后来，这个法语词的词义不断增生。19 世纪末，avant-garde 可指“那些新流派的先驱者”，还可转为形容词用，而现在该词含有“拒绝遵守现存纪律和行为准则”的意思。当这个旧的法语词取得新义时，英语除保留原有的法语借词 vanguard 以外，又将法语词 avant-garde 吸收进自己的词汇里。我国编的《新英汉词典》就包括了 avant-garde 这个词，并分别注明了该词作为名词和形容词时的各种不同含义。

8．Blockbuster（大片）

英语词“Blockbuster”的本义是“威力强到足以炸掉一条街（block）的炸弹”，其引申意义“畅销书”是取自原义中“威力强大”的意思。过去，blockbuster 通常用在书籍上较多，现今各行各业中有“轰动”的产品，也常冠以“blockbuster”，尤其是娱乐界的电影。娱乐界的从业人员最懂宣传的重要，因此耗资巨大的电影，一定要有重量级的宣传，才能称为“blockbuster”。

9. Cougar（熟女）

好莱坞影星黛米·摩尔、歌星麦当娜和英国艺术家萨姆·泰勒·伍德都是Cougar，有着“姐弟恋”的经历。这一潮流甚至催生了一部热播电视连续剧*Cougar Town*（《熟女镇》）。香港娱乐圈也有不少追求“姐弟恋”的Cougar。

据Wordplay网站解释，Cougar的英文意思是：A middle-aged woman who seeks sexual or romantic relationships with younger men（寻求同年轻的男性建立性关系或恋爱关系的中年女性）。Cougar的原义是“美洲狮”，在这里可译为“猎轻男”，又译为“熟女”，是指年龄在35—45岁，追求“姐弟恋”的单身女性。她们经历旺盛，像美洲狮一样追逐猎物一般四处搜捕年轻男性。

10. M-ness（新一代男性）

M-ness是由代表男性的英语单词“man”的首字母和代表性格的词尾“ness”组成的英语新词。“M-ness族”指的是：既具备权力、名誉等传统男性特征，又具备育儿、协同等女性特征的“新一代男性”。他们不仅在社会活动中表现积极，而且为人也细心周到。“M-ness族”通常不惜重金保养皮肤和购买衣服，而且对育儿和家务有浓厚的兴趣。

11. Neet与“啃老族”

Neet是英文“Not in education, employment or training”首字母缩写词，意为“不读书、不工作、也不接受培训”的那些人。Neet一词源自英国就业与技能部2000年发表的一份有关就业情况的调研报告。它是政府的人口分类，后来在其他国家使用。维基百科给出的解释是：In the United Kingdom, the classification comprises people aged between 16 and 24. Neet（啃老族）已经成为一个世界性的社会问题，主要出现在经济高速增长、生活水平高的国家和地区，即便是受过良好教育的高学历阶层中也不乏Neet（啃老族）。

12. Bohemia（波希米亚）

波希米亚位于捷克共和国的中西部，历史上是一个多民族的地区，是吉卜赛人的聚集地。波希米亚覆盖包括首都布拉格在内的捷克中西部大片土地。在捷克语里，“波希米亚人”常常是捷克人的同义词，事实上波希米亚就是捷克民族文化的核心之一。波希米亚这个名称最早来源于“Boii”，是1世纪当地的凯尔特人部落的名称，后来日耳曼人占据了此地，但这个名字却留了下来。

谈及波希米亚，就不能不提到吉卜赛人。15世纪，很多行走世界的吉卜赛人都迁移到捷克的波希米亚，所以许多文学作品里都模糊地界定：波希米亚人就是吉卜赛人。之后，他们又以流浪的方式周游欧洲，依靠手艺无拘无束地谋生。然而好景不长，不信奉上帝的吉卜赛人被看作异教徒而遭到歧视，从而开始了他们长达4个多世纪的悲惨命运。也正因如此，吉卜赛人作为主角频频出现在欧洲各国文学作品中。梅里美笔下可爱执着的卡门和雨果《巴黎圣母院》里能歌善舞的爱斯梅拉达，都是家喻户晓的艺术形象。在《巴黎圣母院》音乐剧中，爱斯梅拉达介绍自己身世时唱的那支曲子，名字就是“波希米亚”。她们身上那种纵有苦难也执着无悔的人生态度，让人充分感受到波希米亚式的迷人性格，也给后人留足了演绎的空间。20世纪60年代，“波希米亚”一度成为欧洲青年向循规蹈矩的中产阶级主流社会挑战的招牌。

13．Emir（埃米尔）

在当代阿拉伯君主制国家中，同为君主，却有“埃米尔”、“苏丹”、“国王”和“酋长”等不同称号，他们都是国家元首和武装部队的最高统帅，掌握着国家的最高权力。科威特的国家元首称为“埃米尔”，阿曼苏丹国的国家元首叫作“苏丹”，沙特阿拉伯、巴林、约旦和摩洛哥四国的君主称为国王。阿联酋的国家元首虽然称为总统，但阿联酋是由阿布扎比、迪拜等7个酋长国组成的联邦制国家，其中每个酋长国的君主都称为“酋长”，总统从酋长中产生。

“埃米尔”(emir)音译自阿拉伯语。在伊斯兰教初期，这个词是“长官”和“司令”的意思。7世纪中叶，阿拉伯哈里发帝国开始在行政上划分为若干行省，行省的总督也被称为“埃米尔”，是统管军政、民政、财政、司法和宗教事务的地方行政长官。9世纪初，一些总督开始摆脱中央政府的控制，建立独立王朝，“埃米尔”开始具有独立君主的含义。

“苏丹”（sultan）是阿拉伯语“权威”一词的音译，与北非阿拉伯国家苏丹（Sudan）无关。11世纪中叶，塞尔柱王朝的统治者不满足于“埃米尔”的称号，在伊斯兰世界第一次采用了“苏丹”这一级别更高的称号。20世纪初奥斯曼土耳其苏丹——哈里发制度废除后，阿曼仍保留苏丹（sultan）的称号，是目前唯一保留这一称号的阿拉伯国家。

14．Roma（罗姆人）

吉卜赛没有自己的国家和领土，流浪是与生俱来的唯一生活方式。如今，散居在世界各地的吉卜赛人大约有900万人，其中500余万在欧洲各国，而前南联邦曾是吉卜赛人聚居最多的地区。吉卜赛（Gypsy）这个称呼不确切，因为“吉卜赛人”（Gypsy）是从英语“埃及人”（Egyptian）一词演变而来，是以讹传讹的结果。从20世纪中叶开始，吉卜赛人坚持用“罗姆人”（Roma）来称呼自己。Roma这个词在罗曼尼语中就是“人”的意思。“罗姆人”因为称呼的问题还曾上街示威。目前，在许多东南欧国家媒体已经不再使用吉卜赛人、茨冈人这样的称呼了。

欧洲人从前对吉卜赛人到底从何而来一直众说纷纭，就连吉卜赛人也不知道自己有无祖国，究竟在哪里？最初来到欧洲时，他们完全是东方人的装束，缠着头巾、穿着五颜六色带条纹的衣服，一下让人感受到异国的情调。因此，英国人认为他们源出埃及，所以称之为埃及人；法国人认为他们来自波希米亚，就叫他们波希米亚人；西班牙人认为他们来自希腊，所以称他们为茨冈人或希腊人。这林林总总的名称，一直沿用了几百年。直到 18 世纪末，一些学者经过多年考察后发现，吉卜赛人的发源地既不是埃及，也非波希米亚、希腊，而是东方的印度。4 世纪前，在印度生活着一个有很多古老文化和特殊习俗的民族——多姆族。10 世纪末 11 世纪初，由于突厥人大举入侵，多姆族被迫离乡背井。他们居无定所，以大篷车为家和交通工具，以卖艺、占卜为生，在一个个城市间游荡，逐渐成为闻名的流浪民族。

15．Eurabia（欧拉伯）

2008—2012 年席卷全球的金融危机，特别是 2009 年年底开始蔓延的希腊主权债务危机，在欧洲内外引发了新一轮“欧洲命运”的大辩论。其中，有两个问题是辩论的焦点：①欧盟是继续一体化进程，还是就此走向分裂？②再过三五十年，欧洲人继续屹立于世界民族之林，还是被同化到阿拉伯人的移民大潮中？

回答这个问题的方法有很多，但我们不妨从词汇学的角度入手，借助两个新造的英文词汇以“窥全豹之一斑”。一个是 Latin-Europe（拉丁欧洲）。该词的一层意思指其语言源于拉丁语的欧洲国家。另一层意思则是大体套用了拉丁美洲一词的地理概念。意思是说，欧洲已分裂成了西欧、北欧发达地区和东欧、南欧欠发达地区两部分。

第二个新词是 Eurabia（欧拉伯）。它由 Europe（欧洲）和 Ababia（阿拉伯）两个单词拼组而成。大体意思是，随着阿拉伯人大举向欧洲移民，早晚有一天，欧洲人将被淹没在阿拉伯人的汪洋大海里，从而失去自我。

1945 年“二战”结束后，欧洲百废待兴，于是西欧从北非阿拉伯国家引进了大量劳动力。原来的设想是，这些阿拉伯劳工在欧洲工作只是为了赚钱，由于文化宗教不同，他们不会久居欧洲。但随着时间的推移，欧洲人却看到了事与愿违的结果。这些阿拉伯人在用劳动和汗水建设欧洲的同时，也把这里当成了自己的家。他们不仅自己定居下来，而且还引来了亲朋好友。

16．Armageddon（大决战）

根据《圣经 - 旧约》的记载，Armageddon 就是这场世界末日大决战中发生多次重大战役的战场，现常转喻为国与国之间大规模战争的地点。Armageddon 是《圣经》中所说的世界末日善恶的决战场。1—2 世纪古罗马全盛时期，尤其是暴君君尼禄执政期间，罗马帝国的统治者残酷迫害信奉基督教的犹太教徒。《圣经》末卷“启示录”

中以一连串象征主义的意象：愤怒、痛苦、激战、闪电、雷击、怪兽、地震、血海等灾难巨变，启示和号召教徒起来与罗马帝国决一死战，以血的洗礼去赢得千年盛世，这是一场关系人类命运和世界前途的大决战。

17．Bullish（牛市）与 Bearish（熊市）

俗话说，“牛市持股赚大钱，熊市持股套得牢”。如今，Bullish（牛市）和Bearish（熊市）已成为股市专用术语。Bullish 与 Bearish 的来历与德国法兰克福交易所的一对铜像有关。

德国的法兰克福不仅有诞生欧元的欧洲银行，还有全球数百家大银行的分支机构。法兰克福被誉为“欧洲大陆的金融中心”。但是，法兰克福最具代表性的机构要数证券交易所。它是世界三大股票交易所之一，1585 年就创建了。交易所门前矗立着 Bull（公牛）和 Bear（黑熊）的铜雕像。

法兰克福交易所诞生后，德国人认为传说中的 Bull 和 Bear 最能代表股市的起伏，所以就在 100 年前制作了 Bull（公牛）和 Bear（熊）的黑铜雕像。牛角往上顶的公牛雕像代表股市上升之势，也表达了对财富的企盼；熊掌向下的熊雕像表示跌市，也说明股市的变化不被人的意志所左右。

法兰克福交易所的这一创举，博得了世界金融界的肯定。人们觉得，证券交易无非是牛、熊二市，立牛、熊雕像，既是证券交易所的象征，又增添了情趣，实在是极好的创意。之后，Bullish（牛市）和 Bearish（熊市）成了约定俗成的专业术语。而立 Bull、bear 雕像，也成为许多交易所的惯例。著名的美国纽约华尔街铜牛雕像要比法兰克福的晚几十年。

18．Wand（探测器检查）

Wand 是个名词，意为“棒，杖，杆，魔杖”，其词根为动词“wend”或“wind”，意思是一根细而旋转、转动的杆子。自 15 世纪以来，wand 这个词一直是魔术师或仙人施魔法的形象。但 9·11 之后，不再是这种情况。根据美国加强安检措施条例的规定，旅客在登机口要进行随机的 hand-wanding 等安检项目。在美国不经 wanded（电子仪器检查）便不许登机。Wand 现在成为美国反恐中一个必不可少的安检环节的专用语“探测器检查”。

19．–Ier 小尾巴与“创新”

法国的“Perrier（巴黎水）”号称世界上独一无二的天然气矿泉水，被称为“水中香槟”。近年来，它在美国发起一场广告战，这场广告宣传战运用幽默的手法在 Perrier（巴黎水）的名字上做起了文章。“巴黎水”的英文名字是 Perrier，以 ier 结尾。于是，一些英文单词仿照“Perrier”的商标外观加上了 ier 这个小尾巴，代替 Perrier 出现在巴黎水经典的深绿色玻璃瓶子、调酒棒、雨伞、杯垫等大大小小的物件上。这些单词包括：Luckier（原义“幸运”）、Crazier（原义“疯狂”）、Prettier（原义“漂亮”）等。

这场广告宣传战开始于洛杉矶和纽约的酒吧。为了让这些以 -ier 结尾的单词活灵活现，酒吧还有一些绝活儿表演，比如柔软杂技表演者演绎 Crazier（疯狂），吞刀表演者演绎 Riskier（冒险）。现场还分发带有这些新单词的明信片和巴黎水水瓶。随后广告宣传还推广到美国其他地方，开展促销活动，比如免费发带有 Sunnier、Sexier、Fliertier 等商品字样的雨伞和沙滩巾等。

20．Kamikazes（神风敢死队）

1983 年，美国《新闻周刊》（*Newsweek*）报道说：“狂热之风劲吹，造成了无情的杀手队伍——暗杀者、暴徒、神风敢死队（kamikazes）。”

第二次世界大战中，Kamikazes 这个词被用来称呼把自己驾驶的飞机俯冲撞向敌方军舰的敢死队飞行员。现在英语已吸收了这个词。例如 *The Wall Street Journal*（《华尔街日报》）就曾报道过“that airline policy was turned upside down by these Kamikaze fanatics”（航空公司的经营方针被这些神风敢死队式的狂热分子彻底打乱了）。

21．Lobbying（公关）

比利时首都布鲁塞尔是欧盟所在地。布鲁塞尔堪称欧洲和世界的“烙饼中心”、“饼都”。不过，这个烙饼不是我国北方的那种大众家常食品。这个“烙饼”是我们创造的许多英文中共用的一个词 lobbying（意为“游说”，读音与“烙饼”相近）的汉语音译。

“烙饼”一词来源于英语中的 lobby。Lobby 的意思是“大厅、大堂、休息室”。在各种会议开会间歇，与会者有意无意地会到 lobby 中稍事休息。这时，出于各种目的的人会借此机会与之攀谈，试图影响他们的态度，以使会议决议最终对己有利，由此就成了 lobbying（烙饼）。Lobbying 的意思引申为“游说、疏通、公关”等。多年前，人们曾把它译为“院外活动集团”。

“Lobbyimg”不仅满足了各国、各城、各集团等维护自己利益的需要，也为各行业提供了保护自己地位的可能。迄今为止，专家们对“lobbying”没有明确和统一的定义。主要原因是这是一个还在发展中的行业。但是，可以肯定的一点是，“烙饼”的对象一定是权力部门，目的一定是为己争取最大利益。要说中文中还真有一个词，在一定程度上恰当地反应了“lobbying”的内在含义——“公关”。

22．“@”符号的简史

尽管是无法触及的事物，但“@”符号无处不在，它是如今每天发出的约 2 000 亿封电子邮件的重要组成部分。

1448 年，“@”符号出现在一艘从卡斯提尔开往阿拉贡的小麦运输船上。

1885 年，第一部打字机出现了“@”这个符号，主要由会计使用，来表示物品单价。

1971年，美国的一位名叫雷蒙德·汤姆林森的程序员发出的第一封电子邮件使用了“@”这个符号，用于指定接收者的地址。

“@”是我们数字生活的象征。“@”现在已成为世界上最无处不在的符号。

23. “@”在世界各国的不同称谓

在英语中，符号“@”本来是表示地点的介词“at”的变形。在互联网上，“@”常常用在电子邮箱的地址上。

“@”在世界各国有不同的称谓。在韩国，“@”被称为“田螺”，而使用互联网等尖端媒体的13—25岁的年轻一代则被称为“@一代（田螺一代）”。中国人将“@”称为“小老鼠”；丹麦人称其为“象鼻”；瑞典人称其为“猫爪”；匈牙利人称其为“虫、蛆”；阿拉伯、土耳其人和德国人称其为“耳朵”；法国人和意大利人称其为“蜗牛”；捷克人称其为“小甜圈”。在韩国，“abc@abc.com”被称为“abc田螺abc.com”；到了中国，它就会被称为“abc小老鼠abc.com”。

24. Pie-合成词与身份标签

“Hippie”见用于20世纪60年代的美国，指具有颓废派作风的人，其特点表现为因对现实不满而采取玩世不恭的态度，穿奇装异服、群居和吸毒等。这一词本身是从表示“赶时髦”之意的“hip”派生出来，附加上后缀“-ie”。从此以后，便有了相当多的类比词，可这些词在相当程度上又是首字母拼凑词，如：

Burpie（伯皮士，指由城市迁居农村只知饮酒作乐的寄生虫）
Guppies = Gay Urban Professionals（嘎皮士，都市同性恋专业青年）
Huppies = Hispanic Urban Professionals（哈皮士，拉丁美洲裔都市专业青年）
Juppies = Japanese Urban Professionals（日皮士，日本裔都市专业青年）
Muppie = Middle-aged Urban Professional（玛皮士，指都市中年职业人士）
Puppies = Pregnant Urban Professionals（孕皮士，有身孕的都市专业妇女）
Pippie = Person Inheriting Parent's Property（裨皮士，指继承父母财产的人）
Woopie = Well-off older Person（富皮士，指富有的老年人）
Yappie（耶皮士，指年轻富有的家长）
Yeepie（逸皮士，指雅皮士的父母）
Yippie（厌恶战争，愤世嫉俗，不愿受社会条规约束的易比士）
Zuppie（祖皮士，指正当壮年、事业处在上升阶段的人士）

上述这些美语中创造出的新词语，为当代美国社会某些特殊群体贴上与众不同的身份标签。

25. Co-opetition与“竞合”

在当今世界，我们处在一个历史拐点：国际关系正在经历“二战”结束以来最深刻的转变，世界力量格局演变进入多极时代，经济全球化催生了以“金砖国家”为代表的一批新兴经济体，美欧在世界经济和政治方面的主导地位大大削弱，世界上出现了更多的力量中心、决策中心和行动中心。世界经济、政治中心东移，权力重新分配，主要国家之间形成“你中有我，我中有你”（犹如汉字“伐”一样）、日益深化的相互信赖，它们既是竞争对手，也是合作伙伴，竞争与合作交织，形成一种竞合（co-opetition）关系。Co-opetition 即 co-operation（合作）一词的仿生品，由 co-operation 一词的“co-o”和 competition（竞争）一词的“petition”所构成。

参考文献:

[1] 曹炜．现代汉语词汇研究 [M]．北京：北京大学出版社，2004.

[2] 程冷杰，江振春．英国民族国家形成中的语言因素 [J]．外国语文，2011（3）：80-84.

[3] 词语的来历 [N]．参考消息，2002-04-22-14.

[4] 当“@”成为艺术 [N]．参考消息，2010-04-07-12.

[5] 高明凯．语言论 [M]．北京：商务印书馆，1999.

[6] 葛本仪．汉语词汇研究 [M]．北京：外语教学与研究出版社，2006.

[7] 黄培昭，胡连荣．不少运动用语发源地命名 [N]．环球时报，2008-29-9.

[8] 贾冠杰．英语词汇——诸多文化的混合体 [J]．中国外语，2006（3）：58-61.

[9] 林伦伦．现代汉语新词语词典 [M]．广州：花城出版社，2000.

[10] 刘炳亮．说字母 - 话单词 [M]．广州：岭南美术出版社，2006.

[11] 欧亚．“巴黎水”用小尾巴创新 [N]．环球时报，2006-11-01-B5.

[12] 钱玉莲．现代汉语词汇讲义 [M]．北京：北京大学出版社，2006.

[13] 青木．法兰克福铜牛是“牛市”源头 [N]．环球时报，2007-04-10-09.

[14] 晒客：喜乐人生共分享 [N]．健康时报，2007-02-12-10.

[15] 泰山．“野皮士”喜欢浏览生活 [N]．环球时报，2009-14-B2.

[16] 王希杰．词汇演变发展的内因和外因 [J]．渤海大学学报，2004（2）：92-97.

[17] 汪榕培．英语词汇探胜 [M]．上海：上海外语教育出版社，1999.

[18] 王文斌．英语词汇语义学 [M]．杭州：浙江教育出版社，2001.

[19] 王文斌．英语词法概论 [M]．上海：上海外语教育出版社，2005.

[20] 新时代、新秘书 [N]．参考消息，2005-11-23-9.

[21] 邢福义．文化语言学 [M]．武汉：湖北教育出版社，1990.

[22] 张克定．语言符号衍生义理据探索 [J]．解放军外国语学院学报，2001（6）：9-12.

[23] 周学艺．美英报刊文章阅读 [M]．北京：北京大学出版社，2004.

[24] 郑志毅．网络“叽歪”正流行 [N]．环球时报，2007-07-09-B2.

[25] 字母 O 的故事 [N]．参考消息，2010-04-07-12.

第四章　语言——语用

数词是人类最早认识和使用的词类之一。数字是人类思维发展到一定阶段，为适应社会生产活动的需要，在符号的帮助下产生的。“数字是语言学中的一个特殊的领域。在科学的数字世界中，它的功能是计算，秩序严谨，职司分明，是实数；而在人类心灵的数字世界中，它的功能是表义，许多数字经过‘神话’后成为‘玄数’、‘虚数’、‘天数’。它们有着极其丰富的外延和内涵。”（王秉钦，1998：2）

数字词语以其独特的文化蕴含和功能，在人类的文化交流与发展中展示着奇异的风采，起着重要的作用。数字作为文化的一部分，也在语言中融入了自己的影响。每个民族语言中都有一些蕴含社会意义的国俗词语，它与该民族和使用该语言的国家的文化传统、风俗民情有着密切的关系。各个地区、民族和文化中，都有其各自的数字模式。数字，也是一种语言，它与人们的生产、生活有着不解之缘。在语言中，不同的数字可以有不同的文化意义内涵，而有的事物也可以用特定的数字加以指代说明。从这些数字词语的特征与差异背后，我们可以发现其中所映射的各种文化的历史特点、不同地区的风俗习惯、不同民族的心理特点等等。在英汉两种语言中，数字词语使用的范围、方式与含义，各有其独到之处。例如，在中国文化中，数字尤其具有神秘色彩。英、汉语作为东西方两种文化的代表，各自反映着本文化的特色。人们通过对两种语言中的数字词语进行对比，在其相似、差异与空缺中分析其背后的文化根源，从而对跨文化交际产生积极的意义。

一、数词语义、语用模糊性

数字往往用来表达精确的数目与数量，其显著特点是表达概念的精确性，一就是一，二就是二，丝毫不能混淆。然而在另一方面，数词的语义在语用中又具有模糊性和不确定性。在汉英文化中，数字常被用在文艺作品中表达一种模糊含义。现代语言学家普遍认为，任何自然语言在其不同的语言层面上都具有或多或少的模糊性。当代模糊语言学鼻祖札德指出：形象思维必须是模糊性的。因此，具有模糊性的数词多用于小说、散文、诗歌、戏剧等作品形式中，以实代虚，把所描述的对象进行文学性夸大，从而增加气势、渲染气氛、突出形象，增强艺术感染力。模糊数在汉语的文学作品中用得很多，俯拾即是，如：

苏小小，张好好，千金买笑，今何在玉容花貌——（元·张可久《春思》）
党与人民在监督，万目睽睽难逃脱——（陈毅《感事书怀·莫伸手》）

英语和汉语一样也存在模糊数，不过，由于民族、文化、风俗等不同，用什么数词作模糊数，往往不尽相同。英语中数词的模糊含义也并非多出现在艺术文体中。英语中的 ten、twenty、hundred、thousand，常用以泛指“多”义。例如：

He is ten times the man you are. 他比你高明得多。
One father is more than a hundred school masters. 父亲一人，胜过师长百位。
One good head is better than a hundred strong hands. 强手百双，莫如智者一人。
Every lover sees a thousand graces in the beloved object. 情人眼里出西施。
He complains and with millions of reasons. 他牢骚满腹，而且有千万条理由。
He has warned me against pickpockets twenty times. 他多次提醒我谨防扒手。
I have a hundred and one things to do. 我有许多事要做呢！
The coward dies a thousand deaths, the brave but one. 懦夫死上千次，勇士只死一次。

作为语言学中的一对矛盾，模糊性和准确性是对立统一、相互依存、互相转化的，模糊的概念能表达精确的意思。同样，精确的概念也可以表达模糊的意思。数词的模糊语义能够收到精确数词绝对达不到的艺术效果，这一点我们可以用数词在文学作品中尤其是诗歌中的运用来加以论证：

飞流直下三千尺，疑是银河落九天。（李白《望庐山瀑布》）
千呼万唤始出来，犹抱琵琶半遮面。（白居易《琵琶行》）
过江千尺浪，入竹万竿斜。（李峤《风》）
智者千虑，必有一失；愚者千虑，必有一得。（《史记·淮阴侯传》）

英语中数词的夸张作用同样毫不逊色：

I loved Ophelia: forty thousand brothers could not, with all their quantity of love make up my sum.（William Shakespeare: *Hamlet*）

And I will come again, my love, Tho'it were ten thousand miles.（Robert Burns: *A Red, Red Rose*）

Oh, Tom, don't lie…it only makes things a hundred times worse.（Mark Twain: *The Adventures of Tom Sawyer*）

He complains, and with millions of reasons.

But you'll never prove it in a million years.（S. Sheldon: *Rages of Angels*）

英汉数词语义模糊性有两大起因：一是数词本身具有的模糊性。二是英汉语言中某些句法手段综合作用的结果。英语中，由于 and 或 or 连用一些数词，或由于数词复数形式或复数形式的叠用，从而引起语义的模糊。如：

one thousand and one（许多）
by ones and twos（三三两两）
by twos and threes（三三两两）
thousands upon thousands（许许多多的）
one or two（几个）

在汉语中，相邻的两个数词连用可产生模糊意义，如：

所以不揣冒昧，请小翁在制军的公子面上吹嘘一二。（《文明小史》五八回）
一望二三里，烟村四五家，门前六七树，八九十枝花。（无名小诗《一望二三里》）

《一望二三里》全诗 20 字把数字“一至十”完美地镶嵌进去了，这里的数字并无确切的数量含义而是十分模糊的含义，表达的是一种数字美，它带给人更多的是对清新别致，恬静宜人的田园风景的欣赏和赞美。汉语数词的镶嵌作用、汉语数词的成对使用也可引起数词的模糊意义。如：一清二楚、接二连三、三妻四妾等。

二、数字情感意义

数字的词义远非单一，它往往可用作比喻或用来夸张、镶嵌，表达某种情感意义，有利于抒发感情、渲染气氛，使语言表达更形象、更生动。

“0”的书写方式及其与某些词语的谐音，可引起人们愉快或厌恶的联想。对英语国家的人来说，“0”可能是“OK”。Zero、cipher、zilch、naught、nought、nil、nix 都表示“0”，但它们的联想义却与“虚空，没有价值，一无所有”有关系。如：

All our efforts added up to zero/went for naught. 我们所有的努力都白费了。
Man is a mere cipher in the universe. 人类在宇宙间是微不足道的。

英语中的“one”与汉语中的“一”都指万数之始，表示最少数量，都常与其他数词连用，以形成强烈、鲜明的对照。汉语中有“一两个或一两次”等表示“不多”的意思，英语中也有类似的表达法：I've invited one or two friends round this evening. 汉语中“一”还有“事件开始”之义，由此构成了许多四字成语，如“一挥而就”、“一鸣惊人”等。同样，英语中的“one”（有时也可用“a”）常可表达比喻意义：

A word spoken is an arrow fly.
One today is worth two tomorrows.

英语中的“one”还可用作代词，表示“任何人（物）”。如：become one flesh（夫妻结合）、the Holy One（神）、the Evil One（魔鬼）。

汉语中常说那问题不难就像一加一等于二那么简单，英语中也有类似的数字比喻：That's no problem; it's just as clear as that two and two make four. 汉语中“二”表示确切的数字含义时，往往不直接用“二”，而是用了意义相同的“两”或“双”表示；英语中则用“dual”或“double”。汉语中由“二”、“两”、“双”组成的词语多含褒义。但由“二”组成的词语中也不乏含有贬义的，如二把刀、二赖子、二愣子、二流子、二傻子、二五眼（能力差的人）等。

汉语中有习语“乱七八糟”或“七上八下”，英语中却说“at sixes and sevens”。在汉语的四字成语中，“七”常和“八”相配，多表示杂乱之意，故常含贬义。例如：七零八落、七零八碎、七扭八歪、七高八低、七死八活等。

“九”在汉文化中被认为是个极数，因此含“九”的词语多表示“极言其多、其深、其高、其远”等。英语中“nine”同样也可表示“多”、“深”，如 A cat has nine lives. “Nine”即表示“多”，比喻猫有强大的生命力。再如英语谚语 A stitch in time saves nine.（小洞不补，大洞吃苦。）但英语中的“nine”还可比喻“少”、“短暂”，这是汉语中的词义空缺现象。如：A wonder lasts but nine days.（怪异新鲜不出九天。）

“九”是个位数中的最后一个，因而它表示结束，“九”又面临向十位进位，因而它又表示重新开始。由此可见，“九”可表“新生”、“死亡”的概念。“九”是变阶段的开始，表示一个周期的结束、行程的终止，圆环的闭合。Eliot 在他的 *The Waste of Land* 中有这样的句子：

And each man fixed his eyes before his feet.
Flowed up the hill and down King William Street.
To where Saint Mary Woolnoth kept the hours.
With a dead sound on the final stroke of nine.

钟打九点，这死的声音标志着一天的工作开始，人们又进入百无聊赖、毫无意义的一天。汉语“十”表示“多”和“满”，汉语的计数方法又是十进位制，所以十的倍数“百”、“千”就表示更多了，通常是“极多”、“无不”之意。如“百战百胜”、“百感交集”、“百依百顺”、“千载难逢”。英语中的“hundred”、“thousand”同样也可用来比喻“多”，如：He made a thousand and one(或 a hundred and one) excuses. 这里的“a hundred、a thousand”都不是确切的“一百”、“一千”的意思，而是比喻“多”，有夸张之义。

英语和汉语在数字“千”、“万”，“hundred”、“thousand”比喻意义的使用上有共同之处。汉语中由“千”、“万”构成的成语表示“极多”、“极盛”、“极久”、

“极难”、“极繁”等，如千千万万、成千上万、千真万确、千辛万苦等。英语将“hundred”和“thousand”用作复数时表示“极多”、“极远”等，如：hundreds of people， thousands of miles 等。

三、数字禁忌

大多数的禁忌都可追溯到上古人类的祖先在无从认知的条件下，被自然现象、自然规律所迷惑。人们在无知的状态下认为恐惧的、坏的、凶猛的神时常出现，如何躲避、隐藏、扼制进而讨好这些对他们造成威胁的神，就成为他们思考的问题。于是某些代表魅力、力量、禁忌的图像、符号、形式、语言便出现了，于是产生了禁忌。各民族对本民族的宗教信仰、风俗习惯等有着特殊的感情。在对不同数字的喜爱与忌讳上就反映出了中英文化的差异。

神话和宗教有着“血缘”关系。中国神话中的天神往往是远离人间，不食人间烟火，但以古希腊、古罗马神话为典型的西方神话中的神却近乎人类个性，充满人生的七情六欲和喜怒哀乐。中西远古神话内涵具有的巨大差异，体现了东西方不同民族在性格上的深刻差异，决定了东西方两大文化系统全然不同的发展方向。这些差异也体现在数字文化上，古希腊、古罗马神话传说对英语数字吉凶象征方面的影响，在西方比在中国显得更广泛深远和更加强烈。例如，“13”这一数字对于西方人来说象征着“不吉，倒霉”。据说在人类蒙昧时期，他们用十指加上两只脚也只能数到12，凡是超过 12 的数目就感觉神秘莫测。后来他们发现数字 12 可以均匀地分成两份、三份或四份，而 13 却无法均匀地分开。因此他们就认为 13 是个很不吉利的数字。另外，夏娃让亚当吃禁果是在十三日星期五，耶稣和弟子共进最后晚餐时犹大坐在第十三个位置上，该隐杀兄弟亚伯、耶稣被钉在十字架上都是十三日星期五，古代通往断头台的台阶是十三级，给刽子手的赏钱是十三个银币，所以，13 就成了禁忌数字。人们在很多场合避讳这一数字，如就餐时一桌不坐 13 个人，不能上 13 道菜；门牌、楼层、火车、飞机、影院座椅等编号均无 13；医院不设第 13 病房和病床；每月 13 日都不宜从事庆典等喜庆活动。13 号是许多西方人所憎恶的日子，就好似中国古历法中的“黑煞日，诸事不宜”一样。1970 年 4 月 13 日，从“39”号发射台升空的阿波罗 13 号宇宙飞船因氧气瓶爆炸而告失败，这更使人们对“13”的恐惧心理上升为“数字 13 恐惧症”。“Thirteen”在美国俚语里的意思是“小心点”，被用来警告，即“老板就在附近”。虽然禁忌数字是一种特例现象，但也反映了文化对语言的影响，如英语中会将号码“13”更改为“12A”等。然而，中国人对“13”这个数字则有不同的审美意识，可以说中国人自古以来从不忌讳“13”。“13”在中国文化中是好的象征，可以引发人们美好的联想。如 2 000 年来主宰中国思想文化的儒家经典俗称十三经。有人类医学瑰宝之称的中医在古代就分为“十三统”。明代帝陵称为十三陵。

清代京腔十三绝。崔颖《宫怨》有“十三兄弟教诗书”；白居易《从陕至东京》有“春光四百里，车马十三程”等句。

数字本无好坏、褒贬吉凶意义之分。但随着语言和文化的发展，人们却不断地丰富其内涵，增添其色彩。数有奇偶之分，一、三、五、七、九为奇数，二、四、六、八、十为偶数。从文化根源上看，汉语民族讲究对称，注重成双，喜联想吉祥，或小心刻意躲避因语言似同或构字相关造成的不祥意义的联想。汉语拥有极其丰富的谐音、谐义文化，其中以数字体现最充分、最淋漓尽致。如“4”、“四”谐音“死”而成为人们敬而远之的数字。选择手机号、车牌号时，都不愿有“4”、“四”，尤其是末尾数是“4”、“四”。然而西方有的民族对“four”极为崇拜，认为“four”是公平、正义、力量的象征。早期的基督教象征主义者则认为，“four”代表福音传教士，象征着统一、坚韧和稳定。英语中的“the four corners”就是“十字路口”的意思；“the four corners of the death”是“天涯海角”的意思。

人类自古就有迷信存在，也迷信语言的魔力。世界上每一种语言都存在着禁忌，每一种文化也都少不了迷信。为了促进各民族文化之间的交流，对目的语数字迷信和禁忌的了解和研究是非常必要的。

四、数词委婉用法

委婉是用温和、含糊和迂回的说法替代粗俗、生硬和直率的表达方式。数词的委婉用法在不改变基本意义的前提下，用带数词的表达力求达到避免刺激和意思含糊、婉转的修辞效果。例如“厕所”，操英语的民族一般不直接说 lavatory，而是用委婉的说法 public comfort station，washroom，restroom 等，在英国有人用数词习语 the fourth 来表达。据说此习语源于 19 世纪剑桥大学里的笑话，当时大学生早上的常规活动是：①做礼拜；②用早餐；③吸烟；④上厕所。后来 go to the fourth 作为“如厕”的委婉语就传开了。在美国儿童中比较流行的说法是 number one（小便）和 number two（大便）。中国的女孩子们也常用 No.1 或去一号、二号婉指去“方便”。

数词的委婉语用功能也体现在政治上。如：Third World（第三世界）婉指发展中国家。近年来西方又类推出 the Fourth World（第四世界），专指那些特别贫困落后的国家和地区。Third position 是一种既非资本主义也非共产主义的政治立场。Third House 在美国指（国会的）院外活动集团。Third estate 第三等级，即平民。英语中的“3”在西方人眼里是含义丰富的数字。除认为上帝是三位一体，称圣灵为 Third Person 外，含“3”的习语还可婉指其他各类人物。如：three-dollar bill 本义是“三元钞票”，而在美国并无这种面值的钞票，因而比喻行为古怪的人；three-letter man 表示娇弱而带女人味的男人； a third ear 表示告密者；third sex 为同性恋者的总称。而汉语中的“三只手”婉称“小偷”。

日常生活中的许多忌讳语也可用数词委婉语来表示。在通讯业、新闻通讯的末尾常用符号“-30-”表示“完，终，结束”，因此数字 30 或其文字形式 thirty 也被用来婉指“死亡”。英语中除了用 hostess，night-hawk，sister of mercy，street girl，streetwalker 等词语表示 prostitute（妓女）外，在美国英语中还流行数词习语 a forty-four 代替 whore。类似的说法还有：sixty-nine 代替 oral sex；five-by-five 表示“矮胖的”；a two-by-four 表示“色情杂志”；eighty-six 表示“醉酒”等。“The fifth wheel”的本义是汽车上的备用轮胎，而其比喻义则是“多余的人或物”。有些航空公司的机舱等级，本是一等舱（first class）改称 deluxe class 或 premium class（豪华舱），这样 second-class 就变成了 first-class，third class 更名为 business class（商务舱）或 tourist class（旅游舱）。与此同时，旅馆的房间等级划分也避开了二等、三等这样有损顾客尊严的名称，分别称为 deluxe；first class；standard 以及 private。

汉语中“十三点”有“不正常”、“疯狂”的含义。当人们在看钟时总是从 1 数到 12，如果有人在公共场合数到 13，那么将受到嘲笑，这里，“十三点”就是“愚蠢、疯狂”的委婉说法。“二百五”同样也是“不聪明、愚蠢”的委婉用语，因为“二百五”的渊源来自于古代中国的钱币流通，在古代，五百钱为一封，如果有人拥有半封（二百五十钱，“封”音同“疯”），就会被人开玩笑称之为“半疯”。由此，这种委婉说法便流传下来。汉语中“第三者”用来婉指所谓的“外遇”、“插足”、“桃色事件”。再如汉语中的“三八婆”与三八国际妇女节风马牛不相及，它是用来指那些脾性凶蛮的泼妇。

五、数字“3”的文化含义

西方文化受基督教影响颇深，中国文化也到处体现着受儒、释、道思想的浸透，宗教的相似之处使文化也产生了相似。“3”这个数字，几乎东西方文化都偏爱。“3”被视为神性、尊贵和吉祥的象征。

汉语中的“三”的满数概念，与古代汉民族的哲学理论密切相关。《道德经》曰：“道生一，一生二，三生万物。”也就是说，世间的万事万物都是由“三”衍化而来的。

《说文》释“三”曰：“三，天地人之道也。”古代汉民族将整个宇宙宏观地划分为天、地、人，这种天地人的宇宙三分法有别于西方哲学的物质、精神二分法。

而儒家认为：“人者，天地之心也。”《札记·礼运》这种“天人合一”的宇宙观也有别于西方人主张的“天人分离。”《易经》的整个符号体系就是建立在“三”及其倍数的基础上的。

由于“三”是表示吉祥的“玄数”，所以自古以来的事物多以“三”命名，如：三皇、三代、三公、三军、三教、三节、三纲、三玄、三藏、三礼、三世、三古、三元等。

古罗马神话中以“3”象征神性比比皆是，如罗马神话中世界由三位神灵统治：主神朱庇特、海神尼普顿，冥神普路托；有三神一体的女神，如美惠三女神（Graces）、命运三女神（The Graeae）、复仇三女神（Erinnyes）、季节三女神（Horae）。在希腊神话中，古希腊毕泰戈拉学派认为“3”是一个完美的数字，说它体现了“开始、中期和终了”。

基督教的圣父、圣子、圣灵三位一体的主张极大地影响着西方人的民俗心理。他们对 Trinity（三位一体）情有独钟，把它看成是完美的数字。他们认为世界由大地、海洋、天空组成；人体具有肉体、心灵、精神三重性；大自然有动物、植物、矿藏这三个内容。他们喜欢用 Trinity 这个吉利的字眼为一些事物冠名，如 Trinity House，Trinity Brethren，Trinity term，Trinity Sunday。

数的崇拜是一种非常古老的原始信仰。数起源于人类的生产与生活实践，但原始人却把数视作一种神灵之物，将其蒙上了神秘的、超自然的色彩，对数顶礼膜拜。基督教文化 trinity 的宗教传统确定了“3”的神秘文化内涵。“3”在英美文化中分布较广，经常在生活语言中出现三分法的分类方式。如英语字母表一般称作 ABC；笑话中也通常有三个主角；英牧师分国教派牧师、基督教牧师、犹太教牧师。在基督教中有三大美德：忠诚、希望、仁爱。所有这些都赋予“3”这个数字以崇高和美好的感情色彩，使其得以在文化中处于被宠爱的地位，自然而然，人们在语言与生活中也就会流露出对其的偏爱。莎士比亚戏剧里说：

All good things go by threes.（一切好事以三为标准。）

Number three is always fortunate.（第三号一定运气好。）

This is the third time; I hope good luck lies in odd numbers.（这是第三次，我希望好运气在单数。）

“3”有时象征着幸运，所以有这样的谚语“第三次真是妙不可言”。“3”有时也代表厄运，如“当了三次伴娘，却又从未做过新娘”、“第三次沉下去了”（即淹死了）。在中国，“三”的位置则更为突出。与“三”联系在一起的语言与文化随处可见，难以尽数。“三”常被人们用来代指“多”或表示极限，如有“事不过三”的说法。人们将事物一分为二的认识发展成一分为三。这其中，体现了“正、反、合”的对立统一的辩证思维方式，且也影射出儒家孔子“中庸”三道的特点。《论语》中有我们所熟悉的语句，如“三人行，必有我师焉”，“吾日三省吾身”，等等。在民间俗语中，也有诸如“一个篱笆三个桩，一个好汉三个帮”的说法；人们称松、竹、梅为“岁寒三友”。在三分法的影响下，季节、地名、官位、伦理观念中都引入了“三”，如“三秋、三晋、三公、三纲”等等。在这一点上，中西方是相似的。

在汉语的数词中，“三”也是较为特别的数。它在语言运用中，尤其是在成语和俗语中用途广泛，含义丰富，既可表实数，也可表虚数，如：三从四德、三姑六婆、三皇五帝、三教九流、三足鼎立、三跪九叩等。“三”表示多数是极常见的，如：三令五申、三思而行、三番五次等。三顾茅庐中的“三顾”本指刘备三次拜访诸葛亮，后来则泛指多次了。这表明，有些数词在发展中产生了变化，古今意义有所不同。

六、数字“7”的文化含义

“虽然从‘一’到‘十’的十个自然基数都充满神秘性，但‘七’恐怕是其中最神秘的，‘七’的深邃文化蕴含，不是某一个民族的独创，而是一种跨文化的人类现象。”（张德鑫，1999：189-190）

在中国的数字文化中，“七”具有极其重要的地位及作用。从典籍的可考性和记录上看，“七”比汉语中的其他数字具有更大的神秘性。在古书《易经》中，“七”和代表阳刚的“阳”有联系，即认为阳气的循环往复，以七天为一个周期。这与西方将七天定为一个星期吻合，说明在对天文自然的认识中，人与神，东与西竟达成了一致。人们在古时就提出天上有“七星”，世上有“七珍”的说法，“七星剑”给人们神秘色彩。周公门下的七位贤士被称为“周代七贤”，汉代的阮籍、嵇康等七人被称为“竹林七贤”。诗歌中有七言、七绝、七律。古籍中有《七激》、《七辩》、《七兴》、《七依》、《七款》、《七举》等。人们还将方位划分为七个，即“东西南北中上下”。在古代中国，数字“7”被用来决定一个女人生命中的各个阶段：她 14（2 × 7）岁时就开始行经了；在 49（7 × 7）岁时就进入了更年期。为死者举行各种仪式会持续“七七四十九天”：在人死后的每七天的第一天（一直到第四十九天）都要给死者供上祭品。

“七”在中国文化中为什么会有如此广泛的指代作用呢？有人认为，这是因为在 1—10 的数字中，唯有 7 既非其他数字的倍数，也非除数，同时还是一个质数，因此它被认为是纯洁的象征，是一个神秘而又不可思议的数字。

宗教中包含着丰富的数字文化内涵，世界各大宗教跟“7”都有着紧密的关联。英语中的 seven 也是一个神圣而又充满神秘色彩的数字。随着宗教的兴起和发展，英语数字“seven”具有浓厚的宗教色彩，已渗透到社会生活的各个方面。基督教认为，上帝用七天时间创造了世间万物“Seven days in Creation”。西方宗教还常采用数字“seven”来规范人的道德行为等，对英语语言文化产生了重大影响。例如：

（1）The Seven Virtues（七大美德）：信任（faith）、希望（hope）、仁慈（charity）、公正（justice）、毅力（fortitude）、谨慎（prudence）、节制（temperament）

（2）The Seven Deadly Sins（七宗罪）：骄傲（pride）、发怒（wrath）、嫉妒（envy）、肉欲（lust）、贪吃（gluttony）、贪婪（avarice）、懒惰（sloth）

（3）The Seven Gifts of the Spirit（神的七大礼物）：智慧（wisdom）、理解（understanding）、忠告（counsel）、毅力（fortitude）、知识（knowledge）、正义

（righteousness）、畏上帝（fear of the Lord）

（4）The Seven Heavens（七重天）：一重天为纯银天（pure silver），是亚当和夏娃的住所；二重天为纯金天（pure gold），是约翰和耶稣的领地；三重天为珍珠天（pearl）；四重天为白金天（white gold），居住着洒泪天使；五重天为银天（silver），居住着复仇天使；六重天为红宝石天（ruby and garnet），居住着护卫天使；七重天为极乐天，是上帝和最高天使的住所，有英语成语为证“To be in the seventh heaven”（极其快乐）。

（5）The Seven Sacraments（七大圣礼）：洗礼（baptism）、坚信礼（confirmation）、圣餐礼（the Eucharist）、忏悔礼（penance）、受圣职礼（orders）、婚礼（matrimony）、僧侣为垂死者行涂油礼（extreme unction）

（6）Seven Champions（基督教的七大守护神）：St. George of England（英格兰的圣·乔治）、St. Andrew of Scotland（苏格兰的圣·安德鲁）、St. Patrick of Ireland（爱尔兰的圣·帕特里奇）、St. David of Wales（威尔士的圣·大卫）、St. Denis of France（法兰西的圣·丹尼斯）、St. James of Spain（西班牙的圣·詹姆斯）、St. Anthony of Italy（意大利的圣·安多尼）

（7）The Seven Spiritual Works of Mercy（七大精神善事）：改造罪人（convert the sinner）、教育无知者（instruct the ignorant）、劝解疑惑者（counsel those in doubt）、安慰痛苦的人（comfort those in sorrow）、耐心忍屈（bear wrongs patiently）、原谅伤者（forgive the injuries）、为生者和死者祈祷（pray for the living and the dead）

（8）The Seven Corporal Works of Mercy（七大肉体善事）：照管病人（attend the sick）、施食于饥者（feed the hungry）、施饮于渴者（give the drink to the thirsty）、施衣于裸者（clothe the naked）、给陌生人住宿（harbor the stranger）、开导凶犯（minister to prisoners）、埋葬死者（bury the dead）

《圣经》中，“7”是一个非常有力的数字。约书亚带着七个祭司拿着七只公羊角绕着杰里科的城墙走了七天，到了第七天他们“已绕着城墙走了七次”，以色列人发出一声呐喊，杰里科的城墙就倒了。此外，还有一些《圣经》故事和神话传说中也体现出了七的神秘与普遍。如：圣母玛利亚有七件快乐的事和七件悲哀的事；圣祷文分为七个部分；神话传说中天上有七仙女；音乐中有七个音符等。

七、数字“9”文化含义

在中国，人们把“九”看成是自己心中的“天数”和最具有神奇色彩的数字，这是因为“九”这个数字特别富有象征意义。“九”这个数字在我国可以说历史最久，涉及面也最广。“九”作为数，不同于一般数字，在我国古代被认为是一种神秘的数字，它源于龙形图腾化之文字，继而演化出“神圣”之意，于是我国古代历代帝王为了表示自己神圣的权力为天赐神赋，便竭力把自己同“九”联系在一起。如：天分九层，极言其高。古人认为“九”是阳数，也是天数。所以当年皇帝自称“天子”，所以以“九”为象征。汉语里“九为至高无上的皇权的象征”。

古代中国人把天分为九层，九层天是天的最高处。在汉语中，九作为最大的个位数，是繁多的化身。汉语中有关词汇如“九重霄”、“九霄云外”、“九天九地”等。“九州”、“九原”之说以言地之广，“九万里”表极远之距。在古代中国，数字“九”在《易经》和《礼记》中很重要，其象征文化含义在中国传统建筑中得到体现。例如，皇帝祭天的圜丘坛共三层，第一层坛面中心是一块圆形艾叶青石，圆心外共九圈，第二、三层也各有九圈，每圈铺石的数目均为九的倍数。天坛，这个明清两代祭天的场所，其建筑无处不体现着“九”的象征意义。

《黄帝内经》曰：天地始于九。《吕氏春秋》曰：天有九野，地有九州，土有九山，山有九寨，泽有九薮。在古人心目中，天不仅平面为九，即九方天，而且垂直上为九重天。老人过节取重九，九九重阳节。中国的节气，从冬至那天起数九，到九九八十一天，九尽花开。

中国人以“九”为大数。《素问》中曰：“天地之数，始于一，终于九。”因此，汉语中有“九九归一”之说。因从“九”为数之极而引申出人生之限，故“明九”或“暗九”均为人生之坎。

此外，《词源》中说：“九：虚指多数。”“九”作为虚数解时，是数的一种语义模糊现象。《现代汉语词典》中，“九”的意思有三个，其中的一个意思是：多数或多次。因此，汉语中有不少和“九”有关的成语。如：“九牛一毛”、“九死一生”、“九牛二虎之力”等。

在我国，数字“九”涉及面在所有数字中最广。含有数字“九”的词汇也就特别丰富。如，“九州”指传说中的我国上古行政区划，后用作“中国”的代称。因此，国内全国性的电视节目就取名为“九州方圆”。古代有一种残酷的刑法叫“诛灭九族”。古代传说“龙生九子，各有所好”。因此，《红楼梦》第九回中用“一龙生九种，种种各别”来比喻贾氏家族族大人多，龙蛇混杂，好坏不一，各种各样的人都有。在文娱、体育的用语中，数字“九”可以说是比比皆是。比如，许多歌名都以“九”开头：“九九艳阳天”、“九百九十九朵玫瑰”等。体育活动中有“九柱戏”，兵器中有“九节鞭”。中国地名中有很多是以“九”开头的，如“九寨沟”、“九华山”、“九江”等。

在中国，人们对“九”特别看重。在民间人们也有选择含有两个“九”的日期作为喜日的习俗，“九”和“九”连在一起在读音上与“久久”谐音，寓含“天长地久”之意。1999 年 9 月 9 日，在新加坡有 165 对新人结为伉俪，在世界各地华人区有数千对新郎新娘举行婚礼，冀希永结同心，白头偕老。

歌剧《刘三姐》中有这样一节歌词：

高山打鼓远闻声，
三姐唱歌久闻名；
二十七钱摆三注，
九文九文又九文。

这是巧用数词“九”的又一个典型例子，它运用算术除法数目间的关系造句，将大数“二十七”析成三个小数“九”，这里连续三次反复使用“九文”，既使它自然地与“久闻”取得谐音双关，又强调了三姐已闻名的意思。

英语中，数字“nine”是西方人们心中的“神数”之一。英语权威字典 *Webster's Ninth New Collegiate Dictionary and Webster's Third International Dictionary* 中对“nine”所解释的意义比《现代汉语词典》所解释“九”的意义还多：

（1）one more than eight, three threes, the square of three;

（2）nine units or objects（a total of nine）;

（3）a: the numerable quantity symbolized by the arabic numeral 9; b: the figure 9;

（4）nine o'clock—compared Bell table, time illustration;

（5）the ninth size in a set series: as a: a playing team of nine members, esp. a baseball team; b: the first or last 9 holes of an 18-hole golf course...

其中收入与“nine”有关的词语和成语多达 20 条，例如：

（1）a nine-day's wonder（an object or event that creates a short-lived sensation）

（2）nine times out of ten（very often）

（3）be dressed up to the nines（elaborately dressed, as for a formal occasion）

（4）in the nine holes（in the different situation）

（5）A cat has nine lives（A cat can move so fast and jump so well that he seems to escape being killed many times.）

英汉语中都将“9”认作数字的极致，故而在语言中都有所反映。英语中的“be dressed to the nines”意为打扮得绝顶漂亮。其中“to the nines”意为“完美地；十全十美地”。数字“nine”及其倍数在西方也被广泛运用于文娱和体育活动中。如 bowling（保龄球）中的瓶状木柱数为“ninepins”；高尔夫球球场有 18 个洞；跳子棋的棋板上各有九个孔。由此看来，数字“nine”同样备受母语为英语的西方人的青睐。

八、数字联想意义与民族文化心理

汉英数字文化源远流长，从古代到现代，人们对数字的认识和使用无不反映着人们对现实事物的数量关系的实用性计算和测量。但是对数的认识作为一种文化现象，又不止涉及数量、计算和测量，它在传统文化中有着深广的意蕴，并扮演着多方面的角色，是解读民族文化心理的一个视窗。

民族文化心理是一个民族内在的比较稳定的来自文化传承塑造而形成的心理素质和特点，它包括思维方式和定势、价值观念和道德情操、爱好追求和性格特色等。它外化的表现，除语言外，更多见于人们较普遍地信奉的哲理、道义、宗教等精神文化产品，较广泛地认同和遵守的典章制度、凡俗习惯和行为规范。汉英民族文化心理存在着差别，是因为中国几千年的传统文化传承着儒家诸子的"伦理道德"思想。而英语文化则受《圣经》的基督教教义的影响。

就地域历史原因来看，汉民族为大陆居民，主要聚居在"中原"地区，有着稳定的心态，对生活环境的感觉是安全、融合的，故而在思维方式上讲究"天人合一"、"道法自然"，融于自然中去认识自然。这样一来，对自然的认识显得丰富而又亲切，并且因感受方式、认知方式注重主、直观体悟，所以语言中也就显现出只求"意合"而不重"形式"的特点，大大摆脱了语言表达的束缚，使语言可以表达具有很深内涵的思想。因而，汉语数字的表现方法显得琳琅满目，异彩纷呈。

西方人多为海岛居民（如古希腊、不列颠居民）或游牧民族，生活方式流动性大，不稳定，且要抵制自然的种种恶劣因素的侵扰。这些民族富于抗争性、挑战性、扩张性、独立性。在西方人眼里，每个人是独立存在的，自然界也是作为人的对立而存在的。人要生存，就要去征服自然。他们重形式、重分析、重理性抽象，而数字符号则成为他们进行抽象思维颇为方便、有益的助手和工具。西方人这种思维方式使他们在运用数字时力求其精确、严谨，将注意力更多地放在"形合"上。而这样便无形中限制了数字词语的联想意义的发挥，只将其含义挤压在了表层上。

中国社会本身就是一个重伦理教化的社会，重视的是一种和谐，人与自然与社会的和谐，因而也就更加重视现实的生活。在中国人看来，数字是从现实事物中抽象出来的一种属性和关系，而不是一种可以脱离具体事物而存在的无法感觉和把握的实体，这是思维始终联系而不是摆脱实际的唯物主义认识路线的表现。对英语国家的人们来说，数字是一个神秘而无法捉摸的实体，由数字而产生的联想大多与《圣经》有关。在文化心理方面，中国文化重人伦、轻器物，价值取向以道德为本位。英语文化重物质、轻人伦，价值取向以功利为本。

由此可见，正是由于中西文化的性质、双方的思维方式和文化心理的不同，才导致了汉英数字代表的思想内涵、感情色彩和修辞效果等的不同。

当人们在数字领域与数字打交道时，人们或许会觉得有些枯燥乏味。但当他们步入被赋予了丰富文化内涵的数字王国时，他们便会感受到数字的无限魅力，数字的无穷奇妙，会深刻体会数字文化的深邃与发达。以数字为基础的古希腊毕达哥斯哲学学派认为，与其将万物本原归于火或土，不如归于数，宇宙万物都由数构成，数的要素即万物的要素。人类现在已经进入了"数字化"时代，对数字语言文化的研究，也许更有其深远的意义和价值。中英数词的文化内涵及隐喻功能差异的研究只是语言和文化研究这座大冰山露出冰面的一个 iceberg（冰角）而已。但这个研究却给人类以无限的研究兴趣。对语言的深入研究，能够激发人们对文化内涵的探究和发掘。从某种意义上，这也意味着推动语言的发展，促进不同语言和文化间的交流。

参考文献:

[1] 陈勇．英语数词的语义特点和修辞特色 [J]．通化师范学院学报，2002（6）：66-69.

[2] 戴卫平．英语说文解词 [M]．大连：大连理工大学出版社，2003.

[3] 戴卫平．当代英语流行结构“Zero X”探析 [J]．中国科技翻译，2007（1）：53-55.

[4] 李国南．汉语数量夸张的英译 [J]．外语与翻译，2003（2）：29-35.

[5] 刘秀丽，张宜波．英汉数词的模糊性、起因及文体功能 [J]．石油大学学报，2000（5）：75-77.

[6] 明安云．英汉数字的文化差异 [J]．湖北大学学报，2002（5）：115-117.

[7] 王秉钦．语言与翻译新论 [M]．天津：南开大学出版社，1998.

[8] 文旭．浅论英汉数词的模糊性 [J]．外语学刊，1994（2）：50-52.

[9] 徐宇．英汉谚语中的数字修辞 [J]．青海师范大学学报，2002（3）：113-115.

[10] 杨晓军，杨祝英．东西方数字“九”的文化对比分析与翻译 [J]．天津外国语学院学报，1999（2）：76-79.

[11] 游晓玲．英汉数词的文化差异和翻译 [J]．阜阳师范学院学报，2001（4）：59-61.

[12] 张安德，李志强．中英数字词语的文化比较 [J]．山东师大外国语学院学报，2000（3）：63-66.

[13] 张德鑫．数里乾坤 [M]．北京：北京大学出版社，1999.

第五章　语言——心理窗口

在整个人类文化的产生和发展中，语言始终是与文化同步发展、变化的。一个民族的文化心理也必然在其语言中得到最充分的体现。法国最著名的生理学家贝尔纳强调指出：“语言是洞察人类心智的最好的窗口。”（邢福义，2000：137）词汇是语言中最活跃的因素，也是民族文化语言形式折射后的焦点，它能够最大限度、最直接、最敏感、最迅速地反映人类社会生活的文化镜像。通过对一个民族语言词源结构的考察与解读，我们可以比较清晰地看到该民族文化的诸多侧面，特别是处于文化结构深层的文化心理。20 世纪 80 年代以来，中国社会在政治、经济、文化等方方面面发生了翻天覆地的变化。“当社会生活发生渐变或激变时，作为社会现象的语言会毫不含糊地随着社会生活进展的步伐而发生变化。语言作为社会必要的存在条件，作为一种特殊的社会现象，作为社会最重要的交际工具，它一方面对社会有绝对的依附性，另一方面，它对社会的发展有应变性。语言要适应社会的变化着的交际需要而不断地演变和发展。”（姚汉铭，1998：1）汉语，作为世界上近 1/4 人口使用的语言，也沿着改革开放新时代的步伐，日趋适应新时代的环境，创造了许许多多的新词语，五光十色地折射出新时期的方方面面。现代英语词汇与现代西方社会的现实生活一样，也是一个丰富多彩的世界。它每天都在产生着反映新事物的新词语。现代西方社会的光怪陆离、政治生活的变化多端、意识形态叛逆运动的频繁爆发、科学技术的日新月异是现代英语词汇日渐丰富多彩，词义不断衍变的文化根源。“民族文化造就了民族的性格，也孕育出民族的文化心理。民族文化心理经过遗传作用，逐渐积淀并固定下来，从而又制约着民族文化的发展。语言作为重要的文化现象，也必定受到文化心理的影响。”（王西戎、胡汝斌，1998：439-440）

一、开放心理

英语是世界上具有空前庞大词汇量的语言。在英语产生后的 1 500 多年中，它广泛地从世界上的其他语言中直接借用了大量词汇。1978 年出版的《英语百科全书》

就列举了现代英语吸收了包括以下语种的词汇：希腊语、意大利语、西班牙语、葡萄牙语、荷兰语、俄语、斯拉夫语、波斯语、梵语、希伯来语、阿拉伯语、土耳其语、马来语、汉语、埃及语、北非语、西非语、北美土著语等。（顾嘉祖，1990：42）对外来词语的吸收、同化功能跟操英语民族的“开放型”心理特点息息相关。英国语言学家布赖恩·福斯特在其《变化中的英语》一书中精辟地分析了英语民族在吸收外来词语问题上的民族心理特点：“从英语的整个历史来看，英语对其他语种的词语总是乐于采纳的。英语跟其他主要的语种相比更易于接受外来的影响。对大多数操英语的人来说，他们似乎主张一种语言上的‘自由贸易’。如果一外国词语是有用的话，那么就应该采用，不论其来源如何。”（布赖恩·福斯特，1982 ：75）“只要有用、拿来就用”，英语民族在吸收外来词语时的这种“开放型”的民族心理不仅反映在中古时期，批量地吸收、同化征服者的词语。值得一提的是，在英语已具有百万以上庞大词汇量的今天，英语民族仍像他们的祖先那样大量地借用、吸收外来的新鲜词语。一个有容量的语言才是丰富的语言。形形色色的外来新词语极大地丰富了英语本来就已经十分庞大的词库，进一步增添了它的表现力。

汉语的历史比英语悠久，但在历史上，汉语吸收外来词语的数量与英语相比却少得无法比拟。数千年来，汉语只吸收了极少量的外来词语，这与英语借词占英语词汇量一半以上的情况形成鲜明的对照。随着我国对外开放政策的推行，随着我国社会与外界接触的日益频繁，随着汉民族与外民族语言文化接触的频繁，中国社会由封闭型走向了开放型，汉民族大陆文化自给自足的封闭心理有了很大转变，汉民族对外来文化、外来语的心理承受能力有了显著的增强。人们要交际，要交流，就需要从其他语言中不断地吸收养料，吸收新的东西。正是改革开放以来有形和无形的变化，导致了新时期“洋面孔”词语的频繁引进和使用。权威的《现代汉语词典》在其修订本（商务印书馆 1996 年 7 月修订第 3 版）的词典正文中专门附有“西文字母开头的词语”，这是改革开放以来，汉民族宽容心态或开放心理的具体体现。新时期外来语借入汉语的形式，大体上有以下几种：

（1）西文字母缩略：我国改革开放的深入和对外文化交流的日益扩大，加速了外来词的快速引进。新的外来词一时难以译定，出于便捷的使用需要，使用最简单的办法，使用原文的缩略语。它们可分为两类：全西文字母缩略语，如 GDP（国内生产总值）、DNA（脱氧核糖核酸）、CT（电脑断层扫描）、TMD（导弹防御系统）等；西文字母加汉字词，如 B 超、VCD 光盘、IC 卡、BP 机、OK 镜等。

（2）音译：这种外来词纯粹是选用同音汉字去标记外来词的语音。汉字只表示音素，不表达任何意义，如雅虎（Yahoo）、柯达（Kodak）、迪斯尼（Disney）、比基尼（Bikini）、尤里卡（eureka）等。

（3）音译加字：有些外来词的汉语音译无法见字明义，故难测其真正含义。因此，有必要赋予它们本来只表音不表意的成分，从而成为一个意思完整的新汉语语素，借以指明它的类别与属性，以符合汉语凡事求类的习惯。例如：萨斯病（SARS）、耐克鞋（Nike）、泡泡糖（bubble）、恰恰舞（cha cha）、桑那浴（Sauna）等。

（4）音意兼译：在音译外来词的时候，既考虑语音的同音原则，又选用某些同原词意义相关或者能表达某些意义的汉字去示义，使之兼得音译与意译的长处，便于国人理解和想象，如：捷达 Jetta（汽车）、佳能 Canon（照相机）、托福 TOEFL（出国考试）等。

（5）仿译：这种方法是将原词组成部分按语义逐字翻译成汉字，再将其组合起来，如热狗（hot dog）、软饮料（soft drink）、鸡尾酒会（cocktail party）、干细胞（stem cell）等。

（6）意译：意译是一种归化法，是用汉语里固有的词汇改变外来语，使之具有汉语特色。吉祥物（mascot）、掠影（glimpse）、第二职业（moonlight）等新词语都是近几年从外语中意译过来的。

（7）脱离原词的音和意：在大量引进的外来语中，有一些外来词语为了切合商品的字眼，其译名部分或完全脱离了原词的音和义，这些外来语主要靠约定俗成的力量维持其存在，如：Aquafresh 家护（牙膏）、Reebok 锐步（运动服）等。

（8）西文字母形象性表述：利用语言文字的形体来描摹比拟某种客观事物，可以达到简明扼要、生动形象的效果。随着东西方文化的不断交融，利用西文字母进行形象性表述的词语在汉语中频频出现，如证券业常说的 K 线图、M 头、W 底、T 型。

汉语中还有相当一部分新词语，半洋半中地称呼改革开放以来出现的新事物、新现象、新概念，如汉语托福、麦氏咖啡、亨氏婴儿食品、蓝带啤酒、马拉松工程、猫王音乐、多米诺效应、肯德基炸鸡、丁克家庭、老年迪斯科、峰会、基因草图、科尔奈指数、比基尼泳装、跳蚤市场、精子库、人才库，等等。外来语成分还为汉语带来了许多构词能力很强的新词缀，如来自“巴士”的“巴”，来自“可口可乐”和“百事可乐”的“可乐”（“可乐”已成为商品名称，一个类词缀，如“非常可乐”、“天府可乐”、“万事可乐”、“上海可乐”、“华事可乐”等）。近年来随着计算机的广泛使用，汉语从英语中引进了“disk”这个词，根据它呈圆形和扁平状的特点，将其译为“盘”，构成了一批新的复合词，例如：磁盘、视盘、硬盘、软盘、光盘等。这一方面说明当前汉文化的开放性非常强，吸收功能良好，另一方面也与外来文化极其活跃和可接受性越来越强有关。

在洋为我用，创造性地借鉴、吸收外来词时，汉民族着力体现汉语语音及汉字表意的属性，赋予其浓郁的汉语语音和语义色彩，使之不仅与汉语固有词汇形成有机和谐的整体，且形象鲜明，极富表现力和艺术感染力。“可口可乐”就是一个绝佳的译名，它相当生动地昭揭出这种饮品给人带来的清爽感、愉悦感——既“可口”

亦“可乐”。再如时下流行的“乐口福”（麦乳精）、“康福寿”（滋补品）、“郁美净”（洗涤剂）、“洁碧丽”（化妆品）等译名也是既达意又传神的范例。这很好地说明了汉民族“喜欢有可解性的字，不喜欢没有可解性的字的文化心理”（王西戎、胡汝斌，1998：440）。

二、趋新心理

在英语民族的思想意识中，对新的东西总是抱有特殊的感情，特别是在瞬息万变的现代社会，丰富多彩的生活更加深了人们求新的愿望，促使他们不断追求语言创新以表达新事物、新观点、新概念、新经历等。趋新心理在语言运用上的表现是多种多样的。首先，创造新词语以表达新事物、新观点、新概念。Cyber 是当今信息时代最活跃的英语前缀，人们在英语报刊杂志和网络上会经常注意到它的不断出现。20 世纪 80 年代中期以后，电脑的网络化使世界各地的电脑爱好者组成一个特殊的世界，被冠以“cyberspace”。美国有一份杂志，对象是儿童，取名为“Cyberkids”。时下针对美国医疗费用居高不下的状况，美国医疗行业开始建立医疗网站，通过互联网络向患者提供免费的会诊和保健咨询，cyberdoc 由此应运而生。近几年来，利用网络传播色情内容、进行犯罪已成为美国的一个公害。于是，用于表示黄色视盘，计算机犯罪，计算机警察的 cyberporn、cybercrime、cybercop 等词语便被创造出来。今天，全美国使用因特网的人几乎都知道 Google 为何物：销售人员用其查询商业信息；家庭主妇把它当作购物指南；大学生借助其准备论文……只要是互联网上有的信息，无论是非洲的好望角还是芬兰的北极村，都能在 Google 上找到，Google 已经成为许多美国人生活工作中不可或缺的查询工具。Google 的原名为 Googol，意思是 10 的 100 次方，是个巨大的数字。Google 的胃口如同它的名字一样，大得出奇。Buppie（黑人雅皮士，指处于地位上升期的黑人职业人士），muppie（玛皮士，指都市中中年职业人士），yuppie（雅皮士，收入丰厚，一味追求物质享受、自命不凡的都市青年），yeepie（逸皮士，指雅皮士的父母）等用语是仿 hippie（嬉皮士）而创造出的新词语，它们为当代美国社会某些特殊群体贴上与众不同的身份标签。

西方发达国家是商品经济极其发达的社会，市场竞争异常激烈。厂商们为了闯出名牌占领市场，在商品的名称上也要标新立异，独树一帜，以期获得惊人的轰动效应，如：Clean &Clear 是一种洗面乳的品牌，暗示经常使用可以去掉脸上的痤疮和粉刺，达到面部 clean and clear（干净、清爽）的效果。药品 Viagra 的 via 表示 life（生命），而 gra 表示 energy（能力）。这个品牌名称暗示了这种药品的功能。Vicks Cough Silencer，不仅把止咳的意味表达出来了，而且用 make cough silence，使得品牌名听起来幽默诙谐，不像一般的药名那样严肃、呆板、让人“听”而却步。Comfort（床上用品），原义是“安慰、舒适”的意思，暗示它能带给消费者以美好、惬意、放松的感觉。Band-Aid，从名称上就能看出它的功能——提供及时帮助的绷带。还有 Ray-Ban Shade（一种太阳镜）、Airwick（一种空气净化剂的商标名），Right Guard（一种家用必备药箱）等，消费者都能从商标知道其产品的用途。Ultra Brite（牙膏），利用谐音，将 brite（与 bright，“明亮的，光亮的”发音一样），加上 ultra（特别的，极度的）前缀词构成新词，给顾客使用该产品会获得特别光洁牙齿的印象，刺激了购买欲。Kewpie Doll（爱神玩偶），kewpie 则是爱神 Cupid 的谐音。Kool-Aid（一种冷饮），取 cool 的谐音，给人冰凉清爽的感觉。

1979 年我国实行改革开放以来，中国人的思想得到空前的解放，许多无形的束缚被解除了，人们活动的天地更为广阔，社会交往比以往更为频繁。在语言表达上，人们不再满足亦步亦趋，在旧式框架里摆动。他们不愿意使用那些已用很久、用滥的词语，而喜欢别出心裁地创造出一些“人无我有”的新词语来。例如：“理发店”是现成名称，似乎已过时了，因此创造出从未有过的“发廊、发屋、发型屋”，以标志其“新潮”。“减价”、“杀价”似乎还嫌不够刺人眼目，干脆来个“大放血”、“跳楼价”，以轰动路人，招徕生意。1997 年由英国爱丁堡罗斯林研究所科学家通过无性繁殖技术（又称“克隆技术”）复制芬兰绵羊取得成功的消息轰动了全世界。国人很快将“克隆”一词赋予“复制”、“模仿”甚至“抄袭”等词义，在日常生活中频繁使用，什么“克隆剧”、“克隆作品”、“克隆论文 / 书”、“克隆明星”、“克隆证书”、“克隆方案”等比比皆是。人类普遍有一种好奇求异的心理，这种心理制约着他们对词语的使用。有时他们置已有词语于不顾，偏用等义的外来词表达，如“牛奶”要说成“妙卡”（milk），“奶糖”要说成“太妃”（toffy），“商店”要说成“士多”（store），“指点”要说成“贴士”（tips）等。

改革开放实行的新的政治经济政策又导致了人们思想观念的更新，人们不再囿于原有的程式。商品经济中出现的一连串趋时名称，似乎也刺激了人们的求新心态，人们不再愿意墨守成规。这反映在语言上，便是力求构造出新的词语来表达思想，进行交际。如人们不满足于“反省、省察、回顾、思索”，另行使用了一个含义更广的哲学名词“反思”。“公布”也似乎太陈旧了，于是从戏剧术语中借来了一个十分形象的词语“出台”。商店之类的布局，则借用了一个科技术语“网点”来表达。这些新词语的出现，在很大程度上是人们求新心态的驱使。

汉民族的趋新心理在语言运用上是多种多样的，人们对任何标志新事物的新词语有着特殊的敏感和兴趣，因此对新词语的使用也就相当频繁而广泛，如：中外合资、上网、炒股、上市、股民、特区、引资、创收、知识密集型、招商、优势互补、商品房、网民等在中国几乎是家喻户晓。

三、求雅心理

中国是有着悠久历史的文明古国，素有“礼仪之邦”的称号。近年来，随着我国全民精神文明程度的日益提高，我们民族的心理更趋文明高雅，使用词语也更趋于文雅。比如“弘扬”原属佛教中的文言书面语，但随着人们对语言文雅色彩的追求，它已被广泛使用。“语言本身深嵌在生活方式的深刻背景之中。”（姚汉铭，1998：60）正是基于精神文明建设这样的社会背景，这促使汉语中产生一大批雅致用语。夫妻中的一方在外搞不正当男女关系，过去叫“通奸”。这个语词不太雅观，现在，便创造了一个“婚外恋”。“离婚”改称为“离异”。“单相思”也不雅观，现在改称“单恋”。过去称男性为“男人”，如今也嫌粗俗了，已改用“男士”、“先生”、“帅哥”来代替。年轻女性不问婚否和长相，一律称之为“小姐”、“美女”。“妇女”则为“女士”所取而代之。当代中国社会上正在更换个别粗俗的、经不起推敲的、不符合国际习惯的称谓词，其原因正是“由于改革、开放的不断深化，人们思想观念的更新，文化素质的提高，审美情趣的雅化”（姚汉铭，1998：61）。在书面交际中，由于整个社会文化水准的提高，追求高雅的心态更为鲜明。写作者往往刻意从哲学名词、科学术语中借用一些词语，来显示自己的身份。如用“反差”代替“差距”；“群体”代替“团体”；“反射”、“折射”、“观照”更新了“反映”。对于大家关心的问题，从物理学中借来了术语：“焦点”、“热点”。在经济改革的大潮中，还涌现了不少政治委婉语，如把“涨价”说成“调价”、把“失业”称为“下岗”、把市场“萧条”叫作“疲软”等。两种说法所指对象、内容一致，但后者显然更为含蓄，反映了人们力求高雅的心态。

“文雅准则即选用雅语，禁用秽语；多用委婉语，少用直言。”（顾曰国，1992：13）文雅语言显示出说话人有教养和修养。有教养和修养即精神境界达到了较高的层次。英语民族的精神文明程度是比较高的，他们不断地创造出表情准确、达意委婉的文雅语来表达那些听起来不雅的词语。英语国家的女性不高兴别人说她fat，obese 或 thin，skinny，于是人们就用 plump，full-figured，mature，chubby，buxom 取代 fat，用 slender，slim 取代 thin。相貌有美（beautiful, pretty）、有丑（ugly）。对前者可以直说，而对后者英美人则用 plain 或 ordinary 来代替那个太“实事求是”、伤害他人自尊心的字眼“ugly”。随着美国人对传统价值的回归，堕胎成了越来越敏感的话题。也许是太敏感了，abortion（堕胎）一词似乎变得难以启齿。人们在讨论这一问题时开始避免直呼其名，就连堕胎最热情的支持者也是如此。“Abortion”被称作 reproductive health procedure（生殖健康程序），堕胎诊所被称为 reproductive health clinics（生殖健康诊所），堕胎权被称为 reproductive freedom（生育自由）。政府官员在接受采访时都把“abortion”归于 services for pregnant women（孕期妇女服务）。“语言是思想的直接现实。”（马克思语）语言不仅是意义的符号和代码，而且是文化的符号和代码。它是一种广泛的社会心理现象，与文化在很大程度上是共生的，是一种特殊的文化。作为思维的工具，语言的运用受到思维者文化素质的制约；作为一种交际工具，语言的表达又受到交际者群体心理和习俗的制约，即受到特定文化的制约。

文雅词语从来就是社会心态在语言中的镜像折射。汉语、英语中的种种委婉用语、高雅词语反映出文明古国和现代文明社会的人们在使用语言时追求高雅的社会心态。正如哲学家赫尔德所说：“语言是心灵和它自己的契约，这个契约就像人之所以是人一样重要。”（姚汉铭，1998：62）

四、尚简心理

中华民族在审美观念上崇尚简约，主张以简驭繁，在语言使用中也一向主张“言贵于省文”、“文约而事丰”。在中华民族尚简传统的影响下，汉语新词语必然走简化之路。同时，当今社会知识爆炸、信息倍增，在中国市场经济日益发展的形势下，人们不再慢条斯理地生活，一切都要讲究效益。今天的人们珍惜时间，讲究效率，用最少量的词语表达丰富、周密的思想。信息传递的第一个要求是准确无误，第二个要求是省时省力，合起来可以称为效率原则。对于语言来说，最理想的效率是在保证准确的前提下，用最经济的手段达到交际的目的。语言的本质特点促成了汉语新缩略语的大量产生。

汉语缩略语是由词组简略而成的，主要有简称和数词缩语两种。作为简称，大多是抽取原词组里的关键性语素按原语序组合，如世博会（＝世界博览会）、申奥（＝申办奥运会）、消协（＝消费者协会）、打拐（＝打击拐骗妇女儿童犯罪）、新马泰（＝新西兰、马来西亚、泰国）、纪检委（＝纪律检查委员会）等。作为数词缩语，它是用数字概括几种具有共同性质的事物和行为。数字的大小由联合成分的多少而定。如三个代表、三讲、两个开放、三资企业、四有新人、一国两制、两栖明星、十五计划、十佳、三包、两个文明等。中国人善于归纳概括，善于总结，常常使用数字式语言，即把丰富的内容或好几层意思用数字概括为寥寥几个字。这些数字式新词语简洁明快。因数字式新词语立意生动形象、构造别致，而使其迅速流传，为人们所喜闻乐见。人们在使用语言时往往会采用省力原则。譬如，汉语中两个字的词比三个字的词就更有生命力，如“手机”代替了“大哥大”，“的士”取代了“出租车”。为了满足交际的方便、快捷与经济，现在人们一般不用“地下铁道”和“超级市场”，而使用“地铁”和“超市”。还有用抽象融合方法构成的缩略词，如小球（对羽毛球、乒乓球等的统括）、大球（对篮球、足球、排球等的统括）。

现代英语词汇的特点之一是用词简化，词汇向单音节方向发展。另一方面，西方社会生活节奏加快，社会高度信息化。“时间就是金钱。”新的缩略语广泛应用于社会和生活的各个领域，包括文化、教育、科学、体育、卫生、工商业等方面，并且数量上也在不断增加。1987 年 Gale Research Company 出版的《缩略语大词典》（*The Acronyms, Initialisms & Abbreviations Dictionary*）第 11 版就收录了各种缩略语 40 万条以上。语言在演变过程中，为了既能达到交际和表达的目的，又能满足人类的自然惰性，缩略语就应运而生。

首字母缩略词是英语新词的一种常见形式，例如 WWW（= World Wide Web）、IT（= Information Technology）、NMD（= National Missile Defense）、EU（= European Union）、IOC（= International Olympic Committee）等。

首字母拼音词由于既容易读又容易记，其数量正在与日俱增。AIDS 是一个典型的例子，比它的全称 Acquired immuno deficiency syndrome 容易记得多。许多其他类似的例子如：SARS（= Severe Acute Respiratory Syndrome）、OPEC（= Organization of Petroleum Exporting Countries）等。

还有一类缩略词是截短词，即把原词截短成两部分，只保留前面的一部分，旨在使用起来方便快捷、简洁高效，取得以简代繁的效果，如：hi-fi（= high fidelity）、high-tech（= high technology）、telecon（= telephone conference）等。

为了使语言简练，现代英语常常将两个词的某部分拼缀，用一个词的截短形式与另一个词的截短形式拼合成一个新词，例如：modem（调制解调器）。该词借用 modulate（改变波的幅度、频率或相位）的前三个字母与 demodulate（把已改变的波的幅度、频率或相位恢复原来状态）的前三个字母 dem，两个 d 字母合为一个。拼缀成的 modem 准确地反映了 modulate 和 demodulate 两者的功能特征。

人类语言的使用受到认知制约，最典型的莫过于省力原则。省力原则，就是在语言的使用中花最少的力气，获得最大的认知效果。从实用的角度来看，语言作为人类交际和认识世界的一个工具，重要的是使用起来方便。所以，人们不愿意，也没有必要把它搞得过分复杂，使用起来过分麻烦。人们在使用语言的过程中认识到语言的价值，如在电报、电传和报刊等领域，语言的简洁与经济有直接联系。简易性原则，就是经济原则。随着人类生活节奏的加快，讲话信息量的增加，人们自然就更愿使用缩略语，用词更趋简练。

参考文献：

[1] [美] 布赖恩 · 福斯特．变化中的英语 [M]．李荫华译．沈阳：辽宁人民出版社，1982．

[2] 戴卫平，吴蓓．英语与英美文化 [J]．长沙大学学报，2001（3）：62-65．

[3] 戴卫平．汉语新外来词语与汉民族的文化心理 [J]．松辽学刊，2001（5）：50-52．

[4] 戴卫平，江淑娟．汉英新词语与汉英民族的文化心理 [J]．湖南大学学报，2002（1）：44-48．

[5] 戴卫平，裴文斌．新时期汉语词语及其语用西化现象分析 [A]．张后尘主编．来自首届中国外语教授沙龙的报告 [C]．北京：商务印书馆，2002．

[6] 戴卫平，裴文斌．新词新语与民族文化心理 [J]．外语论坛，2003（4）：56-63．

[7] 戴卫平，裴文斌．现代美语词汇发展的几个趋势 [J]．四川理工学院学报，2006（2）：94-97．

[8] 顾嘉祖．试论语言的吸收、同化功能与民族文化心理 [A]．顾嘉祖、陆升主编．语言与文化 [C]．上海：上海外语教育出版社，1990．

[9] 顾曰国．礼貌、语用与文化 [J]．外语教学与研究，1992（4）：10-17．

[10] 林伦伦．现代汉语新词语词典 [M]．广州：花城出版社，2000．

[11] 刘鸿模．词语流行风 [M]．广州：广东旅游出版社，2000．

[12] 陆谷孙．英汉大词典补编 [M]．上海：上海译文出版社，1999．

[13] 裴文斌，戴卫平．新时期外来词的社会、文化与心理功用 [J]．辽宁大学学报，2003（2）：43-46．

[14] 史有为．汉语外来词 [M]．北京：商务印书馆，2000．

[15] 王西戎，胡汝斌．汉语外来语意化倾向研究 [A]．刘重德主编．英汉语比较与翻译 [C]．青岛：青岛出版社，1998．

[16] 汪榕培，卢晓娟．英语词汇学教程 [M]．上海：上海外语教育出版社，1997．

[17] 邢福义．文化语言学 [M]．武汉：湖北教育出版社，2000．

[18] 姚汉铭．新词语 - 社会 - 文化 [M]．上海：上海辞书出版社，1998．

第六章　语言——民族

美国英语独创和发展了大量与美利坚民族相关的词语。它们是理解美利坚民族构成、种族渊源、种族歧视、种族矛盾不可缺少的史料。

美国是一个十足的、典型的世界各国移民的汇集之邦，它的民族形成是人类历史上颇具特色的一章。美国的国民来自世界上不同的民族，有着迥异的文化背景，代表不同的肤色和不同的宗教信仰。

Americanism（美国创造语）或称为 English in the US（美利坚合众国英语），经历了一个演变过程。历史上，关于美国语言历来就有不同的说法。在殖民地时期，通常用 English in North America（北美英语）或 Colonial English（殖民地英语）统称。“二战”结束后，由于美国综合实力的增强和世界霸权地位的基本确立，美国人干脆使用 American English（美国英语）或 American Language（美国语言）。

美国是世界上种族（race and ethnic group）最多样化的国家，美国语言是“合众种族国”民众用于社会交往、思想沟通和信息传递的工具。源于英语语言的美国语言在美国特殊的文化、历史、社会环境里形成了自己独特的形式和含义。本文试图通过分析美国语言中的族群名称、种族称谓、歧视语、贬语来探讨美利坚民族构成及种族来源等。

一、族群名称与民族构成

“民族通常指的是具有共同血统、共同宗教、共同语言、共同文字、共同文化习俗、共同历史遗产和共同地理疆域的一类人。”（王恩铭，1997：52-53）用上述概念指美利坚民族，很难说其具有这些通常所说的民族特性。美利坚民族是 100 多个民族的混合体，素有 the nation（国家）of nations（民族）之称。“美国人血管里的每滴血，都混合着全世界各个民族的血液！”（Herman, 1982: 58）

美国人来源相当分散，民族的构成也就极为复杂，是一个地地道道的“奇异的血缘混合体”。美利坚的民族是“天下会聚、四方杂处”，因此产生了各种各样奇异的族群称谓。

西班牙裔美国人 Hispanic/Hispano 是最复杂的群体，他们是来自母语为西班牙语的移民及其后代。他们中有西班牙血统的白人 Hispanish-American，西班牙人与印第安人的混血种后代 Mestizo，西班牙人与黑人的混血种后代 Mulatto，居住在美国的拉丁美洲人 Latino，墨西哥裔美国人 Chicano，还有路易斯安那州及其濒墨西哥湾州欧洲裔与非洲裔的混血儿 Creole。Chamorro 是具有西班牙人、菲律宾人和密克罗西亚人的混合血统的美国人，亦称 Guanmanian（关岛人）。

美国的犹太人不是来自某一特定的国家，而是来自许多国家，如 Sephadi 是来自西班牙和葡萄牙的塞法迪犹太人，Ashkenazi 是来自中欧和西欧的阿什肯纳齐犹太人。Gullah 特指那些居住在北卡罗来纳、佐治亚、北佛罗里达沿海岛屿和海岸地区的非裔美国犹太人。

Cajun 这一称谓是指 18 世纪末期由加拿大阿卡地亚地区（Acadia）迁至美国路易斯安那州和缅因州的法裔移民及其后代，Cajun 系 Acadian 的变体。Issei 一词源于日语，是出生在日本的第一代日裔美国人的称谓，而 Nisei（日文“二世”的意思）则是称呼那些父母出生在日本、自己生长于美国的日裔美国人。Neorican 是原籍为波多黎各的纽约人，Nuyorican 和 Newyorican 为其变体。Pennsylvania Dutch 指的是那些 17、18 世纪在宾夕法尼亚州东部地区定居的德国移民的后裔。Bohemian 是居住在威斯康星州和大平原地区的捷克裔美国人，他们主要来自捷克西部的波西米亚省（Bohemia），因此被称为“波西米亚人”，等等。

“美国是一个移民国家。其典型性，恐怕在世界历史上罕有其匹者。正是形形色色的移民——老移民、新移民、非自愿移民、非法移民等——造就和发展了美国。没有移民就没有美国。”（杨玉圣，1993：153）由多国移民大军构建成的多民族的美国，同世界其他国家的一个鲜明区别就是它的族裔的构成。今天的美国有一部分人的血统成分显得异常复杂而无法用传统的方法来界定他们的种族属性。这不仅因为他们自己是混血儿，他们的父母可能也是混血儿，或许他们的祖父也是如此。他们中有一些人可能既有白人血统，又有黑人血统、亚裔血统和土著美国人血统。这部分人就是今天美国语言中称之为 Multiracial Category（多种族人）的那部分美国人。

二、种族称谓语与米国人种

美国内战前，黑人被白人奴隶主称为 black 或 negro（源自 Negroid，意思是“黑人人种”）。但是内战后，获得自由的黑人奴隶抛弃了所厌恶的 black 和 negro，他们选择了 colored 来称呼自己，并且一直沿用到 20 世纪中叶。到了 20 世纪 60 年代，首先是大写的 Negro 替代了 colored，后来 black，Afro-American 逐渐占了上风，这种变化主要是与当时的 Black Power 运动有关，当时，黑人歌手 James Brown 在歌中是这样称赞自己的种族的：“Say it aloud, I am black and I am proud。”在同一期间很快被接受的另一称呼 Afro-American 所表示的是对黑人自身及其非洲起源的一种自豪。Afro-American 的使用在 20 世纪 70 年代达到了高峰。但是到了 20 世纪 70 年代末，Afro-American 又开始遭唾弃。几乎同时，African American 开始使用。African American 或者加连字符的 African-American 是最新采纳和最广泛使用的美国用语，该称呼的使用已经在文学、新闻媒体、学术界和政治领域广泛接受。但是，African American 的出现并没有完全替代 black 这一称呼，因为在美国，黑人并不全部是非洲人的后裔，还有来自加勒比海的黑人。黑人的“根”千差万别。因此，在更多的情况下，African American 与 black 同时被使用。

Nigger（黑鬼）是美国语言中最具有侮辱性、煽动性的种族蔑称，是最冒犯人的种族禁忌语。美国著名的语言学家 Jeff Numberg 指出，nigger 一词充满了“种族仇恨，暴力”。美国著名的黑人作家 Langston Hughes 在其自传 *The Big Sea* 里是这样描述该词的：nigger 一字对于有色种族来说等于是斗牛眼前的一块红布。（王威，2006：90）

Colored 一词已不被大多数黑人所接受，但是那些黑人和其他人种的混血后代仍然使用这个用语。Person of color 是针对 nonwhite（非白人）一词产生的，该词不仅指黑人，同时也指其他有色人种。

在美国，除了最常用的称呼 white 表示白人外，另一个称呼白人的词是 Caucasian。Caucasian 一词源自 Caucasoid（白人种），是 18—19 世纪社会学家们使用的表示白人的称呼。在美国，Caucasian 一般是指北欧、东欧和西欧人的后裔。当然，white 这一称呼的使用仍然占主流，因为（相对于 black，colored 等称呼）white 对白人来讲包含了一种自豪感，而且使用简便。但在学术性的文章和正式场合中，white 的使用就要相对少得多。European-American 指来自欧洲国家的白人移民，可被细分为 Anglo-American，French-American，Irish-American，German-American，Italian-American 等。

20 世纪 60 年代之前，美国的拉丁后裔缺乏一个单一的称呼，不管他们是否出生在美国，一般是把他们分别称呼，如 Mexican，Puerto Rican，Cuban，Salvadoran 等。1978 年，Hispanic 这一称呼创立了出来，于是 Mexican，Puerto Rican，Cuban，Salvadoran，Dominican-American，Central American，South American 以及其他一些西班牙语裔的美国人都归纳到了这个称呼之下。美国语言中，除了 Hispanic 用来称呼西班牙语裔的美国人外，另一个词是 Latino。但 Latino 这个称呼比 Hispanic 称呼的范围要狭窄，其仅仅表示西半球的拉丁国家在美国居住的后裔。Hispanic 这个称呼现在在美国包含得越来越广，不仅包括西班牙语的民族，还包括不讲西班牙语的巴西人、海地人等。美国的人口署在对上述人口进行统计时，就使用 Hispanic 来表示。

Asian American 以前仅仅指东亚人的后裔，后来其范围扩大到包括 Chinese，Japanese，Korean 以外的 Filipino，Indian，Vietnamese，Pakistani 等。但是这种概念上的扩大使得很多亚裔美国人并不喜欢使用 Asian American，以及 Orientals、

Easterners 或 Asians 这样的称呼，因为这样的范畴掩盖了日裔、韩裔、华裔等亚裔人之间的重要文化差别。他们有自己独特的文化传统和风俗习惯，有自己的“母国根”。母国的文化遗产和文化特性也应和其他族群一样受到尊重，得到承认。因此，很多亚裔美国人更愿意被称为 Chinese-American，Japanese-American，Filipino-American 等。

20 世纪 60 年代开始使用的 American Indian，Native American 称呼纠正了哥伦布把美国原著民（即印第安人）称呼成 Indian 的错误。Native American 是 20 世纪 60 年代开始的政治正确（Political Correctness）运动的产物。如同美利坚其他民族都在保留自己的风俗与传统，并努力表现各自的文化特色、各自的身份个性一样，同样的情况也发生在美国印第安人的称谓上。虽然一些美国印第安人认为 American Indian 和 Native American 这两个称呼可以互用，单独的 Indian 这个称呼也可继续沿用，但大多数的印第安人更愿意被叫作能代表各自部落和文化的称谓，如 Shone，Kiowa，Apache，Chichasaw，Seminale，Navajo，Cherokee 等。至于爱斯基摩人的称呼，现在更恰当、比较被接受的称呼是 Inuk/inuit，而 Eskimo 一字已经基本不被广泛使用，因为该称呼带有贬义。

三、歧视语与种族歧视

奴隶制在人类史上并不罕见，但整个黑人民族都沦为奴隶的现象是极其罕见的。在精神、体制的双重压抑下，美国黑人民族曾遭到过空前的压迫。17 世纪初，当第一批黑人到达美洲，他们成为了首批 indentured servants（契约劳工）。美国黑人的历史是一部屈辱史、血泪史。“黑人不是人；黑人天生就是奴隶。”（覃庆辉，2001：48）Slave 一词（及其许多复合词）记载了黑人的惨境。从 1704 年起，slave 一词成为 Negro 的同义词，奴隶即黑人，黑人即奴隶，这一用法足以显示当时奴隶制的凶貌。其后，奴隶贩卖制盛行，于是有了 slave-trade（1734）；由于奴隶大量逃亡，于是就有专事捕捉逃奴的 slave-catcher（1765）；奴隶主管理奴隶，居然形成了一套法律：slave code 一词首见于 1835 年。奴隶成为商品，也像牛马一样，由奴隶主经营繁殖，于是有所谓的 slave breeding（1840）；南方奴隶主于 1861 年叛乱，竟然创建了奴隶主之国 Slaveownia。（许国璋，1997：432-433）白人在报上做搜寻逃奴的广告时，把黑人称为 slave apes。1850 年以后，美国人口统计中有“本国出生”和“外国出生”的项目，而黑人只是区别为 slave 和 freeman 两类。美国语言中类似 slave labor 和 slave driver 都来源于美国本土的种植园。在当时把黑奴卖给密西西比河下游的甘蔗种植园主是对黑奴的最严厉的惩罚，因为这一带的种植园条件更差，受苦更多。所以，词组 to sell down the river 在当时是指一种贩卖奴隶的活动。南北战争爆发以后，南方白人暴徒用骇人听闻的方式迫害黑人，记载这段臭名昭著历史的词首推 lynch（私刑）。Lynch 来自南方一白人种植园主人名，因对黑人不经司法途径而施以私刑，残酷杀戮，尤指将人非法吊死而载入史册。

在种植园奴隶时代，黑奴方言中有个词语读来令人十分伤感，即 till death or distance do us part（至死不分离）。这个词语表现出黑人对爱情的向往和对婚姻的忠实，它作为誓言常常用在黑奴中，尤其在他们被强行拆散被贩卖到异乡时所用的生死离别之话语。Three-fifths compromise（五分之三妥协案）这个短语同样证明了黑奴在美国早期的不公正的待遇。按照当时的美国宪法规定，黑奴被看成是白人的私有财产，没有自由，也没有选举的权利。为了平衡南北各州的关系和白人统治阶层的利益，建国之父们只好做出妥协，同意南部蓄奴州把一个黑奴算作一个人的 3/5，以此在国会中获得更多的席位。这说明当时的南部各州的黑人总的人口比较高。Jim Crow 是美国种族主义者对黑人的蔑称。Jim Crow 为 19 世纪 20 年代末一个流行歌舞节目中的黑人角色，后成为社会地位低下的黑人的代称。1875 年田纳西州首先颁布 *Jim Crowism*（《吉姆 - 克劳法律》）。该法律规定公共交通工具实行黑人与白人隔离制度。供黑人使用的设施都被冠以 Jim Crow 的字样，如 Jim Crow Bus，Jim Crow Church。语言文字一直是记载人类社会历史事件和传播人类智慧的有效工具。Exodus 在《圣经 - 旧约》中的“出埃及记”一章中记述了古代以色列人在摩西率领下离开埃及一事。而 Exodusters 一词在美国史书中则记载了南北战争之后，四处迁徙的美国南方黑人。20 世纪 60 年代黑人反对种族隔离制度，要求平等地在同一学校上课，在同一餐厅就餐，自由地乘坐公共汽车，而当时的白人则把要求平等的黑人称之为 uppity（原义为“傲慢的”），意为“不守身份的黑人”。

美利坚民族的一个突出特色就是多种族性。因此，美国面临的最突出的问题就是种族关系。美国历史上的种族问题主要涉及各种肤色的人是否拥有平等的社会地位和权利。其中，与种族直接和经常联系在一起的词是 discriminate。Discriminate 这个词的英语意思是说以不同的方式对待其他人，这种方式可能是好的也可能是坏的。例如：It is unjust to discriminate against people of other races.（歧视其他种族的人是不公平的）；discriminate in favor of white people（优待白人）。（《英汉大词典》）但是，自从 discriminate/ discrimination 与黑人权利地位问题联系在一起以后，就被引申为歧视。在英语中与中文“歧视”的含义完全相同的另一个词是 prejudice，主要是瞧不起的意思。在美国，常常同时使用这两个词来说明黑人问题。如果只用 prejudice 而不用 discrimination，只能说明瞧不起，而无法说明权利和地位的不平等；而只用 discrimination 而不用 prejudice，则只能说明权利和地位的差别而无法说明种族歧视。另一与有色人种，主要是与黑人有关的词是 racism（种族主义）。“种族主义不仅仅是歧视问题，它还是一种建立在种族之上的优越系统。”（董小川，2006：240）在美国，主要表现在白人种族优越。事实上，种族主义是歧视加权利。民权运动兴起之后，种族主义遭受抨击，种族隔离制度在美国最终解体，race（种族）被 ethnic/ ethnic group 所取代。但事实上，ethnic 这个词本身的使用就是一种种族歧视。

Ethnic 一词源自希腊语的 ethnos（民族）。Ethnos 是一个古老的词语，在古希腊时代，该词主要是一个与 people 或 city 的名称相对应的 nationality 的称谓，是古希腊城邦国家的产物。古希腊时代是欧亚非大陆处于不同社会发展阶段的社会群体、各种族群体第一次大规模交汇的时期。所以，ethnos 这一词语也彰显了 tribe 或 race 的含义。在纪元以后的几个世纪中，该此出现了用以指称“非希腊部落”的含义。Ethnos 在现存的古希腊词典中主要指那些在血统、体貌、族体、宗教等方面的“异已”群体。Ethnos 在进入英语后，被用来形容那些非基督教的“异教徒”、“民族”、“未开化的人”、“野蛮人”等。源自 ethnos 的 ethnic 和 ethnic group 等术语的含义在西方发达国家从早期指称宗教异类、非白人种族、民族、非英裔移民等含义到 20 世纪 60 年代泛指基于种族、民族、宗教、语言和文化背景的群体。美国的盎格鲁 - 撒克逊英裔被称为 white，但 white ethnics 则意指“意大利裔或波兰裔或东南欧裔白人而非英裔人”。可见，在 white 之后加上 ethnics，也就成为区分“美国白人”的一种称谓，可见其应用对象是明确的，是 WASP 白人对非 WASP 白人的歧视。

Ethnic group“通常被指称在一个社会中居于文化上非主流地位、人口规模属于少数的群体，包括移民群体”（郝时远，2002：50）。美国曾是一个以 WASP 为主体的社会，WASP 是 White Anglo-Saxon Protestant 的缩写，意思为盎格鲁 - 撒克逊白人新教徒，其含义指美国人认定自己的民族是以白人、英裔、新教徒这三个特征为标志的。种族上的盎格鲁 - 撒克逊种族是美国的民族认同三个原则之一。因此，美利坚民族自然是 WASP 民族。（董小川，2006：48）在 WASP 思想流行时代，白人、英裔、新教徒这三个特征是美国人的民族认同标准，而其他人种，即 ethnic group，则处于从属地位，成为非主流文化。Ethnic group 一词在美国的流行与美国移民现象直接相关。就移民而言，任何脱离其族体（nationality）或民族（nation）母体的群体，也就不再是族体或民族，而成为美国的 ethnic group。

四、贬语与种族矛盾

美国是个由血缘集团组成的国家。种族集团（包括各民族集团和宗教集团）相互接触、影响和融合，构成了美国社会。根据 Allen & Turner（1988：312）的统计，美国现有种族 200 多个。“同为美国人，他们也许都为自己的国籍而引以为自豪，但除此之外，不同种族集团之间便没有多少相通之点。肤色上的差异是一个永远无法抹去的表面印记；而心理上、法律上、政治上、经济上的种族歧视是横在种族集团之间的一道更加无法跨越的鸿沟。”（刘元珍，1995：177）美利坚民族包括白人、黑人、亚裔人、印第安人和拉美裔人这五个种族。美国种族之间的敌意、歧视、偏见必然会在美国语言中留下雪泥鸿爪。例如：spaghetti，banana-peddler，grape-stomper 等贬语是针对意大利裔美国人；buddha-head，monk，chink, John Chinaman

等是针对美籍华人；Red Skin，Red Indian 是对美国印第安人侮辱性的称呼；kikes，dagos，joosh，mockie 等是针对美国犹太人的称呼。美国历史上经历过的各次战争，如美墨战争、美西战争、朝鲜战争、越南战争等，也造成了美国语言中大量使用针对敌国侨民的贬语和篾称。如：把美籍日本人叫作 jap，yap，little-yellow-man，nip；把美籍德国人叫作 jerry 等。

美国文化本是源于欧洲大陆的清教文化，由清教信徒移民新大陆时带到北美，并在北美大陆找到了广阔的发展空间，异化为美国的白人文化。这种文化在美利坚民族形成过程中起到了重要的作用，但其本身有着很强的排斥异文化的民族优越感，甚至是种族优越感意识。美国人自诩为“上帝的选民”，以“救世主”自居，负有教化和拯救弱小民族的“天赋使命”。这种以对其他民族的优越感为价值取向的文化贯串于美国的全部历史。尽管作为美国文化本源的清教在欧洲曾饱受歧视和迫害，但美国在其发展过程中，却总是伴随着对其他民族的歧视。在美国历史上，当信奉天主教的爱尔兰人和意大利人大量涌入时，他们被 WASP 视为洪水猛兽，被 WASP 冷嘲热讽为 statue-lover，papist，poper。1890 年前后是意大利人移民美国的高峰期。当时许多意大利人一到美国，即被移民局官员逮住，在他们的身份文件上盖上 W.O.P.（无护照）的印戳，以表示他们是非法移民。后来 wop 就成了意大利移民的篾称。

美国是一个竞争异常激烈的国度，一个移民，一个民族的成功意味着另一个移民，另一个民族可能的失败。亚裔人在美国获得的令人瞩目的成就，招致了其他民族尤其是非裔人的嫉恨，他们骂亚裔人为 banana，kiss-asses，non-white Uncle Toms，white-washed nerds 等。种族歧视是美国社会的痼疾，黑人无疑是种族歧视的主要受害者，因此用于黑人的贬语最多，如 eggplant，nig，nigga，niggruh，bro，chocolate，ape，dinge，geechee，boogie，peopa，spook，smoky，blue-gum，shadow，splib，shad-mouth，kinky-head，broad-nose 等。Wigger 是由 white 和 nigger 结合而成，谑指“采纳黑人文化的白人”。

19 世纪末期大批东欧移民的到来引起了美国人的厌恶和仇视。报上公开载文攻击这些新来者“无知，没有技术，懒惰，习惯过着最野蛮的生活”（端木一万，1999：11），将他们称为 Bohunk（Bohemian 和 Hungarian 的混合词，意为“粗汉、蠢人”）。“二战”期间抵达美国避难的犹太移民被称作 refujew（refugee 与 jew 的混合词）。保加利亚移民被诬蔑成 burglar（因 Bulgarian 与 burglar 拼写相似）。墨西哥移民曾被描述成 Wetback（湿背，非法移民的代名词），因为相当一部分墨西哥移民是游过美墨边境的格兰德河非法进入美国的。不少的美国人认为“美国是来自欧洲的白种人的国家，而不是来自世界任何地方的黄种人的国家”（董小川，2006：53）。“一战”后，美国就曾将大量抵美的黄色皮肤的亚洲移民称为 yellow peril（黄祸）。

美国语言中的种族贬语五花八门，形式多样，但就其词源而言，可分为内部形式与外部形式两大类。内部形式主要包括改变种族专有名词的发音、增加词尾、缩略音节、混合词、词首缩略词等，如 injun（Indian），dutchie（Dutch），assie（Australian），blemish（Belgian 和 Flemish 的混合词）等。外部形式主要包括生理特征、常操职业、宗教、种族成员的常用姓氏、行为风俗、历史文化背景等，如 redman（印第安人的皮肤），digger（澳洲人曾操过的职业），christ-killer（追溯犹太人的宗教），viking（北欧人的历史背景），goo（菲律宾、日本、朝鲜等东方人的常用姓氏），moon-man（暗指夜里进行偷盗的吉普赛人），jim-crow（黑人，源自 Jim Crow）。种族贬语在民族名称的大小写上也表现出来，如大写 Mongoloid 意思是蒙古人的，而小写的 mongolid 则意味着“先天白痴”。

参考文献:

[1] James Allen & James Turner. We the People, An Atlas of American Ethnic Diversity[M]. New York: McMillan Company,1988.

[2] Melville Herman. On American Bloodline[J]. The Pacific Historic Studies,1982(5): 57-62.

[3] 陈安．新英汉美国小百科 [M]．上海：上海译文出版社，2000.

[4] 戴卫平，高维佳．美国英语与美国文化 [J]．四川外语学院学报，2001（2）：97-100.

[5] 董小川．美利坚民族认同问题探究 [J]．东北师范大学学报，2006（1）：48-55.

[6] 董小川．美国文化概论 [M]．北京：人民出版社，2006.

[7] 端木一万．美国社会文化透视 [M]．南京：南京大学出版社，1999.

[8] 方永德．美国英语中的种族贬语 [J]．外国语，1995（1）：68-72.

[9] 郝时远．Ethnic group（族群）辨 [J]．中国社会科学文摘，2006（6）：48-52.

[10] 刘元珍．美国社会透视 [M]．山东东营：石油大学出版社，1995.

[11] 覃庆辉．美国种族歧视探源 [J]．柳州师专学报，2001（1）：47-50.

[12] 王威．现代英语中美国不同种族称呼的探讨 [J]．苏州大学学报（哲社版），2006（4）：88-92.

[13] 许国璋文集 [M]．北京：商务印书馆，1997.

[14] 杨玉圣．从移民的视角探索美国 [J]．美国研究，1993（1）：153-161.

第七章　语言——歧视

语言是思想的直接现实。语言作为人类思想的载体和主要的交际媒介，直接反映语言使用者的思想和价值观。性别歧视是一种根深蒂固的社会现象，它不仅反映在社会生活的方方面面，而且也反映在语言上。汉语和英语都是有性别的语言，性别歧视在语言中最明显的表现是词汇。性别歧视是社会一类性别的成员对另一类性别成员所持有的缺乏充分事实依据的偏见，是一种偏离以客观事实为依据、歪曲了的社会态度。性别歧视，主要是对女性的歧视，是人类社会普遍存在的由来已久的不合理社会现象。性别歧视随主流思想隐含在社会文化中，它反映到语言上就是性别歧视语。

语言与文化是共生并存的、相互依赖的、互为关照的。语言和文化是一对连体婴儿，它们如同汉字“伐”一样，“你”中有“我”，“我”中有“你”。词汇是语言的基础，是语言大系统赖以存在的支柱。民族文化的个性特征，经过历史的积淀而结晶在词汇层面上。一个民族的文字是该民族文化的结晶和载体。它犹如一块化石，真实地记录了一个民族从古至今的物质生活和精神生活的全貌。剖析汉语和英语的性别歧视语，可以窥视到女性在两个不同文化中所遭受的相同性别歧视。

一、造字歧视

文字是记录语言的符号。世界上的文字大致可分为表音文字和表意文字两类。汉字属于表意文字。汉字是世界上目前唯一现存的具有表意特点的文字。人们在创造汉字记录语言时，就以汉字的字形来显示意义。表音文字只是语言的简单翻版，而表意文字却是对语言的透视。以形显义的汉字使人们比较容易地认识我国古人的概念系统、价值体系乃至其文化、语言世界的方方面面。古迹斑驳的方块字里透露出几千年的男性话语霸权，男性始终是立权者、叙述者、强者。而女性，则只是被迫的服从者、弱者。女旁汉字鲜明地体现出这种男尊女卑的思想。例如：

妇——在甲骨文中是一个会意字。《说文》曰：“妇，服也。从女持扫帚，洒扫也。”是以“执箕帚”乃“为人妇”的代称。妇女嫁到丈夫家称“归”。“妇”和“归”

说明妇女出嫁从夫，一切听从丈夫安排，只能在家持家务。奴——“女”字和“奴”字，在古代不但声音一样，意义也相同，本来是一个字，只是有时多加了一只手（指奴字中的“又”），牵着女而已。那时候未出嫁的女儿叫“子”，出嫁后才叫“女”或“奴”。女和奴何以相等？陆宗达在《训诂简论》中说：“氏族社会中，处置战败敌人的男女有所不同：男子被杀死，妇女则作为妻子被收养入族，其实也就是奴隶。女和奴既然相等，这就无怪，妇女的妇，是女旁加个大扫帚，婢字是女旁加个大扇子，都是为奴隶主服务的。”从这里看来，汉字中出现那么多有辱妇女的字就不足为怪了。如——“如，从，随也。”《说文》曰：“少如父亲，嫁如夫命，老如子言。”其含义是：妇女婚前应从属于父亲，婚后听命于丈夫，丧夫后受制于儿子。嫔——古代中国妇女的一个通称。《尔雅·释亲》曰：“嫔，妇也。”《说文》曰：“嫔，服也。”如果说英语中的 Lady first 还算是男性对女性的客气，那汉字中的“嫔”则绝对没有这种意味，有的只是“客随主便”的服从。

“Frailty , thy name is woman.”这句话出自莎士比亚的名剧《哈姆雷特》第一幕第二场。莎翁借剧中人物之口喊出了“弱者，你的名字是女人”。从词义层面反映出的性别歧视来看，有关男女的定义在词典中就已经定性化了。Feminism（女性主义）源自 feminine（女性）一词。而 feminine（女性）本身就已包含了软弱、温柔的意思。与 feminine 同源的 femme（女人、妇女）一词源自法语。法语中的 femme 有“侍女”之意，如 femme de charge 即为“女管家”或“干粗活的女仆”，femme de chamber 意为“贴身女仆”。英语 concubine（姘妇、情妇）一词源于拉丁语 con（with）+ cubare（lie）。从 concubine 一词构成可以看出，女人与他人躺在一起就成了“姘妇”、“情妇”。非婚同居有一种丑陋现象叫换婚制。性伴侣交换在西方一些国家中的一小人群间已成为一种流行的消遣。这一做法迎合了那些希望保持他们的婚姻却又符合夫妻关系中性生活的排他性不满的人的心意。性伴侣交换理应涉及夫妻双方，但英语中却用 wifeshopping 或 wifeswapping 这样的词语。从中不难看出，丈夫是 wifeswapper（易妻者），而妻子则是被交换的商品。现代英语中的 vampire 指“吸血鬼、勾引男人的女人”；vampire 的缩写形式 vamp 指“妖女、淫妇”。这两个词之所以有这样的贬义内容，就是因为 vampire 一词的初始定义是 witch（巫婆）。

Hysterical 是个带有否定含义的词。Hysterical 这个词得名于 uterus（子宫）。古时的医生认为，妇女较之男人更容易情绪激动，而原因归于子宫机能的失调。他们还认为，因为男人没有子宫，所以癔病只发生于妇女，只有女人才会有这种难以控制的情绪爆发。这种境况应该和女人身上的某个部位有关。这一错误看法正是 hysteric(al)（歇斯底里的，癔病的）、hysteria（歇斯底里，癔病）等词的理据，而且充分反映在词源上。Hysteria 始见于 19 世纪，源自希腊语 hysterikos / husterikos（womb / uterus），若再往前追溯，则是 hystera（子宫）。Hysteritis（子宫炎）、hysterectomy（子宫切除术）等词中都可以看到 hystera（子宫）的身影。

二、婚姻歧视

男女结婚，对两性而言具有同样的意义，但在英语中男性实施的行为是“to marry”，而女性所实施的行为是“to be married”。To marry is to give, or to be given, to a husband, man.（张梦井，2003：340）Marry（结婚）一词在中世纪英语中写作marien。Marien来源于古法语marier。Marier是由词根mari（丈夫）加上动词后缀-er构成的。动词marier明显地突出mari（丈夫）在婚姻中的主导作用。“Betroth”的意思是“把（女）许配给……”，其旧时意为“pledge to marry”，该词源自中世纪英语treowth(a pledge)，意思是“（男子）答应娶……为妻”。无独有偶，wed（娶、嫁），古英语也作“pledge”（承诺）之解。从这描写婚姻的一类字中人们可以窥视早期婚姻中妻子为附属品的端倪。英语中，若是husband不幸故去，wife成了widow；虽然失去wife的husband可以被称为widower，但绝不可以说John is Mary's widower. 说Mary is John's widow. 则完全规范。

汉语中的“娶”字上“取”下“女”说得明确，指男人取得女人。两字合在一起清楚点明买卖婚姻的关系。所以，我国自古结婚前男方须向女方下聘金彩礼，换取女方作为媳妇。汉语中的“婚”字体现了古代中国的“妻”是抢婚、强制婚姻的牺牲品。“妻”字在甲骨文、金文中都像一个女子被一只手抓住，亦有浓厚的掠夺之意。原始社会处于杂婚状态。《列子·汤问篇》记载：“长幼侪居，不君不臣，男女杂居，不媒不聘。”随着人类征服自然的能力的发展，思维水平的提高，血缘婚也就代替了杂婚。后来，人类逐渐发现血缘亲对后代体质的危害。《左传·僖公二十三年》曰：“男女同姓，其生不蕃。”《国语·晋语四》：“同姓不婚，恶不殖也。”氏族为了维持团体的强盛，必须禁止血缘亲，转入到族外婚。到外族去找对象，难免会出现愿与不愿及互相抢夺等情况，抢婚由此出现。抢婚是以武力强行抢夺而达到结婚目的的一种野蛮的强制婚姻形式。在抢婚时代，抢夺妇女在傍晚时刻是最为合适的，婚礼即选在黄昏进行。《说文》谈到：“婚，妇家也。礼，娶妇以昏时，故曰婚。”汉字“婚”由“女”和“昏”组成，正是这个缘由。而“婚”字从女不从男的原因，是由于在抢婚中，俘获妇女为妻是最终目的，是否能虏取妇女回部落是举行婚礼的必要条件。唐代孔颖达解释“婚姻”：“男以昏时迎女，女因男而来。”这就生动地诠释了“婚”这个字所反映的文化内涵。而后世的婚姻形式仍有一部分仪式保留了抢婚的遗迹，如夜间迎亲，女家关门，新郎张弓箭、跨马鞍等。在民间传说、故事中，丑恶异类或妖精鬼怪索取妇女、抢夺妇女的情节，也是民间用口头语言艺术反映远古抢婚内容的一种形式。再看“姻”，《白虎通》曰：“姻者，妇人因夫而成，故曰姻。”“因”有依托的意义，古时女子嫁人被视为寻求依托，委托终生，所以称“姻”。《说文》也说：“姻，婿家也，女子所因，故曰姻。”可见“姻”之形，寄寓了古代婚姻关系中女性对男性的依附。

三、动物喻女人

“许多动物名称词汇在经过长时间的演变后，逐步从单一的指向动物转变成具有多指义项的词，并且通常用来描述人类的行为特征，但在这一演变过程中大都赋予了性别歧视的内容。”（顾嘉祖、陆升，2002：171）英语中就有一些动物的名字常常被用来指称某些女性：hen（爱管闲事或嘴碎的中年妇女）、bat（贱妇、妓女）、dog（没有成就的女人）等动物词语则专指中老年妇女。

根据动物学家的研究，雌禽之间的所谓 pecking order（长幼尊卑的次序）有一定的型式：最长的或最凶的可啄次长的或次凶的，次长的或次凶的可啄幼小的或一般的，依次类推。虽然在鸡群中母鸡很少啄公鸡，因为公鸡为鸡群之首，但人们普遍认为母鸡常常啄级别比它低的小公鸡的毛。于是有人将专横的妻子与好斗的母鸡相比拟，造出了 henpeck 一词，以表示：“对丈夫唠唠叨叨责骂不休”，“管制丈夫”。

在汉语中，“鸡”一词被赋予了鲜明的性的色彩，指从事色情行当的女性；“母鸡”、“老母鸡”，也和女性挂上了钩，指令人厌烦、喜欢唠叨、上了年纪的老妇人。“蛇”的联想含义通常和女性有关，“美女蛇”指用色相迷惑男人的女性。“狐狸”似乎从造字之初就与女性有着关系，“狐狸精”已成为女性形象中最典型的一个。“母老虎”生动表现了一位悍妇的形象。

四、贬降女词

歧视，就字面讲，是不相同地看待。性别歧视在汉字中最直观的反映是，有些汉字指称男性的时候是褒义或中性，一旦用以指称女性（即被注以女旁）则被污染，成为贬义词。表示违命、抗命、难以应命的“方命”中的“方”，原与“妨”同源。“方命”表示“正大、自信”；而“妨”，则表示“卑贱对尊长的恶意损害，或对正当目的的违碍。再看“信”与“佞”。孟子称乐正子为“善人，信人”，并解释道：“可欲之谓善，有诸已之谓信，充实之谓美，充实而有光辉之谓大，大而化之之谓圣，圣而不可知之谓神。”“佞”（惯于用花言巧语谄媚的人）据《说文·女部》所曰：“巧谄高才也。从女、信省。”徐铉注曰：“女子之信近于佞也。”女子有才，便为邪佞。汉语中的“婆”是一个应用很广的字，也带有贬义。如“巫婆、管家婆、媒婆、地主婆、八婆、鬼婆”等。

英语中有很多词语，不论其来源如何，只要是与女性有联系便会带上贬义色彩，“因为这是以男性为中心的社会里的一条重要的语义规则”（Spender, 1980: 18）。

根据中世纪传说，梦淫妖有男女之分。趁女子在睡梦中与之交合的男妖称为 incubus，趁男子在睡梦中与之交合的女妖则称 succubus。女子做的一种伴有压迫感或窒息感的噩梦便被认为是由 incubus 所引起，因此 incubus 曾一度指“梦魇”，但嗣后为 nightmare（噩梦）所取代。而 succubus 则遭到了贬降。现代英语中，succubus 被用来喻指“淫妇”、“娼妓”，而 incubus 则多喻指“梦魇般的精神压力”

或“沉重的负担”。

同性恋作为一种性爱方式自古就有之，但它的公开化、扩大化和有组织还是近40多年来的事情。同性恋在西方社会已成为比较严重的社会现象，男同性恋者被称为gay，女同性恋者被称为lesbian，这里好像没有涉及性别歧视的问题。但从词源考证来看lesbian源于希腊语lesbios，而lesbios是从lesbos一词演化而来。Lesbos是女诗人Mytilene所居住岛屿的名称，Mytilene以描写女性之间的爱而闻名。追溯lesbian一词的历史可以看出，女性之间的同性恋自古就有之。而男同性恋则是后天才有的，因为gay的原指意义为“光亮的，快活的”，而后才演化成男同性恋者的指代词。此外，lesbian除了指女同性恋外，还有“色情的，好色之徒”的意思。

Lady和lord这两个词的出身都与面包有联系。在古英语中lady作hlafdige，由hlaf（面包）加dige（揉捏者）构成，意思是loaf-kneader（做面包的人），这就是说，那时的lady要亲自下厨房揉面团，烤面包。Lord在古英语中作hlaford，更早一些作hlafweard，由hlaf（loaf）加weard（keeper）构成，意思是bread-keeper（保管面包的人）。这反映了一家之主和其属下之间的关系。因此，lady和lord早先一度分别指女主人（或妻子）与男主人（或丈夫），13和14世纪以后分别作为对贵族的妻女的尊称与对贵族等的一般称呼。在长期的词义演变过程中lady的词义变得越来越一般化，并衍生了不少词义，其中之一就是被恶化为“妓女”、“情妇”；而lord则被褒化，它被视为颂扬性的词，而且只要将其第一个字母大写，就可以用来指“上帝”、“基督”。

五、称谓歧视

“称谓是在一定的语言环境中一方对另一方的名字或身份的称呼，在社会生活中具有广泛的应用性。一个普通称谓一旦用到具体的交际活动中，就会有着丰富的社会内涵。”（王志强，2000：33）男女本是既对立又平等的一对矛盾体，在性别的区分上是平等的。但英汉语言称谓语在使用的过程中却出现了许多性别歧视现象。在英语称谓中，男性的头衔不必反映婚否，似乎不论婚否，男性都是健全的。而女性的头衔则必须反映某种附庸关系，例如Mrs., Miss。用Mrs.时，她们还不能用自己的姓，而必须用丈夫的姓，说明自己已经“嫁给”某人了，或成了某家的媳妇。已故英国铁腕女人撒切尔夫人的Thatcherism（撒切尔主义）中Thatcher就是夫姓。

原始社会生产力低下，“其民聚生共存，知母不知父”（见《吕氏春秋·侍君览》），氏族按母系计算，有威信的妇女在氏族中自然处于支配地位，起着主导的作用。上古中国的八大姓氏中的“姜”、“姬”、“姚”皆从女旁就是一个最好的证明。随着男子在物质生产中地位的变化，男性的经济地位超过了女性，使得女性逐渐依附于男性。这种结构也使价值取向发生了逆转。汉语当中的“姓”开始成为男性的象征；“氏”则只用于代表女性。这种关系的倒转，反映了妇女社会地位的丧失，妇女开始成为男子的附庸。例如，过去女子未出嫁之前用父姓，而无名，如“李氏”、“王氏”等，或无名无姓，以排行称之，如“大丫头”、“二丫头”等。嫁到男家，则用夫姓，如“吴李氏”、“刘王氏”等。

我国的传统文化不重视夫妇之爱，而强调夫妇之别，所谓“相敬如宾”。其实这“相敬”不是平等的互相尊称，主要是妇敬夫，保持父系社会中男尊女卑的秩序。而要做到这一点，须在夫妇之间保持一定距离，不可过于亲昵，因而“如宾”是“相敬”的方法。夫妻之间这种保持距离的关系可在我国古时妇女对丈夫的一些称呼上体现出来，如“官人”、“老爷”作为妻子对丈夫的面称，其字面意思并不表示双方的夫妻关系，而是带有尊卑含义。“官人”是以丈夫在社会的职业身份权作称谓语，“老爷”则是借用家中下人对主人的尊称。

与男性相比，女性的姓名不受重视，女性婚后往往以夫姓加妻妾身份呼之，如《红楼梦》中“贾母”、“王夫人”、“赵姨娘”等。中国妇女现在不改姓了，但在现实生活中可也免不了被称为“某某夫人”、“某某太太”、“某某的老婆”、“某某家的”。

六、“He”的语言

丹麦语言学家 Jesperson 早在 1923 年出版的《英语的发展与结构》一书中就指出：英语是他所熟悉的所有语言中最男性化的语言。（李素琼、吴长镛，2002：37）而且，很多学者也认为英语是男人的语言（manglish）。这主要源于男性为物种规范的支配，以男性为本体，女性为变体。女子依附于男子，男性处于主导地位和女性处于附庸地位，这种关系早在《圣经》中就得到淋漓尽致的体现。《创世纪》提出上帝创造了天下第一个男人亚当后，用亚当的一条肋骨创造了天下第一个女人夏娃。所以，亚当扬言：“This is now bone of my bones, and flesh of my flesh: She shall be called woman, because she was taken out of Man.”（这是我骨中骨，肉中肉，可以称她为女人，因为她是从男人身上取下来的。）可见，夏娃是亚当的骨中骨，肉中肉，且为了使亚当不受寂寞而创造出来的，理所应当受其约束，听其指挥。这标志着男女之间关系的开始，也为男性中心论提供了依据。

基督教徒把《圣经》经文珍爱的视为自由宪章。构建世俗社会的精神指南《圣经》还让人们知道：“Man was created by God, Jehovah, and was placed at the head of all creation.”（男人是上帝耶和华所造，故为万灵之上。）自夏娃之初，女性就无自己语言，而必须借助男性语言。连最初女性的称呼语“woman”和“she”都源自男性。Woman 一词在拼写中包含了 man，而 man 一词在意义上则可以包含 woman。Woman 一词如果去掉 wo- 这个前缀，“man”还是一个有意义的词；而 woman 这个词如果去掉 man，则 wo- 就不是一个独立的词。这表明男人离开女人可以照样存在下去，而女人却不能离开男人而独立生存。She 来自男性的人称称谓 he，所以她依附于男性。由 Joseph T. Shipley 编写的词源字典 *The Dictionary of Word Origins* 对 woman 一词做了如下解释：“The creature was produced from the rib of man ... she is a house built for generation and generation, whence our language calls her woman, womb-man。”（这种动物女人是由男人的肋骨产生的……她是传宗接代的场所，因此我们把她们叫作女人。“女人”一词等于“子宫＋男人”即 Woman ＝ womb ＋ man。）字典还引述了 G. Gascoigne 在其著作 *The Steele Glas* 中对女人的描述：“They be so sure even woe to man indeed: woman from woe-man.”（她们肯定是男人的灾难和不幸，因为“女人”就是“祸水＋男人”即 woman ＝ woe ＋ man。）

英语中 man 指男人也指人类，woman 则在语义上、词形上和词源上都源于 man 而出。在词源学上，woman 还起源于 wifman，意思为“wife ＋ man, human being”。（*Collegiate Dictionary*）中世纪神学巨擘 Aquinas（阿奎那）在《神学大全》中指出，“Woman is an imperfect man”（女人是不完善的人）。17 世纪英国玄学派诗人 Donne（邓恩）则释 Aquinas 语为“女人是杂乱无章的内容”。《出埃及记》和《十诫》中谈到女人时，竟然将其归结为与工具、家禽等同的财产范畴。

18 世纪的威尔士籍语言学家 Rowland Jones 在其所著的 *The Origin of Language and Nations* 一书中对 she 的拼写做了这样的解释：字母 S 象征伊甸园的“蛇”，具有阴性前缀功能，加在 he 之前表示阳性第三人称，意思为“the lesser, the lower of female man”（次要的人；低贱的女性）。由此可见，对女性的歧视从给女性命名之日就已经开始。自从有了人类，就有了人类语言。语言必然反映和体现一个民族的文化，展现某一语言社区人们的信仰和思想感情。人类思维的过程和结果往往体现在语言的词汇中，而“男性中心论”的思维只要它存在就会在语言中体现并且留下印记。这种偏袒男性，贬低女性的词语在英语中比比皆是，如：He who...（凡……者 ＝ The one who...）可以指代男或女，而不用 she who...；在 Everyone has his merits and demerits 中，可以用 his 却不用 her。Man 作为 human being 是根深蒂固，不能轻易改变的意思，在整个英语史上都保持这个意思。美国独立宣言向人类庄严宣布：All men are created equal，以 man 代表人类并正式作为法律固定下来，如果用 women 替换 men，句子将失去原来的意义，难怪有人会这样描写：Now she represents a woman, but he is mankind. If she enters mankind, she loses herself in he.

Man 一词既可以指“男人”又可以指“人类”，如“The history of our world is the history of mankind.”中 mankind 一词不能用 womankind 取而代之。在一般的历史资料或教科书中都可以看到这样的句子：“To survive, *man* needs food, water, shelter and female companion。”男性成为典型的人类代名词，这种原型功能和形象使得 man 具有较强的组词性。英语中许多带有 -man 或 man- 成分的词使用频率相当高，如：manpower，mankind 等。许多由“man”统治的词明显表示出大男子主义和以男人集政治、经济权力于一身的传统观念，如：chairman， statesman，congressman 等。如果女性见到某处标记有 man only 的标牌就会明白这是排斥她的。英国是由男人统治的 kingdom，虽然英国也曾有女人统治，但却没有 queendom。同族、同胞也只有男人，如 kinsman 和 countryman。泛指人类的 man 虽然形式上和语法上包含女性，但在具体形象中却是将女性排除在外。

英语中词语男性化的倾向实在太明显，尤其是在《圣经 - 旧约》中的《士师记》第 20 章第 8 节：So all the people got them up as one man.（众民都起来如同一人。）从古至今该词义一直无甚变化，仍表示“（全体）一致地”。Man 是人类的统称，可理解为“a person”或“people in general”。英语中的 man 还是土地、领地、城堡的主人，如英国地名中的 Isle of Man（男人之岛），Mansfield（男人的领地或土地），Manchester（男人的城堡）。就连女性 female 这个术语都是由男性 male 派生而来。从词源上分析，history 这个词来源于 histor，意思是“knowing, learned, wise man”（*New World Dictionary*），它确实仅指男性。但事实上，女人和男人都是历史的创造者，而决非是“his story”。长期以来，史书在叙述人类社会的演进历程时，几乎都毫不例外地把聚焦中心定格在男性身上，对妇女很少甚至是只字不提。于是乎，人类历史成了男性的历史。

语言中最引人注目的是男性语言和相关范畴的以男性为中心的“公用”词汇。英语以 man 指称人类，汉字造字时以“人”表示男性，两者异曲同工。汉语中使用“他”，英语中使用“he/man”来指代男女，一贯被公认为是正确的使用。上述大量有关“he/man”和“他”的例证解读了这样一个事实：这是一个以男人为中心的世界，这个世界为男人把持。尽管“她 /she”用来指女性，但泛指人类时，人们还是用“他 /he”或“他们 /they”。

词本无义，义随人生。“语言反映着语言使用者的文化和思想意识。一个词语的正面含义或反面含义，褒义或贬义的选择可以反映语言使用者是否有社会偏见。”（白解红，2000：21）

语言作为思想的载体及人类最主要的交际工具不可避免地反映出语言使用者的社会价值观、文化积淀和民族思维方式。语言中男性的地位明显高于女性，这种不平等并不是语言本身的过错，而是由社会或使用语言的主体——人所决定的。语言从属于社会，它是社会的一面镜子，有什么样的社会价值观和民族思维方式，就有什么样的语言。汉语和英语中女性受“歧视”不是汉语和英语本身的问题，而是语言所赖以生存的那个社会的问题。

参考文献：

[1] Spender D. Man made Language[M]. Routledge & Kegan Paul: London, Boston and Henley, 1980.

[2] 白解红．性别语言文化与语用研究 [M]．长沙：湖南教育出版社，2000.

[3] 顾嘉祖，陆升．语言与文化（第二版）[M]．上海：上海外语教育出版社，2002.

[4] 李素琼，吴长镛．英语中的性别偏见与英语教学 [J]．国外外语教学，2002（3）：37-41.

[5] 孙云鹤．常用汉字详解字典 [Z]．福州：福建人民出版社，1986.

[6] 王志强．汉语称谓中的性别歧视现象 [J]．语文学刊，2000（1）：33-34.

[7] 张梦井等译．语言的奥妙 [M]．太原：山西人民出版社，2003.

第八章　语言——地理符号

地名是一种社会现象，是人类社会交往的产物。它是人类社会出现以来，人们根据自己的观察、认识和需要，对具有特定方位、范围及形态特征的地理实体给以共同约定的文字代号。地名固然是符号标志，但又是一种超越时空的文化现象。从历史和文化的角度来分析，地名不仅仅是代表地理实体的一种符号，它还具有意义。地名是民族历史和文化的一部分，与人类的社会实践紧密相连。它从一开始就蕴含着丰富的文化含义。研究发现："地名可以反映某一民族、某一地区及某一历史阶段特征、物产、经济、历史史实（事件或人物）、生存范围、历史变迁及宗教信仰等文化内涵。"（王秉钦，1995：181）

一、中国地名与中国文化

（一）"中国"国名由来

"中国"又称"中华"，古代又称"华夏"、"九州"、"神州"。"中国"一名，由来已久。商代的领土包括黄河流域和长江流域的广大地区。但是商王朝直接统治的地区只有黄河中下游一带，更大范围的地区分封给各诸侯国或一些部族管理。到了后期，人们只把以王都为中心的王朝直接统治的区域称为"商"。而"商"位于东、西、南、北四方土地的中央，成为国中之国，所以当时称"商"为"中国"。到了西周时期，把帝王所在的京都或中原地区也称为"中国"。如《诗经·大雅·民劳》中就有"惠此中国，以绥四方"。"中国"这一名称含有京都及地区位于中央的意思，同时也指政治、文化的中心。"中国"一词在古代也指华夏民族居住的地区。

"中华"两字最早见于《三国志·蜀书·诸葛亮》裴松之注。"中"指"中国"，指黄河流域的中原地区；"华"字则来源于"华夏"。"华夏"是中华民族的古称。由于华夏民族兴起于黄河流域一带，并位于东、西、南、北四方的中心，所以又称"中国"为"中华"。

"华夏"是中国的古称。"夏"，大也，指中国是有文明礼仪的大邦。《尚书·武成》

孔颖达疏曰：“大国为华夏。夏为中国也。”又说：“中国有礼仪之大，故称夏，有服章之美，谓之华。”意思是说，中国讲文明和礼仪，规模很大，地区很广，所以称为夏；中国人的服饰和诗文音乐非常美，所以称作华。

“九州”得名于上古时代。大禹治水后曾把中国版图划为九个州，当时他指点名山大川作为各州的疆界，所以后世相沿称中国为“九州”。

缩略词中有“中”和“华”，不能单独使用，需要同其他的词搭配。例如，与外国国名缩略词连用，如：中美关系、中日友好。与方向词放在一起使用，如：华北、华中、华东。由缩略词加基本词构成专门事物的名称，如：中文、中餐、华语、华裔。

（二）中国地名与社会文化

中国地名的由来、发展和变化，反映了汉民族的社会文化风貌，体现了汉民族的文化心态和民间习俗等。

地名与宗族——汉族社会是一种宗族的社会。宗族是汉民族社会构成的重要支柱。皇帝把天下当作皇家的王土，百姓自然将本宗族的居住地视为本族的乐土。在中国广大的农村，人们的宗族观念根深蒂固，往往同族同姓的人家居住在一起，由此形成一个村落，这些村落的名字便以聚居的宗族大姓命名。例如：王家营、李家集、张家堡、陈家湾、郑家屯、刘家镇等。中国姓氏数百家，几乎每姓都有很多地名。遍及全国各地以姓氏命名的村庄表现了汉民族重视宗族的社会心态。

地名与经商——遍及全国各地以姓氏命名村庄中的“集”、“市”等，均为农村贸易、商业中心所在地。现在中国农村的许多商贸中心仍沿用“集”、“市”等称呼。

历史悠久的城镇中许多地名也反映出历史上社会经济、手工业、商业的状况。许多街名、胡同名，同过去某个时代的社会市场、手工业、畜牧业等经济活动有关系。例如：珠宝市、灯市口、棉花胡同、菜市口、绒线胡同等。

地名与历史——北京是元、明、清三个朝代及民国初期的京都，官府、王府、衙门很多，其中有些官府的名称仍保留至今。如：相府胡同（过去曾作宰相官府的旧址）、国子监街（明清的国子监所在地）等。

北京的许多名园，大都是清朝皇家或王公贵族的园林及私宅府第，如：颐和园、圆明园等。

我国的某些县、市名曾是古代帝王的年号。如浙江省的绍兴市，汉代为山阴县，宋高宗以自己的年号“绍兴”更改山阴县名，一直沿用至今。江西省的兴国县，是取自宋太宗太平兴国的年号中的“兴国”二字。上海市的嘉定县，是取自宋宁宗的年号“嘉定”。

地名还反映出汉族与其他民族语言接触而形成的历史遗迹。例如北京、天津等地的“胡同”便是元代从蒙古语中借用而来。蒙古语中的“胡同”一词指水井。元代北京人喝水靠水井，许多胡同因水而得名，至今北京市的许多胡同名就是汉语词＋胡同的混合地名。北京地名“北海”、“什刹海”、“后海”、“中南海”中的“海”字来自蒙语。蒙语中的“海”包括湖泊、水潭在内。吉林省，取自满语吉林乌拉。吉林乌拉是满语沿着松花江之意。西藏，来自藏语“乌思藏”。“乌思”为“中央”的意思，“藏”为“圣洁”的意思，又因它位于中国的西部，故名“西藏”。

地名有历史的稳定性，许多地名沿袭下来。然而地名并非一成不变。地名的改变反映了不同时代的社会政治观念的不同。例如内蒙古自治区的首府呼和浩特市，过去汉族统治者推行大汉族主义政策，先后将这座城市命名为“归化”（明朝）、“归绥”（民国初年）等名称。1954年把归绥市改名为蒙语的音译呼和浩特市。呼和浩特，蒙语是“绿色的都市”的意思。为了实行民族团结和睦邻政策，还把一些原来不平等的地名或反映大汉族主义的地名改为平等、和睦、友好的地名。例如把与朝鲜人民民族主义共和国接壤的安东市改为丹东市、把广西与越南交界的镇南关改为友谊关。

有些地名，是人民为纪念那些为国家或人民事业做出贡献的历史人物或民族英雄，而用他们的名字作为地名。孙中山为广东省香山县人，后来为了纪念他，把香山县改名为中山县。再如陕西省的志丹县、山西省的左权县、吉林省的靖宇县、黑龙江省的尚志县，分别纪念革命烈士刘志丹、左权、杨靖宇、赵尚志等。

地名与军事——北方地区的许多村名、地名都带有“营、屯、堡、盘、寨、卫、关、旗”等字。“屯”是军队屯田的地方，“营”是军营，军队驻扎的地方，“盘”也是营盘，驻军的地方，而“堡、寨、卫、关”都是与军队的防御工事有关的名称。东北的村名用“屯”的很多，如范家屯、郑家屯、皇姑屯等，用“堡”的如双城堡、黄旗堡等。“卫”有天津卫、威海卫等；“关”有山海关、嘉峪关、平型关等。北京的地名用“旗”的很多，如：西三旗、蓝旗营等。“旗”在最初是兼有军事、行政和生产的单位，清兵入关之后，逐渐成为军事组织，有八旗军的组织形式，所以北京还留有八旗的地名。

地名与人民感情——由于历史上中国长年战乱，因此社会上普遍产生一种求天下太平、安宁，求福寿、昌盛的心态，把安居乐业、福寿康泰、和平昌盛的生活，当作美好的理想。这种心态也反映到地名上。全国各地的市名、县名、乡镇村名多取太平、安宁、福寿、康、泰、祥、和等。例如：长春、吉安、泰安、安庆、平安、福建、福州、玉树、永宁等。

地名与自然、地理——镇江、清河、绥芬河、芜湖、湖州、秦皇岛等是与江、河、湖、海等水系有关系的地名。湖南，因位于洞庭湖以南而得名。又因为境内湘江流经全省，故又简称“湘”。湖北，因位于洞庭湖以北而得名。黑龙江，因境内的黑龙江而得名。浙江，因境内的钱塘江（古称浙江）而得名。云南省省会昆明有滇池，故简称“滇”。赣水自南而北流经江西全省，因此江西简称“赣”。上海，位于中国东海的上洋，“上洋”就是当时渔民、商船出海的地方，“出海”又说“上海”，因此而得名。与浦、洼、港、埠等有关的地名有：连云港、香港、蚌埠、青浦。与山、川、桥梁、关口、陵、峡有关的地名有：四川、铁岭、山海关、张家口、海口、青铜峡、武夷山等。贵州，因境内的贵山而得州名称贵州，自清代至今。山西，因位于太行山以西而得名。“陵”系指丘陵。例如江苏扬州，古名广陵都，因以境内丘陵岗地广布，故名。安徽铜陵县，以境域大部分为山地丘陵，盛产铜而得名。

二、美国地名与美国文化

（一）美国地名成因

“地名的命名都是有其原因的，或依据自然地貌特征，或依据某社会人文特点。”（王秉钦，1995：180）纵览美国地图不难发现，美国众多的城名五光十色、情趣各异。有的城市由于地处江河湖海岸边和山川盆地而得名；有的由于发现了矿藏而得名；有的为纪念某人而得名。自从哥伦布发现“新大陆”之后，美国曾沦为欧洲列国的殖民地，许多美国城名因此也渗透着占领、殖民、侵略的气息。美国城名的形成有其历史根源，概括起来主要有以下几种来源：

以河名命城名——Mississippi 密西西比州（来自密西西比河）；Walla Walla 沃拉沃拉市（因沃拉沃拉河得名）；Ohio 俄亥俄州（因俄亥俄河得名）等。

以矿藏命城名——Oil City 石油城（因是石油产地中心而得名）。

以移民故乡命城名——Plymouth（普利茅斯）（英）；Livonia（利沃尼亚）（俄）等。

New **+故乡的城名——**New Orleans（新奥尔良）（法 Orleans）。

以人名命城名——Columbus（哥伦布）（发现新大陆的航海家哥伦布）；Saint Louis（圣路易）（法国国王路易九世）；Lafayette（拉菲特）（法国政治家拉菲特）等。

以自然特征命城名——Little Rock（小石城）（因附近的“石头岬角”而得名）；Long Beach（长滩）（因海岸上有“较长滩地”而得名）；Akron（阿克伦）（源于希腊文，意为“顶端”）；Detroit（底特律）（源于法文，意为“峡地”）；Lakewood（莱克伍德）（该城既有“湖”又有“树”）等。

借助外来词素构成的城名——带 San 字首的，为西班牙语，如：San Antonio（圣安东尼奥），San Francisco（圣弗郎西斯哥），San Jose（圣何塞），San Diego（圣迭哥）等。字尾是 ville 的，为法文，如：Louisville（路易斯维尔），Nashville（纳什维尔）。字尾是 burgh 的，为苏格兰名，如：Pittsburgh（匹兹堡）。字尾是 burg（不带 h），则是德文，如：Augsburg（奥格斯堡），Harrisburg（哈里斯堡）等。

（二）美国地名文化含义

地名作为人类社会发展进化的历史产物，与社会文化之间有着广泛而密切的联系。美国城名作为美利坚文化的结晶，其文化含义极为丰富。“世界上没有一个地方的事物命名像美国的那样丰富、充满诗意、幽默和优美。所有的时代、民族及其语言都做出了它们的贡献。”（Mencken, 1982: 642）美国城名是美国社会的缩影，它从一个具体的侧面镜像折射出美国的文化遗产、历史演进、自然生态、民族构成、宗教信仰等方面的文化信息，是研究美利坚文化形成和发展的重要史料。

文化遗产——走遍美国，到处可见来自印第安语的地名，它们构成了美国地名独特的韵味。美国的50个州名中，源自印第安语的州名就占一半之多，如Alabama（阿拉巴马），Arkansas（阿肯色），Dakota（达科他），Idaho（爱达荷），Iowa（依阿华），Oklahoma（奥克拉荷马），Tennessee（田纳西），Missouri（密苏里），Oregon（俄勒冈），Ohio（俄亥俄）等。美国的许多市、县、区、镇的名称也是如此。如今已成为世界首要工商业、金融中心之一的曼哈顿（Manhattan）依然保留印第安土著语的名称。这些城名拥有比美国本身还要悠久的历史，因而在美国文化中根深蒂固。这是因为美国广大的地区同整个美洲一样，原是印第安人世代栖居之地，他们给城镇、山村、山川湖泊起了许多美丽动听的名字，在那里创造了阿兹特克文明、玛雅文明和印加文明。尽管西方殖民者侵入美洲后，大批印第安人惨遭杀戮或被残暴地驱逐，富饶辽阔、秀丽肥沃的北美大陆易主换名，变成殖民者的家园，但不少印第安语地名却填补了早期美国城名在语言表达上的空白，并作为珍贵的文化遗产保留下来，一直沿用至今。

印第安人热爱、崇拜自然，认为他们是大自然不可分割的一部分，因而从当地的动植物、地形地貌，甚至自己对这一切的诠释来命名他们劳动和生息的地方。例如：Oregon（美丽的河流），Connecticut（长长的河流），Idaho（高山上的宝石），Utah（高地）等。著名的酋长们作为勇士或人民的捍卫者而受到印第安人的敬仰，Powhatan（保厄坦），Seattle（西雅图），Pontiac（庞蒂亚克），Osceola（奥西奥拉）等因此成为城镇名。Arapahoe（阿拉珀霍），Tampa（坦帕）等地名原来都是印第安的部落名。

分析一下美国的印第安语州名的始源，不难发现许多原本是印第安人给河流起的名字，后来又用作州名，如：Mississippi（大河），Missouri（淤泥河），Oregon（美丽的河流），Wisconsin（莽莽草原上的河流），Connecticut（长的河流），Minnesota（天蓝色的水），Ohio（美丽的水），Nebraska（草原上的河流），Michigan（广阔水面）等。

在印第安语州名中，有些名字是印第安人经过长期的观察后，而对当地的地理风貌进行的总结和概括。Idaho（爱达荷）内的群山之上盛产金、银、锌、锑等多种有色金属和宝石，因此，印第安人就把这个地区称作Idaho（高山上的宝石）。Massachusetts（马萨诸塞）境内有蜿蜒起伏的阿巴拉契山，居住在这里的印第安人就把这个地方称作Massachusetts（在大山岗上）。Utah（犹他）全境是群山峻岭，这里的人便叫它为Utah（高地）。Arizona（亚利桑纳）内山峦起伏，荒漠广布，水源极其稀少，因此被称为Arizona（水源稀少）。Wyoming（怀俄明）境内多平原、牧场，因而得名Wyoming（在大平原上）。Kentucky（肯塔基）草原辽阔，故名Kentucky（广阔的草原）。源于印第安语地名的例子还有：Peoria（皮奥里亚）（意为“搬运夫”）；Chicago（芝加哥）（意为“生长野洋葱或大蒜的地方”）；Illinois（伊利诺斯）（伊利诺斯河）；Allegheny（阿勒格尼）（印第安部落名）；Pasadena（帕萨迪纳）（印第安语）等。

自然生态——美国的许多城镇沿河（湖泊）而建，其形成的原因也是显而易见的。历史上理想的建城地点一般来说应是那些乘舟沿河（湖泊）上下，便捷可达的地方，或是河流较浅（窄），既可涉水而过，又便于建桥之处。

例如：Rockford（罗可福德）是伊利诺斯州北部城市，位于罗克河畔，其名称是由英语rock（石头）和ford（涉水处）构成，意为多岩石的可以徒步涉水而过的地方。印第安纳州北部城市South Bend（南本德）位于圣约瑟夫河南端（south）的河湾（bend）处，故名。Sioux Falls（苏福尔斯）是南达科他州最大的城市。该市临大苏河，因河上的瀑布而得名。此外，爱达荷州首府Boise（博伊西），依阿华州首府Des Moines（得梅因），加利福尼亚州首府Sacramento（萨克拉门托），犹他州首府Salt Lake City（盐湖城），亚拉巴马州西南部港市Mobile（莫比尔），康涅狄格州南部城市Waterbury（沃特伯里），华盛顿州东南重镇Walla Walla（沃拉沃拉），得克萨斯州中南部城市San Antonio（圣安东尼奥）等也都是因水而得名。

美国还有相当多的城镇名称是人们根据当地的地理特点而命名的。例如：Little Rock（小石城）是阿肯色州的首府和州内唯一重要城市，因建在小岩石附近而得此名。科罗拉多州的一座城市叫Colorado Springs（科罗拉多斯普林斯），因为城西有一大温泉（Spring）而得名。汽车之都Detroit（底特律）的字面意义是“峡地”，得此名是因其位于两个大湖之间的狭长地带之间。Flint一词在英语中意为打火石或坚硬物，密执安州东部城市Flint（弗林特）地区的石头特别坚硬，故名。加利福尼亚州的Sunnyvale（森尼韦尔）坐落在一条山谷（vale）间，冬季阳光和煦（sunny），是冬季避寒胜地。Akron（阿克伦）是俄亥俄州东北部的一座城市，名称来源于希腊文，意为顶端，因为该市位于两条河分流处最高的地方。这个市所管辖的一个县也因相同的地理位置而被定名为Summit（萨米特）。源于自然、生态地名的例子还有：Butte（比尤特市）（意为“小丘”）；Honolulu（火奴鲁鲁）（良港）；Buffalo（布法罗）（野牛）；Fresno（弗雷斯诺）（白蜡树）；Anchorage（安克雷奇）（抛锚、停泊）等。

民族构成——美国号称“移民之国”。即使是哥伦布发现新大陆之前就在北美生活的印第安人，也是很早时从亚洲大陆迁徙过去的。在大约400年的时间内，不同国籍的大批移民源源不断地涌入到美国。移民抵达美国后的地理分布状况大致为：斯堪的纳维亚人大多定居于中西部的北部地区；东方人则沿着西海岸而居；古巴人集中在佛罗里达；墨西哥人在西南部；苏格兰人和爱尔兰人则沿着阿巴拉契亚山脉从宾夕法尼亚西部直到南北卡罗来纳地区；意大利人和犹太人就直接定居在他们到达的东北部各港口；黑人则集中于南部，等等。

美国的城市大都是由移民聚落发展而成的。身居异国他乡的海外移民无时无刻不缅怀故乡。出于感情上的需要和受到思乡情绪的影响，美国有不少移民聚居区在兴城建镇时采用了其故乡的地名。挪威人把他们在明尼苏达州的拓居地命名为Oslo（奥斯陆），瑞典人在威斯康星、缅因和南达科他等州建立了许多叫Stockholm（斯德哥尔摩）的地方。苏格兰人则命名了许多Glasgow（格拉斯哥）、Edinburgh（爱丁堡）和Dundee（邓迪）。旅居美国的海外华侨的祖先多来自于中国的广东，省城广州旧英译名为Canton（坎顿）。美国现有18处以Canton命名的地方。Brooklyn（布鲁克林），Flushing（弗拉辛），Yonkers（扬克斯）等人们所十分熟悉的纽约地区的地名则为荷兰移民所起。爱尔兰是欧洲最早向美国移民的国家，故土的首都成了移民建城镇时首选的名称，美国现有8处以爱尔兰首都Dublin（都柏林）命名的城市。其他来自不同国家的移民也都喜爱用他们国家首都命名其所在地。美国全境有5个Madrid（马德里）、8个Lisbon（里斯本）、6个Havana（哈瓦那）、12个Athens（雅典）、9个Rome（罗马）、10个Paris（巴黎）等等。但全美国没有一处叫Budapest（布达佩斯）的地方。匈牙利人在美国命名了两处叫Buda的地方，这是因为直到1873年Budapest才成为匈牙利的首都。瑞典人于1638年最早在费城定居。1678年苏格兰和英格兰的教友派信徒定居于此。1682年该城被命名为Philadelphia（费城），城名源于希腊语，意思是“兄弟之爱”。

由移民、殖民者所起的地名的例子还有：Long island（长岛）（荷兰移民所起）；Galveston（加尔维斯顿）（西班牙殖民官员）；Carson City（卡森城）（殖民者所起）；Hampton（汉普顿）（英国殖民者）；Pierre（皮尔）（法国皮货商）；Santa Fe（圣非）（西班牙传教士所建）；San Jose（圣何塞）（西班牙人名）；Youngstown（扬斯敦）（殖民者的名字）；Livonnia（利沃尼亚）（俄国移民故乡的名字）；New Haven（纽黑文）（英殖民者所建）；New Castle（纽卡斯尔）（英殖民者所建）；Arlington（阿灵顿）（英国著名伯爵称号）；Amarillo（阿马里洛）（西班牙语）等。

宗教信仰——“宗教作为人类文化的一种特殊形态，几乎与人类文化同步产生和发展。在世界上找不到一个没有任何宗教的民族和国家。”（王秉钦，1995：57）美国是信奉基督教的国家，其宗教传统有几百年的历史。早期欧洲殖民者统治新大陆时期，基督教就已传入北美。《圣经》被基督教尊奉为经典，它对整个西方文化的影响是不可估量的。这种影响在美国文化中的表现之一就是有很多美国的城名源于《圣经》中的人物和名城。

Adam（亚当）、Eve（夏娃）、Abraham（亚伯拉罕）、Moses（摩西）等地名显而易见是《圣经》中的著名人物。Bethlehem（伯利恒）是《圣经》中所说的耶稣的降生地，是基督教的圣地，美国有三个州在建镇时便使用了这一圣名。美国有9个Bethel（贝塞尔）（宗教圣地）、13个Alexandria（亚历山大）（亚历山大帝所建的城），以及9个Hebron（西伯伦）、7个Eden（伊登）、5个Jordan（约旦）、3个Nazareth（拿撒勒）、3个Canaan（迦南）、6个Zion（宰恩）、2个Jerusalem（耶路撒冷）、14个Paradise（帕拉代斯）等以《圣经》中的名城冠名的城市。

美国西部俄勒冈州的首府被命名为Salem。取这个城名是受宗教圣地Jerusalem的影响。Jerusalem意即“和平之城”。Shalom在希伯来语中意为“和平”，英语简化成Salem。Corpus Christi（科珀斯克里斯蒂）和Los Angeles（洛杉矶）也与《圣经》

文化有关。Corpus Christi 是得克萨斯州南部的港市，英语名称源于拉丁文，意为“基督圣体节”，用以纪念基督圣体节（复活节后第八个礼拜天，三一节后的礼拜四）。Los Angeles 是美国第三大城，位于加利福尼亚州南部。1769 年 8 月 2 日西班牙圣芳济会教士胡安 - 克雷斯皮随加利福尼亚总督到此探险，正好前一天是天主教的圣母节，于是就把他们驻地附近的河流命名为 El Pueblo de Nuestra Senora la Reina de los Angeles de la Porciuncula，意思是“崇敬的天使女王圣母玛利亚给予一小块土地的村庄”。1779 年设立移民点，1781 年建市，用的是上述全称。1848 年归属美国之后只用其缩写 Los Angeles，意为“天使”。

基督教的圣父、圣子、圣灵三位一体的主张极大地影响着西方人的民俗心理。他们对 Trinity（三位一体）情有独钟，把它看成是完美的数字。他们认为世界是由大地、海洋、天空组成；人体具有肉体、心灵、精神三重性；大自然有动物、植物、矿藏这三个内容。因此，美国人喜欢用 Trinity（特里尼蒂）为其所居住的城镇冠名。Luther（路德）作为 16 世纪欧洲宗教改革运动的发起者和基督教新教的创始人，与宗教密不可分。依阿华、密执安、蒙大拿、俄克拉何马等州都有以 Luther 命名的地方。

历史事件——如果说 1630 年一批来自英国林肯郡 Boston 镇的清教徒在马萨诸塞州建立的 Boston（波士顿）是为了缅怀故乡，纪念祖先，那么，美国其他州以 Boston 命名的地方则是让世人铭记“波士顿倾茶案”，因为这一行动点燃了自由的火炬，成为美国革命的先声。Lexington（列克星敦）则记载了美国历史的另一重大事件。独立战争期间美国民兵在此阻击了前往镇压的英军，打响了独立战争的第一枪。从此，以 Lexington 命名的地方增多，有 20 处之多。19 世纪之后，沿用美国总统的名字命地名成为时尚。美国首都 Washington（华盛顿）是为了纪念美国开国元勋华盛顿总统而命名的。美国各地有 43 处以 Lincoln（林肯）命名的城镇。其实，有很多以林肯命名的地方林肯总统本人从未到过。完全是这些地方的人民，有感于这位总统维护联邦统一，坚持解放黑奴，不惜以身殉职的伟大人格，自愿将他们的城镇以林肯总统的名字命名的。历史上曾为美国的独立解放、联邦统一、侵略扩张立过汗马功劳的军事将领们也是美国地名的来源之一。例如，独立战争期间美军将领 Montgomery（蒙哥马利），Dearborn（迪尔伯恩），Nash（纳什）；南北战争期间北方军的将军 Denver（丹佛），Sherman（谢尔曼），Evans（埃文斯）；美墨战争中的美军指挥官 Stockton（斯托克顿）等人的姓氏或姓氏加 ville（ville 源于法语，意为“城市”）成了当时美国兴城建镇首选的名字。与美国历史事件、历史人物有关的地名例子还有：Vallejio（瓦列霍）（将军）；Baker Island（贝克岛）（军舰舰长）；Shreveport（什里夫波特）（船长）；Camden（卡姆登）（独立战争的支持者）；Fremont（弗里蒙特）（探险家）；Garland（加兰）（司法部长）；Gary（加里）（钢铁公司董事长）；Dallas（达拉斯）（副总统）；Houston（休斯敦）（将军）；Madison（麦迪逊）（总统）；Seward（苏厄德）（国务卿）等。

美国城名的由来有着丰富而广泛的文化背景，它与美国的民族传统、自然景观、社会变革、意识形态等诸多因素密切相关。深入细致地研究与探讨美国地名的始源会有助于我们详尽领悟美国自身所特有的民族风味、文化风貌，以及美国文化发展史。

三、英国地名与英国文化

城市名称是很复杂的，每一座城市都有自己的来历。纵观不列颠群岛大大小小的城镇名称，人们都可去寻求有趣的线索，以追溯这些城名背后的故事。

（一）外族人入侵

凯尔特人进犯——打开英国地图，人们可以看到Kent（肯特）、Lichfield（利奇菲尔德）、Breton（布莱顿）、Cornwall（康沃尔）等城镇的名称。这些地名都是从不列颠岛上最古老的居民凯尔特人那里传下来的。大约在公元前500年开始，凯尔特人从欧洲大陆进犯并占领了不列颠群岛。他们操凯尔特语。5世纪，凯尔特人的一支scot（苏格兰人）从北爱尔兰渡海而来，建立了一个王国。Scotland这个地名，就是苏格兰人的国家之意。今天居住在苏格兰西部和北部山地的盖尔人（Gaels）仍然使用凯尔特语。在英国形成之前，凯尔特语是不列颠群岛上所能发现的唯一具有史料依据的早期语言。在今日英语中，有一些地名还保留着凯尔特语的词汇成分。

如在Duncombe，Winchcombe，Cumberland等地名中，含有凯尔特语cumb（＝deep valley深谷）一词的成分；在Torcross，Torquay等地名中，仍保留着凯尔特语torr（＝high rock或peak高岩或山顶）一词的成分。在英国西部的好些地名都含有凯尔特语的成分，比如Penkridge，Pentrich，Penhill中的pen（头），这些地名大部分发现在Dorsetshire，Wiltshire，Worcestershire，Staffordshire，Derbyshire和Lancatershire等几个郡，这种分布表明，至少在英国西部曾经有很多讲凯尔特语的人口遗迹。英国的一些有名城市，如York（约克），Dover（多弗尔）的名称都是源于凯尔特语。York意为“水松树林的地方”。古凯尔特人把水松树林作为神来崇拜。Dover，英格兰东部港市，得名于流经港市的同名河流。由于这些以当地地理特征命名的地名得以保留，人们至今可借此追溯并了解英国的早期文化。例如：

Isle of Man（马恩岛），位于英格兰西北岸附近的爱尔兰海中，属于英国。古称Mona，从凯尔特语Manannan演变而来。

British Isles（不列颠群岛）。公元前55年，古罗马统帅恺撒渡过海峡来此，称其为Britannia，意为不列颠人的土地，得名于当地居民不列颠人（属凯尔特族的一支）。他们在公元前8世纪至公元5世纪为岛上的主要居民。5世纪下半叶，盎格鲁-撒克逊人入侵，不列颠人的一部分被消灭或同化，一部分人逃往威尔士山区或迁居法国西北部，但Britannia这个名字却沿袭下来，后简称为Britain。部族名来源于凯尔特语brith，意为“杂色多彩”，指古代不列颠部族身上喜欢涂上各种彩色，故名。British是Britain的形容词。

Dumbarton（丹巴顿），史称 Dun Breattan。Dun 在凯尔特语中意为“城堡”，Breattan 意即“不列颠人的”，全名意为“不列颠人的城堡”。

Lichfield（利奇菲尔德），来源于古凯尔特语 leto caito，意为“灰色树林”。后英吉利人将地名加上英语地理通名 field，得今名，意为“灰色树林的开阔地”。

Kent（肯特），英格兰东南部的郡，东濒多弗尔海峡。该名为英格兰有文字记载起最古老的名称。其名称来源于凯尔特语 canto，意为“边缘地区或沿岸地区”。

罗马人入侵——到了公元前 55 年，凯尔特人与世隔绝的平静生活被罗马军团的铁蹄所打破。公元前 55 年夏和公元前 54 年夏，罗马帝国的 Julius Caesar 两次率兵入侵不列颠，但均遭到当地凯尔特人的顽强抵抗。公元 43 年始，罗马皇帝 Claudius 率大军用了三年时间逐步征服了不列颠的中部和东南部，并建立了强有力的统治。罗马人先是将这片被其占领的土地称之为 Pretani（普雷塔尼），后又改称 Britannia，其意思是指不列颠人居住的地方。古罗马人有时又将大不列颠岛叫作 Albion，意为“白岛”，这是因为英国多弗海岸上有一片白崖，从欧洲大陆乘船来英国，首先进入眼帘的就是这一片白色的悬崖。罗马军队入侵不列颠后，在泰晤士河下游渡口筑起一座要塞，作为统治不列颠的基地，起名为 Londinium（伦底纽姆），London（伦敦）之名即从中演变而来，它是现代伦敦的发祥地。

英国有文字记载的历史源于罗马人的侵入。Castra（军营 / 营地）一词便是侵略者随后长达 300 多年军事占领的最好证明。罗马人 castra 一词的意义相当于英语中的 castle。英国众多的城镇，大小不一，都以一个从拉丁语词“castra”变化而来的词 -chester 或 -caster 或 cester 结尾，如 Colchester，Manchester，Winchester，Leicester，Gloucester，Worcester，Lancaster，Chester 等。这些城镇都是在以前罗马占领者的营地的基础上或军营的废墟上建设发展起来的。以 -minster 为词尾的市镇名称为后人提供了另一盎格鲁化了的拉丁语的痕迹。“-minster”意指 monastery（修道院），如 Westerminster（威斯敏斯特），实际上指的就是 the Western Monastery 之义。

见证了罗马人侵略的英国地名还有许多，诸如：Caerleon（卡林），威尔士南部市镇。其名称由 caer（要塞）和 leaon（军团）组成，意为“（罗马）军团的要塞”。Leon 来源于拉丁文 legion。Caermarthen（卡马森），威尔士南部城市。罗马统治时期拉丁文作 Maridunum，意为“海滨的要塞”。Caernavon（卡那封），威尔士西北部城市。其名称由 caer（要塞）和 arfon（朝向芒岛）组成，意即“朝向芒岛的要塞”。Lancaster（兰开斯特）为英格兰北部城市，由 Lune（河名）加 caster（城堡）组成。Cardiff（卡的夫）为威尔士首府。其名称由 car 或 caer（要塞）和 Taff（河名）转讹而得，意为“河口的要塞”。Exeter（埃克塞特），在古英语中为 Exaceaster，意为“埃克斯河畔的城堡”。Dorchester（多切斯特）为英格兰南部城市，意为“拳击者的城堡”，因在罗马人统治时，该城常举行拳击比赛。Worcester（伍斯特），英格兰中部城市，其名称意为“部落的城堡”。

然而，罗马人也不断遭受凯尔特人顽强而持久的抵抗。罗马人在不列颠岛统治了将近400年。最后，随着罗马帝国的衰退，不列颠人的反抗以及日耳曼部落的迁徙，罗马人逐渐放松了对不列颠岛的控制。到了410年，罗马人终于全部撤离了这个岛国。罗马侵略者离开不列颠之后，罗马人的影响迅速消退。建筑物年久失修，坍塌破损，拉丁语也随之逐渐消失了。

日耳曼人入侵——罗马占领者从不列颠撤出，宣告了占领英格兰400年之久的罗马帝国统治的崩溃。原来居住在西北欧的三个日耳曼部族，即盎格鲁人（Angles）、撒克逊人（Saxons）和朱特人（Jutes）乘罗马帝国衰落之机入侵不列颠。这些外来入侵者对不列颠人大开杀戒，没有杀尽的就赶到西部山区地带。日耳曼海盗的疯狂侵略遭到不列颠人的顽强抵抗，因此这一次外来侵略者对不列颠的征服是漫长曲折的，中间曾有几度较长的间歇，在经历了一个半世纪之后，直到7世纪初才完成。从此，日耳曼占据了英格兰的全部领土，这便是英国历史上的日耳曼人征服（Germanic Conquest），亦称条顿人征服（Teutonic Conquest）。

这三个来自日耳曼部族入侵者的语言都属于低地日耳曼语。虽然其方言各有区别，但彼此的文字还是可以相互沟通的。随着时间的推移和社会的发展，盎格鲁、撒克逊和朱特这三个部族最终融合为一体化的英吉利民族，他们各自使用的方言也逐渐融合，形成了一种新的语言——盎格鲁-撒克逊语（Anglo-Saxon），即现在所称的古英语。三个日耳曼部族中的Angles（盎格鲁）人口占了主要部分，因此这三个部族被称为Anglo-Saxon（盎格鲁-撒克逊）。当时的拉丁语学者把他们称为Angli，把不列颠称为Anglia。后来Anglia又演变为Englaland，意即the land of the Angles（盎格鲁人的土地）。再往后，Englaland因读音和拼写的方便而简化为如今的England（英格兰）。

盎格鲁-撒克逊人对不列颠的入侵和占领是相当彻底的，不列颠的许多地名都可以作为佐证。威尔士人是古凯尔特人的后裔。盎格鲁-撒克逊人入侵不列颠，把原住民驱赶到西部山区，称他们为Welisc，久而久之，这个词演化为Welsh，这就是威尔士人这个民族的来源。盎格鲁-撒克逊入侵者将威尔士人所居住的地方称为Walas，后逐渐演变为现名Wales（威尔士）。殊不知Welsh一词的本义是“外族人”，意指“凯尔特人”或“仆人”或“奴隶”。由此可见，当时已被彻底征服的凯尔特人在日耳曼人心中的社会地位。Sussex（萨塞克斯）是英格兰南部的旧郡名。477年撒克逊人入侵英格兰，其酋长率兵在此登陆，建立了南撒克逊王国，Sussex名称即由此而来，它源于古英语Suth Seaxe，意为“南撒克逊”。Essex（埃塞克斯）是英格兰东南部的一个郡。Wessex（西塞克斯）和Middlesex（中塞克斯）也是撒克逊人的营盘。撒克逊人建立的这些王国覆盖了今天的英格兰西部诸郡的大部分地区。朱特人占据了Kent（肯特）、the Isle of Wight（怀特岛），以后又占据了Hampshire（汉普郡）南部的部分地区。盎格鲁人则控制了从苏格兰低地到泰晤士河之间的大片土地。由盎格鲁、撒克逊和朱特人合为统一的英吉利民族日后在大不列颠岛建立了七个王国。Northumberland（诺森伯兰）就是七个王国之中的一个。Norfolk（诺福克），来源于 Nordic，意为七国时代东盎格利亚的北部居民，与意为南部居民的 Suffolk（萨福克，古英语为 Suthfolchi）相对。现在 Norfolk 和 Suffolk 则成为英国的两个郡的名称。Vorthumbia（诺森伯里亚）的国王（Edwin 爱德温）率兵占领了 Edinburgh（爱丁堡），在山上修起堡垒，Edinburgh 这个城市的名称即由“Edwin 的城堡”演化而来。Somerset（萨默塞特）是英格兰西南部的一个郡。它曾经是西盎格鲁 - 撒克逊国王的避暑地。虽然盎格鲁 - 撒克逊人性情剽悍，经常争斗，但他们为英格兰成为国家奠定了基础。盎格鲁 - 撒克逊人设立了郡制（shire），后来诺曼人称为 county。

丹麦人入侵——大约在 9 世纪，不列颠诸岛遭到斯堪的纳维亚人的大举入侵，其中丹麦人为主要入侵者。起初，他们只是采用海盗行劫的手段，登陆后掠夺一番即扬帆而去。到了 9 世纪中叶，丹麦人开始成批向英格兰迁移，逐渐占领了英格兰的大片地区。丹麦人延续近 300 年的入侵，对古英语的影响极大。仅从众多带有斯堪的纳维亚名称的地名上便可窥见一斑。在英国只要看到以“-by”结尾的村镇名称，比如 Derby，Rugby，便可断定这个地方曾经被丹麦人占据过。Derby 旧称 Northworthy，古英语意为“北方的农舍住宅”。中世纪北欧丹麦人入侵后，发现该地有成群的鹿，逐称其为 Derby 。“-by”在丹麦语中意为“farm, town, village”等。“-by”尤其在英格兰北部地名中广为出现。另外，有近 300 个含有斯堪的纳维亚语 thorp（village：村庄）的地名，如 Althorp，Bishosthorp 等。同样数量的地名是由带 thwaite（新开地，开垦地）一词构成的，如 Applethwaite、Braithwaite 等。Shetland（设得兰群岛），在不列颠群岛最北部，由 100 多个岩岛组成，其名称为斯堪的纳维亚语 Hjaltland 的变体。Hjalt 在斯堪的纳维亚语中是“瘤”的意思，因其岩岛如同瘤子而得名。Wick 是“村、农场、手工作坊”的意思，经常发生战乱的村庄就叫作 Warwick。Chiswick 是由 cheese（奶酪）和 wick 组成，意指“乳酪作坊”。Wick 有时软化成 Wich，所以绿树成荫的村子就叫作 Greenwich。北部的城镇就称为 Norwich。此外，从 Yorkshire，Lincolnshire，Lowestoft，Blacktoft 等大量的地名都可以看到斯堪的纳维亚语的痕迹。从这些地名上可以清楚地看到丹麦人为首的外族人延续近 300 年的对这些地区的大举入侵和征服是相当彻底的。

诺曼底人征服——英国历史上的诺曼底人的征服（Norman Conquest）不仅加速了英国社会封建化的进程，而且推动了古英语向中古英语的过渡。威廉加冕后，整个新贵族几乎都是讲法语的诺曼底人，法语自然成为英国的官方语言。这一时期，英语的语法结构和词汇都受到法语的影响。由于讲法语的诺曼底人不懂英语，所以在学说某些村镇的名称时犯了许多发音错误。如当时的北方重镇 Dunbolm，征服者只能尽力模仿，叫它 Durham，而 Durham 这个地名就这样被沿用至今。同样，那些被诺曼底人用法语命名的地方，如他们居住的城堡和寺院，对被征服的撒克逊人来讲，也同样存在着发音上的困难。因此，Bealieu 成了 Benley；Rievaulx 变成了近似于 Rivers 的音。Salop（萨洛普）是英格兰西部的一个郡。11 世纪诺曼人入侵，法语写作 Salopescira，后简称为 Salop。Richmond（里士满），是英格兰东南部的一个城市，全称为 Richmond upon Thames。征服者威廉一世之侄在此建立了一个要塞，并用法语命名，意为“富饶的山岭”。Newcastle（纽卡尔斯）的英文意思是“新城堡”，然而它并不是一座新城市，而是一座地道的古城。诺曼底公爵威廉征服不列颠后，他的大儿子罗伯特率军来到泰恩河畔，镇守北部边塞，在这襟山带河的要地，修起一座城堡，起名为 Newcastle，这就是 Newcastle（纽卡尔斯）市名的来历。有些诺曼底封建领主还把自己的名字或头衔附加到所居住的村镇的名称上。五花八门的英国地名中有许多诸如此类的地方，如 Bishop's stort-ford，Ashby-de-la-zouch，Abbot's Langly 等等。

（二）地理特征

英国众多的地名，五光十色，情趣各异，相当多的地名是由其所在地的地理特征而得名的。其中最明显的是那些坐落在河流入海口或天然港湾形成处的港市。英国作为一个四面环海的岛国，有许多港口城市，如 Portsmouth（扑次茅斯）、Yarmouth（雅茅斯）、Plymouth（普利茅斯）、Newhaven（纽黑文）、Devonport（得文波特）等。这些地名明显都带有地理特征，因为这些地名一般都以 -mouth（河口）、-haven（港口）或 -port（口岸）等结尾的名词命名，这明确地表示该地的地理位置和地理特征。根据这些特点人们不难在英国地图上找到遍布不列颠群岛海岸、河口的港市。

英国还有许多沿河而建的城镇。如伦敦就具有这样的地理优势，该市建在泰晤士河的下游。天然的浅水滩也是建立城镇的理想之地。英语地名中众多的以 -bridge（桥）或 -ford（津，即人畜可涉水而过的浅水滩）结尾的地名就是根据其地理特征而得名的，如 Oxford（牛津）、Cambridge（剑桥）、Stratford-on-Avon（艾汶河畔的斯特拉福德）等。至今 Oxford（牛津）城徽上还画着一条牛，牛蹄踩着波纹般的水流。Oxford 大学和 Cambridge 大学是英国人引以为自豪的最高学府。英国人常把 Oxford 和 Cambridge 合称为 Oxbridge（牛桥）。在某种意义上可以说，没有 Oxbridge 就没有英国。

在英语地名中凡 Dun-、Down-、-don 和 -down 均来自古英语 dun，意为“小山”。例如：Swindon 是英格兰南部的一个城市，其名字的来源是 swine（猪）加 don，意即“猪山”；Snowdon 意为“雪山”。Belfast（贝尔法斯特）这个地名隐含着这座城市的起源。Belfast 本是古英语“沙滩、渡口”的意思。1177 年，诺尔曼人入侵爱尔兰，在一条河下游的渡口筑起一座堡垒，这就是 Belfast（贝尔法斯特）的萌芽，围绕着堡垒逐渐发展为集市。Bath 一词是“沐浴”的意思，用作城名则反映了该城起源于温泉浴场的历史。相传最早发现此地温泉的是莎士比亚《李尔王》中的主人公李尔王的父亲。

具有地理特征的英国地名遍布不列颠群岛，例如：Chelsea（切尔西），英格兰东南城市，位于泰晤士河北岸，古称 Cealc hyth，意为“运送石灰石的码头”。Hyth 在古英语中意为“码头”。古代这附近盛产石灰石，并经此运往各地而得名。Chelmsford（切姆斯福德），英格兰东南部城市，埃塞克斯郡首府。古英语意为“切尔默河渡口”。Bedford（贝德福德），英国东南部城市。其名称来源于古英语，意为“贝德（Bede）的渡口”。Oxford（牛津），因泰晤士河经此，被分为几道河汊，河水较浅，牛可涉水而过，后在此建立居民点，因此得名。Stafford（斯塔福德），其名称由古英语 staeth（木桩）和 ford（渡口）组成，意为“安置木桩的渡口”。Bradford（不拉德福德），英格兰北部城市，位于河上，其名称在英语中意为“宽广的渡口”。Hertford（赫特福德），同 Hartford，Hartforth 一样，意均为“公鹿（hart）的渡口”。Eastbourne（伊斯特本），意即东部小溪。在英语地名中，凡由 bourne、burn、-burn、-borne 所构成的地名均来源于古英语 burna，意为“小溪”。Shrewsbury（什鲁斯伯里），英格兰西部城市，因该地生长茂密赤杨树而得名。Dumfries（邓弗里斯），苏格兰南部城市。其名称由盖尔语的 dum（要塞）和 preas（灌木）组成，意为“灌木丛中的要塞”。Aylesbury（艾尔斯伯里），英格兰中部城市，古称 Aegelesburg，意为“艾尔斯城堡”。Bristol（布里斯托尔），英格兰西南部城市。古英语为 Brycg-stow，后缩写得今名，意为“在桥边集会的地方”。Cardigan（卡迪根），威尔士西部城市，意为“河口的城市”。Down（当）为英国一郡名。Down 是由凯尔特语 dun 演变而来，意为“山丘”。该郡境内多丘陵低山。Downpatrick（当帕特里克），北爱尔兰东南重要城市。Down 源于古盖尔特 dun。Inverness（因弗内斯），苏格兰西北部城市，以其地理位置而得名，意为“Ness（内斯河）的河口”。

还有许多以英语地理通名 -ton（村镇）构成的地名，如：Northampton（北安普顿），英格兰中部城市。Luton（卢顿），英格兰南部城市。Wolverhampton（伍尔弗汉普顿），英格兰中西部城市。Taunton（汤顿），古英语意为“在托恩河畔的村镇”。Kensington（肯辛顿），意为“肯辛的村镇”。Boston（波士顿），英格兰东部城市，在林肯郡。Merton（默顿），其名称由古英语 Mere（湖泊）加上 ton 组成，意为“湖泊旁的村庄”。

参考文献:

[1] Mencken, H. L. The American Language [M]. New York: Alfred A. Knopf, Inc., 1982.

[2] 常敬宇．汉语词汇与文化 [M]．北京：北京大学出版社，2000.

[3] 高关中．美国州市大观 [M]．北京：当代世界出版社，1999.

[4] 胡开杰．从语言视角看英国部分地名的由来 [M]．江苏外语教学研究，1997（2）：44-46.

[5] 焦震衡．世界地名故事 [M]．北京：科学技术普及出版社，1983.

[6] 邵献图．外国地名语源词典 [Z]．上海：上海辞书出版社，1983.

[7] 苏晓玉．浅谈美国地名的文化含义 [J]．解放军外语学院学报，1997（6）：62-65.

[8] 王秉钦．文化翻译学 [M]．天津：南开大学出版社，1995.

[9] 俞希．从地名看美国文化 [J]．外语教学，1999（4）：84-86.

[10] 中国地名委员会．美国地名译名手册 [M]．北京：商务印书馆，1994.

第九章　语言——人际关系

现代语言学的研究表明，语言并不是单纯用来传播信息的，语言还常常用来表达说话人之间的关系。换言之，语言除了发挥认知功能外，还在很大程度上发挥社交功能，表达人际关系。帮助人们明确自己在社会群体中应当担任的各种角色，建立、限定、确认与他人之间的关系。而表明角色和关系，最为直截了当的莫过于称谓语的使用。称谓是关于人际之间用作叫法（名称）称呼的语言习俗，在不同的民族语言习俗中，有着属于本民族风格特点和语言习惯的称呼习俗。称谓语是社会关系的反映，人们由于亲属和其他方面的相互关系，以及由于身份、职业等而得来的名称叫称谓语。任何语言都有自己的称谓语系统和使用规则。“称谓词语作为语言交际中不可或缺的组成部分，在许多情况下称谓是传递给对方的第一个信息，不同的称谓，反映了交际双方的角色身份、社会地位、亲疏关系和情感好恶等。言语交际所要表达的许多意义，往往不必通过语句，而是通过称谓就可明白无误地表达出来。”（包惠南，2001：102）换句话说，任何称谓的运用，都直接限定发话人和受话人各自要承担的角色以及他们之间的关系。

世界上任何一个民族都有自己的称谓系统。由于不同的文化背景，各民族称谓词语的数量和指称的范围各有特色。中国文化传统“重名分、讲人伦”的封建伦理观念，与西方社会“人为本、名为用”的价值观念，使得中西方在称谓系统上存在着明显的反差。（包惠南，2001：103）在跨文化交际活动中，称谓是引导交际的“先驱者”，它反映出交际双方的社会属性、价值观念，并与他们所属的社会、民族心理、政治背景、伦理道德等密切相关。

一、亲属称谓语

各个民族的家庭规模有大有小，结构模式千差万别，但是都把家庭视为社会的最小细胞。各种语言中都相应有表示家庭成员关系的亲属称谓词。亲属称谓是建立在亲属关系，即血缘联系基础上的亲属之间相互称呼的名称、叫法。它是以本人为轴心确定亲属与本人关系的标志，是由历代婚姻所构成的男女双方亲族的排列次序结构而成的，其排列次序形成各国亲族关系相应的习俗。亲属称谓把有亲属关系的人组织成不同种类的群体，任何社会中称呼亲属的方式要么以继嗣为基础，要么以家庭为核心。

（一）汉语亲属称谓

中国的封建社会，是一个宗法等级的社会。封建时代，人们往往聚族而居，同宗同姓的人们长期聚集在一起。这使得人们的宗法观念、亲属观念根深蒂固，亲属称谓繁多复杂，老少长幼、正支旁系、血亲姻亲分得清清楚楚。封建的宗法、家庭、伦理观念必然反映在家庭、亲戚的称谓关系上，因此汉语中就有着丰富的称谓词语。为指称明确，亲属间称谓词语不仅数量众多，而且语义明晰。赵元任在《中国人的各种称谓》一文中列举了114种亲属称谓，每种又有正式称谓、直称及比较文气的称谓之分。《尔雅·释亲》是中国封建家庭亲属称谓较为完备的记录，它不仅记载了以本人为中心的高祖父母、曾祖父母、祖父母、父母、兄弟、姊妹、子孙、曾孙、玄孙九代直系亲属关系，以及玄孙以下的来孙、仍孙、云孙等，而且列举父族、母族旁系亲属的种种称谓。中国封建社会非常重视这种宗族亲属关系，因此有着严格区分亲属关系的称谓词语。无论哪一方面的社会交际，都必须严格按照亲属称谓的规定，不论是婚丧嫁娶，还是分家继承遗产，以致一人犯罪株连九族，都要严格按这种亲属的等级关系来办理。现在，封建社会虽然早已成为历史，亲属的称谓也简化了，但亲属称谓系统依然存在。

宗亲——汉族的亲属关系可分为两大类。血亲指与自己有血缘关系的亲属关系。血亲又分为宗亲和外亲。宗亲是指与自己同姓的亲属关系，其中包括直系宗亲和旁系宗亲。

第一类——直系宗亲包括：曾祖父/太爷爷；曾祖母/太奶奶；祖父/爷爷；祖母/奶奶；父亲/爸爸；母亲/妈妈；兄/哥哥；弟；姊/姐姐；妹；儿子；女儿；孙子；孙女；曾孙；曾孙女。

第二类——旁系宗亲包括：伯父/大伯；叔父/叔叔；姑母/姑姑；堂兄；堂弟；堂姐；堂妹；侄子/侄儿；侄女/侄女儿；侄孙/侄孙儿；侄孙女/侄孙女儿。

外亲（异姓）——外亲是指与自己虽有血缘，但不同姓。外亲包括：外祖父/外公；外祖母/外婆；舅父/舅舅；姨母/姨妈；表兄/表哥；表弟；表妹；外甥；外甥女；外孙；外孙女等。

姻亲——姻亲指没有血缘关系而有婚姻的亲属关系。它包括：伯母/大妈/大娘；婶母/婶子；姑父（夫）；姨父（夫）；舅母/舅妈；嫂子；弟媳/弟妹；姐夫；妹夫；大伯子；小叔子；内兄/大舅子；内子/小舅子；大姨子；小姨子；儿媳；女婿；侄媳；侄婿；孙媳；孙婿。

汉语的亲属称谓又可分为背称和面称。背称（指交际对象不在场时涉及第三者的称谓），如：祖父、祖母、母亲、外祖父、外祖母等。面称是用于当面称呼的，如：爷爷、奶奶、姥姥、爸爸、妈妈等。此外，还有比面称还要亲的昵称，如：爷、奶、爸、妈、哥、姐等。有的昵称，如“妈咪、爹地”，听起来比“妈、爸”还亲切。许多家庭的孩子受港台地区的影响，直接称父母为“老爸”、“老妈”。中国计划生育的普遍实行，使独生子女的家庭日益增多。这些孩子现在没有哥哥、姐姐、弟弟、妹妹，将来他们的后代也没有堂兄弟、表姐妹，更没有叔伯姑姨、舅父舅母。届时，亲属称谓将大为简化。两个不同家庭的独生子女交往，虽然仍可用“哥弟姐妹”相称，但这些词的内涵已不具有血缘关系的意思。

（二）英语亲属称谓

中国封建社会历史久远，多代同堂的外延家庭长期构成社会基本组成单位。其辈分等级森严，长尊幼卑，年龄顺序与地位紧密相关，成员关系错综复杂，相应的亲属称谓分工明确。而英美等英语国家，虽在历史上也曾有过外延家庭的结构模式，但在进入工业社会后，这种大家庭数量急剧减少，甚至逐渐消失，取而代之的是核心家庭。家庭规模小，家庭成员少，亲属关系简单，因此英语亲属称谓词系统也就相对简单：

（1）great-grandparent: great-grandfather, great-grandmother

（2）grandparent: grandfather, grandmother; granduncle, grandaunt

（3）parent: father, mother

（4）uncle and aunt: uncle, aunt

（5）parent-in-law: father-in-law, mother-in-law

（6）spouse: husband, wife

（7）sibling: brother, sister

（8）cousin: cousin

（9）offspring: child, son, daughter-in-law, son-in-law, daughter

（10）nephew and niece: nephew, niece

（11）grandchild: grandson, granddaughter

（12）great-grandchild: great-grandson, great-granddaughter

在英语国家，亲属之间的往来较少，因而亲昵的称呼多限于核心家庭内部成员之间。子女称呼父母常用Daddy、Papa、Dad、Pa、Pop、Father、Mommy、Mummy、Mom、Ma、Mama、Mother。其中，Father和Mother比较正式。称呼祖父母用Grandpa、Grandma、Granny。父母称呼子女或祖父母称呼孙辈则只叫名或昵称，如叫Robert Steward为Robert，或更亲昵地称为Bob。称呼父母的兄弟姐妹可用Uncle或Aunt加或不加名。称呼自己的表哥、表弟、表姐、表妹、堂哥、堂弟、堂姐、堂妹通常只叫名。英语中有子辈以名直呼父母或祖父母的现象，不过此类现象更多见于女婿或儿媳妇称呼岳父母或公婆，以及子女称呼继父继母的情况。

二、亲属称谓与等级、血统观念

任何一种语言都有自己的亲属关系秩序，都有自己对家庭关系的语言表达。汉语亲属称谓不强调核心家庭，而强调以父系为核心的家庭等级关系。长辈（在长辈中以父系为尊）、平辈（以男性为尊，自古“长兄为父”）、晚辈的称谓语十分繁琐。这些繁琐的称谓处处表现出上下尊卑的等级观念。汉族人长期生活在封建宗法社会中，家庭亲属的亲疏辈分代表着权利和义务的不同，这种关系对汉族人来讲非常重要，所以任何一个亲属称谓语都明确地显示出“所称”的性别、在家庭中的地位，这样，家庭成员各守其名分以维系家庭、家族的和谐与稳定。同时汉语亲属称谓语在用于一般称谓时还很有讲究，对一般男性称叔叔而不能叫作舅舅（因以父系为尊，称叔叔表示对对方的尊敬），而对一般女性则称阿姨而不叫作姑姑（轻视女性的表现），这充分表现出汉语亲属称谓中男尊女卑的文化观念。

语言是特殊的社会现象，受文化系统的支配。中国人十分看重“名分”，名正则言顺，言顺则理直。这里的“名分”就是等级。中国文化的等级观念反映在亲属称谓上就是重名分。而英语亲属称谓则十分简单。英语中的 brother 表示汉语中的“哥哥”和“弟弟”，sister 可表示“姐姐”和“妹妹”，uncle 可表示“舅舅”和“叔叔”，aunt 可表示“婶婶”和“伯母”。由此可见，英语中的常用亲属称谓词只讲辈分，不分长幼。在日常生活的交往中，同辈孩子之间、兄弟姐妹之间往往互相直呼其名。在家族内部，称谓模糊，不分年龄、性别、父系、母系，更有甚者，孩子对父母、长辈也都可直呼其名，这显示出英语国家家庭关系中的平等观念。

“夫”、“妻”、“妾”、“子／儿”是汉语所指称的亲属实体，其家庭地位却大相径庭，它们能否构成加合式组合，明显受家庭地位差异的制约。比如，“妻”可与“妾”、“子”、“儿”构成组合，而对应的“夫”却不行：妻妾、* 夫妾、妻子、* 夫子、妻儿、* 夫儿。这就是说，在丈夫眼里，妻子可与家庭中地位较低的妾、子／儿并举看待，他们都是自己抚养、保护的对象；但在妻子的眼里，丈夫是丈夫，儿女是儿女，是万万不能并举看待的。“妾”在家庭中的地位就更“惨”了，甚至在“子／儿”之下：“妻”尚可站在“夫”之后，构成组合，也可站在“子／儿”之前，构成称谓组合，而“妾”连这种“权利”也没有：夫妻、* 夫妾、妻子、* 妾子、妻儿、* 妾儿。“兄”在中国人的家庭里也比较特殊，就是同辈的姐姐、弟弟、妹妹，也难以和他分庭抗礼：“兄”可与“一家之主”的“父”构成组合称谓“父兄”，而“姐”、“弟”、“妹”统统没有这种资格：* 父姐、* 父弟、* 父妹，这些称呼都不成立。汉语称谓中还常用数字表示排行，如“大哥”、“二弟”、“三姨”、

“四姑”等，以表示辈分和长幼。这种称谓古已有之，在汉语中十分普遍，而在英语中却没有这种习惯。

汉语中称谓词体系严密、分类精细、名目繁多、语义明晰，英语称谓词体系简单、分类粗疏、数量贫乏、语义含混。对一个民族来说，越是重要的东西，该民族对它的语言分割就越细密。汉语中，亲属分两大类，一类是血亲，指有血缘的亲属；另一类是姻亲，指由婚姻关系形成的亲属。男女有宗，女有其族，相关的亲属称谓语也分为“宗亲称谓”和“姻亲称谓”两大类。宗亲和姻亲分属两个不同的血统，不同的宗族，在汉语称谓中内外有别、泾渭分明；而在英语中却内外不分，血姻含混。如果一定要表达清楚，则只好用 paternal grandfather、maternal grandfather 或者 on the father's side、on the mother's side 这类表达法予以说明。但加了这类说明，这类词已不像称谓语，只能作为称谓的释义。英语中对父母亲的兄弟姐妹的子女共用一个称谓，即 cousin，不分父系、母系，也不分年龄和性别，可表示汉语中的“表哥、表弟、表姐、表妹、堂哥、堂弟、堂姐、堂妹”八个称谓语。Nephew 既可以是“侄子”，也可以是“外甥”；niece 既可以是“侄女”，也可以是“外甥女”。从女婿的角度看，father-in-law 是“岳父”；mother-in-law 是“岳母”。从儿媳的角度看，father-in-law 是“公公”，而 mother-in-law 是“婆婆”。英语中的 -in-law，意为“法律关系中确立的……”，它所强调的不是人际关系，而是法律关系。

亲属称谓在汉英称谓系统中所占比率的不同，充分表现出我国与英美等英语国家家庭结构、等级观念与血统观念的差异。中国封建社会历史长达数千年，推崇封建大家庭的结构形式，并强调宗族血缘关系。中国文学巨著《红楼梦》可以说是中国称谓语的大观园，林林总总好几百个，书中的贾、王、史、薛四大家族“一荣俱荣，一损俱损”，充分体现出封建亲族制度在社会中的作用和影响。同时因婚姻而结成的裙带关系使人与人在亲缘关系上更为复杂。在复杂的亲缘关系的基础上形成家族内部严格的等级制度，“男女有别，长幼有序”，位次不能乱坐，因而造成汉语亲属称谓名目繁多，年龄、辈分清晰，严格区分的直系与旁系、父系与母系，显示出人们心目中因血统不同而形成的等级亲属制度和亲疏关系。与汉族人相反，英美等英语国家的血统亲缘观念淡薄，这与他们简单的家庭结构不无关系。西方国家的绝大多数家庭是由两代人所组成的小家庭（nuclear family）或称核心家庭，儿女成人后也会远离父母组成新的小家庭，这与中国的“父母在，不远游”，“家大业大”的观念不同。对讲英语国家的人们来说，亲属与普通人区别不大，没有必要区别亲属称谓中的直系、旁系、父系、母系，也不必分清男女。英语亲属称谓表现出亲属关系都是等距离的。这也说明英语民族血统观念之淡薄，更谈不上将亲属称谓用在非亲属成员上去表达亲近感情了。亲属称谓泛化是汉语中的一种特有的文化现象，对非亲属成员冠以亲属称谓，好友要称朋友的父母为“伯父”、“伯母”，他们回过来也称晚辈的好友为“大侄子”、“好闺女”，或采用诸如此类的回称。孩子们从会说话时就被告知要称父母的朋友或来访的客人为叔叔、阿姨。英语国家的子女会用 first name 称呼父母，对姻亲则可直呼其名，这在中国是不允许的。

三、社会交际称谓语

（一）一般社会交际称谓语

亲属称谓本来只是用于有亲属关系的人们之间，然而在汉语中往往扩大用于非亲属的人际交往，这种现象被称之为“亲属称谓的社会化”。这种现象由来已久，在当代社会依然普遍存在。为了表示礼节和亲切，人们常借用亲属的称谓来称呼对方。例如邻里乡亲之间，虽然没有亲属或亲戚关系，但人们总是按性别和年龄，分别称呼对方为某大爷、大叔、大伯、奶奶、大婶、大妈、大哥、大姐等。互不相识的人可以称兄道弟，熟悉的年轻人更是彼此称呼“哥们”、“姐们”。有些地方在称呼对方时往往在对方的名字后加上一个亲属的称谓，如大山叔、平哥、丽姐等。这些都是亲属称谓社会化的表现。这种语言现象体现了中国人重血缘亲属关系的传统观念，与西方社会的习俗有很大不同。英、美人绝不会以 uncle 或 aunt 称呼父母的挚友或来访者。在不同的语言中，某些具有相同意义的词语，由于受社会文化的影响，会有不同的语用意义。例如汉语中的奶奶同英语中的 granny 在语言意义方面是相同的，而在语用意义上，在中国对年龄大的妇女称“奶奶”表示尊敬，而在英语国家，如用英语对某位老妇人称 granny，则引起受话者的反感。因为在英语文化中，granny 这类称呼语与显示老年人“精力、体力、能力下降”这一意义联系在一起。

中国人在人际关系上尤其讲究协调与和谐，“关系”是协调与和谐的关键，有关系什么事都好办。有关系，人际关系就协调与和谐，没有关系就“公事公办”。在中国人的生活中，有关系和没关系是大不一样的，所以没有关系要找关系、拉关系、套关系，不是关系就要虚拟关系，正是这种文化心态决定了汉语称谓语的虚拟特征，由此造成了汉语亲属称谓语在社会交际中的泛化。

“礼貌是人类文明和进步的表现。没有人会喜欢不礼貌的言语和行为。对人有礼貌包括两个方面：敬人和自谦。实际上这两者是相辅相成的，敬人者必自谦，自谦者必敬人。”（田惠刚，1998）

每个民族的社交称谓语都源于传统文化。英语中常用 Sir，Mister，Miss，Madam 称呼陌生人。其中 Sir 最为常用，Madam 多用来称呼上了岁数的妇人。Miss 则多用来称呼年轻的女性。Sir 与 Madam 都含有尊敬、客气的含义。Mister 的使用较为随意。实际上，英语中最常用的礼貌说法是“Excuse me”，用来引起对方的注意，而不使用什么具体称呼形式。

在知道对方姓名的时候所用的尊称有：Mr./Mrs./Miss/Ms. ＋姓。Mrs. 需跟夫姓，但也可将自己的姓与夫姓连起来使用，如：Mrs. Anderson 称呼为 Mrs. Wright-Anderson，加上了女方原有的姓 Wright。Ms. 作为女权运动的产物，常用于婚姻状况不明或不愿意使用 Mrs. +夫姓的女子的姓之前。

汉语中的姓名称谓多用于同辈人之间或上对下的关系中，如：王丹、小赵、马小平；亲朋好友之间称呼用昵称，如：小丹、国华、大平；除恋人或至亲外，不用单字，如：丹、华、平；称呼交际对方，姓名常与其他称谓形式叠加使用。

英语中还有不拘束的亲切的称呼。例如：直呼名。如称 David Thompson 为 David、Day 或 Dave。直呼名的称呼方式应用极为广泛，尤其是在同学、同辈人或同事之间。英语国家的许多人自从相识之日起，就以名直接称呼对方。不过有些人并不喜欢唐突地被人以名来称呼，尤其在当某人认为自己和对方不属于同一阶层或社会地位的情况下。为了稳重起见，不妨事先问一声。在英语为母语的国家，使用 surname 直呼对方是不礼貌的，除非是为了确认对方的身份，如在点名或久别重逢后召唤对方等情况下。不过在指称中，这种情况频繁出现，尤其在媒体评论中更是如此。如指称一些体育明星、政界要人、知名作家，以体现较为客观或中立的立场。没有名气或初次亮相的人物，在介绍姓名之后，也频繁使用直呼 surname 的形式。

“同志”，指为共同的理想、事业而奋斗的人，是一个具有浓厚政治色彩的称谓。这一称谓在中国解放后成为各行各业、各个阶层男女老少的通称，取代了以往的老爷、太太、小姐之类的称呼，体现了新中国成立之后的社会新风，人与人之间消除了阶级、等级、性别、职业、职务等各种差异，彼此平等，互相尊重。改革开放以后，“同志”的使用率，可接受率大幅下降。因为人与人之间的非亲属关系，除了政治关系、阶级关系外，还有民族关系、阶层关系、经济关系、同学关系、同事关系、师生关系、上下级关系，全国上下只用一个政治色彩极浓的通称，来取代复杂的人际关系，显然不符合社会交际多方面的需要。

“师傅”，原指工业、商业、手工业、戏曲等行业中传授技艺的人，或对有技艺者的尊称。“文化大革命”中“工人阶级领导一切”，“师傅”一词广泛流行。“文化大革命”结束后，随着社会舞台的变换，“师傅”的使用率已大大下降。“师傅”从汉语称谓系统中淡出表明，社交称谓也要名副其实，一时的泛化称谓使用终归要复归原位。“师傅”一词并不完全等于英语中的 master，master 一词在英语里本身表示主仆关系，而在汉语中，“师傅”却没有这种意义。

中国是个称谓大国，日常生活达到无人不称呼的地步。据估计，仅就数量而言，现代汉语里的称谓在 5 000 个以上，这其中不包括临时创造的称谓语。（周红民，2003：76）

（二）官衔称谓语

社交称谓是相对于亲属称谓而言的称谓，它反映了人们在社会交往过程中的相互关系。称呼得当能使双方产生相容心理，感情就较融洽，谈话就比较畅通，称呼语就产生了积极的作用。这一点不论是英语还是汉语都是一样的。

但是由于中国经历了长期的封建社会，形成了传统的封建伦理观念，其中就包括重等级、官本位等传统的观念意识。由于等级观念的根深蒂固，社会关系的官本位观念就在称呼语中十分凸显。中国自古是人治社会，在历史的进程中，中国官本位形成森严的等级制度，直到今天很多的中国老百姓普遍不惧法，但却惧怕或惧畏当官的。正如俗语所云："官大一级压死人。"这表现在称谓上，就是存在着数不清的官衔、级别衔。从君主到庶民，从高级官员到芝麻大的小官吏，几乎都有官衔称谓，并以用官衔称呼对方为尊敬。职衔称谓体现了人与人之间的等级关系，也反映出人们所处的社会地位。尽管新中国成立以后，"同志"一词广泛得到使用，但事实上党内外对领导人采用职务称谓的情况从来就没有断过，上至主席、总理，下至经理、厂长、书记，如此之类的称呼人们早已习以为常。汉语中几乎所有的官职都可移作称谓，而且在当代中国社会，这种风气有愈演愈烈之势。随着经济体制的改革，新型企业的建立，总经理、总裁、董事长、总监之类的称谓也纷纷亮相。即使是关系很密切的朋友，做了官以后也愿意让朋友以其官衔相称。官衔的使用也有讲究，一般情况下，下级称呼任副职的上级时要省略"副"字。社会关系称谓语是十足的官本位观念的体现。

英语中的官衔称谓限制性很强，一般不用作称呼，社交活动中有限的职衔多用于皇室、政界和军界（如：President，General，Colonel，Prince，Queen等）。在美国，总统被尊称为Mr. President，大使被尊称为Mr. Ambassador或Your Excellency，法官被尊称为Your Honor。在英国，对王室成员、世袭贵族成员往往使用一些特有的尊称。同女王谈话开头须以Your Majesty（陛下）尊称，接着谈可以用Madam称呼；对王室成员开头以Your Highness（殿下）尊称，接着可用Sir。对于公爵及其夫人用Your Grace，对于其他贵族则用Your Lordship或My Lord，对于他们的夫人均称My Lady。在中国军队中，士兵对军官通称"首长"。美国军队中，士兵对顶头上司称头衔＋姓，而对非直接上级，如校官、将官、指挥官则单用头衔，如：General，Colonel。

（三）职业称谓语

在中国文化中，人们历来注重以一个人的职业作为称谓，以显示对于某种职业的尊敬，使受话人的职业得以认同。汉语中很多能够表示职业的词都可用于称谓，如老师、医生、律师、司机、护士、会计等。但一些行业的职业通常不用来称呼，如售票员、营业员、采购员、推销员、出纳员、统计员等。

"老师"的称谓近年来在中国有泛化趋势。"老师"本来用于尊称传道、授业的人，也泛指某些方面值得学习的人。但在我国的某些电视节目中，主持人往往不管嘉宾的职业和身份如何，一律称之为"某老师"，实际上已把"老师"作为一种泛指的尊称来使用。英语民族的人则不用 teacher 一词作为称谓语。

在英语中，当对方有某种特殊职业或职位时，则有特殊称呼方式。如：Professor Black， Doctor David，Dean Cook，Mr. President，General Lee，Major Benson，Mr. Chairman， Nurse Hopkins 等。英语中，某些从业人员的职业称呼只能单用，如 waiter，conductor，boy，不能加姓或名，因为这些称呼隐含了一种卑微低下的含义。

（四）昵　　称

昵称是庞大的称谓系统中的重要组成部分，昵称即爱称，亲昵、喜爱的称呼。昵称能比一般称谓语更具情感信息，能加强人与人之间的情感关系。朋友之间，家庭成员之间，同事之间，同辈之间，长、晚辈之间，上、下级之间等等，都可以使用昵称来表达感情。昵称是一种非常活跃、能拉近受话者与发话者间距离、建立更亲密关系的称呼。汉语常用乳名作为昵称；英语中的 familiar name 则运用得最为广泛，甚至偶尔见到总统也用 familiar name。汉语中喜欢用拟物昵称，如“小猴子”、“小兔子”、“小鸽子”，英语喜用 dove，doggy，little bird 等。汉语中还常使用比喻性的昵称，如“乖乖”、“丫头”、“宝贝”、“心肝”等，英语中也有 My sweetheart，My dear，My love，My darling。在西方的教堂，常把牧师称作 Father，而牧师把年轻的教徒称作 My son/daughter。教徒之间也用兄弟姐妹等家庭式成员称呼。

综上所述，汉英称谓语无论在亲属关系上还是在社会关系上都存在着很大的差异，这种差异反映出各自鲜明的民族性，是民族心理和民族文化意识的折射。中国长期以来受到儒家思想熏陶，有一套独特的人事条理和道德规范，来制约称谓语的使用。男女“授受不亲”，“长幼有别”，人在家庭和社会中定位明确，不能任意超越。在汉文化严格的礼仪规范与伦理道德观念的支配下，称谓语表现出明确的人际关系。交际中称谓语的使用不同也意味着各人地位的不同及人与人之间关系的改变。相比之下，英语国家礼仪与道德规范不如中国文化复杂，因此交际中的称谓语也就比较单一。

（五）尊　　称

中国是一个礼仪之邦，自古就十分重视尊敬他人，尤其注重尊敬长辈和上级。有尊老敬老的传统。因此，中国人在交际时，凡称呼对方，尤其是称呼长辈或上司时，多使用尊称。我国古代有多种多样表示尊称的用语。

（1）以官职、爵位表敬，多用于封建统治阶级：例如：“圣上”、“官家”、“人君”、“人主”、“国君”、“君王”、“皇圣”、“大家”、“大驾”、“万岁”是对帝王的尊称；“元首”作为对国家最高统治者的通称；“千岁”是对王公的尊称；“相国”、“阁老”、“元辅”、“上相”、“枢臣”、“相君”、“鼎铉”、“鼎臣”、“中堂”是对宰相的尊称（需要说明的是“宰相”并非是一种实授官职或者一种实际称谓，它是由周官“冢宰”与秦汉“相国”合成而来。而“令尹”、“丞相”、“中书令”等称谓都是宰相在不同历史阶段的职称，并非对宰相的尊称）；“元老”是对老臣的尊称；“太辅”是对太监的尊称；“公祖”是对知府以上地方官的尊称；“明俯”、“俯公”、“老父台”是对地方官的尊称；“父母官”是对州县地方官的尊称；“大老爷”是对州县以上长官的尊称。

（2）以居所、坐物或仆人作为尊称，表示由于尊敬而不敢直接指称对方：例如：“陛下”是对帝王的尊称；“殿下”是对太后、皇后、王后、太子、王子、诸王的尊称；“阁下”是对执政者的尊称；“麾下”是对将帅的尊称（麾，旌旗，作指挥用）；“节下”是对地方官的尊称；“足下”是对有地位者的尊称；“东宫”是对太子的尊称；“帅座”对军中主帅的尊称；“钧座”是对官员的尊称；“座师”是对主考官的尊称；“执事、左右”是对当权者的尊称。

（3）以美德、高尚词语作为尊称：“父”是中国最古老的美称。它的原始字义不是父亲，而是父系氏族社会中的酋长或司火的祭师，后来才逐渐演变成对男子的美称。“尚父”、“亚父”、“仲父”等称谓都是对功高德重者的美称。

“子”是古代的美称，用得极为广泛。古时对年高德劭者均称“子”。例如：孔子、孟子、老子、庄子、墨子、荀子、韩非子等等。

“夫子”是古代的尊称，近代在前面加一“老”字，成为“老夫子”，专指埋头于故纸堆中的考据者，现代更与“书呆子”意义接近，已失掉本来的尊称之义。

“长者”专用来称呼有德行的老者。“先生”专指有德行的学者。“师傅”是古代的尊称，专指教师，现代转义专指各行业的技工。“老师”是对授业解惑者的尊称。

（4）以敬辞加称谓称人：这类尊称是用得最多、最为广泛的一种形式。常见的敬辞有：尊、贵、令、贤、高、仁、大、严、慈、世等。

“贵”泛指尊称。例如：贵客、贵宾、贵人、贵子、贵公子、贵公主、贵兄、贵家长，等。此外，“贵”还可称物指事。例如：贵国、贵地、贵校、贵公司、贵方、贵姓、贵函等。

“尊”是泛指尊称，多用于长辈，也可用于平辈。例如：尊老、尊长、尊兄、尊夫人等。此外，“尊”还可指称事物。例如：尊姓、尊容、尊章、尊函。

“令”泛指尊称。一般用于平辈。例如：令亲、令尊、令母、令妻、令兄、令子、令婿、令孙、令阁等。此外，“令”还可指称事物，如：令名、令德、令闻等。

“贤”多用于平辈和晚辈。例如：贤兄、贤妹、贤弟、贤亲、贤从、贤婿。下辈敬长辈时不能用“贤”。这个敬辞不用于指称事物。

“高”为泛指尊称。例如：高堂、高足、高僧、高手、高人。此外，“高”还可指称事物，如：高寿、高龄、高见、高论、高就、高棋等。

“仁”为泛指尊称，例如：仁人、仁者、仁兄、仁弟等。

“严”是父亲的专用敬辞。例如：严父、严君、严亲等。

“慈”为母亲的专用敬辞。例如：慈母、慈亲、慈严、慈颜等。

“大”也为泛指尊称。例如：大人、大驾、大王、大臣、大兵、大亨、大家、大员、大人物、大师、大丈夫、大款、大儒等。此外，“大”还可指称事物。例如：大号、大名、大作、大著、大印、大典、大殿、大户、大会等。

（六）英国贵族体制与称谓语

英国贵族体制是最古老、最悠久，自始至终未曾中断过的一种体制。它从产生至今已有千余年，脉系传承，繁衍更新，等级森严，逐渐形成了以贵族院公爵、侯爵、伯爵、子爵、男爵五级世袭贵族为主体，以骑士和士绅为附属的贵族体制。在英国，贵族的称谓分为王室和非王室两种。

王室称谓有：King（国王）、Queen（王后）、Prince（王子）、Princess（公主）、Royal Duke（王族公爵）、Royal Duchess（王族公爵夫人）、Royal Marquis（王族侯爵）、Royal Marchioness（王族侯爵夫人）等。

非王室称谓有：Duke（公爵）、Duchess（公爵夫人或女公爵）、Marquise（侯爵）、Marchioness（侯爵夫人或女侯爵）、Earl（伯爵）等。

在英语中，对不同身份、不同地位的人表敬时需使用不同的尊称。英国上层社会的家族大都有世袭贵族头衔，象征着他们的地位与社会等级。对于贵族的称呼也因其等级不同而有差异。对地位最高的公爵，一般必须称其为“某某公爵”，如 Duke of Edinburgh， Duke of Windsor 等。对公爵的尊称是 Your Grace（大人）。对拥有侯、伯、子等爵位的人来说，可以使用他们确切的爵位名称，如 Marquis of Stafford， Earl of Essex 等。对侯爵的尊称是 Most Honorable（最尊敬的），而对侯爵以下的则称 Right Honorable Lord（阁下）。“勋爵”用 lord 表示，放在姓氏之前，如 Lord Mountbatten。对于五等爵位中最低的男爵，则不能称其为“某某男爵”，而一定要称 Lord（勋爵）。主教、法官虽不是贵族，但也称呼为 Lordship。

Majesty（陛下）——对 King、Queen 的尊称，Majesty 后面还可以加上人名。例如：Her Majesty Queen Elizabeth。Your Majesty 为直接称谓，His/Her Majesty 为间接称谓。

Highness（殿下）——是对 Prince、Princess、Royal Duke、Royal Duchess 的称谓。Your Highness 为直接称谓，His/Her Highness 为间接称谓。

Excellency（阁下）——是对 President（总统）、Minister（大臣）等高级官吏和教士的尊称。

Grace（大人）——主要用于对 Duke、Duchess 表敬，也可用于对 Archbishop（大主教）表敬。

Honor（先生）——是对法官或某些高级官员的尊称，后面可加具体职务称谓。

例如：Your Honor the Judge（法官先生），His Honor the Mayor（市长先生）。Your Honor 用于直接称谓，His/Her Honor 用于间接称谓。

Lord（勋爵阁下）——这是与 Marquis（侯爵）、Earl（伯爵）、Viscount（子爵）、Baron（男爵）等贵族地位平等的人之间的尊称。例如：the Marquis Black 可称为 Lord Black。Lord ＋ first name 可用作身份平等或低下的人对 Duke、Marquis、Earl 的儿子的尊称。例如 the Marquis Black 的儿子 Carlon Black 可称为 Lord Carlon。Lord ＋ post 通常用于 Bishop（主教）、Mayor（市长）、Judges of Supreme Court（高等法院法官）等社会地位较高的人。例如：Lord Mayor（市长阁下），Lord Chief Justice（首席法官阁下）。My Lord 和 Your(His) Lordship 通常用于这两种人：①身份低于 Marquis（侯爵）、Earl（伯爵）、Viscount（子爵）、Baron（男爵）、Baronet（从男爵）的人对他们的尊称；②对 Bishop（主教）、Mayor（市长）、Chief Justice（首席法官）等社会地位很高的人的尊称。在 My 和 Lord 之间还可以加表敬的形容词，例如：My Good Lord，My Honorable Lord，My Noble Lord 等，其中 Honorable 可以作为敬辞单独使用，缩写式为 Hon.。

Sir（阁下、爵士）＋ first name 或 full name 是对 Baronet（从男爵）和 Knight（爵士）的尊称。以 Issac Newton 为例，其尊称可以有三种：① Sir Issac Newton；② Sir I. Newton；③ Sir Issac。它们都为“牛顿爵士”。直接称呼多用最后一种，但不能使用 Sir ＋ surname 的格式。例如，不能说 *Sir Newton。

爵士的夫人称“Lady”，后面加上她丈夫的姓，而不用她自己的名。称爵士的夫人为“Lady”，而不能用“Mrs.”。有的妇女由于其自身的贡献或名气而被封为爵士。这时她的名前就要加“Dame”的尊称，而不再使用一般的“太太”、“小姐”或“女士”的称呼。

Lady（夫人）＋ surname 通常用于下列两种人：① Marquis（侯爵）、Earl（伯爵）、Viscount（子爵）、Baron（男爵）彼此之间对爵位对等一方的夫人的尊称；②地位较低之人对 Baronet（从男爵）和 Knight（爵士）的夫人的尊称。

Lady（小姐）＋ first name 是对 Duke（公爵）、Marquis（侯爵）、Earl（伯爵）之女的尊称；地位比他们高者不用。

My Lady，Your/Her Ladyship（夫人）是对 Marquis（侯爵）、Earl（伯爵）、Viscount（子爵）、Baron（男爵）的妻室的尊称。

如果爵位、职称、学衔等几种称号用在一起，通常的次序为：职称、学衔、爵号、姓名。例如：Professor Doctor Sir Smith（博士教授约翰·史密斯爵士）

然而，历史常常是无情的。19 世纪后期以来，由于社会经济结构和阶级结构的演变，随着贵族政治特权的削弱和贵族体制的更新，英国世袭贵族体制终于走到了尽头。英国工党政府于 1999 年 1 月 20 日公布了旨在取消世袭贵族在议会上院的世袭席位的改革计划。公爵、侯爵、伯爵、子爵和男爵将于当年夏天起失去在上院的席位，仅允许 92 位上院议员在过渡期留任，更多的终身贵族将取代离任的世袭贵族。1999 年秋季议会复会时，所有世袭贵族已离开了上院，开始彻底丧失了出席上院的政治特权，他们的政治生命由此已经被画上了句号。女王和政府今后将不再敕封新的世袭贵族。历史上，英国贵族“贵”就贵在大量财产的占有和世袭的政治特权。英国世袭贵族群体自此将无法再得到补充，因此必将在岁月的腐蚀下，陆续减员，逐渐萎缩，血胤断绝，最终消失。英国的贵族称谓自然也就将成为历史。

由于美国实行的是联邦制，而不像英国的君主立宪制，所以不存在贵族称号。美国的尊称系列要简单得多。一般人用 Mr.、Mrs.、Miss 即可。有职衔者在 Mr. 后加上职衔就行。例如，The President of the U. S. A. 称作 Mr. President ；Ambassador（大使）称作 Mr. Ambassador。

参考文献:

[1] 包惠南．文化语境与语言翻译 [M]．北京：中国对外翻译出版公司，2001.

[2] 常敬宇．汉语词汇与文化 [M]．北京：北京大学出版社，2000.

[3] 丁怡．中英称谓语的比较 [J]．广州师院学报，1999（3）：77-79.

[4] 金惠康．跨文化交际翻译 [M]．北京：中国对外翻译出版公司，2003.

[5] 靳建芳，戴卫平．英语的贵族语汇与不列颠的贵族体制 [J]．湖北教育学院学报，2004（5）：87-89.

[6] 李瑛，戴卫平．汉英称谓语研究 [J]．洛阳大学学报，2006（3）：41-43.

[7] 刘鸿模．词语流行风 [M]．广州：广东旅游出版社，2000.

[8] 田惠刚．中西人际称谓系统 [M]．北京：外语教学与研究出版社，1998.

[9] 佟冬，阮炜．跨文化交际中的英语称谓形式 [J]．深圳大学学报，1999（2）：90-95.

[10] 王逢鑫．英汉比较语义学 [M]．北京：外文出版社，2001.

[11] 肖巧玲. 浅谈英汉称谓语所映射出的中西文化差异 [J]. 武汉科技大学学报，2000（2）：83-85.

[12] 肖中琼，戴卫平．中英称谓语的文化解读 [J]．语文学刊，2007（2）：5-8.

[13] 邢福义．文化语言学 [M]．武汉：湖北教育出版社，2000.

[14] 叶南．论汉语称谓语的文化内涵 [J]．西南民族学院学报，2002（6）：220-22.

[15] 周红民．汉语称谓英译杂议 [J]．西安外国语学院学报，2003（4）：76-78.

第十章　语言——语码混杂

一、汉语中的英语

（一）汉语新词语及其语用英化

汉语是一门稳定性很强的语言，它既是世界上现存的历史最悠久的语言，又是变化最少的语言。然而，在新时期，它却面临着一场巨大的冲击。随着改革开放与市场经济的发展，我国社会在创造、使用新词新语中出现了种种的语言混乱现象，汉语中出现了许多“异”的东西。

1. 音 译 词

（1）全音译词。全音译词纯粹是选用同音汉字去标记外来词的语音，纯音译词中的汉字仅作为记音符号，失去其表意的作用。如：雅虎（Yahoo）、迪斯尼（Disney）、奥迪（Audi）、贝纳通（Benetton）等。

（2）一语多译。英语外来词语是以多种渠道渗透到我国的各个领域，由于使用中因人、因时和因地的差异，不可避免地出现同一外来词的译名五花八门。例如：laser的早期音译为“莱塞”，而后台湾地区译为“雷射”，香港地区则译为“镭射”。又如快餐Pizza Hut，被商家名之为“必胜客”，而有人采用音意结合的方法改译为“比萨饼”、“皮查饼”、“皮杂饼”。同一种外文商标，由于导向不同，把人们的思路引向不同的方向，例如：“Human”就译成“洪恩”和“豪门”；“Welcome”分别译为“胃康”、“卫康”等。

（3）仿拟音译词。英语外来词大量流入，往往在类推作用下形成一些类聚，有些甚至成为汉语中有效的构词成分。比如“可口可乐”是Coca-Cola的译音，是个纯音译词，后来逐渐演化成“可乐”，成为含有饮料名称意义的词缀，从而人们类推出“非常可乐”、“天府可乐”、“万事可乐”“华事可乐”等。“巴士”是bus的音译，是大客车的意思。人们由此仿拟出很多相关的半中半西词，如：大巴、中巴、小巴等。在上海、广州、北京等大城市还冒出了许多词尾带“吧”（bar）字的休闲场所名词，如：陶吧、餐吧、茶吧、书吧等。

实际上，音译不应该称其为“译”，“译”应该是一种创造，必须先理解词义，再推敲词形，词义理解不清，译名就无法准确，“一名之立，旬月踟躇”（严复语），就是反映“译”的艰辛。而音译只能算是转写。由于音译外来词在使用汉字音译时一般遵循的是散性原则，不让各个汉字之间发生字义上聚性联系，因此不能通过字面来了解其含义。汉字本身是一种表意的文字，人们习惯从字形揣测其中蕴含的意义，亦即所谓的“望文生义”。以字母字形为主的表音文字很难与表意文字相融合，用表意文字去转写表音文字，势必造成词所表达概念与词所书写形式的分离、汉语字面意义与外来词原义的大相径庭。

2. 直接用英文

（1）英文字母缩略。我国改革开放的深入和对外文化交流的日益扩大，加速了外来词的快速引进。新的外来词一时难以译定，出于便捷的使用需要，便用最简单的办法，使用原文的缩略语，如 GDP（国内生产总值）、DNA（脱氧核糖核酸）、CEO（首席执行官）、CT（电脑断层扫描）、TMD（战区导弹防御系统）、SOS（国际呼救信号）、PKI（公共密钥基础结构），以及还有 WTO、NBA、CD、LD、TNT、VCD、ESP 等，不胜枚举。这类词语大多是一些专名，也有用于术语的。现在还有一种由我们汉语社会自创的西文字母词语，如“中国中央电视台”的英文缩写 CCTV（China Central Television），并由此派生出各地方台的字母简称，像 BTV（北京电视台）等。

（2）全借形词语。有些外来产品的名称，例如国外一家化妆品公司（Maxfactor）生产的护肤品 SKII，不加翻译就直接进入了中国市场。本来不是外来的东西，而是地地道道的中国产品或事物，却直接用英文命名，用以提高身价，如国内的一个王牌彩电就是用 TCL 作为其产品名称。更有甚者，由外国人做广告，什么 Haier is confidence 或 Haier—famous brand 之类的。有些产品明明只在国内销售，但除了名称外，没有一个汉字说明，全部是英文。有的人为了追求“原汁原味”的“外来词”风格，干脆用外语原型词而不用音译词，如：mohair（马海毛）、park（泊车）等。

（3）中英语码混合。这类词是由语源不同的成分构成的词。语码混杂是许多语言共有的现象，新时期汉语中出现的混合词有：医学上常说的 O 形腿、X 形腿；证券业常说的 K 线图、M 头、W 底、T 型；国际象棋常说的 L 型；以及生活中常说的 S 形、V 字形、U 字形。诸如此类的词还有常见的 B 超、VCD 光盘、ICU 病房、AA 制、HiFi 音响、相声 TV 等等。

3. 本族语英化

近年来，随着市场经济的发展，一些企业、商店在为中国本土的品牌冠名时千方百计加以洋化。一些商品品牌、公司、商店往往起英文名字，然后再用汉字去拟写这些名字，将其“英化”。例如“亚西亚”（Asia）、“戈德”（Good）、“开普”

（Cap）、“格林福”（Green Food）、“奥琪”（Orchid）、“爱丽斯”（Alice）、“纳爱斯”（Nice）、“格威特”（Great）、“捷安特”（Giant）、“格力”（Gree）、“圣得西”（Sundance）、“优尼柯”（Unique）、“英格尔”（Eagle）、“伯龙”（Baron）之类，英文名称相当不错，但其汉语名称过于“洋化”，显得不伦不类、词不达意，无法显示它们所代表的商品属性。外来词的引进是因为外族语言所表示的事物或概念，汉语当中没有相应的词语去表达，而且汉语固有的语素也很难造出一个相应的新词，也就是说汉语出现了词汇空缺。“英化”的词语并不代表任何外来新事物、新概念，也不是为了填补汉语语汇的空缺，而纯粹是为了迎合人们趋新求异的心理，最终达到美化、促销商品之目的。

汉语中还有相当一些“不伦不类”词语，半洋半中地称呼出现的新事物、新现象、新概念，如汉语托福、雅思考试、马拉松工程、多米诺效应、丁克夫妻、老年迪斯科、峰会、科尔奈指数、跳蚤市场、重庆奥妮等。人家有“曼哈顿”，我们有“曼克顿”，人家有“西门子”，我们这里就冒出个“东门子”。20世纪八九十年代，国内冰箱行业有所谓“阿里斯顿九兄弟”，即商标在中文名称之后都拖带了一条洋尾巴，均成了“XX——阿里斯顿”样式。

4. 崇洋心理

改革开放，国门开启，域外文化随同外国商品涌进国门，刺激了一部分人的崇洋心理，各种仿洋行为便随之出现。一些企业、商家在取名时纷纷采用带有洋味的名称，商标命名也取与产品“风马牛不相及”的洋味品牌，将本土的产品名称千方百计加以洋化，如：“奥妮”、“丽莎”、“伊丽娜”、“曼菲德”之类。有相当一部分人在趋洋、媚洋心理促使下置汉语已有词语于不顾，而刻意去使用洋味词语。汉语中有“再见”，但总有些人却用充满异国风情的“拜拜”；乘车不说“坐公共汽车”而说“乘巴士”。不说“音乐电视”而说MTV。该用“好极了！”“真棒！”的地方却用“OK!”。有些人满嘴的“哈罗”（hello）、“密斯”（miss）、“开司”（kiss）、“达令”（darling）以显示自己是洋派，而并非是土佬儿。人们常常提到的“T恤衫”，其实就是一种“短袖衫”，“按揭”原本就是“抵押贷款”。语言符号形式越新颖、越时尚，新奇价值就越高。相比之下，带有洋味儿的词语在新奇价值和前卫感上显然要大大优于那些已经大众化了的土生土长的词语，从而成为人们关注的焦点。“司考奇”、“克力架”和“百乐门”，如果不同实物结合起来，怕没有多少人知道分别指的是糖果、饼干和香烟。

5. 存在问题

为了追求新、奇、异，为了在噪声中引起注意，只有再增加噪声；为了在色彩中突出形象，只好再增加色彩。于是，人们不再满足已有的词汇和表达方式，挖空心思地创造新语、新用法，甚至杜撰胡译外来语。

国外新科技、新成果源源不断地进来后，有些似土非洋的表达语也随之而来。有些不负责任的译者甚至广告媒体一味奉行“拿来主义”，采用不规范的译名。例如：Gestetner（计算机），这是一个创新词，使人联想到 Guestener，词根 guest（顾客），后缀 -ener（……的人）。整个产品内涵可理解为“服务于顾客的……”，但中文却给译成看后不知所云的“基士得耶”。Sportsman（自行车）英文原义是“运动员、健将”，与本产品关联性极强，但中文却译成“斯波兹曼”，运动鞋 Unisports 译为“纽伦斯堡”。在大量引进的舶来品被译成中文后，有少数的名称为了切合商品的字眼，其译名部分或完全脱离了原词的音和义，如：曲奇（cookie）、反斗星（fantasy）、喜力（Heimeken）、家护（Aquafresh）、金纺（Comfort）、白脱（butter）、太妃（toffee）等。这些脱离原词音和义的汉语译名无法显示出它们所代表的产品属性，无法使中国消费者轻易地熟悉和了解它们。

毋庸讳言，汉语词语及其语用西化是近年来语言中的一个较突出问题，我们每个人都不同程度地受到它的冲击，以至无法避免。西文字母加上汉字语素或音节的混合词语，如“IC 卡”、“AA 制”、“卡拉 OK”等被大量使用。新版《现代汉语词典》（修订本）附了 39 个“西文字母开头的词语”，这表明了权威机构对上述方式的认可和接纳。创造新词语是丰富词汇的重要手段和途径，但语言是社会现象而不是个人行为，新词语的出现，必须得到社会上广大群众的认同，否则，人们无法接受，达不到交际的目的。吸收外民族的语言精华，无可非议。但有些人在追新求异或崇洋媚外的心理的驱使下，在吸收使用外来词上存在盲目性和不规范性，滥用外来词语，且毫无选择。汉语中已有固有语素组成的词，并且意思准确、清楚，却偏用外来词。例如：汉语里已有“球”、“商店”、“衫”、“通过”、“股票”等词，有些人却偏要用从英文音译过来的“波”、“士多”、“恤”、“派司”、“斯多克”等。“激光”是科技界早已公认了的译名，但有些人却偏偏仿造港台地区译名改为“镭射”，“镭射唱盘”、“镭射音碟”，不但一度充斥报刊，日常生活里也随处可见。我们的视听材料中，经常出现一些难以让人明白的词语，如“吐司”（toast）、“圣代”（sundae）、“派”（pie）、“派对”（party）、“的士高”（disco）、“派典”（paradigm）、“奶昔”（milkshake）等。迅速增多的英文字母词也带来了消极的东西，它同音译词一样难懂，容易让人不知所云或造成误会，因而影响表达效果。2001 年 1 月起施行的《中华人民共和国国家通用语言文字法》第十一条规定：“汉语文出版物应当符合国家通用语言文字的规范和标准。汉语文出版物中需要使用外国语言文字的，应当用国家通用语言文字作必要的注释。”但现在一些报刊上，对一些外来词语的缩写干脆不加翻译，全字母式外来词语用得过滥，甚至到了影响理解和交际的地步了。有意无意地对不规范外来语的传播推波助澜。语言是人类社会最重要的交际工具。语言的社会属性决定了语言要在整个社会通行，社会成员必须对语言有共同的理解。不伦不类、让人雾里看花的“西化词语”，文字上提供的信息比较模糊，多数人并不能明白，这样的词即使能暂时进入普通话中，也不会有长久的生命力，迟早会被人们所丢弃，因为人们既然运用语言就是为了交际、表达需要，失去交际功能、无法完成交际表达任务的语言是谁都不喜欢的，用了也白搭。

一个国家本国语言文字的地位是与国家独立、民族尊严密切相关的大事。语言是维护国家统一、加强民族凝聚力的重要手段，是一个国家、一个民族文明进步程度的重要标志。从世界范围来看，有识国家正在为自己的语言建设而努力，新加坡华语课本实行的是中国大陆所通用的简化字；法国总统提出净化法语；俄罗斯总统普京签署命令，要求维护俄语的纯洁性；德国正在努力简化德语，寻求德语世界化之路等等。2 000 多年前的秦始皇为祖国的语言统一做出了重大贡献。祖国的语言文字就像一件得体的衣裳，穿上它，我们才能体面、自信地步入世界。汉语语言文字是中华文化的衣裳，珍惜汉语就是在继承我们民族的文化传统，捍卫中华民族文化的尊严。作为新时代的中国公民，我们更应该自觉地维护祖国的语言，促进母语文字的规范化、标准化，维护祖国语言的纯洁与健康。

（二）现代汉语英文字母词

受语言经济原则（即简化规律）的影响，语言总是向着简单、经济、便捷的方向发展，用尽量少的语言形式表达更多的内容是人们对语言的基本要求。英文字母参与现代汉语构词的方式就是简化规律起作用的结果。字母词最突出的优势是构词简洁、含义明确、书写便利、符合语言使用的经济原则，并有利于和国际社会接轨。

《现代汉语小词典》（1999，商务印书馆）、《现代汉语大词典》（2000，汉语大词典出版社）、《新华字典》（2001，商务印书馆）、《中学生规范词典》（2001，中国青年出版社）等词典中都有字母词的内容。2001 年，上海辞书出版社又出版了中国社会科学院语言研究所刘涌泉研究员的专著《字母词词典》。这表明，字母词已经成为现代汉语词汇的一部分，是词典中不可或缺的词条。

1. 现代汉语英文字母词分类

“每一种活着的语言都有充分的吸收功能，这种功能在很多场合比较明显地表现于语汇上。”（陈原，1998：65）汉语也不例外，在各种因素的合力作用下，产生了一批又一批的新词新语，而英文字母词是其中较为特殊的成员。所谓英文字母词，是统指采用英文字母、英文缩略语或英文字母同汉语语素组合而构成的“中西合璧”词语。英文字母词的构词方式可分为纯字母词和半字母词两类。纯字母词指全部用英文字母书写；半字母词指部分用英文字母书写。英文字母词过去大多限于科技领域的缩略语，现在越来越多地进入政治、经济、体育、文化、医疗、日常生活等领域。例如：

（1）娱乐类的有 CD、VCD、LD、MTV、PK；

（2）生活类的有 EMS、QC、ID、WC、WIFI；

（3）新闻类的有 BBC、CNN、VOA、CBS；

（4）政治经济类的有 UN、APEC、NGO、WTO、OPEC、NATO、TPP、EU；

（5）医药类的有 SARS、HIV、AIDS、B 超；

（6）文教体育类的有 NBA、GRE、MIT、TOEFL、MBA；

（7）与计算机科学有关的有 CAD、CPU、BBS、WWW、PC 电脑等等。

2. 英语字母词语用价值

“弥补不足的途径有两条，一是自己创造，二是借用。”（陈原，1983：287）从语言学的观点来看，某语言中外来词的出现是该语言词汇系统的需要，对于借方语言来说，外来词是必需然后才有，无它不行，不可或缺，至少在借方语言尚未构造出相应的本族语之前是如此。任何一种语言都不可能是完全封闭的，汉语也不例外。汉语内部的发展规律要求汉语与其他民族语言互市贸易，以吸收新的词汇成员，补充自身表意的不足，丰富汉语词汇系统，促进汉语不断进行新陈代谢，永葆汉语蓬勃活力。

照搬外来词是汉语词汇中的新现象，这些外来词直接使用英文字母，它改变了汉语只能用汉字记录的局面，丰富了汉语汉字的内容。世界上从来就没有百分之百纯而又纯的语言。有生命力的语言从来不怕异物的入侵。任何语言都不是自给自足的，时不时要掺杂一些异物才能丰富自己、发展自己。

（1）非字母词莫属。字母词在社会运用中处于非他莫属的地位。主要表现在这类词在汉语中既无意译又无音译形式，只有字母词表达形式，没有其他同义形式替换，并且已经约定俗成。这类字母词处于独一无二不可替代的地位，如换个说法就会造成理解上的混乱。例如：TDK、XO、卡拉 OK、TCL、维他命 C、B 超、B 大调、18K 金等。英文字母进入汉字系统是系统本身对其记录功能的有益调整，适应了现代社会对汉字记录功能新的要求。

（2）直接、直观、醒目。在自然界和现实社会生活的符号范畴中，有自然符号与人工符号。语言属于人工符号。AIDS、IBM、WHO、MBA、GRE、GDP 等许多英语缩略语作为人工符号所表达的意义对广大的普通百姓尤其是文化、学术和科技界来说早已是耳熟能详。在这种情况下，人们直接将这些英语符号拿过来使用而不用通过翻译，既容易被国内读者理解和接受，更重要的是可以准确、直接地与国际通用的符号接轨，大大有助于国际交流。刘涌泉（2002：14）用四个字来概括字母词：

快——可以不费力气地拿来就用，如国际上刚出现 IP phone，国内很快就有了“IP 电话”。

简——写起来简便，如 VCD，仅三四画，但要用汉字写，“激光视盘”就要 41 画。

明——十分醒目，尤其夹杂在一堆汉字中，如 KTV，DNA，ISO，MBA。

广——用处广，国际、国内都适用。

英文字母词还具有直观性，A 字裙、V 字领、U 形管、T 形台、OO 眼保仪、S 钩等字母词，不仅简洁醒目，还具有直接摹形作用，十分直观形象。处在汉字背景下的字母词由于文字符号系统造成的背景差异使其在阅读过程中，尤其是在迅速扫描中，极易成为视觉焦点，显得十分醒目。

（3）修辞色彩。英文字母词“中”用，具有修辞上的优越性。修辞学中谈到词语的选择时强调准确、得体和简练。简练指的是使用词语时应力求以少胜多，使文字言简意赅。英文字母词在现代汉语中就具有很强的修辞色彩。英文字母简称的使用不仅增加了许多新概念，而且在风格上也提供了多样化的选择。用英文字母简称可以代替汉语里的一长串表述，使文字显得简洁。此外，许多字母词可以活用，自由灵活，与一般汉语近义词相比，它们可以使语言表达显得委婉而含蓄，具有以雅代俗的效果，例如“去 W.C.”要比“上厕所”显得柔和、委婉、体面而有涵养。用 DINK 可以婉指结婚后无子女或不育家庭。

（4）省力原则。人类语言的使用受到认知制约，表现之一就是省力原则。Jespersen，Zipf，Sperber 和 Wilson 等语言学家都提到人们在使用语言时往往会采用省力原则。CT、CPU、DNA、ISO、PNTR、PKI 等在汉语里均有对应意译词语：计算机断层扫描、计算机中央处理器、脱氧核糖核酸、国际标准化组织、永久性正常贸易关系、公共密匙基础结构。只是意译词多为释义性词语，繁复冗长、晦涩难懂、过于专业化，所以使用面极窄；而以英文缩略语构建的新词则简洁明快、方便记忆，而备受人们的青睐。请看摘自国内一些报刊杂志的文章标题：“IBM 新鼠标轻松网上行”、“新型 DNA 分析系统问世”、“第二届 APEC 青年科学节开幕”、“NMD 在美遭反对”、“IT 业必须向互联网转型”、“收视率下降 CNN 忧心忡忡”，类似的例子很多。这些英语字母词表达比起相对应的汉字符号要简单许多，而且不会产生任何混淆。在中国流行的英文缩略语以 2—4 个字母的居多，诸如：IC 卡、IP 卡、IT、PC、CT、VC 等。把文字缩到原来的几分之一或几十分之一，这样的书写、会话的速度就大大加快了。用汉语进行交流时运用一些已成为汉语文化社区的人们所知晓的国际社会所共有的事物或观念的英语缩略语，不仅使表达直接和准确，而且可使语言简单明了。

由于人们的记忆容量，特别是短时记忆容量有限，信息保存时间短，这对语言的使用也有巨大的影响。所以，在交际中，人们采取各种语言策略，如缩略语、字母词的使用，以提高效率，这也是为了花最少的力气，获得最大的认知效果。此外，字母词构词简单，便于书写，符合语言使用的经济原则。汉语借用全外文形式的字母词语可避免意译冗长的缺陷，又有利于我国在国际社会的各个领域和各个学科方面的对外交流合作。可以说英文字母词的发音迥异于汉语的发音习惯，拼写方式迥异于汉字形体，是最容易被汉字系统排斥的异己成分。然而在近些年来，它们被更多地引进，使用它们的有知识分子，有普通百姓。一般的老百姓使用某些英文字母词是为了表达方便或出于语言习惯，而绝非像某些人所说的那样，在有意识地“崇洋媚外”。

3. 存在问题

现在通行的一些英语字母词确实已表现出简便快捷、信息量大的优点。但是，汉语中英文字母词迅速增多也有其不利的一面。

（1）英文缩略语处于曲高和寡的地位。主要表现在英文缩略语要么专业性较强，要么字母过多不易为一般大众熟悉和使用，流行圈受到专业、文化层次、年龄等限制。例如，IP 电话很多人都会打，但英文缩写的 IP 到底是个什么事物，很多人就都不清楚了。IP 是通过互联网进行的电脑对电脑、电脑对电话、电话对电脑、电话对电话的通话。如译成“网络电话”或“电脑电话”，则很简洁、一目了然，更容易为不懂英文的国内普通百姓所理解、掌握。

（2）对于汉语中的英文字母词，总体上不能排斥，因为在现代社会里字母词的使用有利于语言应简洁、经济、实用、准确的社会发展需求。但是，应该承认，说汉语的人毕竟没达到人人都学过英语，对英语字母陌生者在现阶段居多，特别是那些专业性较强不够大众化的缩略语，或是字母数量较多的缩略语。与意译词相比，字母词同音译词一样难懂，给人以陌生感。英文缩略语如果没有中文译文或说明附在后面，是很难让国人揣测、理解其真正的含义。

（3）英文字母词在书写形式上的错误，包括字母的拼写错误、大小写不当、格式错误、标点符号错误甚至理解错误等等。例如，在《新词语大字典》中，在词汇检索表中为“CT”，正文中却成了“C.T.”。光碟的英文缩写为 CD，但不懂英文的人常将其大小写不分，结果出现了 Cd（元素“镉”的符号）、cd（光学强度单位名称“坎【德拉】”的符号）。字母词的读音、字母词的排序现在也比较混乱。

（4）一些富有创新精神的人士，仿造“英文”字母词创造出“国产”字母词——拼音缩略语。汉语拼音缩略语与英文缩略语都采用拉丁字母，因而形似易混。

（5）英文字母词“浓缩”后，虽然加快了信息交流的步伐，但信息负载量过大。虽然表达简洁，但对初次相见的外行受众来讲会造成理解困难。“浓缩”的英文字母词与原有词语之间存在指称与被指称、反映与被反映的关系，可谓是“超级符号”。人们无法根据一般构词规则来理解其所指，这就给人们的理解、认知、记忆带来不便，有时让人不知所云。如 TC 可以是 terminal computer，test controller，telephone center 等词语的缩略语。像 TC 这样多的同形语义现象不可避免地会给读者的理解带来一些困难，如果不借助于上下文，很难定位正确的词义。再如 electricity（电）、electronic（电子）、economy（经济）、entertainment（娱乐）等英文单词的首字母均为 e，e 的具体含义无法一见即知。事物总是具有两面性，字母词语的简洁醒目，也带来了其意义的隐晦性。

4. 应对策略

“语言作为社会上最重要的交际工具，总应该有一定的规范。缺乏明确规范的语言，难以充分发挥其传递信息、交流思想、承载文化的功能。语言规范的出发点是为应用而规范，决不是为规范而规范。语言规范不能脱离语言应用的实际，也不能脱离语言发展的实际。从应用中来，到应用中去，这是语言规范必须遵循的原则；源自语言实践，服务语言实践，这是语言规范既定的方针。”（詹伯慧，2001：126）

（1）在科技信息发达、国际交往日益频繁的今天，形式简单而表意丰富的字母化外来词充分显示出它的优越性，尤其是以缩略语方式引进的字母外来词极显其表意便捷之能，因此应积极合理地加以运用。对外来字母词中的商标名、外国公司名、专业名词、物品型号（如农作物品种、军用飞机、武器型号）等专业名词，应完全保留。因为它们的存在能方便人们的交际，并且它们的使用有一定的范围限制，不会被广泛使用，但应注意在形式上保持一致。在汉字系统中已被广泛采用，且没有更简便的形式来代替它们的应予以保留，如B超、AA制、三K党等。

（2）任何语言都不是自给自足的，时不时要掺杂一些异物才能丰富、发展自己。“一个民族语言借用、吸收另一个民族的词语，是语言的普遍现象，自古有之，各民族语言皆有之。”（顾嘉祖，1990：41）各民族语言中都有积极的、先进的、有用的东西，既然如此，我们就应“以我为主，依我选取，为我所用”。语言是一个开放系统。新成分的不断产生和旧成分的不断消亡，是语言自身发展变化的规律。任何一个外来词都必须经过社会的检验，如果得不到社会的认同，自然会被淘汰。具有生命力的、为民众所接受的外来词是能够扎下根的。有生命力的语言从来不怕异物的“入侵”。

（3）科学技术讲求时效性，发展速度快，“一波未平，一波又起”。很多外来新事物在汉语中一时难以找到合适的对应的词表达，于是就采用了“原汁原味”的字母词。然而，短时间内在汉语中大量引入字母词令国人难以迅速“消化”，这不利于科技知识更快、更大范围地普及。对字母词引进、传播的科技翻译人员不应仅仅满足于“拿来主义”，还应尽快为其找到更科学、更便于普通百姓接受的形式，以便“雅俗共赏”。

（4）“语言是社会交际工具这一特性决定的。要交际，要交流思想感情，那么你说的话首先要让对方懂，如果你说的话对方根本听不懂，交际就彻底失败了。”（胡明扬，2002：100）语言是人类最重要的交际工具，传递信息是它的本质功能。信息传递的一个重要前提是准确无误。因此，应以明确为大前提，要排除那些只有作者自己知道，读者根本不知其所指的西文字母词。有相当多的普通人由于实在看不懂什么WTO、BTV，听不懂什么“打波流梯喔”，“鼻涕味”而抱怨有些文化高的人在跟他们为难，让他们看不懂、听不懂中国人写的和说的中国话。（胡明扬，2002：99）因此在使用英语缩略语时我们必须区分不同的交际环境和社会上不同人群。在专业人群中，英文缩略语是可以广泛使用的，容易推广的。但到农村去做报告或者在电视中面对十几亿老百姓使用外文缩略语，农民和普通百姓就可能根本听不懂。因此，在普通百姓、非专业人员和其他语种人员之间最好不要滥用大家听不懂看不懂的英文缩略语。在英文字母词的使用方面，一定要遵循“必要、适当、规范”的原则，防止滥用、误用。针对不同的读者、不同的语体，标准也应有所区别。例如在公文语体和政论语体中，就应当尽可能少用外文字母词；而在科技语体和面向青年学生的通俗语体中则可以适当放宽限制。

30多年来，现代汉语中英文字母词的大量出现是改革开放政策的产物，是科技、文化迅速发展的产物。英文字母词就如同十月怀胎，一旦健康活泼的新生婴儿正常出生，报上了户口，就得承认它的合法性。至于婴儿在成长过程中难免有病或意外夭折，这也是常有的事。英文字母词必须经过社会的检验，如果得不到社会的认同，自然被淘汰。具有生命力的为民众所接受的字母词语是能够扎下根的。

（三）英式词文化、社会与心理功用

“外来词的出现与存在是基于功用的。没有功用，外来词也就失去存在的价值与必要。”（史有为，2000：119）外来词在语言上的功用是主要的，也是特别明显的。外来词作为文化的载体之一，它是文化的一种符号。外来词还是社会活动的参与者，它反映社会的变动，反映使用外来语的社会成员的层次类别，所以它又是社会的一种符号。此外，外来词是由人创造的，人使用的，而人是一种心灵动物，因此，外来词在具有文化、社会的功能的同时还带有心理功能。

1. 文化功用

今天的时代是人类生产力发展最快的时期，科技进步日新月异，网络正改变整个世界。被称之为地球村的居民唇齿相依，不同民族的人们比以往任何时代的接触都更加紧密。文化多元化，无论是通过文化吸收、文化渗透、文化演变，还是文化侵略，打破了地域文化、本土文化的独霸格局。语言不仅是人们交际的工具，更是文化的载体。语言与社会同步变化、同步发展。从语言的视角可以切入社会，从语言的变化可以观察社会的发展与变迁。

20世纪的科学技术发展迅猛，成就辉煌。科学技术所引发的深刻而广泛的革命，直接影响到人类社会的各个领域。人们既可以从科技的发展来寻觅语言的变化，也可以从语言的变化来追溯科技的发展。20世纪80年代初，“电子”（electronics）属于绝对高科技，“电脑”（computer）则是理所当然的高精尖产品。到了90年代中后期，“互联网”（internet）则如日中天。又过了一些时日，“电子商务”

（e-commerce / e-business）又蔚成风气。“互联网”将人与人、国与国的距离拉近，“网址”（website）、“上网”（on-line）等一系列英语新词新语反映出计算机越来越成为国人不可缺少的好帮手。电脑、网络的高速发展，催生了一批又一批与之相关的新事物。随着2000年的到来，“千年虫”（millenium bug，即计算机2000年问题）一词频频见之于新闻媒体。“电子邮件”（e-mail）在很大程度上已经取代了传统邮件，现在中国个人的名片上几乎没有不印“电子邮件”地址的。

开放的中国为国人了解美国提供了广阔的舞台，同时，也为美国文化的大举进入提供了可能。在中国人的生活中首先出现了“可口可乐”、“百事可乐”、“麦当劳”、“热狗”等耳熟能详的美式快餐、饮料和食品。民以食为天，饮食文化是文化的其他方面所赖以生存发展的基础。“美式饮食”在中国餐饮业所占的一席之地正说明了饮食文化在各个文化中都占有很重要的位置。除了“吃喝美式文化”之外，“穿美式文化”、“唱美式文化”、“用美式文化”、“抽美式文化”、“看美式文化”、“玩美式文化”等现象也不乏其例：各种系列的美式“牛仔”服，“耐克”牌运动鞋；“麦当娜”和“猫王”的音乐、“迪斯科”、“爵士乐”、“摇滚乐”、“霹雳舞”、“街舞”、“乡村音乐”；烟民们吸的“万宝路”、“百乐门”、“剑牌”香烟；孩子们喜欢看的动画片中的“唐老鸭”、“米老鼠”，年轻人着迷的“好莱坞”大片，玩的“台球”，甜蜜蜜中度过的“情人节”；各式各样“宝洁”香波，如“飘柔”、“海飞丝”等。在中国，消闲文化兴起，其最明显不过的例子就是类似美国“卡巴莱”（cabaret）的歌舞厅（包括歌厅、舞厅、音乐茶座、音乐酒吧）的出现和繁荣。青年学生中出现的“托福”热，以及几年前在中国开考的“托业”（TOEIC 商业托福）和“爱普”（APIEL 英语能力考试）则反映出美式教育文化对中国所造成的影响。近些年来许多城市悄然出现的“猎头公司”并非本国土产物，也是来自美国的舶来品。世界上最早的猎头（head-hunting）公司诞生在第二次世界大战后的美国，因其特殊的挖掘人才功能而备受青睐，很快流行到世界各地。强势经济在进入中国的同时，也带来了强势文化。麦当劳、爵士乐、寄托（GRE 和 TOEFL）等美国文化的代名词反映出经济大国从政治、经济、社会、文化等方面对中国的渗透和影响。

“凡是社会上出现了新的东西，不论是新制度、新体制、新措施、新思潮、新物质、新概念、新工具、新动作，总之，这新的东西千方百计要在语言中表现出来。”（陈原，1983：206）国内社会最近几年出现的“丁克家庭”反映出了家庭组织结构的改变。有了股市自然会出现“牛市”、“熊市”。追求精神享受，自然会出现“卡拉OK”、“酒吧”；追求冒险、刺激娱乐，自然会出现“蹦迪”、“跑酷”、“拉力赛”、“卡丁车”。“艾滋病”危及人类，但尚未研究出有效的对策，“二恶英”（dioxine）、“炭疽热”（anthrax）、“寨卡病毒”（Zika）又让人对域外的某些“洋货”倍加小心。“克隆”乃clone（无性繁殖）的音译，自从1997年英国科学家成功地克隆出世界上第一只“多莉”羊以后，克隆和克隆人就成为最热门的话题之一。“多媒体”、“鸡尾酒”、“卡通”、“桑拿浴”、“水浴（spa）”等不胜枚举的舶来品代名词已融入我们的生活中，无处不在，在潜移默化中改变着我们的思维模式、行为方式。

2. 社会功用

语言是一种社会现象，它充当社会交际工具和人们思维的工具。“外来词是词汇中的一种特殊成员。它的各个成员对于社会成员并非都是均等的，在接受和使用上往往具有阶层性。因而，作为一种社会符号，外来词在某种社会中可以显示人们的社会身份、社会层次和所处社会。”（史有为，2000：123）

青年人是人群中思维最活跃、最敏感、最具模仿力和创造力的一族。他们容易接受新事物，追求新颖，倾向变异，追求新潮，追赶时尚，张扬个性。社会生活的发展变化首先反映在他们身上，语言当然也不例外。很多外来语凭借自身带有形式或内容上异于汉民族文化色彩的特点在乐于接受新事物的年轻人中间得到高频使用。“酷”这个时髦词就非常受青少年喜爱。它源于英语中的cool。这个词经港台地区报纸流传过来，在使用过程中，其“冷峻”之义逐渐淡化。“酷”可以用于人，用于物，用于观念，用于某种状况等，凡是够得上新潮和个性的似乎都可以谓之“酷”。“酷”俨然成了青年一代的象征。“伊妹儿”是电脑用语“e-mail”的音译形式，即通过电脑网络发送的信息，又名“电子邮件”，但在青年网民中，“伊妹儿”更受欢迎。“伊”本指第三人称的女性，因古诗中有“所谓伊人，在水一方”的描述，“伊”便披上了一层神秘浪漫的面纱。“妹儿”指年轻的女性，多情的小伙子们最爱称他的“伊”为“妹儿”。要上国际互联网，计算机首先要配备modem卡，台湾同胞称为“数据机”，大陆翻译为“调制解调器”。可是年轻人嫌这样说太拗口，干脆简化音译，叫作“猫”。

有些外来词在汉语中已有了现成的说法，但受港澳地区影响，也出于趋新求异的心理，不少广东人喜欢使用粤语方音音译的词语。例如：汉语已有“衬衫”的说法，但广东人将shirt译为“恤”，并有恤衫等词语产生。Party汉语中已有“聚会”相对应，但广东人却喜欢用音译词“派对”、“趴踢”。普通话中已有“时装表演”，广东人却偏爱“发兴骚”（fashion show）。Card在普通话中译为“卡”，广东人却音译为“咭”，信用咭、圣诞咭、贺年咭、九折咭等等屡见不鲜。还有大批极为流行的粤音“士”族音译词，如“波士”（boss）、“灰士”（fuse）、“甫士”（pose）、“芝士”（cheese）、“多士”（toast）等。它们活跃在广东社会用语领域。“按揭”（mortgage）是一种先从银行贷款，然后分期付款的购房或购物方式。Jumbo本为伦敦动物园一头逗人喜欢的大象的名字，后被用来表示某类东西中的巨大者。美国波音公司的“波音747喷气式客机”即为Boeing 747 Jumbo Jet。之后，Jumbo这个词便随着播音747客机“飞”到了世界各地。香港人所使用的粤语中也吸收了这个词，译为“珍宝”，如一种大型的公共汽车就叫作“珍宝巴士”（jumbo bus）。

外来词是本国社会活动的参与者，它反映本国社会的变化以及反映使用它的社会成员的层次类别。科学家、学者对年轻人满嘴的“哈罗”、“拜拜”、“密斯”，港台人的“脱口秀”、“肥佬”（fail）等是不屑一顾的。更能体现他们身份的是“干细胞”（stem cell）、“软着陆”（soft landing）等科技、文化含量高的外来新词新语。

3. 心理功用

改革开放，国门开启，域外文化随同外国商品涌进国门，刺激了一部分人的崇洋心态，各种仿洋行为随之出现。洋词、洋语就成了反映崇洋行为的晴雨表。部分国人在趋洋、媚洋心理促使下置汉语已有词语于不顾，而刻意去使用洋味词语。“扎啤”其实就是用广口瓶盛装的鲜啤酒，“扎”是英语 jar 的音译，广口瓶之意。Media 原是英语用来表示“媒介、中介”的普通名词，却被用来做北京一家公司及其大楼的专名“梅地亚”。环视我们周围日益繁荣的商品经济社会，许多国内产品、品牌、商标都带有洋味的名称。“司考奇”、“克力架”、“百乐门”和“圣代”（sundae），如果不同实物结合起来，怕没有多少人知道它们分别指的是糖果、饼干、香烟和冰淇淋。大量使用外来语名称的现象在化妆品品牌中最为突出：“沙宣”、“美宝莲”、“奥妮”、“丽莎”等。“OK 镜”其实就是 Ortho-k 近视矫正治疗镜片的简称，是一种经特殊设计的透氧硬性镜片。Karaoke 没有意译为“无人伴唱乐队”，而是译为洋味十足的“卡拉 OK”，这迎合了某些人的“崇洋”心理。模仿“卡拉 OK”，全国各地相继出现了各式各样的卡拉 OK 厅，如“包厢式卡拉 OK”、“边吃边唱式卡拉 OK”、“卡拉 OK 歌舞厅”等。外来语翻译中的洋味是为了迎合受众中存在的“洋的就是好的”的价值取向和崇洋心理。

“托福”是出国留学的一种外语入学考试，用“托”、“福”两个汉字，恰好可以表达莘莘学子祈求好运的心态，是汉民族传统文化中“图吉利”心理的表现。“可口可乐”、“高乐高”、“施乐”、“百乐门”、“乐百氏”、“乐口福”、“百事可乐”等译名中的“乐”不仅使人们易于记住商品的名称，而且巧妙地增添了商品原本不具有的中国文化内涵和审美情趣，借以暗示商品的优异性能和独特的魅力。“Viagra”是一种治疗男性性功能障碍具有立竿见影功效的药物，中文译名“伟哥”十分符合中华民族对性表述比较含蓄，循规蹈矩的文化习惯和审美心理，“伟哥”既通俗又含蓄，因此容易为中国受众所接受。每一种文化都会接纳新的东西，不论是外来的，还是产自本土的，都要依照自己的文化模式，将这些新的东西加以重新塑造。著名香水品牌 Poison，用一个极具刺激意味的词反映出该香水的非凡之处，这是符合西方人审美观和求异心理的。但是，中国人是以平和、中庸为美，东方人的审美观不同于西方人的审美观。按 Poison 的谐音取名“百爱神”则悦耳动听，寓意美好，能引起人们美好的心理感觉。“爱”在汉民族心目中是一个圣洁的字眼，倘若把“AIDS”译成“爱之病、爱滋病”就具有强烈的讽贬色彩，不符合汉民族的文化心理，所以译成“艾滋病”。儿童玩具“变形金刚”（transformer）中的“变形”显示该玩具的解体、组合的性能——可变成坦克、飞机、激光枪炮等模拟物，而“金刚”则是战无不胜的勇士的象征，正迎合了少年儿童喜战好胜的心理。消费品最大市场是女性用品市场。凡女性用品，中文译名都突出其柔性美，一般都带有中国人喜好的“芳”、“玉”、“兰”、“婷”、“丝”等字眼，如雅芳（Avon）、潘婷（Pantene）、丹碧丝（Tampax）、玉兰油（oil of Ulan）等。Pentium 译为“奔腾”不仅突出了这一品牌速度快，功能卓越的高品质，同时也充分体现了计算机产业一日千里、蓬勃发展，这一品牌市场前景广阔的内涵。“佳能”（Canon）的汉语音译，利用汉语词汇的文化内涵表达产品的优良品质、功能齐全，给消费者以信赖感。如果直译为“大炮”，其译名恐怕不会给汉语消费者以恰当的联想。再来看大多数进口药品类译名里都带有“命”、“灵”、“宁”、“定”等字眼（如维他命、可乐宁、胆特灵等），这与汉民族的求安、祈福的心理又是分不开的。“花钱买心情。”当今的消费者在选购商品时比以往更注重心理与感情上的满足。商品名称对人们的心理产生影响的过程是非常复杂的，采用的心理战略得当，收效将会甚大。

在激烈的市场竞争中，多如牛毛的广告使人应接不暇，一种商品如果不能树立独特形象以引起消费者的注意，是难以充分打开自己的销售市场的。某些人在推销进口产品时，往往不是通过对产品性能、功效的介绍来引导消费者购买，而是巧妙地运用语言给产品量身定做创造形象的广告，最终达到美化商品，促销商品的目的。在大量进口的外来商品中，有些品牌的译名部分或完全脱离了原词的音和义，而纯粹是为了切合商品的字眼。“顾客就是上帝”，为了招徕顾客，他们千方百计给商品取上个好名字，什么 Aquafresh 家护（牙膏）、Reebok 锐步（运动服）、Colgate 高露洁（牙膏）、Lux 力士（香皂）、Comfort 金纺（衣服柔顺剂）等等。Nippon 本来译为“日本的”，但 Nippon Paint 打进中国市场时故意译为“立邦漆”。日本的电器在中国很有市场，但日本的油漆却鲜为人知，因此进口商有意用“立邦漆”掩盖“日本漆”的真面目。轿车 Volvo（沃尔沃），被有些人译成令人刮目相看的“富豪”，实在是为了投合消费者的心理。同一个外来词有时有音译、意译、音意兼译三种不同的形式。音译不能通过字面来了解其含义，于是常常使人感觉有点模糊，有点深奥。这样就在使用上有时就获得一种特殊的心理效果，让人感到高深、神秘或者非同一般。有些厂商在给某种进口商品起名时，采用外来词的音译，目的是以新奇促销售。“克力架”（cracker）为人们熟悉之后，厂商换了另一个英语词 cookie 的粤语音译“曲奇”。“朱古力威化曲奇”（Chocolate Wafer Cookie）其实就是“巧克力薄脆饼干”。语言符号形式越新颖、越时尚，新奇价值就越高。引入我国的“酒吧”，不仅带来了西方气息的消费文化，也给生意人带来了无限商机。为了吸引顾客，他们在“吧”上大做文章。“陶吧”、“餐吧”、“茶吧”、“书吧”、“画吧”、“迪吧”、“网吧”、“巧克力吧”、“玩具吧”、“琴吧”、“玩吧”等一系列负载现代意义的新概念“吧”族应运而生。“吧”在新奇价值、前卫感和信息量上显然大大优于那些已经大众化的“室”、“厅”、“楼”、“馆”，从而成为人们再次关注的焦点。“吧”族的流行在某种意义上讲是因为它迎合了时下某些人的追新求异心理。

（四）汉语中英语借词

词汇的新陈代谢主要有三种方式：创造新词语同时淘汰旧词语；扩大或缩小词语的原有含义；向其他语族借用有用的词语。语言成分间的借用，是一种语言对另一种语言最简单的影响。如果某一外族词语所表示的事物在自己民族生活范围内不存在，或它所表示的概念在自己民族语言现有词汇中无对等表达方式，就需要借译或者用自己的民族语料去创造表达那种事物或概念的词语。借词是一种重要的社会语言现象，是语言充满生命力的表现，也是各种语言丰富自己词汇常见的有效手段。

英语借词是通过音译、意译或者音义结合的方式引进汉语的。从借用的途径来说，主要是历代译家经过试译、比较、修正并为广大读者接受后才确定下来的；但有些是间接从日译英语的汉字译名或者广东和上海等方言区的译名吸收进来的。从英语本身来看，汉译英语借词有一部分是英语原有词语，有一部分则是英语从其他语言中所吸收来的词语。

1. 音义借词

咖啡（coffee）、逻辑（logic）、麦克风（microphone）、马达（motor）、色拉（salad）、维他命（vitamin）、利血平（reserpine）、奥林匹克（Olympic）、伏特（volt）、托拉斯（trust）、卡（calorie）、嘉年华（carnival）、巧克力（chocolate）、歇斯底里（hysteria）等。

2. 意译借词

电视（television）、按摩（massage）、抵制（boycott）、果酱（jam）、胶卷（film）、奶酪（cheese）、奶油（ream）、激光（laser）、交响乐（symphony）、基督徒（Christian）、圣经（Bible）等。

3. 音义兼译借词

酒吧（bar）、冰淇淋（ice cream）、咖喱粉（curry）、几维果（kiwi）、马海毛（mohair）、迷哥裙（microskirt）、爵士乐（jazz）、绷带（bandage）、爱克斯光（X-ray）、汉堡包（hamburger）等。

4. 粤音英语借词

现代汉语中有少量的借词是由香港人、广东人所创译或在他们当中长期流通使用的。例如：拍档（partner）、巴士（bus）、的士（taxi）、恤衫（shirt）、派对（party）等。

5. 沪音英语借词

朱古力（chocolate）、派对（party）、三明治（sandwich）、沙发（sofa）、听（tin）。

6. 日译汉字英语借词

19世纪下半叶之后，日本资本主义迅速发展，向西方国家学习取得了成效。甲午海战之后，我国译书之风大盛，大量地翻译日文的书籍或从日文转译的西方书籍，其中政治、社会、经济、哲学、法律、外交、军事、教育和历史的书籍比例很高。从此，日译英语借词便源源不断地涌入现代汉语词库。丹麦语言学家叶斯帕森在讨论“借词类别”时谈到：“在许多语言混杂当中，各种各样的成分仍然是很清楚的，并且可以分开，就好像把一副扑克牌洗好后还能挑出红桃、黑桃等一样，但在英语和斯堪的那维亚的情况下，我们却有一种更微妙的混杂，就像把一块糖放在一杯水中，几分钟以后，就很难说哪是茶哪是糖了。”现代汉语借词中的日源词同汉语词之间也是上述那种微妙的密切的，如杯中糖茶一样交融在一起的混杂。试比较：

英语借词：德律风　版克　德谟克拉西　赛因斯
日语借词：电话　银行　民主　科学

源自英语的借词，人们一眼就会辨认出，而日源借词与一般汉语没有什么差别。

现代汉语从日语引入的借词，绝大部分是日本人用汉字组成的意译词。日本人在翻译英语时，也有音译、意译以及半音译半意译等方法。一般说来，音译词多用片假名表示，意译词多用汉字书写，汉语引进的主要是意译词。这些意译词可分为以下三种类型。

第一种：日本人自创的词，这种词虽然用汉字书写，但汉字的读音与意义都与汉语不一样，构词的方式也是日本人自创的，我们借过来时，用了日语的意义和词形，抛弃了日语的读音，保留汉字自己的读音。这类词常用的有：大型、时间、强化、数量、质量、企业、服务、场合、手续等。

第二种：日语先借用古汉语的词汇，赋之以新义，现代汉语再借回来。由于地域、文化等原因，汉语在历史上曾有大量的词涌入日语，这些词语在日语中甚至还保持着汉语的读音。而日本在明治维新之后，向西方学习先进的科学技术，又赋予了汉语借词以新的意义，用以表示西方的一些新事物和新概念，而后汉语又将这些词语从日语中借回来，如：思想、政治、政府、劳动、卫生、经验等。各民族语言中都有积极的、先进的、有用的东西，既然如此，我们拿来用就是了，这就是语言中的“拿来主义”，你借我的，我也借你的。

第三种：引入日本的“和字词汇”。日语中有一小部分字是由日本人自己发明的，这类字称为“和字”即“和化汉字”。“和字词汇”在日语中很多，借入现代汉语的极少，仅有“癌”、“腺”等，它们从字形到词形到意义都是日本的，是地道的借词。

下面再略举其要，以见一斑：图案（design）、苏打（soda）、教授（professor）、排球（volleyball）、美术（art）、腺（gland）、经济（economy）、交通（traffic/communication）、营养（nutrition）、客体（object）、课程（course）、建筑（construction）、水准（level）、独裁（dictatorship）、保障（guarantee）、会话（conversation）、拘留（detention）、理事（director）、心理学（psychology）等。

7. 当代新英语借词

最近几十年，科技和相关工业的飞速发展，西方社会处于现代和后现代阶段，包括娱乐在内的日常生活也相应地有了巨大变化，许多新词新语如潮水般涌现出来，以其多元多样、内涵现代而区别于以往时代。这当然也影响着汉语，迫使汉语主动或被动地创造新词语，这当中既有外来概念的意译词，也有音译的外来词。例如：克隆（clone）、派典（paradigm）、脉塞（maser）、声呐（sonar）、厄尔尼诺（EL Nino）、托福（TOEFL）、比基尼（bikini）、盒式（cassette）、自助餐（buffet）、彩票（lottery）、超长裙（maxi）、半长裙（midi）、朋客（punk）、伦巴（rumba）等。

8. 借入的英语词素

通过音译和意译，汉语还从英语借入了一些词素，构成汉语黏着词素。大多数从英语借入的词素已经成为汉语新的词缀，这些词缀可以用来构成新的派生词。例如：

网（net）——网站、网页、网民、网址、网友、上网、联网、网吧、网虫
的（taxi）——打的、面的、的哥、的费、货的、马的、轿的、残的、摩的、的姐
～巴（bus）——大巴、中巴、小巴、冷气巴
～卡（card）——磁卡、胸卡、IC 卡、电话卡、生日卡、贵宾卡、优惠卡
～门（-gate）——伊朗门、水门、黛安娜门、特工门
迷你（mini-）——迷你电脑、迷你小说、迷你电池、迷你手表、迷你裙
～可乐（cola）——非常可乐、少林可乐、华事可乐、天府可乐、汾煌可乐
～吧（bar）——酒吧、网吧、书吧、茶吧、咖啡吧、校友吧
～化（ize，-fy）——民族化、民主化、自由化、无核化、全球化、边缘化、正常化
～迷（fan）——网迷、歌迷、星迷、车迷、彩迷
～星（star）——歌星、笑星、舞星、球星、影星、童星、巨星
酷（cool）——扮酷、酷哥、酷妹、酷女、酷妆、比酷、酷发
～世界（world）——金领世界、车迷世界、模特世界、水上世界、多媒体世界
～性（-ty，-ism，-ness）——独创性、流动性、戏剧性、同步性、规律性、弹性
～秀（show）——音乐秀、电影秀、家具秀、武术秀、卡秀，表演秀
～中心（center）——展览中心、购物中心、留学中心、新闻中心、宽带服务中心
～主义（-ism）——浪漫主义、人道主义、霸权主义、现实主义、极权主义
不～（non-，in-，im-，un-）——不科学、不抵抗、不结盟、不民主

超～(super-)——超人、超我、超级大国、超高频、超意识、超新星、超导体
多～(multi-，poly-)——多频道、多基因、多维
反～(anti-)——反引力、反作用、反物质、反要求
非～(non-，in-，im-，un-)——非理智、非物质、非正义、非官方、
负～(negative)——负利率、负指数、负反馈、负逻辑、负函数、负旋转
毫～(milli-)——毫安、毫秒、毫欧、毫瓦
微～(micro-)——微米、微伏、微程序、微指令、微锁定、微逻辑
预～(pre-)——预分析、预范畴、预校正、预拓扑、预均衡、预存储

（五）汉语“准X”词族

近年来，在各种媒体上我们经常遭遇以类前缀“准”构成的“准X”词族：准夫妻、准专业、准博士、准投资等。词缀是加在词根上用以构成新词的虚语素，是一种重要的构词手段。一个词缀可以滋生大量的新词。词缀的特点是：词汇意义泛化或虚化；多半是附着词素，和词根紧密相连，单独析出不能成词；在词中的位置比较固定；有很旺盛的造词能力，可以随时用它来衍生新词。“准X”具有很强的再生能力，“准X”中的“X”有单音节，如：准销、准型；双音节，如：准合同、准买卖；多音节，如：准汇率联盟。在“准X”结构中，“准”与X的组合有一定的选择性，X在词性上多表现为名词、动名兼类词或短语。“准X”在语义表达上分比照类“准X”，如：“准金属”和接近类“准X”，如：“准妈妈”。“准X”词族的兴旺，适应了新时期千变万化的社会生活的表达需求，丰富了汉语的构词方式和表达手段，在结构方式、语义内涵、语用倾向上都体现出创新性、能产性和多样化的特点。但随着人们对“准X”结构类推使用的增多，某些“准X”结构的语义表达呈现出复杂性。

1. “准X”词族的形成与发展

20世纪七八十年代改革开放以来，我国同其他国家在经济、科技等方面的交往与合作日益频繁，伴随这一过程的是汉语与其他语言的广泛接触。在吸收外来思想概念、科技文化的同时，汉语也从外国语，尤其是英语中引入、吸收了一大批类前缀，例如：“零”（zero）、“泛”（pan-）、“软”（soft）、“后”（post-）、“超”（super-）、“非”（non-）、“多”（multi-/poly-）、“负”（negative），等等。再如以virtual（虚拟）为前缀的术语最早出现在计算机领域，如“virtual technology”、“virtual space”、“virtual network”。而现在的“虚拟”式术语出现在多学科领域。当代汉语中现已出现许多新的“虚拟”式词语。如：虚拟社区、虚拟市场、虚拟物流、虚拟经济、虚拟企业、虚拟银行、虚拟货币、虚拟性别、虚拟恋人等。英语是形态语言，词汇中的词由“词根与词根”或“词根与词缀”结合而成。“就词缀而言，英语的词缀丰富，汉语缺乏词缀。”（张维友，2007：56）

同样，追根溯源，汉语“准X”中的类前缀“准”是由英语前缀“quasi-”、“para-”翻译而来的。比如，惠宇主编的《新世纪汉英大词典》（外语教学与研究出版社，2003）中，就收有：准晶体（quasi-crystal）、准分子（quasi-molecule）、准饱和（quasi-saturation）、准因子（quasi-divisor）等“准X”复合名词。就目前“准X”的使用情况来看，“quasi-X”和“para-X”对汉语“准X”的影响仍然存在，尤其在翻译相关的词语时更是如此。譬如，英语里出现了“quasi-public”、“paramilitarism”，翻译相关报道时，汉语中就会相应出现“准公共性的”和“准军国主义”等。

此外，在翻译semi-、near、associate、pseudo-、pene-、sub-、meta-等组成的结构中，汉语也有将其译为“准”的情况，例如：near money（准货币）、semibull（准诏书）、semiconductor（准计算机）、associate member（准会员）等。

我们知道，语言是开放性的系统，它随社会的发展而发展，语言诸要素中的词汇的发展是最快的，对社会变化的反映也是最活跃最敏感的。随着人们知识面的扩大，知识结构的变化，由“quasi-”、“para-”译入汉语的“准”这种专业类前缀渐渐进入新时期国人的日常生活，为人们所了解和应用。

例如，《新时代汉英大词典》（吴景荣、程镇球主编，商务印书馆2000年版）、《汉英大辞典》（吴光华主编，上海交通大学出版社1999年版）等词/辞典就列有很多非专业或专业性不很强的“准X”词条：准子公司、准艺术、准销售、准工业化、准租金、准契约、准完全、准正规、准货款、准地租，等等。

在语言世界中，人们有着很强的思维定势和惯性心理，当“准X”词族大量涌现、膨胀到一定程度时就产生了强势类化作用。所谓“类化”是指由同一词缀构成的一系列的词，具有相同的词性和相同的语法意义。在融进汉语的过程中“准X”中的“准”的词汇意义逐渐减弱，类化作用越来越强，逐渐具有了很强的构词能力，变成了当代汉语的构词词素，并以“准”为基础产生了一系列的新词，如：准新娘、准妻子、准丈夫、准公公、准岳母、准公婆、准现房等，由此形成当代汉语词汇系统里一道亮丽的风景。

由于“准”是一个相对开放的类前缀，“准X”具有相当强的能产性，“准”氏家族随时会有新面孔出现，所以上述所列举的只能是阶段性的。这些“准X”结构里的“准”与现代汉语里“准”打头的常用词语有所不同。我们可与《现代汉语词典》（商务印书馆2002年版）里所收集的以“准”打头的词语做一比较：准保、准备、准点、准定、准稿子、准话、准将、准平原、准谱儿、准确、准儿。《现代汉语词典》中的这些词语搭配固定，意思明确。其中除“准平原、准将、准尉”外，其他词语中的“准”都不表示“程度上虽不完全够，但可以作为某类事务来看待”之意。可见，在现代汉语里“准”表示“quasi-”、“para-”这个义项时，以前人们还很少用它做词头来构成新词语，在这个意义上的“准”可以说是属于潜构词语素。

在当代汉语中，与“准X”相似，通过继承、引进和创新，汉语中已形成了一系列类前缀式构词模式，譬如“高X”、“前X”、“后X”、“泛X”、“零X”，等等。“这种附缀式词语模，既具有相当的类推性和能产性，又具有一定的可变性和多样性；它们的存在，既适应了表达新时期日新月异的社会生活的需要，又大大丰富和发展了当代汉语的构词方式和表达手段。”（张谊生，2003：102）

2. “准X”的组合方式与结构关系

“准X”结构形式鲜明，有双音节、三音节和多音节的组合格式。双音节的组合形式即“准”与一个单音节语素组合成词，如：准域、准圆、准型、准销、准性、准标。

作为一个新词缀，“准”前缀冲破了汉语双音模式的制约，形成了以三音节为主的多音节模式。“准X”组合格式最常见的是三音节，从构词方式来看，三音节的构词方式较为一致。在三音节的“准X”组合中，X一般为一个有着完整意义的双音节词语，如：准契约、准套购、准合并、准股权、准货币、准货款、准地租、准合同、准买卖、准失业、准方案、准租金、准改组、准饱和、准硕士、准导体、准会员、准金属、准粒子、准平面等。

“准X”组合方式也有四音节和五音节的结构，如：准静止锋、准完备码、准稳成分、准储蓄化、准性生殖等。

近几年来，在人们的语言交际中还经常出现“准”与词组组合而成的超长结构体，如：准随机存取存储器、准自由电子论、准轻武器弹药、准正交各向异性板法。无论这样的组合结构有多长，它的语法功能还是相当于一个词。

分析“准X”的语料，可以看出，X多为普通名词、抽象名词或物质名词；专有名词以及时间、处所、方位名词一般不进入“准X”结构，如：没有“准太平洋”、“准现在”、“准亚洲”、“准东边”的说法。

“准X”的内部结构关系比较单一，多为偏正结构，即“准”对“X”起限制或修饰作用。X既可以为词，如“准域”、“准失业”、“准性生殖”；也可以是短语，如“准轻武器弹药”。“准”词缀有很强的结合能力。从结构关系来看，“准X”结构中的X有三种情况：

一是X为动名兼类词。近年来，“准”附在双音节动名兼类词前面的现象，正呈现日益增多的趋势。较常见的有：准感觉、准自由、准买卖、准整合、准套购等。

二是X为名词或名词性短语。“准＋名词/名词性成分”的用法同“准＋动词/动名兼类词”的用法相比又有过之而无不及。当代汉语中有大量“准±名词/名词短语”的词族，如：准董事、准兄弟、准摘牌公司、准汇率联盟等。

三是X为形容词，如：准司法的、准立法的、准公共性的、准二倍的、准性生殖的、准完美、准公平、准健康、准下流等。

需要说明的是：X为动名兼类词情况时，只有双音节；X为名词或名词性短语情况时，从单音节到多音节都有，单音节的如前文所给例子中的“准性”、“准标”；

双音节和多音节的如前文所列举的“准博士”、“准火山爆发”、“准随机存取存储器”等。汉语中“准X”中“X”名词明显多于形容词。

3．“准X”结构的语义表达

从表达的角度来看，“X”和“准X”的所指之间存在两种语义关系：一类为比照类，“X”和“准X”之间存在近似性，而“准”重在表示“相似”义；另一类为接近类，“X”与“准X”之间差距很小，“准X”正在朝着“X”的方向发展。

一是比照类“准X”：在比照类“准X”词中，一般情况下，“X”在各自的语域中具有广泛的典型性和代表性，为大众所熟知和认可。所以，人们只需要凭借常识就可以清楚地领悟与“准X”相关的背景知识。在原型事物前加“准”，则能更明确表明目标事物的特征。可以做比的事物、现象很多，例如：准饱和、准导体、准金属、准分子、准词缀。

二是接近类“准X”：在接近类“准X”中，“准X”与“X”的关系更为密切，虽然当下两者不能等同，但随着事物的进一步发展，“准X”将全部或部分成为“X”，在目标事物“准X”向“X”演进的过程中，“X”的本质和特征逐步凸现，如：准讲师、准新娘、准现房、准美国人、准北京人、准中国人、准城市市民、准白领、准有车族等。这些例子中的原型事件“X”都是“准X”发展的最终目标。

接近类“准X”中的“X”主要集中在与人有关的名词范围之内，这些名词具有表示某种过程或时间推移的意义。具体可分为以下几类：

身份类：例如：准爸爸、准新郎、准留学生
关系类：例如：准夫妻、准邻居、准同事
年龄类：例如：准成人、准大人、准青年

尽管比照类“准X”和接近类“准X”都使用“准”，但它们在语义上存在着明显的差别，具体体现在：

差别之一：比照类“准X”一般来说具有静态特征，“准X”与“X”所要表现的是两者在属性上的某一相似性，而它们在本质上是不同的。接近类“准X”一般来说具有动态特征，“准X”所要表现的是一种事物属性已向另一事物发展、变化，并且在不太长的时期内会部分或全部质变成“准X”中的“X”。

譬如：比照类的“准金属”，它只是一类外表呈现出金属和非金属两种化学性质的元素，这就是它的内在属性，将永远不会改变。而处于接近类的“准教授”正朝着自己的理想目标“教授”逼近，在不久的将来，他将晋升为“教授”，可以说，“准教授”脱离“准”头衔指日可待。

差别之二：比照类“准X”与原型事物搭配，旨在表现目标事物和原型事物的相似性，其语义共同指向目标事物和原型事物；接近类“准X”与原型事物搭配，目的是说明原型事物，语义指向原型事物。

4. “准 X”的泛化与汉化

我们知道词族是指由某一相同的语素（词）分别与其他语素（词）构成的一群合成词（短语）。它们往往以新事物和新现象的出现为契机，以语言系统的类推机制为依据，产生出一批结构方式相同、构词语素部分相同、词汇意义相近或相关的一群词。以某个词素作为词根衍生出众多词语是汉语新词语产生的方式之一。

就目前汉语“准 X”的产生、大量使用及语义发展来看，“准”与英语中的类词缀“quasi-/para-”有着密不可分的关系，可以说，“quasi-/para-”是汉语“准 X”产生的源头，早期的“准 X”都是从英语科技术语翻译而来的。例如，《辞海》（上海辞书出版社 1999 年版）就收有准饱和（quasi-saturation）、准导体（quasi-conductor）、准电介质（quasi-dielectric）等词条。

“准 X”词族是在翻译英语专门术语的过程中逐渐进入汉语的，而且在相当长的时间内仅局限于专业术语中，由于表达的语用需要，一部分“准 X”已经进入当代汉语的通用领域，近年来更是呈现出迅速增长的趋势。在借鉴和吸收其他语言时，汉语并不是简单的“拿来主义”，它往往习惯根据本民族语言自身的特点和民族习惯，对借鉴成分做适当的调整和改变，从而打上“汉化”的烙印。

“词语在某个固定的位置反复出现，跟众多的第二成分融合，经过‘组合同化’，其自身的意义范围必然扩大、泛化。”（周日安，2003：69）当代汉语中，“准”前缀化后其原来的词汇意义仍有一定程度的保留，只不过变得更加宽泛而已，泛化为其他领域的“准”，这样便为构词中所需的类化提供了方便，也为新词语的推广提供了条件。“准 X”进入汉语后，无论是使用范围，还是表达方式，都发生了一定程度的改变。国内近几年出版的词 / 辞典收入很多“准 X”词族的新词新语，有些虽然没有用开，但并不影响我们对结构和语义的理解，如：准连续工作、准垄断、准所有权、准工程防洪、准产业化、准公共收入等。虽然我们很少接触“准子公司”、“准公开股份公司”、“准公营公司”、“准整合”、“准租金”、“准合同”、“准合并”、“准套购”、“准资本货物”这样的短语，但我们还是可以推测其意义。本文中提到的“准本科”、“准大学”、“准公婆”、“准港人”等都是汉化的结果。当然，今后还会冒出更多的“陌生”的汉化“准 X”词语，相信也不会造成理解上的困难。随着“准 X”汉化过程的进一步发展，现行的“准 X”，在结构方式、语义内涵和语用倾向方面还会向多样化发展，所以在理解“准 X”词族时不要想当然地按照“quasi-”或“para-”单一模式去套用，必需透过“准 X”表层形式深入了解其真实的含义。

“准 X”词族的流行得益于语言的强类推性。“准 X”风行当代汉语，展示了流行话语的时髦色彩，折射出特定的社会文化心理。从社会语言学的角度看，“准 X”的广泛流行可以满足人们追求新颖、超常的表达效果的需要。正因为“准 X”词具有特定的迎合大众心理的社会语用义，所以很受新闻媒体的欢迎。由此看来，“准 X”这一新词族近年来之所以广为流行，不仅是受到英语“para-”、“quasi-”表达方式的影响，更重要的是，它们适应了迅速变化的社会生活的表达需要，符合当代中国人的心理特点。但另一方面，“准 X”词族中确有一些词不够稳定，带有明显的临时性，甚至表意不明确。如果为了迎合潮流而生搬硬套、削足适履地乱用或滥用“准族词”，表达效果就会适得其反。

二、英语中的汉语词

“世界上所有的活的语言都是在随着时间的推移和社会的变迁而不断发展变化。当某一特定语言中的词汇无法描述当时社会的某些特定事物时，人们往往通过创造新词语或借用其他语言的词汇来表述，并最终把它们纳入本民族语言的词汇中。每一个民族语言都离不开吸收其他民族语言来丰富自己。英语尤为突出。”（焦同梅，2003：41）英语在其 1 500 多年发展过程中，从世界各个主要语种吸收了不少借词，汉语当然也不例外，成为它的一个源泉。汉语是历史悠久，世界上最丰富、最优美、表现力最强的语言之一。作为一种历史语言学现象，在英语中出现汉语借词已经有 1 000 多年的历史。历史上进入英语的汉语贷词主要是与我国的传统文化紧密相关的语汇，涉及人文思想、宗教、哲学、政治、经济以及其他一些与人民生活密切的各个领域。比如：tea（茶）、china（瓷器）、silk（丝绸）、Confucius（孔子）、Mencius（孟子）、Zen（禅宗）、kowtow（磕头）、chow（食物）、lama（喇嘛）等。汉语对英语的影响还表现在某些习语上，例如：running dog（走狗）、paper tiger（纸老虎）、long time no see（好久不见）等。

英美的辞书编纂学家早已注意到英语中的汉语贷词，并对汉语贷词的词源做了一些考证。Garland Cannon 就是一个比较典型的代表，他多年致力于收集英语中汉语借词，并在 1988 年发表了 *Chinese Borrowings in English*（《英语中的汉语借词》）一文。他展示了汉语借词语义场的大致分布情况，内容涉及我国的食物、饮料、饮具、植物等的词汇数量最多，涉及中国地理、艺术、宗教、政府、人种、职业、度量衡等的词汇数量也很可观。

国内一些中国学者对英语词汇中的汉语贷词早已进行了研究，例如：

（1）柳崇本《英语中的汉语词汇》（1982）
（2）齐揆一《英语中的汉语词探源》（1987）
（3）严筠《英语中源自汉语的外来词》（1987）
（4）郑声滔《源于汉语的英语词汇》（1985）
（5）李荣嵩《试探英语外来词中的几个汉语词源》（1989）
（6）刘法公《英语借自汉语的外来语考释》（1991）
（7）汪榕培《英语中的汉语借词》（1986）

（8）曹亚民《英语中的汉语借词》（2000）
（9）常骏跃《英语中的汉语借词研究》（1997）
（10）常骏跃《英语中汉语借用成分——语音、语法特征变化分析》（1998）
（11）汪榕培、常骏跃《英语词汇中汉语借词的来源》（2001）
（12）朱少华《英语中汉语粤方言借词研究》（1995）
（13）邵志洪《近20年来英汉词语互借对语言文化的影响》（1999）
（14）郭鸿杰《二十年来现代汉语中的英语借词及其对汉语语法的影响》（2002）
（15）胡兆云《语言接触与英汉借词研究》（2001）
（16）朱少华《英语中汉语粤方言借词研究》（1995）

"对于学习英语的中国学生来说，研究英语中的汉语借词不仅可以加深了解中西文化的交流，而且还可以加深认识许多语言现象。"（汪榕培，2002：381）

（一）汉语贷词涉及的范围

收入英语辞书的汉语贷词涉及中国社会生活的方方面面，覆盖政治、经济、历史、地理、教育、生活、宗教、饮食等领域。

（1）历史、地理：the Opium War（鸦片战争）、yen（瘾）、Kuomingtang（国民党）、Warring States（战国）、Jenghiz Khan（成吉思汗）、K'ang His（康熙）、Peking Man（北京猿人）、Lantian Man（蓝田人）、Choukoutien（周口店）等。

（2）教育、哲学、学说、语言、文字：Mohist（墨家）、Mohism（墨家学说）、Lun Yu/Analects of Confucius（论语）、Five Classics（五经）、Yin-Yang School/Five Elements School（阴阳学）、Shih Ching/Book of Odes（诗经）等。

（3）政治、经济：sanfan/three-antis（三反）、splittism（分裂主义）、splittist（分裂分子）、Long March（长征）、National People's Congress（全国人民代表大会）、Great Leap Forward（大跃进）、Gang of Four（四人帮）、Maoism（毛泽东的理论思想）、Falun Gong（法轮功）、paper tiger（纸老虎）等。

（4）饮食：tofu（豆腐）、soy sauce（酱油）、guotie（锅贴）、Chinese take-away（盒饭）、rice noodles（米粉）、ketchup（番茄酱）、tribute rice（贡米）等。

（5）宗教：Zen Buddhism（禅宗）、Ch'anism（禅宗教）、Hsuan Chiao（玄教）、Taoism（道教）、Shiutoism（神道教）、bonze（和尚、僧人）等。

（6）风俗：fengshui（风水）、Chinese New Year（春节）、Double Ten（双十节）、kowtow（叩头）、lunar calendar（阴历）、Dragon Boat Festival（端午节）等。

（7）文体：wushu（武术）、kungfu（功夫）、Tai Chi Ch'uan（太极拳）、chopsocky（武打片）、tangram（七巧板）、urheen（二胡）、yang ko（秧歌）等。

（8）动、植物：lingchi（灵芝）、mandarin duck（鸳鸯）、kalanchoe（芥蓝菜）、soy（大豆）、lotus（藕）、ginkgo（白果）、longan（龙眼）等。

英语中也有一些藏语词，例如 khamba（康巴语）、khatak（哈达）、lama（喇嘛）、Dalai-Lama（达赖喇嘛）、Pamchen-Lama（班禅喇嘛）、lamaism（喇嘛教）、yak（牦牛）、takin（扭角羚）。Shangri-la（香格里拉）一词中的 la 是藏语“山”的意思，shangri 意为“世外桃源，乌托邦”。英国作家 James Hilton 在《失去的地平线》（1933）一书中，杜撰了一个遐想的世外桃源，安排在西藏高原与世隔绝的地方。小说被好莱坞搬上银幕时，正当第二次世界大战初期，由于人们厌战，想找个安静的地方，再加上演员的精湛演技，于是风靡一时。后来上海一位作曲家作曲“Shangri-la”，第一次正式译名。后来这个新造词很快风靡世界，许多国家的五星级大酒店都以 Shangri-la 命名，甚至连作家本人的名字 Hilton 也成了著名商标。

此外，英语中还有相当一些使用英语原词，但表达的却是中国特有的事物的词汇，如：iron rice bowl（铁饭碗）；bourgeois liberalization（资产阶级自由化）；enterprise contracted production system（企业承包经营责任制）；planned commodity economy（计划经济）；one country，two systems（一国两制）；a fairly well-off society（小康社会）；vegetable basket project（菜篮子工程）等。

（二）英语中的粤语借词

汉语粤语又称广东话，是汉语的主要方言之一。无论在历史上还是现在，粤语在促进中外语言文化交流方面都做出了很大贡献。汉语中的一些词语通过粤语以及粤语本身的不少词语进入了英语词汇中。“作为一种必需的全新的意义进入英语，成为英语词汇中不可缺少的组成部分。”（朱少华，1993：31）如 *Oxford Advanced Learner's Dictionary of Current English*（London, 1974）中就收录源自汉语粤语的英语词近 20 个。*Webster's New World Dictionary of the American English*（New York, 1972）共收录汉语粤语借词近 30 个。

1. 与中国现代社会发展有关的汉语粤语借词

袁家骅在《汉语方言概要》一书中指出：“清代中叶以后，海禁大开，中国对外贸易日盛。广东成为我国出海要道，各地到广东经商的人与日俱增，这又渐造成广东的繁荣局面。”（转引自朱少华，1995：32）因此，有关早期中国对外经济贸易活动方面的词语首先通过汉语粤语进入英语中。例如：

（1）Hong（行，商行，洋行），原是广东等地旧时一种自发的商业组织，又称“行会”。

（2）Cohong（公行），是中国政府为限制外国人商业于 1720 年在广州设立的对外商进行贸易的组织，后根据《中英南京条约》被取消。

（3）Taipan（大班，洋行经理），原是旧时广东人对外国商船货主和英国东印度公司广州商馆首领的称谓。

（4）Sycee（旧时中国使用的银锭、纹银），译自“细丝”。广东话“细丝”即对“纹银”的俗称，指熔铸成锭的马蹄形白银，旧时商品交易时用作货币流通。

（5）Lekin（厘金），是旧时中国的一种商业税。

（6）Dotchin（戥子），源自“拖称”，又称“等子秤”，是一种可以随身携带的小秤，旧时商品交易时用作秤量金银、药品等用。

（7）Pakapu（白鸽票），是旧时广东等地经济活动中发行的彩票俗称，英语中拼写成 pak-a-pu 或 pakapoo。

（8）Papai（白牌），是指旧时香港当局发给小汽车拥有者将小汽车用作出租车的一种牌照。

18 世纪末，英国对中国大量输入鸦片，给中国人带来无穷的灾难，当时很多人染上吸食鸦片的恶习，他们变卖家产，甚至卖儿卖女，来满足吸毒的欲望，中国人把这叫作“上瘾”。广东地区是鸦片战争的爆发地，与鸦片有关的两个词也进入到英语。Yen（瘾，热望，渴望）；Yen-hok（鸦片烟针杓），译自“烟杓”，“烟杓”是抽鸦片时做烟泡用的一种针形器具。

广东是中国伟大的革命先行者孙中山从事革命活动的主要地区。英语中便有以孙中山的字（孙逸仙）派生的两个词：Sunyatsenism（三民主义，孙文主义），Sunyatsenist（信奉孙文主义的人）等。

外国人来华经商必须熟悉中国的文化。一些中国特有的风土人情，文化习俗，称呼也通过粤语进入到英语中。例如：Kowtow（磕头）、Fantan（番摊，一种牌戏，主要用于赌博）；Mahjong（麻将）、Paikau（牌九）等。

2. 与中国饮食文化有关的粤语借词

19 世纪以后，大批华人出国谋生，他们主要从事餐饮业，其中不少说粤语的华侨将粤方言中与饮食有关的词语带入英语：

（1）Chopsuey，Chopsoy（炒杂碎），系指中国餐馆中为适合洋人口味而供应的炒什锦，通常用肉片、蘑菇、洋葱、豆芽等混炒而成。这种“鬼佬唐餐”，在国外随处可见，因为它已经成为唐人街文化的一个主要部分了。英语新词 chopsocky（武打片）就是根据 chopsuey 造词的。

（2）Chopsuey House（中国餐馆），简称为 Chopsuey。

（3）Sugum（多种蔬菜的什锦）。

（4）Chowmein（炒面），由面条和肉丝、蔬菜等炒合而成。

（5）Chow fan（炒饭），用米饭和肉、蔬菜、蛋、青豆等炒制而成。

（6）Foo yung（芙蓉鸡片）。该词也拼写成 foo-yong，fu-yung 等。

（7）Moo goo gai pan（蘑菇鸡片），意同 tree mushroom chicken slices。

（8）Wonton（馄饨），译自“云吞”。粤语“云吞”是对“馄饨”的俗称。

（9）Ketchup，Catchup（番茄酱，番茄沙司）。广东、福建一带果酱多用番茄做成，传入西方后成为很受欢迎的佐料调味品之一。

（10）Chow-chow（中国食品，中国酱菜，杂拌），19 世纪由洋泾浜英语译自粤语“杂杂”而来。

（11）Soy sauce（酱油），简称 Soy，粤方言“抽抽”即指“酱油”。

（12）Chopsticks（筷子），由粤语“捷”（快）音译 thop 加英语词 stick（棒）混合而成，是地道的洋泾浜英语结构。

（13）Wok（镬，铁锅），“镬”即广东产的用来烹饪中国菜肴的铁锅。

（14）Samshu（烧酒），译自“三烧”，粤语“三烧”即对“烧酒”的俗称。

（15）Yam Cha 是粤语“饮茶”的音译。普通话中的“茶”指用茶叶做成的饮料，“饮茶”指“喝茶”。英语中 tea 的词义与“茶”并不完全对应，除了指“茶”外，还可指“茶点”。为表示区别，英语中出现了特指“茶”的新词 China tea。Yum Cha 中的 cha（茶）指“茶点”，与英语 tea 所指更相似。

3. 与中国特有物产有关的粤语借词

《大英百科全书》（*Encyclopedia Britannia*）（1974）在 Canton（广州）这一词条下这样定义广州：“Canton is the center of the trade of Kwangtung and Kwangsi and the adjacent provinces of South China. Products such as sugar, fruits, especially oranges, bananas, litchi, pineapples, silk, timber, tea and herbs are exported.”（Vol. 3）（转引自朱少华，1995：35）的确，清代五口通商之前，广州曾是我国唯一的对外通商口岸，许多中国物产经广州出口到国外。正是由于这一因素，许多表示我国特有物产方面的词汇便不可避免地通过粤语进入英语等外语中。例如：

（1）loguae（枇杷），译自“芦橘”。粤语把“枇杷”称为“芦橘”。

（2）longan（龙眼，桂圆）。

（3）litchi（荔枝）。

（4）Cumquat，Kumquart（金橘）。金橘是广东一带产的小橘子，常用作蜜饯等，又称 Chinese orange。

（5）Tung（油桐），音义复合词有：Tung oil（桐油，意同 Wood oil 或 nut oil）；Tung tree，Tung oil tree（油桐树）；Tung nut（油桐子）。

（6）Pakchoi，Bokchoy（白菜＝ Chinese cabbage）。

（7）Paktong，Paktong（白铜），一种类似镍银的含镍、锌及铜的合金，最初为广东人所制。

（8）Tsatlee（生丝，七里丝），产于浙江，是一种未经加工的生丝。

（9）Sampan（舢板），译自“三板”。粤语“三板”指的是用一条横贯船体的龙骨及两块座板制成的小木船。

（10）Typhoon（台风），译自粤方言的“大风”。“大风”在粤语中指台风等飓风。

（11）Chow（有褐色或黑色厚毛，舌为深兰色的“中国狗”）。该词的产生与洋泾浜英语有关。

表示中国茶叶的有：

（12） Campoi（拣焙茶），广东特产功夫茶之一，“拣焙”即挑选、烘焙之意。

（13）Souchong（小种红茶），又称小种毛尖，是福建产名茶。

（14）Hyson（熙春茶），系中国著名绿茶，产于浙江。“熙春茶”又分为Yony hyson（雨前茶）和 Hyson skin（皮茶）两种。

（15）Oopacks，Ooopaks（湖红），系湖北产红茶，译自“湖北”（Wu beg）一词。

（16）Qonams（湘红），系湖南产红茶，译自“湖南”（Wu nan）一词。

（17）Moyune（婺源茶），译自“婺源”（mou yun）。“婺源茶”是中国著名绿茶，产于江西，也译成 Moyune tea 或 Moyune gunpowder。

4. 与广东地名、居民、语言等有关的粤语借词

Canton（广州的，广东的），由 Canton 一词派生的词有：Cantonese（广东话，广东人）。由 Canton 一词构成的音义复合词有：Canton china（广东瓷）、Canton crepe（绉纱）、Canton flannel（广东绒）、Canton ginger（盐渍，蜜饯的姜）、Canton ware（= Canton china）。由 Hongkong 派生的词有：Hongkonger（香港人；香港佬），Hongkongite（港式风格）。其他表示广东地区居民、语言的词有：Hakka（客家、客家人；客家方言、客家话）。客家人指古代居住于广东、福建等地的中原人后裔，又称 Tanga（唐家人）。Tanka（蛋民，蛋家），指广东海诏一带以船为家的水上居民。

（三）汉语贷词的语音特征

根据 Garland Cannon 在《英语中的汉语借词》（1988）的统计，英语中的汉语贷词有 1 189 个之多。这其中绝大多数是含有音译成分的借词。英语中的汉语借词虽然不再是汉语词，但像其他词一样，它们是音、形、义的结合体。其音形义的结合是在两种不同语言社会共同使用过程中逐步确立的，相互之间并没有逻辑上的联系。英语和汉语的语音体系有很大的差别。英语在辅音连缀、辅音结束音节、重音模式、语调模式等方面与汉语区别较大，而汉语的辅音组合、元音组合及四声也跟英语不同。把英语中的汉语借词的语音与汉语原词相比较，我们会发现它们之间差别很大。大量音译借词自然与汉语原词读音不同。有些英语词条根据汉字读音拼写，有些词条用英语单词表示，还有的词条二者兼而有之。汉语贷词的英语音译又可分为两类：按方言发音的词语和按普通话发音的词语。历史上，广东、福建、台湾地区等沿海省份是我国与西方世界交往和经商的主要门户，很多中国的物产都是经这些地区传播到西方的。另一个重要原因是早期移居海外的华侨大多数都是从这些地区出去的，他们将中国的语言、方言带到英语国家，使之成为英语语言中的一部分，因此许多汉语贷词的英语形式都是按粤语和闵南话的读音拼写的。例如：英语中的 subgum（素什锦）源自粤语读音 shap kam，英语中的 pekoe（白毫红茶）源自闽南话读音 peh ho。

对那些按普通话读音描写的汉语贷词，我们可以从英语单词的形态与读音直接猜测其词义。Putonghua（普通话）、pinyin（拼音）、fengshui（风水）、qigong（气

功）等都是典型的按汉语普通话的读音拼写的英语单词。必须指出的是，像“胡同”这种具有丰富民俗风情内涵的词语，决不是借用英语中现有的 alley 或 lane 等词语所能代替的。

在书写形式方面，汉语为方块字，书写形式可以表达一定的含义，即可以望文生义；而英语是拼音文字，字母主要用于表音。在进入英语的过程中，按汉语读音拼写的汉语借词经历了两种不同拼写体系的演变。早期的汉语贷词是按照威妥玛（Thomas Francis Wale, 1818-1895）式拼音方式拼写的。威妥玛曾是英国驻中国的外交官，在中国居住长达 43 年。此间，他设计了用拉丁字母拼写汉字的体系，称作“威妥玛式”（Wade system）。这一体系主要用于拼写我国的人名和地名，也用于拼写其他汉字词语，该体系沿用数十年。

汉语拼音体系是 1955 年起草的，1958 年由全国人民代表大会通过，由中国政府推行的语音拼写体系。汉语拼音体系在 1977 年 9 月举行的联合国地名标准化会议上获得通过。汉语拼音体系与威妥玛式相比，它有明显的优势：发音准确、拼写简洁及体系完整。20 世纪 70 年代后期开始，我国的宣传媒体和对外的书籍文件中开始用汉语拼音体系取代“威妥玛式”，尤其是中国的地理名称和城市名称，已基本上以汉语拼音代替了以往的威妥玛式拼法。但也有一些地名译名虽与普通话发音有差异，但由于约定俗成的原因，仍保留原来的拼法，如 Inner Mongolia（内蒙古）、Tibet（西藏）、Lhasa（拉萨）、Hong Kong（香港）、Macao（澳门）、Kowloon（九龙）等。我国人名的拼法除 Confucius（孔子）等在英语中已有固定拼法外，其他一般都改用汉语拼音。

“威妥玛式”和普通话拼音体系之间差别主要表现在辅音和元音上。

“威妥玛式”体系中使用的辅音字母少于普通话拼音体系。普通话体系中利用送气和不送气形成语音对立，如 b 与 p，c 与 z，ch 与 zh，t 与 d 等；“威妥玛式”体系中是在字母或字母组合的右上角加撇号来区分清音和浊音，代表浊音的字母和字母组合如 b，d，g，dz，zh 等基本未被使用，而由 p，t，k，ts，tz，ch 等所代替。例如：

	汉语拼音	威妥玛式	例词
（1）	b	p	pao-tzu 报纸
（2）	f	f	fei ts'ui 翡翠
（3）	j	ch	chiao 角
（4）	zh	ch	choukoutien 周口店
（5）	s	s，ss，sz	Scechuan 四川，sesshin 摄心（禅宗修行方式）

“威妥玛式”与汉语拼音在元音（韵母）方面的相似之处多于相异之处。单元音和双元音（单、复韵母）基本接近。不同的是在威妥玛式拼音中有以不发音的 h 和发音或不发音的 k 结尾的词，而普通话中则没有这种现象。在威妥玛式拼音中还

出现了以不发音的 u 替代普通话拼音方案中不发音 i 的现象。如：jih（日），Shih Tzu（狮子狗），chih hsien（知县）。表现粤语“白菜”的两个英语表达方式很好地表现出两种拼音体系的差异，威妥玛式的拼音是 bok choy，pak choy，其中除了 b 之外，所有音位都与普通话拼音 baicai 不同。此外，用 ow 代替普通话中的 ou 或 ao；用 oo 或 w 代替 u 的情况也在多处可见。威妥玛式中还出现了元音字母＋ m 的组合，如 samshu（烧酒），subgum（什锦）等。

“汉语借词进入英语的过程中有汉英语音的妥协，也有书写方式的调整，因为汉语的方块字在以拉丁字母书写的英语中是不可能保留下来的。汉语借词进入英语的唯一渠道是汉语借词的拉丁化。长期以来，汉语借词一直存在拼写不够稳定的问题。”（汪榕培，2002：402）因此，一些汉语音译词在英语中有若干种拼写形式或变体。例如：

（1）tea（茶）——cha，chia，tay，tsia，chaa，tsa；
（2）ginseng（人参）——genseng，genseg，ginshang，ginsing；
（3）litchi（荔枝）——leechee，lichee，lichi，lychee；
（4）feng huang（凤凰）——fum，fung，fung-hwang；
（5）congou（工夫茶）——corgo，keemum；
（6）kaoliang（高粱）——koaliang，kowliang；
（7）ketchup（番茄酱）——catsup，kutsup；
（8）shen（升）——cheng，shing；
（9）mu（亩）——mow，mou；
（10）soy（豆类）——shoya，shoyu，soya；
（11）T'ai Chi（太极拳）——T'ai Chi Chuan。
另有一些音译词后来被译借词取代：
（1）ang-khak——red rice；
（2）Ching-T'u——pure land；
（3）Hsin Hsueh——school of mind；
（4）Ssu shu——Four Books；
（5）Lun-yu——Analects of Confucius。

英语中音译汉语贷词：Hyson（熙春茶）、pongee（茧绸）、yamen（衙门）、cumquat（金橘）、galangal（[高] 良姜）、chop suey（杂碎）、kungfu（功夫）、kowtow（叩头）、tong（堂）、yuan（元）、congou（功夫茶）、oolong（乌龙茶）、shantung（山东稠）、mahjong（麻将）、ginseng（人参）、kaoliang（高粱）、chow mein（炒面）、sampan（舢板）、cumshaw（感谢）、kang（炕）、liang（两）等。

汉语贷词主要是通过音译手段进入英语的，其主要特点是其独特性和不可替代性，它是作为一种全新的意义进入英语的，具有淘汰率低，表意准确的特点。例如，汉语中的“太极拳”，曾被意译为Shadow boxing，字面意义为“影子拳”，这样一来，中国的“太极拳”竟全然变了味，因此，一些新的英语词典都没有收入。于是，音译形式的taichi便应运而生。中国的“单位”是中国现代社会的基本结构，有国营单位、集体单位、国家政府机关（单位）、学校、公司、劳保单位等，构成了中国无法计算的基层单位。一个中国人有了单位，就有了生活保障，单位要管他的吃、喝、拉、撒、睡，还要管生老病死等。这在西方世界是没有的。英语中的汉语借词danwei是organization，work unit，或employer所无法替代的。英语中根本没有“馒头”这种东西，“馒头”以前常被译成steamed bread，造成“蒸出来的面包”的印象，所以经常使外国人迷惑不解。一个英语本族人很难理解为什么烤好的面包还要蒸。中国的馒头就是中国的特有食品，就音译为mantou，不能用面包来套。油条（youtiao）是很多中国人早餐时所喜爱的主食，有人用英语中的crullers来套用，但crullers指的是英美国家中的一种油炸的食品，与油条还是不同，因此不能互指。中国特有的食物还有汤圆（tangyuan），饺子（jiaozi），它们不宜译成dumplings。Dumplings指西方饮食中汤煮食品，这与中国的汤圆、饺子、包子不一样。由于英语中没有上述的表达，汉语借词很少有表达同样事物的英语同义词。因而，汉语借词是以全新的意义进入英语的，具有独一无二的表达方式和淘汰率低、准确率高的特点。

（四）汉语贷词的词法、语义特征

派生变化和屈折变化是英语的词法特征，英语中的汉语借词也不例外。Taoism（道教）、Taoist（道家）和Taoistic（道教的）都是由单词Tao（道）派生出来的。Confucian（孔子的、孔夫子的）、Confucianism（孔子学说、儒家学说、儒教）都是由Confucius（孔子、孔夫子）一词派生出来的。汉语和英语都是古老的语言，由于中国和英国相距遥远，早期的交通及通讯落后，两国之间没有什么往来，当然就很少有语言上的交流。直到17世纪造船和航海技术大大提高之后，两国之间才建立了直接交往。

进入英语的汉语借词silk也许是最早进入英国的中国特产。之后，我国各地出产的丝绸和其他织物也纷纷借入英语：shantung（山东绸），honan（河南稠），pekin（北京宽条子稠），nankeen（本色布），pongee（茧绸），serge（哔叽）等。据《牛津英语大词典》记载，silk一词最早见于英语文字是在888年。这个词是由拉丁语传入英国的。经过十几个世纪，silk的词义由“丝绸”发展到“丝绸服装”、“丝状物”、“降落伞”等。英语中的silk与其汉语原词“丝”在书写形式与语音两个方面都发生了很大的变化，这些变化使其更接近英语的构词规律，并具有很强的构词能力。由silk派生、复合、功能转换组成的词有65个：silk（a. 丝的）、silk（v. 玉米抽穗丝）、silky（n. 丝光鸡）、silky（a. 柔软光洁的）、silkily（adv. 柔软地）、silkiness（n. 柔软光洁）、silked（a. 身穿丝绸衣服的）、silken（a. 丝制的）、silk＋nouns（41个）和silky＋nouns（15个）。（汪榕培，2002：381）

名词 tea 可以转化为不及物动词表示“饮茶”和及物动词表示“给……沏茶”；也可以转化为形容词，作定语，如下列词组中的 tea：tea towel（茶巾）、tea tray（茶盘）、tea shop（茶馆）、tea table（茶几）、tea time（吃茶点的时间）、tea trolley（有轮茶具台）等。由 tea 还可以派生出许多与茶有关的词，如 teacupful（一杯茶容量）、tealess（无茶的）。Tea 这个词在英语中既指“茶叶”，又指“茶树”，还指喝的“茶”，连没有茶叶的饮料也成了 tea，“茶点”、“茶会”都叫作 tea，作“喝茶”、“吃茶点”解的动词也是 tea。由 tea 和其他词构成的合成词数量众多，它的英语形式的语素变体有多个。在语料库中以 tea 作前位的合成词多达 81 个，如 tea bag（袋茶）；后位合成词有 49 个，如 gunpowder tea（珠茶）、Arabian tea（阿拉伯茶）；中位合成词有 3 个，如 Ceylon tea tree（锡南茶树）。（曹亚民，2000：94）

表示“中国”的 China，Chinese 和 Sino- 都属于汉语借词，这几个词（素）都是由汉语中的“秦”字演变而来，已经约定俗成，并可跟其他构词成分构成大量派生词和复合词，甚至还有拼缀词，如 Chinglish（= Chinese English）、Chicom（= a Communist Chinese）。英语中由 China 一词变化派生而来的词众多：china（瓷器）、Chinese（汉语、中国人）、Chineseness（中国意识）、Chink（中国佬）；China + nouns（46 个），Chinese + nouns（128 个），如果再加上 China 和 Chinese 作为第二成分的复合词，则包含 China、Chinese 的词汇总数可达 208 个。（汪榕培，2002：382）

Sino 进入英语后成为一个构词语素，常常与其他国家、地区并列构成新词，如：Sino-US（中美的）、Sino-Japnese（中日的）、Sino-Russian（中俄的）等。此外还有一些由 Sino- 派生出的词：Sinological（汉学的）、Sinologist/Sinologue（汉学家）、Sinology（汉学）、Sinophile/Sinophil（亲华人士）等。

Mandarin 也为英语增加了几个汉语借词：mandarinate（官话）、mandarin duck（鸳鸯）、mandarin orange（橘）等。

由专有名词 Shanghai 转化为动词的 shanghai 成为英语的俚语。该词源于 19 世纪，当时有人用强迫手段裹挟水手远航东方，尤指上海。Shanghai 的两个意项分别是“（用麻醉剂或烈酒）使失去知觉而被绑架当水手”和“（用武力或武力威胁）强迫拘留、诱拐”。

英语中的汉语借词覆盖的语义范围很广。中国的城市名称为英语输入了一些形容词、名词，它们多指该地的方言、当地特产以及文化活动。例如，伴随 Peking 出现了 Pekin（北京鸭）、Peke（狮子狗）、pekin（北京宽条子稠）、Pekingology（中国政策研究）、Pekingologist（中国政策研究专家）等。

表示人物的汉语贷词也可转化或派生出各类词性的单词。如 Mao 是 Mao Tsetung 的缩写词，它有两个义项：第一个义项是指毛泽东本人；第二个义项是表示毛式服装。第二个义项有形态变化形式 Maos，“s”是该词的复数语素。名词 Mao 还可以转化为形容词表示“毛式服装的”，作定语修饰名词，如：Mao jacket（毛式服装）。

Mao 的派生词有 Maoism（毛泽东主义），Maoist（n. 毛泽东主义者；a. 毛泽东主义的），Maoize（使……毛泽东主义化），Maoization（毛泽东主义化）等。

物质名词的汉语借词也具有上述能力。China（瓷器）的原料是 kaoline（中国东南部的高岭土，主要用作陶瓷和耐火材料），包含 kaoline 的聚合体的词有：kaolinic（高岭土的）、kaolinite（高岭石）、kaolinitic（高岭石的）、kaolinization（高岭化作用，通过交代变质作用而发育成高岭土）、kaolinize（使之高岭土化，如长石，转变为高岭土）。

"汉语是没有屈折变化的语言，而英语却没有完全丧失屈折变化的现象。一旦汉语词被英语吸收，它就有可能出现一系列的语法特征的变化——功能转换、复数现象、增加词缀、逆构词及动词名词的其他变化，这些变化是借词被吸收同化的标志。"（常骏跃，1998：22）英语中的一些汉语借词就是经过词缀变化得来的，如：

（1）-er：capitalist roader（走资本主义道路的人）；
（2）-ese：Hainanese（海南人）；
（3）-ism：Confucianism（孔子学说）；
（4）-ian：Confucian（儒家门徒）；
（5）-ette：teaette（沏茶勺）；
（6）-tion：kaolonization（使高岭土化）；
（7）-phile：Sinophile（亲中国的人）；
（8）-phobia：Sinophobia（仇视中国人的人）；
（9）-nite：kaolinite（高岭石）。

参考文献：

[1] Cannon, Garland. Chinese Borrowings in English [J]. American Speech: No. 67, 1988.
[2] 曹起．当代汉语流行结构"零 X"探析 [J]．湖北师范学院学报，2005（1）：40-43.
[3] 曹亚民．英语中的汉语借词 [J]．江苏教育学院学报，2000（4）：91-96.
[4] 常骏跃．英语中汉语借用成分——语音、语法特征变化分析 [J]．外语与外语教学，1998（5）：21-23.
[5] 陈原．社会语言学 [M]．北京：学林出版社，1983.
[6] 陈原．语言学论集 [M]．沈阳：辽宁教育出版社，1998.
[7] 戴卫平，裴文斌．新时期汉语词语及其语用西化现象分析 [A]．张后尘主编．来自中国外语教授沙龙的报告 [C]．北京：商务印书馆，2002.
[8] 戴卫平，裴文斌．现代汉语英文字母词刍议 [J]．外语论坛，2004（2）：60-64.
[9] 戴卫平．论中国英语的特色 [J]．语文学刊，2006（8）：1-4.
[10] 戴卫平，高丽佳 当代汉语"准 X"词族探微 [J]．语言与翻译，2007（4）：17-20.
[11] 顾嘉祖．试论语言的吸收、同化功能与民族文化心理 [A]．语言与文化 [M]．上海：

上海外语教育出版社，1990.

[12] 郭鸿杰. 二十年来现代汉语中的英语借词及其对汉语语法的影响 [J]. 解放军外院学报，2002（5）：1-4.

[13] 胡明扬. 关于外文字母词和原装外文缩略语问题 [J]. 语言文字应用，2002（2）：98-101.

[14] 胡兆云. 语言接触与英汉借词研究 [M]. 济南：山东大学出版社，2001.

[15] 焦同梅. 英汉词汇的相互渗透 [J]. 中国科技翻译，2003（1）：41-42.

[16] 靳建芳，戴卫平. 外来新词新语的汉化翻译 [J]. 北京教育学院学报，2003（1）：32-35.

[17] 靳建芳，戴卫平. 英文缩略语“中”用刍议 [J]. 外语教学与翻译，2004（6）：3-5.

[18] 江淑娟，戴卫平. 外来语在汉语中的发展趋势 [J]. 中山大学学报论丛，2003（6）：248-250.

[19] 李文中. 中国英语与中国式英语 [J]. 外语教学与研究，1993（4）：18-24.

[20] 林伦伦. 现代汉语新词语词典 [M]. 广州：花城出版社，2000.

[21] 刘鸿模. 词语流行风 [M]. 广州：广东旅游出版社，2000.

[22] 刘涌泉. 关于汉语字母词的问题 [J]. 语言文字应用，2002（1）：85-90.

[23] 刘涌泉. 再谈“三个面向”同样适合术语工作 [J]. 科技术语研究，2002（3）：13-16.

[24] 鲁启华. 浅谈近 20 年汉语词汇的发展 [J]. 沈阳师范学院学报，1999（2）：65-69.

[25] 马晓惠. 20 世纪后期外来语的使用与翻译 [J]. 漳州师范学院学报，2000（2）：91-94.

[26] 裴文斌，戴卫平. 新时期外来词的文化、社会与心理功用 [J]. 辽宁大学学报，2003（2）：43-46.

[27] 邵志洪. 近 20 年来英汉词语互借对语言文化的影响 [J]. 外语教学与研究，1999（2）：55-60.

[28] 史有为. 汉语外来词 [M]. 北京：商务印书馆，2000.

[29] 王崇义. “洋”词“中”用的社会文化背景及其语用价值 [J]. 语言教学与研究，2002（3）：75-79.

[30] 王敏. “准 X”新词初探 [J]. 牡丹江师范学院学报，2007（2）：66-68.

[31] 汪榕培. 英语词汇学高级教程 [M]. 上海：上海外语教学出版社，2002：381-407.

[32] 魏志成. 英汉比较导轮 [M]. 上海：上海外语教育出版社，2003：73-77.

[33] 肖中琼，戴卫平. 英语中的汉语贷词研究 [J]. 广西社会科学，2007（1）：121-124.

[34] 邢福义. 文化语言学 [M]. 武汉：湖北教育出版社，2000.

[35] 熊文华. 汉英应用对比概论 [M]. 北京：北京语言学院出版社，1997. 164-171.

[36] 姚汉铭. 新词语 - 社会 - 文化 [M]. 上海：上海辞书出版社，1998.

[37] 詹伯慧. 当前一些语言现象与语言规范 [J]. 暨南学报，2001（7）：116-120.

[38] 张维友. 英汉语词汇的结构系统特征对比研究 [J]. 四川外语学院学报，2007（4）：55-59.

[39] 张谊生. 当代新词“零 X”词族探微 [J]. 语言文字应用，2003（1）：96-103.

[40] 周日安. 数词“零”的缀化倾向 [J]. 西北师大学报，2003（3）：67-73.

[41] 周永惠. 新时期汉语语汇的变化 [J]. 四川师范大学学报，1999（3）：63-69.

[42] 朱少华. 英语中汉语粤方言借词研究 [J]. 现代外语，1995（4）：31-37.